Evi Fountoulakis, Boris Previsic (Hg.)
Der Gast als Fremder

Lettre

Evi Fountoulakis, Boris Previsic (Hg.)
Der Gast als Fremder
Narrative Alterität in der Literatur

[transcript]

Wir danken dem Deutschen Seminar der Universität Basel, der Freiwilligen Akademischen Gesellschaft (FAG) (Basel), der Max Geldner-Stiftung (Basel) und dem Schweizerischen Nationalfonds (SNF) für die finanzielle Unterstützung der Tagung »Narrative Muster zwischen Gastfreundschaft und Ausgrenzung« (Universität Basel, 19.-21. November 2009) und des vorliegenden Bandes. Für die organisatorische Unterstützung danken wir dem Kompetenzzentrum Kulturelle Topographien der Universität Basel.

Bibliografische Information der Deutschen Nationalbibliothek
Die Deutsche Nationalbibliothek verzeichnet diese Publikation in der Deutschen Nationalbibliografie; detaillierte bibliografische Daten sind im Internet über http://dnb.d-nb.de abrufbar.

© 2011 transcript Verlag, Bielefeld

Die Verwertung der Texte und Bilder ist ohne Zustimmung des Verlages urheberrechtswidrig und strafbar. Das gilt auch für Vervielfältigungen, Übersetzungen, Mikroverfilmungen und für die Verarbeitung mit elektronischen Systemen.

Umschlaggestaltung: Kordula Röckenhaus, Bielefeld
Umschlagabbildung: Tagungsplakat von Nina Stössinger, Basel;
    http://www.ninastoessinger.com
Lektorat & Satz: Evi Fountoulakis, Boris Previsic
Druck: Majuskel Medienproduktion GmbH, Wetzlar
ISBN 978-3-8376-1466-4

Gedruckt auf alterungsbeständigem Papier mit chlorfrei gebleichtem Zellstoff.
Besuchen Sie uns im Internet: *http://www.transcript-verlag.de*
Bitte fordern Sie unser Gesamtverzeichnis und andere Broschüren an unter: *info@transcript-verlag.de*

INHALT

Gesetz, Politik und Erzählung der Gastlichkeit.
Einleitung   7
EVI FOUNTOULAKIS / BORIS PREVIŠIĆ

GESETZ

Gast, Gesetz und Genealogie. Adalbert Stifters
späte Novelle »Der Kuß von Sentze«   31
EVI FOUNTOULAKIS

Zu Gast im eigenen Land. Gstreins *Die Winter im Süden*
und Štiks' *Die Archive der Nacht*   55
MILKA CAR

Sprache und Zeit der Gastlichkeit
(Kleist: *Die Verlobung in St. Domingo*)   75
CSONGOR LŐRINCZ

POLITIK

»Das Gespenstergerede von einem Mitteleuropa« –
die Imagination eines Un-Orts   113
BORIS PREVIŠIĆ

Literatur als Gast. Peter Handke im südslawischen Raum
zwischen 1969 und 2009   137
SVJETLAN LACKO VIDULIĆ

Gastlichkeit *versus* Souveränität. Sprache, Erzählung
und Politik im Kontext einer Kultur der Gastlichkeit   153
BURKHARD LIEBSCH

ERZÄHLUNG

Auf der Schwelle verharren.
Zu einem Erzählmuster der Moderne 179
RALF SIMON

Der lyrische Wink des ›Gastes‹ 193
HANS-DIETER BAHR

Emigranten/Kriegsheimkehrer. Zwei Modelle der
(Un-)Gastlichkeit und das Phänomen der fehlenden Sprache 229
ROLF PARR

Landschaft des Krieges, Gemeinschaft des Erzählens.
Peter Handkes *Mein Jahr in der Niemandsbucht* 247
ALEXANDER HONOLD

Autorinnen und Autoren 267

GESETZ, POLITIK UND ERZÄHLUNG DER GASTLICHKEIT

EVI FOUNTOULAKIS / BORIS PREVIŠIĆ

1. Gastlichkeit

In Heinrich von Kleists Erzählung »Die Verlobung in St. Domingo« (1811) bittet ein »Fremder«, Gustav von der Ried, inmitten der Haitianischen Revolutionskämpfe zwischen Einheimischen und Kolonialherren im Hause Congo Hoangos um Unterschlupf. Der fremde Gast wird zwar freundlich aufgenommen, aber dahinter verbirgt sich der perfide Plan, ihn bis zur Rückkehr des Hausherrn festzuhalten, der ihn zweifellos töten wird. Denn im gegenwärtigen »Kampfe gegen die Weißen«[1] gehört die weiße Bevölkerung selbst zu den Opfern des Kolonialerbes. Zunächst scheint die Unheimlichkeit des Verrats nur der Sphäre der Gastgeber anzugehören; sie sind diejenigen, welche – nicht zum ersten Mal – eine Intrige inszenieren. Gustav von der Ried, der inmitten der Revolutionswirren um Zuflucht ersucht, ist nicht nur ein Gast, sondern aufgrund seiner Hautfarbe ein Fremder und, mehr noch, der Feind, denn im rechtlichen Ausnahmezustand der Revolution ist die Verletzung der nominellen Machtordnung, scheint der Verrat an den Gesetzen des Gastlichkeit bereits vorweggenommen. Das gilt nicht nur für die Rechtsgesetze, sondern im Umfeld Congo Hoangos auch für das Gesetz der Gastfreundschaft:[2] So hat der vorübergehend abwesende Hausherr befohlen, alle Weißen vorgeblich als Gäste, tatsächlich jedoch als Geiseln festzuhalten. Gustav wiegt sich aufgrund der vermeintlich geltenden Gesetze der Gastfreundschaft, welche die (in Umwälzung befindlichen) rechtlichen Kodifizierungen und sozialen Konventionen der Gastlichkeit umfassen, in falscher Sicherheit. Die ritualhafte Einhaltung gastlicher Konventionen in der Form der Begrüßung, Bewirtung, Erzählung der eigenen Herkunft usw. bildet denn auch den strukturellen Rahmen der Handlungsereignisse.

---

1 Heinrich von Kleist: »Die Verlobung in St. Domingo«, *Sämtliche Werke,* Bd. II/4, S. 9.
2 Zur Unterscheidung zwischen ›Gesetz‹ und ›Gesetz*en*‹ der Gastfreundschaft‹ s. Kap. 3 dieser Einleitung.

Der fremde Gast scheint lange Zeit nichts von der ihm drohenden Gefahr der vordergründig mitfühlenden Gastgeber zu ahnen und wähnt sich bei seiner Gastgeberin Babekan und ihrer Tochter Toni gar in der Gesellschaft solidarischer Leidensgenossinnen.[3] Doch die Pläne der Gastgeber werden mehrfach durchkreuzt, denn das ungeschriebene Gesetz der Gastfreundschaft verlangt einerseits, niemanden abzuweisen oder zu versehren, der um Schutz und Aufnahme bittet, andererseits aber auch, den Gast nicht gänzlich zu integrieren, da er sonst seiner Andersheit und seines Status als Gast verlustig ginge.[4] Dieses grundlegende Gesetz wird von beiden Seiten, von Gast und Gastgebern, gebrochen; Congo Hoango und Babekan hintergehen es durch die heimliche Geiselnahme (bzw. Sequestrierung) des Fremden, während Toni und Gustav es durch die titelgebende »Verlobung« nicht nur in eine versuchte Integration wandeln; sie hypostasieren die Unheimlichkeit des Verrats auch auf Seiten des Gastes: Tonis Absicht, den fremden Gast zu retten, wird von diesem verkannt, so dass er sie schließlich aufgrund der von ihm vermuteten Täuschung tötet und sich, nachdem er seinen Irrtum erkannt hat, selbst richtet. Der Gast unterminiert sowohl die gegenwärtigen Landes- bzw. Kriegsgesetze wie auch den verbrecherischen Plan des Hausherrn, welche beide die Exklusion – bis hin zur Elimination – aller Weißen vorsehen, durch seine heimliche Verlobung. Doch indem Gustav sich offenkundig einer *bedingten* Form von Gastfreundschaft ausgesetzt wähnt, muss ihm die von der Gastgeberin Toni[5] geübte absolute bzw. *unbedingte* Gastfreundschaft unbewusst bleiben; den Versuch, die Aufnahme dieses Fremden, wo er nicht angenommen werden kann, d.h. wo das Gesetz ihn nicht als Gast vorsieht, zu ermöglichen und Gastfreundschaft außerhalb jeder Pflicht, Ökonomie und jeden Kalküls zu üben, bezahlt Toni mit dem Leben.[6]

Der Ausnahmezustand des Gastes, der dem Alltagsdasein enthoben ist und andere des Alltagsdaseins enthebt, kulminiert hier im Ereignis, weil er nicht als geladener Gast erscheint, auf dessen Ankunft man vorbereitet und den zu empfangen man in der Lage ist.[7] Die Unbedingtheit

---

3 »Freunde der Weißen, die selbst viel der Parthei wegen, die sie ergriffen, von den Schwarzen leiden müßten, hätten ihn in ihrem Hause mitleidig aufgenommen.« (»Die Verlobung in St. Domingo«, *Sämtliche Werke*, Bd. II/4, S. 56).
4 Vgl. Simon: »Ikononarratologie«, S. 307.
5 In der Chronologie der Erzählung etwa seit jener berühmten Ellipse, welche die Verlobung markiert: »Was weiter erfolgte, brauchen wir nicht zu melden, weil es jeder, der an diese Stelle kommt, von selbst lies't.« (»Die Verlobung in St. Domingo«, *Sämtliche Werke*, Bd. II/4, S. 43). Bereits hier übertritt Toni die ihrer intriganten Gastgeberinnenrolle vorgegebene Grenze, »den Fremden keine Liebkosung zu versagen, bis auf die letzte, die ihr bei Todesstrafe verboten war« (ebd., S. 10).
6 Zum Begriff der ›Gabe‹ vgl. Derrida: *Falschgeld* und Bahr: *Die Befremdlichkeit des Gastes*, S. 24-26.
7 Vgl. Derrida: *Eine gewisse unmögliche Möglichkeit*, S. 33.

der Aufnahme des in der Erzählung ›unmöglichen‹ Gastes[8] unterläuft die sittlichen Gesetze der Gastlichkeit, welche mit der konventionalisierten Aufnahme des Gastes bestimmte Regeln vorschreiben bzw. perpetuieren, damit aber zugleich die Möglichkeit bestimmter Ausschlüsse implizieren, die sie selbst zu ungastlichen Gesetzen bzw. Gesetzen der Ungastlichkeit machen.[9] Denn die »strukturierte Vielfalt«[10] der exkludierenden Gastgesetze ist das Ergebnis sozialer, politischer und historischer Differenzierungen und somit nicht universell zu denken. Bis zur Entstehung der Territorialstaaten galt die gastliche Aufnahme als eine zirkulierende »›Freigiebigkeit‹ in einem vagen, undeterminierten Tauschsystem«, doch wurde immer wieder darauf verwiesen, dass der Umgang mit dem Gast »historisch wie ethisch allen auf Tausch beruhenden und in Äquivalenzen rechnenden Verhältnissen voraus« liege.[11] Die unbedingte Gastlichkeit – das als anthropologisches Grundrecht zu verstehende Gesetz der Gastlichkeit – zeigt allerdings bereits in der Antike mit »Symbolon« und »Tessara« (Gastmarken) erste Züge einer Institutionalisierung, die seit der Zeit Karl des Großen mit den Gesetzen der Gastfreundschaft als zunehmend bedingte, begrenzende und ausgrenzende Rechte kodifiziert wurde. Die Gastfreundschaft – das Recht auf gastliche Aufnahme desjenigen, der unterwegs ist – erfährt somit eine Wandlung in ein zunächst ungeschriebenes, dann national geregeltes, restriktives Gast- bzw. Fremdenrecht, womit die »Geburt des Fremden« zugleich die »Verabschieb/dung des Gastes« markiert.[12]

---

8   Zum Begriff des Unmöglichen vgl. ebd.
9   Bahr: *Die Sprache des Gastes,* S. 251. Heute ließe sich in diesem Zusammenhang vielleicht eher von ›Geboten‹ der Gastfreundschaft sprechen, um die unterschiedliche Sanktionsfähigkeit zu verdeutlichen. Die Unterscheidung zwischen Gesetz und Gebot würde eine historische Zäsur markieren: Das Gastrecht lässt sich etwa bis zum Mittelalter als ein positivierbares Recht verstehen, denn das *ius hospitalis* wird mit der Entstehung der Nationalstaaten zur Zeit des Absolutismus von einem Fremden- bzw. Ausländerrecht abgelöst und findet seine ›Fortsetzung‹ am ehesten im allgemeinen Menschenrecht des 19. Jh. (vgl. Bahr: *Die Sprache des Gastes,* S. 36 und Kap. 6). Gegenwärtig lässt sich nicht mehr von einem positivierbaren Gastrecht sprechen; für die fremden Gäste gilt das Ausländerrecht. Die Gesetze der Gastlichkeit sind nur noch als Teil der Sitte (wofür der Begriff ›Gebot‹ zutreffender erscheint) zu betrachten. Es müsste also für die Neuzeit darum gehen, die Gesetze der Gastlichkeit in Bezug auf das Sittengesetz zu untersuchen.
10 Derrida: *Von der Gastfreundschaft,* S. 61.
11 Bahr: *Die Sprache des Gastes,* S. 237.
12 Ebd., S. 236.

2. Die Fremdheit des Gastes

Nicht alles, was uns unbekannt ist, befremdet uns; es gibt Dinge, die uns unvertraut sind und uns dennoch unberührt lassen. In der Regel werden sie unbemerkt an uns vorüberziehen, sei es als unbekannte Person, zumal wenn sie uns inmitten einer Masse, z.b. auf der Straße, im Konzert oder in einem Geschäft begegnet, sei es als fremde Sprache oder Idee, die in uns nichts bewegt. Nur das, »was uns angeht, indem seine Selbstverständlichkeit zerbricht, das befremdet uns«. Indem das Fremde uns ›anspricht‹, indem es unsere Eigensphäre durchdringt, vermag es eine (Re)aktion auszulösen, deren Charakter vom Grad und der Art der Befremdlichkeit abhängt: Führt die Befremdung zu Angst und Unbehagen und wird als Störung oder Gefahr wahrgenommen, so ist mit Abwehr und Ablehnung zu rechnen, welche der ›Überfremdung‹ zuvorkommen sollen. Eine solche ›Fremdenfeindlichkeit‹ kann auch in ihr Gegenteil umschlagen: wenn alle Hoffnung auf eine von außen kommende Entität gesetzt wird, die als Chance, Heilung oder Erlösung verstanden wird. Als mittlerer Weg zwischen Ausgrenzung und Integration galt dabei lange Zeit eine Duldsamkeit, die nicht mit Gleichgültigkeit zu verwechseln ist, und als deren herausragendstes Beispiel die Gastfreundschaft gelten kann.[13]

Doch die Fremdheit, welche der Gastbegegnung innewohnt, ist nicht allein durch eine Unkenntnis oder ein Außenstehen des Gastes zu erklären. Die Befremdlichkeit des Gastes besteht vielmehr darin, dass er jede Berechnung, mithin jeden Erwartungshorizont sprengt; es lässt sich schwerlich – bestenfalls hypothetisch – abschätzen, was er mit sich bringt und was er als sein Vermächtnis hinterlassen wird. Obschon man vielleicht seinen Namen und seine Herkunft kennt, sind zumindest seine Absicht, die Dauer sowie die Wirkung seines Aufenthalts nicht mit Sicherheit zu deuten, denn dem sprachlichen Bekenntnis liegt die Möglichkeit der Lüge zugrunde. Wer zu Gast ist, bringt Qualitäten in den Raum, der ihm eröffnet wird, welche nicht aus diesem selbst stammen; worin diese bestehen, und ob sie – um die Extreme zu betonen – heilsam, beglückend oder bedrohlich sind, ist nicht zu antizipieren. Der fremde Gast kann sich, wie Georg Simmel es im Hinblick auf den Fremden feststellt, durch »Beweglichkeit«, »Objektivität« und »Freiheit« auszeichnen »und ist in seiner Aktion nicht durch Gewöhnung, Pietät, Antezedentien gebunden«.[14] Freier als der Ansässige, verfügt er über die Möglichkeit, objektiver zu urteilen. »[D]aß ihm oft die überraschendsten Offenheiten und Konfessionen, bis zu dem Charakter der Beichte, entgegengebracht werden, die man jedem Nahestehenden sorg-

---

13 Bahr: *Die Befremdlichkeit des Gastes*, S. 16f.
14 Simmel: »Exkurs über den Fremden«, S. 766.

fältig vorenthält«[15], gilt auch bei Simmel nicht so sehr für den Fremden, als vielmehr für den »Weiterziehenden«, also denjenigen, der vorübergehend um Aufenthalt ersucht. Andererseits lässt sich nicht ausschließen, dass der Gast über eine kriminelle Vergangenheit oder über ebensolche Energien verfügt, dass man sich einem Betrüger, Mörder oder gar dem personifizierten Bösen ausgesetzt sieht. Als Meister der Darstellung unheimlicher Gasterzählungen kann E.T.A. Hoffmann gelten, welcher den verstörenden Einbruch des Gastes in zahlreichen Variationen schildert.[16] Deutlich wird, dass der Gast durch seine multiple Uneinschätzbarkeit eine potenzielle Bedrohlichkeit in sich birgt, welche ihn unberechenbar und seine Gabe verunsichernd erscheinen lässt.

Die gastliche Begegnung ist nicht nur von einer spezifischen Fernnähe[17], sondern auch vom Raum geprägt, welcher – ob wirtlich oder unwirtlich – Offenheit und somit Gastlichkeit gewährt.[18] Die Bestimmungen des Zu-Gast-Seins sind immer auch räumliche: Gerade, wenn kein personifizierter Gastgeber anwesend ist, gewährt mindestens der Raum gastlichen Aufenthalt an diesem Ort, unter dem Himmel, in der Welt. Darauf verweist Bahr mit der Prägung ›gastliches Milieu‹, und auch Derrida macht den Raum implizit zum Träger der Gastlichkeit, indem er auf der Notwendigkeit der Eröffnung eines Ortes, einer Stätte (lieu) für die Gastlichkeit insistiert.[19]

Neben dem Raum, welcher dem Gast zu seinem Erscheinen eröffnet werden muss, ist seine spezifische Zeitlichkeit als Grundformel zu verstehen: Das Zu-Gast-Sein ist ein vorübergehender, endlicher Zustand. Als Gast, der – geladen oder ungeladen – vorübergehend an einem Ort verweilt, kommt man zugleich in den eigenen Abschied hinein. Das Temporäre, die Unstetigkeit und das Zeitweilige markieren die zeitliche Grundstruktur der Gastlichkeit. Selbst wenn vom flüchtigen Gast, vom

---

15 Ebd., S. 767.
16 Vgl. zahlreiche der Novellen aus dem Zyklus der *Nachtstücke*, z.B. E.T.A. Hoffmann: »Der Sandmann«; ders.: »Ignaz Denner«; oder ders.: »Der unheimliche Gast« aus der Novellensammlung *Die Serapions-Brüder*.
17 Bereits Simmel sieht im »Exkurs über den Fremden« das Verhältnis des Fremden zu räumlich und sozial fixierten Personen durch ein spezifisches Verhältnis von Nähe und Ferne gekennzeichnet. Allerdings gilt die räumliche und soziale Fixierung für den Gastgeber nur bedingt; denn ein Rollentausch, ein Positionstausch zwischen Gast und Gastgeber liegt der gastlichen Begegnung zugrunde.
18 Dass Offenheit Gastlichkeit bedeutet, ist für Bahrs metaethischen Zugang das zentrale Argument: »Die Gastlichkeit [...] ist Metaethos: Gastlichkeit eines Gesetzes, das die Lücke im Gesetz zu wahren versteht, die dem anderen als Gast einen Platz freimacht, einen Weg eröffnet, ihn zur Sprache kommen lässt.« (Bahr: *Die Befremdlichkeit des Gastes*, S. 54).
19 Vgl. Derrida: *Von der Gastfreundschaft*, S. 27; Bahr: *Die Anwesenheit des Gastes*. Waldenfels untersucht die *Topographie des Fremden* hinlänglich in seinem gleichnamigen Werk.

wiederkehrenden Stammgast oder vom lebenslänglichen Hausgast die Rede sein kann, so spricht das Gastsein als Existenzial unter dem Aspekt eines Ankommens in den Abschied von unserer Endlichkeit. Dauer und Endlichkeit lassen sich folglich in der Formel einer »Ankunft in den verweilenden Abschied« kondensieren. Die Gastlichkeit gibt sich nur als »vorhergehende und vorübergegangene«[20] und ist somit nur in der Nachträglichkeit erkennbar[21], während der Gast »dem Vergangenen [gleicht], das nirgends anders zu finden ist als in seinen Nachwirkungen oder in der Erinnerung«, wie es Waldenfels im Falle des Fremden formuliert.[22] Doch gerade die Nachträglichkeit führt dazu, dass der Gast selbst niemals als Ganzer fassbar wird.[23] Die Unmöglichkeit seiner Verfestigung, seine räumliche und zeitliche Unfixierbarkeit als Voraussetzung des Gastseins verfügt dabei immer über das Potenzial, bedrohlich zu kippen. Die Beunruhigung, die aus dieser Unverfügbarkeit resultiert, setzt den Gast dem Versuch seiner Tilgung aus – durch Festschreibung bzw. Normalisierung (Integration, Assimilation) oder durch Abwehr und Ausschluss.

Der temporäre, nur vorübergehend zugestandene Zustand des Gastes macht zugleich deutlich, dass es sich beim Gast weder um eine wesentliche, noch um eine zufällige Kategorie des Menschen handelt. So liefert Bahr zufolge das Gastsein auch aus nicht-anthropologischer Sicht ein neues Kategorienmodell: Zu Gast sein kann – das belegt die ›Alltagssprache‹ genau so wie die Lyrik, Erzählungen oder Dramenrede – ein Mensch, eine Person, aber genauso eine Empfindung, eine Krankheit, ein Tier oder begriffliche Abstrakta wie z.B. die Natur u.v.m.[24] Die Literatur verfügt über mannigfaltige Beispiele dieser Art, die nahelegen, dass die Anwendung des ›Gastes‹ auf andere Verhältnisse als zwischen zwei Personen eine sehr lange Tradition hat, die nicht einer subjektiven Haltung entspringt, sondern ein bislang nicht oft thematisiertes Phänomen darstellt.[25] Folglich ›ist‹ niemand Gast oder ›ist nicht‹ Gast, denn jeder ist nur *zu* Gast.[26] Die Gastlichkeit bietet sich

---

20 Bahr: *Die Befremdlichkeit des Gastes*, S. 53.
21 Hier ist einer von zahlreichen Anschlüssen an die Gabe möglich, von der Derrida in *Falschgeld* auch aus der Perspektive der Nachträglichkeit spricht.
22 Waldenfels: *Topographie des Fremden*, S. 26.
23 Vgl. ebd., S. 51.
24 Die sprachliche Ubiquität am Beispiel der Lyrik untersucht detailliert der Beitrag von Hans-Dieter BAHR in diesem Band.
25 Diese Betrachtungsweise des Gastes bedeutet bzw. impliziert zugleich, dass der Mensch nicht die Substanz des Gastes darstellt, womit der Auffassung des Gastes als eines anthropologischen Fundamentals insofern widersprochen wird, als sie nur als ein beschränkter Diskurs – einer Diskurs unter vielen, wenn auch ein häufiger – identifiziert wird. Ausführlich hergeleitet und begründet wird dies in Bahr: *Die Anwesenheit des Gastes*.
26 Vgl. Bahr: *Die Befremdlichkeit des Gastes*, S. 54.

somit an als Kategorie, die die Klassifizierungen der abendländischen Logik durchbricht bzw. ein Modell für Phänomene des Dritten bietet. Wenn die Figur des Gastes das Potenzial zu einem neuen Wissenschaftsparadigma besitzt[27] und das gastliche Verhältnis Anschlussmöglichkeiten über motivische Untersuchungen des Gastes hinaus schafft, muss womöglich die Reduktion des Gastes auf die Person und damit auf eine soziale Rolle in Frage gestellt werden, wie Bahr es in seiner metaethischen Untersuchung tut. Sein Begriff des Gastes als Figur des unassimilierbaren Dritten, der alle Oppositionen durchquert bzw. unterwandert, wofür er den Ausdruck ›Transversalität‹ verwendet, ist somit universell und nicht etwa rein anthropologisch gedacht.

Bei genauerer Betrachtung lässt sich das Zu-Gast-Sein aus zweifacher Perspektive nicht mit den Kategorien der klassischen Logik fassen: Einerseits, da es weder als wesentliche Eigenschaft, noch als bloße Eigenart des Menschen, noch als nur zufällig und äußerlich gedacht wird; hiermit wird die Möglichkeit der Überschreitung der Anthropologie angedeutet.[28] Andererseits, weil der Gast aus einer ethischen Perspektive als jene Figur gedacht werden kann, die aufgrund des universellen Gesetzes der Gastlichkeit weder verneint noch bejaht werden darf. In formalisierter Sprache lässt sich der Gast folglich als weder *a* noch *non a* bestimmen.[29] Als solcher aber stellt er eine logische Unmöglichkeit bei zugleich manifester Präsenz dar. Er ist eine paradoxe Figur des Dritten: eigentlich sollte es ihn nicht geben, es gibt ihn aber. Aus dieser aporetischen Situation resultieren gleichzeitig auch seine Unheimlichkeit und Unverfügbarkeit.

Nimmt man des Weiteren die sprachlich manifeste Vielfalt, ja Universalität des Gastes ernst, so erweist sich beispielsweise auch die Opposition von Gast und Gastgeber als künstlich. Sie entspricht zwar wahrgenommenen sozialen Rollen; doch darüber hinaus zeichnet sie sich gerade nicht durch eine Opposition aus, sondern durch die Möglichkeit der Supplementation, der Austauschbarkeit, die ihr innewohnt[30], wie sie sich auch in gängigen sprachlichen Formeln wie »fühlen Sie sich wie zu Hause« manifestiert; ebenso wirkt sich die Temporalität des Gastes auf ein nur als temporär zu denkendes Gastgebersein aus. Darauf weist auch die Etymologie indoeuropäischer Gastbegriffe hin, welche neben der semantischen Ambiguität zwischen Fremdem und Gastfreund (gr. *xénos*), Fremdem und Feind (lat. *hostis*), bewirtetem Fremdem und Krieger (dt. *Gast* kennt bis ins Mittelhoch-

---

27 Vgl. Parr/Friedrich: »Von Gästen, Gastgebern und Parasiten«, S. 12f.
28 Vgl. Bahr: *Die Befremdlichkeit des Gastes,* S. 15, sowie ders.: *Die Sprache des Gastes.*
29 Vgl. Simon: »Ikononarratologie«, S. 307.
30 Vgl. Derrida: *Von der Gastfreundschaft,* S. 90.

deutsche beide Bedeutungen)[31] auch eine semantische Oszillation zwischen Gast und Gastgeber kennzeichnet; das gilt für das frühe gr. *xénos*, für das lat. *hospes*[32] wie auch für die zeitgenössische Terminologie, z.B. frz. *hôte*. Diese sprachliche Uneindeutigkeit nimmt bereits den Hinweis auf einen der Gastfreundschaft inhärenten Rollentausch vorweg. Deutete man die Begriffe Gast und Gastgeber als Oppositionen, läge es nahe, der Gastfreundschaft ein Tauschverhältnis zugrunde zu legen, wobei bewegliche Gaben zwischen den beiden stabilen Positionen zirkulierten. Die Instabilität der sozialen Rollen von Gast und Gastgeber jedoch verunmöglicht grundsätzlich einen solchen Tausch, was nicht bedeutet, dass er nicht stattfindet; aber er findet als Versuch statt, die Unberechenbarkeit des Gastes durch die Überführung in ein ökonomisches Kalkül zu tilgen.[33] Der Gast löst folglich Tauschrituale aus, die der »Kompensation einer Angst vor dem Gast« dienen.[34] Sie stellen den Versuch dar, den Gast aus seiner Paradoxie als dem Dritten zu lösen und ihn in eine stabile soziale Bindung zu zwingen. Dabei gilt es, den semantischen Ambivalenzen Rechnung zu tragen, welche die Tauschverhältnisse von der Objekt- auf die Subjektebene verlagern; in der Regel sind die Positionen der Tauschenden stabil, und ein Objekt zirkuliert als Gabe. Gast und Gastgeber hingegen befinden sich in einem instabilen Verhältnis und tauschen selbst die Rollen; von einem Tausch oder einer Oszillation kann also v.a. in Bezug auf ihr jeweiliges Verhältnis selbst gesprochen werden: Es ist ein wechselseitiges Sich-Zu-Gast-Werden.

Die Nähe zum Tausch und zur Ökonomie findet sich insbesondere in den Gesetzen der Gastfreundschaft: Wenn die (bedingten) Gesetze der Gastfreundschaft als Gesetze der Großzügigkeit aufgefasst werden, so zeigt die Figur des Gastes auf, dass gerade diese vermeintliche Großzügigkeit die (unbedingte) Gastfreundschaft verhindert – gerade, weil sie denjenigen zu ›normalisieren‹, zu berechnen, einzuordnen versucht, welchen gerade seine Unkalkulierbarkeit auszeichnet. Auch wenn man ihn zu kategorisieren versucht, sprengt er noch die Unterscheidung zwischen Fremdem und Eigenem. Der von außen kommende Gast markiert einen Einbruch in das vermeintlich Bekannte, das er dadurch zu entfremden vermag. Durch die Brille des so weit Entfernten, dass er als Gast wahrgenommen werden kann, betrachtet, gewinnen die bislang vertraut, bekannt, eigen, zugehörig, assimiliert scheinenden Dinge eine neue Qualität, die sie uns entzieht, entfremdet, unheimlich macht und uns somit ihre eigentliche Unverfügbarkeit aufzeigt (die sich zuvor

---

31 Vgl. ›Gast‹ im *Etymologischen Wörterbuch des Deutschen*, S. 400.
32 Vgl. Benveniste: *Indoeuropäische Institutionen*.
33 »Die Gastsemantik widersteht den Begriffen des Tausches und der Zirkulation, ihr Kern ist ein Inkompatibles und Inkommensurables, ein nicht Operationalisierbares.« (Simon: »Ikononarratologie«, S. 308).
34 Ebd., S. 306.

durch eine vielleicht allzu nahe Beziehung der Wahrnehmung entzogen hatte). Die Unverfügbarkeit des Gastes wirkt daher selbst unheimlich, potenziell beunruhigend oder verstörend. Doch besteht die disruptive Macht oder Gewalt des Gastes nicht nur darin, die Aufmerksamkeit auf die eigene Verdrängungsleistung zu richten. Die Befremdlichkeit des Gastes liegt vielmehr darin, dass uns unerwartet das Ungewöhnliche überfällt und uns plötzlich ›anspricht‹ – sie besteht darin, dass der Gast in Frage stellt, »und zwar gleichermaßen das Eigene wie das Andere, das ihm gegenübertritt«. Es handelt sich hierbei jedoch um eine offene Frage, die Möglichkeit des Fragens und somit des Fremdseins selbst, die sich angesichts des Gastes stellt.[35]

Was also bedeutet es, den Gast als Fremden zu betrachten? Zunächst ganz einfach, Figuren der Gastlichkeit aus der Perspektive des Fremden bzw. der Fremdheit zu untersuchen. Die Erfahrung des Fremden und des Befremdlichen kennt dabei bekanntermaßen zwei Extreme des Umgangs: die Ablehnung und Abwehr als Reaktion auf Unbehagen und Ängste, die das Befremdliche als störende, unheilvolle Gefahr zu tilgen versuchen; und die Aufnahme bis hin zur Assimilation oder Integration, die das Befremdliche durch Einverleibung gleichermaßen zum Verschwinden zu bringen drohen.[36] Auf die etymologisch verbürgte Ambivalenz dieser Position – ›hostis‹ in der Oszillation zwischen Gastfreundschaft und feindlicher Ausgrenzung – wurde bereits hingewiesen. Die Gastlichkeit als Dazwischen würde somit die Befremdlichkeit als offene Frage thematisieren, die ein Jenseits von Integration und Ausgrenzung zu denken ermöglicht.

∗∗∗

Die vorliegenden Beiträge positionieren sich in erster Linie in ihrem Verhältnis zur Gastlichkeit und nehmen eine spezifische Betrachtungsweise ein, die die Fremdheit dieses Verhältnisses zum Kerngegenstand macht. Selbst da, wo das Fremde sich nicht augenfällig – insbesondere in der Personifizierung durch einen unbekannten, unerwarteten Gast – präsentiert, ist seine Spur noch in einer Befremdlichkeit vorhanden. Diese Feststellung, die zahlreiche der versammelten Beiträge treffen, stärkt die (bislang v.a. von philosophischen Untersuchungen vorgeführte) These, wonach der Gast immer einen Einbruch markiert, der eine Veränderung bewirkt – eine Veränderung, die von der bloßen Objektivierung durch den Dritten zur Infragestellung des Eigenen, Irritation, potenziellen Verstörung bis hin zur existenziellen Verunsicherung reichen kann.[37] Der Ausnahmezustand, in dem der Gast erscheint oder den er als ›Vermächtnis‹ hinterlässt, reicht in den untersuchten literarischen Texten im vorliegenden Band bezeichnenderweise

---

35 Bahr: *Die Befremdlichkeit des Gastes,* S. 18.
36 Vgl. ebd., S. 16f.
37 Vgl. z.B. Derrida: *Von der Gastfreundschaft;* ders.: *Eine unmögliche Möglichkeit.*

vom Extremfall der Revolution (wie in Kleists »Die Verlobung in St. Domingo«) über die realistische Familienstiftungslegende (Stifters »Der Kuß von Sentze«) bis hin zu postmodernen Existenz- oder Identitätskrisen (Štiks' *Archive der Nacht,* Handkes *Mein Jahr in der Niemandsbucht*).

Die Beliebigkeit, in welcher der Gast zu verschwinden droht, wenn seine Rolle bloß als soziales Gewand verstanden wird, das jeder überziehen kann, oder als Leerstelle, die ein jeder einnehmen kann, droht auch auf eine Betrachtung der Gastlichkeit überzugreifen.[38] Um im vorliegenden Band, dessen Beiträge auf die Tagung unter dem Titel »Narrative Muster zwischen Gastfreundschaft und Ausgrenzung« an der Universität Basel (19.-21. November 2009) zurückgeht, der Gefahr einer solchen Begriffsverwässerung vorzubeugen, ist er nach einer thematischen Dreiteilung gegliedert, welche ihre Schwerpunkte bei der Frage nach dem Gesetz, der Politik und der Erzählung der Gastlichkeit setzt.

3. Gesetz

Die Unterscheidung zwischen bedingter und unbedingter Gastfreundschaft markiert bereits die beiden Pole, die der Gastlichkeit inhärent sind, einerseits als plurale Gesetze, andererseits als singuläres Gesetz, welches stärker als Ethos konnotiert und den konventionellen bzw. gesetzlichen Handlungsmaximen der Gastfreundschaft entgegengesetzt ist. *Das Gesetz bricht zugleich mit den Gesetzen*, d.h. dem Pakt der Gastfreundschaft als Recht oder Pflicht, bzw. versucht, die institutionalisierte Seite der Gastfreundschaft zu überwinden.[39] Diese Form der *unbedingten* Gastfreundschaft ist also als »das Gesetz in seiner universellen Singularität«[40] zu verstehen, das die kodifizierten Gastgesetze hyperbolisch zu überwinden (oder zu subvertieren?) versucht. Sie muss die bedingte Gastfreundschaft zwar nicht verdammen, aber sie ist ihr ebenso heterogen wie die Gerechtigkeit dem Recht, und doch genauso untrennbar mit ihr verbunden.[41]

Dennoch tritt der Gast, zumal als Fremder, nicht jenseits der Rahmung zum Vorschein, ob diese nun in sozialen Bedingungen, Institutionen, kodifizierten Gesetzen o.ä. besteht. Mit seinem Erscheinen wird

---

38 Auf die Gefahr dieser Beliebigkeit im Falle des Gastes als Universal wurde bereits hingewiesen in Parr/Friedrich: »Von Gästen, Gastgebern und Parasiten«, 9. Neben Renate Bürner-Kotzams *Vertraute Gäste* ist dies eine der wenigen Publikationen, die den Gast aus spezifisch literaturwissenschaftlicher Perspektive untersucht.
39 Derrida: *Von der Gastfreundschaft,* S. 27.
40 Ebd., S. 61.
41 Ebd., S. 28. Derrida führt das intrikate Verhältnis von Recht und Gerechtigkeit in *Gesetzeskraft* eindrücklich vor.

der Gast unweigerlich in bereits existierende Muster eingeordnet; zwar mag er in die Ordnung einbrechen, doch fängt diese ihn im Bemühen auf, ihn zu normalisieren. Warum aber muss der Gast, warum die Gastlichkeit ›normalisiert‹ werden? Vielleicht, weil der Gast derjenige ist, der den »Primat des Regelfalles«[42] in kompromisslosester Weise in Frage zu stellen vermag, so dass seine Stillstellung nur im Rückgriff auf Rituale, Traditionen und Bräuche[43] (also auf Gesetze unterschiedlicher Ordnungsebenen mit abweichendem Sanktionspotential) möglich scheint, die seine befremdlichen Qualitäten aufzufangen, eben zu ›normalisieren‹ scheinen.

Doch inwiefern ist der Fremde, der in dem Moment, wo er auf das Gesetz trifft, zum Gast wird, Gegenstand einer Gesetzgebung der Einbeziehung analog zu den Gesetzen der Gastlichkeit? Weswegen ist das Gesetz nie restlos anwendbar, warum vermag es nicht alles zu regeln, warum gibt es einen Überschuss? Anders gefragt: Weshalb ist die Gastlichkeit in den Gesetzen nicht aufgehoben? Gesetze – und das umfasst auch die Gesetze der Gastfreundschaft – sind als Ergebnisse einer Historisierung und Kulturalisierung zu verstehen. Zugleich können sie aber immer nur einen Teil des zu Regelnden vorschreiben – die Schwierigkeit des Gesetzes liegt nicht zuletzt darin, dass es als Allgemeines das Singuläre zu umspannen versucht, und diesem notwendigerweise nicht gerecht zu werden vermag.[44] Was dies für die Situation des Gastes, zumal des fremden, bedeutet, untersuchen die Beiträge des ersten Schwerpunktes, welche sich der (bereits narrativierten) Spannung zwischen den Gesetzen (Normen, Ritualen, Konventionen) und dem Gesetz der Gastlichkeit (gewissermaßen als ethischem Imperativ) widmen.

4. Politik

Mit der Entstehung des neuzeitlichen Nationalstaates, in welchem Territorium und Sprache zur Deckung gebracht werden sollen, wird das frühere *ius hospitalis* (Gastrecht), das jedem Einwohner zukam, zu einem staatsmonopolistischen Fremden- und Ausländerrecht. Gastlichkeit zerfällt in die private eines persönlichen Gastgebers und in die öffentliche des Landesgastes. Im Zuge einer zunehmend Einheitlichkeit suggerierenden Nationalstaatlichkeit der Moderne verkommt der Gast zum Begriff einer restriktiven Ausländerpolitik, die kulturell-*wirtschaftliche* Kohärenz mittels territorialer Überwachung und Ausgrenzung gewinnt. Die Realpolitik kanalisiert die notwendigen Arbeitskräfte räumlich und zeitlich unter dem Vorzeichen des

---

42 Vgl. Waldenfels: *Grenzen der Normalisierung*, S. 264.
43 Historisch betrachtet, das positivierbare Gastrecht bzw. stellvertretende Handlungen (vgl. Anm. 9).
44 Vgl. Derrida: *Gesetzeskraft*.

›Gastarbeiters‹. Als ›Gastgeberland‹ setzt man so lange auf die Befristung des Aufenthalts, bis man sich gezwungen sieht, den Gast, der inzwischen schon lange sesshaft geworden ist, mit dem Recht des Daueraufenthalts zu versehen. Die Pejorisierung in Form der so genannten Ausländerpolitik erlaubt die Fortsetzung der Arbeitskräfterekrutierung, bei welcher sich der Staat nur noch die qualifizierten Berufsgattungen herbeiwünscht und die von der Ökonomie dringend benötigten Hilfskräfte in die Illegalität treibt.[45] Nicht alle ›Gäste‹ sind folglich gleichermaßen willkommen – mit dem Effekt, dass die Politik die vermeintliche Differenz zwischen innen und außen, zwischen eigen und fremd topographiert. Mentale Muster zwischen Gastfreundschaft und Ausgrenzung übertragen sich auf die Landkarte, bestimmen das persönliche Schicksal aufgrund einer Unterscheidung, die letztlich dem Machterhalt und der Besitzstandwahrung dessen dient, der Gesetze aufstellen und durchsetzen kann.

Doch Politik der Gastlichkeit meint gerade das, was nicht im Ausländergesetz verankert ist; denn Politik ist mit Derrida gegen das Gesetz zu lesen. Es handelt sich um eine Politik der Gastfreundschaft, in der Freundschaft politisiert wird.[46] So lässt sich Gastfreundschaft durchwegs auch als utopisches Gegenkonzept zu einer heutigen Realpolitik der Ausgrenzung begreifen. Dabei darf man sich den durchwegs lapidaren Befund zunutze machen, dass die Gastfreundschaft im gängigen Sprachgebrauch immer noch positiv und die Ausgrenzung negativ konnotiert ist. Im Vordergrund dieser Annäherung an die politische Dimension – jenseits jeglicher Euphemisierung – steht der im Verhältnis zur Gastfreundschaft neutralere Begriff ›Gastlichkeit‹ und das im Gegensatz zur Ausgrenzung prozessgebundene ›Liminalitätskonzept‹, das der Gast nicht einfach als Fremder, sondern als Gegenüber geradezu einfordert, indem vermeintlich festgesetzte Grenzen immer wieder neu verhandelt und verschoben werden.

In den heute globalisierten Migrationsströmen – welche sich immer zum persönlichen Schicksal kondensieren – gilt es, zunächst den Blick für kulturell-topographische Diskurse zu schärfen, auf deren Folie die literarische Bewertung, Verwertung und Umwertung stattfindet. So richtet sich das Augenmerk im ›Bollwerk Europa‹ gezwungenermaßen vermehrt auf seine institutionalisierten Grenzen, auf seine vermeintlichen kulturellen Ränder und damit auf die topographisch-politischen Schwellen.[47] Es handelt sich im Kontext einerseits von Globalisierung, andererseits von Regionalisierungstendenzen (innerhalb und außerhalb eines Schengen-Europas) vor allem um diskursive Muster, die zu typischen topographischen Zentralisierungsbemühungen, zur Ausgrenzung oder zur Gastfreundschaft führen und deren Dynamik sowohl produkti-

---

45 Vgl. dazu *Viel Glück! Migration heute.*
46 Liebsch: *Für eine Kultur der Gastlichkeit*, S. 143-177; sowie Derrida: *Politik der Freundschaft.*
47 Vgl. dazu den Beitrag von Boris PREVIŠIĆ in diesem Band.

ons- wie rezeptionsästhetisch aufgenommen, weiterentwickelt und unterminiert wird.[48] Der Raum in seiner topographischen Funktionalisierung oszilliert so zwischen eindeutiger Zuschreibung und Hybridisierung, zwischen Metaphorisierung und Metonymisierung. Je klarer die Grenzen und somit die Ausgrenzungsmechanismen festgelegt werden, je klarer die Diskurshoheit über einen geographischen Raum behauptet wird, desto stärker sind auch die Gegenbewegungen.

Die beiden Phänotypen Ausgrenzung und Gastfreundschaft standen noch nie zuvor in einem so eklatanten Widerspruch wie heute: Einerseits erzwungene Migration, die als politisch induzierte meist noch auf Akzeptanz stößt, der als ökonomische oder neuerdings ökologische hingegen Schmarotzertum unterstellt wird, andererseits freiwillige Mobilität, die meist positiv bewertet wird. Zu fragen wäre, ob der literarische Diskurs im Zeichen der Gastlichkeit neue Modelle jenseits einer ökonomischen Dichotomisierung bereitstellt. Das so genannte Gastland hält unterschiedliche Aufnahme-Modelle bereit, welche von vollständiger Ausgrenzung (man denke nur an ›Gastarbeiter‹ auf der arabischen Halbinsel) über Assimilation (von Sprache, Werten oder sogar Religion) bis zu einer fruchtbaren Orientierung an der Andersartigkeit reichen. Inwiefern könnte Literatur ohne vermeintlich kulturell grundierte Differenzen überhaupt noch erzählen?

Doch bevor der Anschluss an literarische Konzepte oder an die Fingierung gastlicher Urszenen gesucht werden kann, muss die Anknüpfung sowohl an Ausgrenzungsdiskurse und -erfahrungen in politischen Kontexten als auch an eine philosophisch-ethisch induzierte Debatte zu problematischen und politisierten Stichworten wie Identität oder Integration, welche der realpolitische Kontext als Denkfiguren aufgibt, vorgenommen werden.[49]

5. Erzählung

Wie hängen Erzählung – und damit auch Sprache – mit Gastlichkeit zusammen? Warum wird der Gast narrativiert, weshalb und wovon wird im Rahmen der gastlichen Begegnung erzählt? Um sich der narrativen Dimension des Gastes bzw. der Gastlichkeit anzunähern, muss das Verhältnis von Sprache zum Empfang des Gastes, seiner Rede oder Wortlosigkeit[50] untersucht werden. Zunächst gilt es, sich dem grundsätzlichen Verhältnis von Gast(lichkeit) und Sprache anzunähern, und zwar als einem reziproken: als Sprache in der Gastlichkeit und Gastlichkeit in der Sprache.

---

48 Vgl. dazu den Beitrag von Svjetlan LACKO VIDULIĆ in diesem Band.
49 Hier schließt der Beitrag von Burkhard LIEBSCH an.
50 Vgl. dazu den Beitrag von Rolf PARR in diesem Band.

Gesprochene Sprache – und damit auch Erzählung – sind in der gastlichen Aufnahme scheinbar nicht im selben Ausmaß Voraussetzung von Gastlichkeit wie Bewirtung und Unterbringung, die von lebensnotwendiger Bedeutung sein können. Dennoch stellt Sprache – hier insbesondere als Gesprochenes – Bestandteil der gastlichen Situation dar, mindestens aber in Form von Gestik, Mimik u.ä. Ausgebildete Sprachen erweitern also von vornherein die Sphären gastlicher Möglichkeiten. Innerhalb dieses ›Überschusses‹, d.h. der Erweiterung gastlicher Teilnahme durch die Sprache, kann sie zunächst als Teil der gastlichen Gesetze betrachtet werden, beispielsweise als Instrument im Rahmen der Verpflichtung, sich auszuweisen bzw. sich durch Nennung des Namens zu erkennen zu geben; gemäß dieser Auffassung würde die Funktion von Sprache darin bestehen, Sicherheit zu schaffen, die potenzielle Beunruhigung durch den Gast zu vermeiden, indem beispielsweise eine Identifikation des Ankommenden sprachlich gewährleistet wird, welche die Erzählung des Gastes von sich selbst, seines Namens, seiner Herkunft, seiner Absichten und Ziele enthält.

Innerhalb der gastlichen Begegnung tritt andererseits neben der informativ-biografischen Absicht zur Feststellung der Identität gehäuft das Erzählen als solches in den Mittelpunkt – sei es als Erzählen von Erfahrungen (z.B. im Sinne eines Reise- oder Erlebnisberichts), sei es als Erzählung zur Unterhaltung des Gastes oder des Gastgebers, die den Charakter einer Gabe annimmt. Auch in letzterem Falle stellt die Sprache Teil einer Überhöhung, einer Ausweitung gastlicher Verhältnisse dar, die sich im Umfeld des Gastes wiederholt findet.

Sprache ist demnach traditionell immer bereits in die gastliche Situation eingebettet, doch vermag sie die vermeintliche Beruhigung, die insbesondere ihrem funktionalen Verständnis innewohnt, nicht letztgültig herzustellen: Denn Sprache als Medium der Erfahrbarkeit und Mittel des Ausdrucks ist weit entfernt von einer bloßen Funktionsaufgabe.[51] Sie ist weder zu beherrschen, noch kann man ihr einfach zudienen, womit sie in einem eigenartigen und schillernden Analogieverhältnis zur Gastlichkeit selbst steht: dem Gast als »ungegebene[m] Dritte[n]«[52] gesellt sich – mit den Worten Hans-Jost Freys – »die Sprache [als] das Dritte« hinzu.[53] Der sprachliche Überschuss, der sich der umfassenden Beherrschung entzieht, zeigt sich beispielsweise in Adalbert Stifters

---

51 Die Differenz, welche in Absetzung von einer Alltagssprache in Bezug auf die literarische Sprache gemacht wird (vgl. Mukařovský: »Standard Language and Poetic Language«), wird ebenfalls in der literarischen Fiktion unter dem Vorzeichen künstlerischer Rahmung generiert (vgl. Lotman: *Die Struktur literarischer Texte*). Das Setting von Rahmen- und Binnenerzählung ist gerade für das Arrangement der Gastlichkeitsszene von zentraler Bedeutung. Vgl. dazu den Beitrag von Alexander Honold in diesem Band.

52 Bahr: *Die Sprache des Gastes*, S. 42.

53 Frey: *Autorität der Sprache*, S. 16.

späten, ritualhaft überformten Erzähltexten, welche Ordnungen suggerieren, in denen sich dennoch – oder gerade deswegen – Unwägbarkeiten einschleichen, welche die Ordnung als künstliches und labiles Konstrukt entlarven.[54]

Der vermeintlichen Sicherheit des Für-sich-selbst-Zeugens des Gastes ist zudem bereits ein grundlegender Zweifel eingeschrieben: Zeugenschaft durch Sprache ist problematisch, insbesondere, da der Zeuge seiner selbst keinen eigenen Zeugen kennt, womit der Fiktionalitätscharakter im Falle der Identifikation, Absichtserklärung u.s.w. eines Gastes nicht gänzlich ausgeschlossen werden kann. Die sprachliche Äußerung, das sprachliche Zeugnis, das als Akolyt (Begleiter und Zeuge) der Person dienen soll, kann sich genauso als Anakoluth herausstellen, wie dies z.b. in Kleists »Die Verlobung in St. Domingo« der Fall ist. Gerade im Falle des für sich selbst zeugenden Gastes wird deutlich, dass letztgültige Sicherheit nicht möglich ist; an ihre Stelle muss der Glaube, das Vertrauen treten, das jedoch nicht als Pakt geschlossen werden kann, sondern als gastfreundliche Gabe gegeben werden muss.[55]

Aus dem prekären Sprachverhältnis der Literatur, in der sich keine realweltliche Referenz zur sprachlichen Zeugenschaft gesellen kann, ergibt sich nicht zuletzt auch die Relevanz der Gastlichkeit aus theoretischer Perspektive. Eine potenzierte Wahrnehmung dieses Status ermöglicht die Betrachtung literarischer Sprache, deren Mangel an einer literarischen Essenz sich zugleich mit dem Überschuss, dem Einbruch der Sprache (bzw. des Zeichens) in die Sprache selbst kreuzt: Das Ankommen des Gastes wird in der Literatur immer schon als sprachliches Ereignis inszeniert.[56] Wenn die Sprache als Medium der Gastlichkeit verstanden wird, inwiefern ist dann die gastliche Situation *per se* mit der Generierung von Narration verknüpft? Lässt sich aus der Situation des ankommenden Gastes, die zum Erzählen führt, die Erzählung zugleich als Gabe und performatives Ereignis denken?

Narratologisch und motivisch ergeben sich daraus folgende Konsequenzen: Die den literarischen Texten inhärenten Grammatiken des Gastes, dessen Rolle sich zwischen Abweisung und Aufnahme definiert, stellen sämtliche dichotomisch angelegten Oppositionen in Frage. Der Gast als Figur des Dritten eröffnet erzählstrategische Möglichkeiten, erscheint er selbst doch nur an der Schwelle, an der ihm ein Sprach-Raum eröffnet wird. Narratologisch ließe sich die Schwelle als Beginn eines jeden literarischen Ereignisses und somit der

---

54 So z.B. Koschorke/Ammer für Stifters »Der fromme Spruch« (vgl. dies.: »Der Text ohne Bedeutung oder die Erstarrung der Angst«).
55 Vgl. Derrida: *Eine gewisse unmögliche Möglichkeit.*
56 Vgl. ebd., S. 33f.

Erzählung lesen.[57] Welche strukturellen Folgen ergeben sich für die Schwelle als Handlungstopographie im Hinblick auf die Narrationsbildung literarischer Texte?[58]

»[D]er die Ein- und Ausschlüsse durchquer[ende]«[59] Gast erweist sich als primäre Figur von Liminalität; eingefasst in narrative Modi, erzeugt er eine mehrschichtige Beobachtungsstruktur, welche Literatur in vielfacher Form hybrid werden lässt. Geht man davon aus, dass das Gastsein auch anthropologisch die Voraussetzung jeglicher Kultur bildet, um in der ephemeren Aufnahme des Fremden das (immer durch den Inzest und die Inzucht bedrohte) Eigene aufzufrischen und damit zu perpetuieren[60], so erzählt die Literatur nicht einfach von der Begegnung, sondern ebenso von ihrer eigenen Existenz, indem sie ihr Erzählen selbst thematisiert und perspektiviert. In dieser doppelten Kodierung spricht sie immer von menschlicher Genealogie und handelt gleichzeitig in Selbstbeobachtungskategorien, welche sich in unterschiedlichen narrativen Modi niederschlagen. So gewinnt die gastliche Szene des Gedichts beispielsweise in ihrer Narrativierung an Dynamik. Die Fatalität, welche sich aus einer reinen Selbstbezüglichkeit der Kultur und ihrer Erzählung ergibt, wird mit dem Einlass des Fremden aufgebrochen. Erst die intra- und intermediale Hybridisierung des Mediums selbst, die Ausreizung der Differenzen zwischen Schriftlichkeit und Mündlichkeit, zwischen Poesie und Prosa, zwischen Rahmentext und Binnenerzählung, zwischen Erzählung und poetologischer Reflexion, zwischen Plot- und Erzählvorgang sowie zwischen unterschiedlichen Erzählgenres ermöglicht eine Beobachtung zweiter Ordnung, welche wiederum eine Fortsetzung narrativer Muster und weiterer Kulturgenerationen erlaubt.[61] Sowohl in phylo- wie in ontogenetischer Hinsicht auf die Kultur wie auf ihr Erzählen selbst entsteht ein Zusammenhang zwischen Genre, Genealogie und Reproduktion.

In der narrativen Verhandlung des Themenkomplexes von Gastfreundschaft und Ausgrenzung stehen daher Familiengeschichten immer wieder im Zentrum, da sie gleichsam den kulturellen Nukleus bilden, wie es die einschlägigen Textbeispiele in diesem Band zeigen, beispielsweise die Genealogie zwischen Gesetz und Ausnahmezustand in Stifters »Der Kuß von Sentze«[62] oder in der bereits erwähnten

---

57 Vgl. Lotman: *Die Struktur literarischer Texte* und, spezifisch für die gastliche Szene, Simon: »Ikononarratologie«.
58 Vgl. dazu Ralf SIMONS Beitrag in diesem Band.
59 Bahr: *Die Sprache des Gastes*, S. 15.
60 Vgl. Lévi-Strauss: *Die elementaren Strukturen der Verwandtschaft*, S. 57.
61 Darüber, inwiefern gerade Literatur systemtheoretisch gedacht werden kann, gibt folgende Monographie den umfassendsten Überblick: Sill: *Literatur in der funktional differenzierten Gesellschaft*.
62 Vgl. Evi FOUNTOULAKIS' Beitrag in diesem Band.

Erzählung Kleists »Die Verlobung in St. Domingo«[63]. Ob dabei intertextuelle Anlagen (vor allem mit einschlägigen ödipalen Bezügen) als Gefahr oder Chance gewertet werden, ist erst dem konkreten Hypotext zu entnehmen. So erweist sich die scheinbar unabwendbare Tragik in Štiks' Roman *Die Archive der Nacht,* welche schon sehr früh im Roman mit Frischs *Homo Faber* unterminiert und von unbewältigten Gespenstern der Vergangenheit eingeholt wird, lediglich als Metonymie für die Schicksalsergebenheit Europas angesichts seines Scheiterns in den Sezessionskriegen Jugoslawiens.[64] Damit artikuliert sich in den narrativen Mustern eine potentielle Utopie, welche auch auf einen gesellschaftspolitischen Zusammenhang verweist.[65] Die schwer zu fassende performative Funktion der Sprache scheint sich aber, wie einige Beiträge aufzeigen, in literarischen Texten zugleich der strukturellen Formalisierung zu entziehen.

Der literarische Text der Gastlichkeit erzeugt in seinem Zwang zur Selbstbeobachtung neue Kategorisierungsebenen: Aus dem intrinsischen Verhältnis von Sprache, Erzählung und Gastlichkeit existiert zunächst eine Ebene, auf welcher die Erzählung, welche von der Gastlichkeit handelt, selber zu Gast ist, so zum Beispiel im Verhältnis von Binnen- zu Rahmenerzählung. Dass Gastlichkeitserzählungen geradezu auf zusätzliche Binnenerzählungen angewiesen sind, lässt sich an den bereits genannten literarischen Werken eindrücklich aufzeigen.

6. Sprache der Gastlichkeit, Gastlichkeit der Sprache

Da die Literatur mit ihrem Fundus an Anschauungsmaterial von Erzählmustern über ein immenses kulturelles Gedächtnis verfügt[66] und eine wesentliche Rolle als Bindeglied zwischen Theorie und Realitätsreferenz (nicht zuletzt auch im Sinne literarischer ›Fallstudien‹) einnimmt, konzentriert sich dieser Band auf strukturelle und historische Aspekte, um so die narrative Alterität in der Literatur in der ganzen methodischen und theoretischen Breite analytisch und jeweils exemplarisch dingfest zu machen.

Dass die Gastlichkeit insbesondere dort ein bemerkenswertes Phänomen für die Literatur darzustellen scheint, wo sie problematisiert

---

63 Vgl. den Beitrag von Csongor LÖRINCZ in diesem Band.
64 Vgl. Milka CARS Beitrag in diesem Band.
65 Diesen Modus der spezifischen Figurenlektüre nennt Said kontrapunktische Lektüre (vgl. Said: »Reflections on Exile«), welche Dunker in seiner Monographie fruchtbar zu machen versucht (vgl. Dunker: *Kontrapunktische Lektüren*).
66 Es geht hier also nicht einfach um die pure Anhäufung einer historischen Faktizität im Laufe der Zeit als vielmehr um die Modulierung, Strukturierung und erzählte Verfügbarkeit von Geschichte. Einschlägig dazu: Assmann: »Erinnerung als Erregung. Wendepunkte der deutschen Erinnerungsgeschichte«.

oder verweigert wird und dementsprechend in Ausgrenzung mündet, ist eine Beobachtung, die zahlreiche der vorliegenden Beiträge machen. Die Gastlichkeit als ökonomischer Tauschhandel, wie ihn zahlreiche Studien thematisieren[67], der Tausch als fraglos wesentlicher Aspekt der konventionellen Handlungen der gastlichen Begegnung bis hin zur umfassenden Ökonomisierung bzw. Industrialisierung der Gastfreundschaft im Tourismuswesen, wird paradoxerweise immer zugleich hyperbolisch von der Gabe überhöht.[68] Der Gastlichkeit scheint die ›hyperbolé‹ schon immer innezuwohnen, besteht sie doch bereits von ihrer Grundanlage bzw. ihrem frühesten Verständnis her gerade in der Überschreitung der Gesetze und der Überwindung der bloßen Politik (oder dessen, was heute mehrheitlich darunter zu verstehen ist: eine auf ökonomischem Kalkül basierende Verbindung). Die Literatur bildet einerseits das Medium, das diesen Überschuss nicht nur wiederzugeben, sondern selbst zu performieren vermag. Das ist teilweise ihrem nichtpragmatischen Sprachmodus und dem Fehlen einer für die Literatur spezifischen bzw. ihr inhärenten Essenz zuzuschreiben.[69] Andererseits, und hierin gibt sich Sprache als ›erste Gastgeberin‹ zu verstehen, bildet die Sprache den Raum, in der Gastlichkeit statt hat, von der Begrüßung bis zu Verabschiedung, in der ihr ein Raum eröffnet wird, in- und außerhalb der Literatur. Um es in den Worten Levinas zu sagen: »Sprache *ist* Gastlichkeit«.[70]

Literatur

Assmann, Aleida: »Erinnerung als Erregung. Wendepunkte der deutschen Erinnerungsgeschichten«. In: Wolf Lepenies (Hg.): *Jb. Wissenschaftskolleg zu Berlin* 1998/99. Berlin: Siedler 2000, S. 200-220.

Bahr, Hans-Dieter: *Die Anwesenheit des Gastes. Entwurf einer Xenosophie* [erscheint 2010].

Bahr, Hans-Dieter: *Die Befremdlichkeit des Gastes*. Wien: Passagen 2007.

Bahr, Hans-Dieter: »Die Gastlichkeit des Buches«. In: ders.: *Die Befremdlichkeit des Gastes*. Wien: Passagen 2007, S. 53-62.

Bahr, Hans-Dieter: *Die Sprache des Gastes. Eine Metaethik*. Leipzig: Reclam 1994.

Benveniste, Émile: *Indoeuropäische Institutionen. Wortschatz, Geschichte, Funktionen*. Übersetzt von Wolfgang Bayer, Dieter Hornig und Katerina

---

67 Aus jeweils unterschiedlichen Perspektiven thematisieren beispielsweise folgende Texte das Verhältnis von Tausch und Gabe: Benveniste: *Indoeuropäische Institutionen;* Derrida: *Falschgeld;* Mauss: *Die Gabe;* Starobinski: *Gute Gaben, schlimme Gaben*.
68 Vgl. Dufourmantelle: »Einladung«, S. 128ff.
69 Vgl. Derrida: »This strange institution called literature«.
70 Levinas: *Totalität und Unendlichkeit*, S. 444.

Menke. Frankfurt am Main: Campus 1993. / *Le vocabulaire des institutions indo-européennes.* Paris: Les Éditions de Minuit 1969.

Bürner-Kotzam, Renate: *Vertraute Gäste. Befremdende Begegnungen in Texten des bürgerlichen Realismus.* Heidelberg: Winter 2001.

Derrida, Jacques: *Eine gewisse unmögliche Möglichkeit, vom Ereignis zu sprechen.* Aus dem Französischen von Susanne Lüdemann. Berlin: Merve 2003. / »Une certaine possibilité impossible de dire l'événement«. In: Gad Soussana, Alexis Nouss und Jacques Derrida (Hg.): *Dire l'événement, est-ce possible? Séminaire de Montréal pour Jacques Derrida.* Paris: L'Harmattan 2001, S. 79-112.

Derrida, Jacques: *Falschgeld. Zeit geben I.* Übersetzt von Andreas Knop und Michael Wetzel. München: Fink 1993. / *Donner le temps. 1. La fausse monnaie.* Paris: Galilée 1991.

Derrida, Jacques: *Gesetzeskraft. Der »mystische Grund der Autorität«.* Übersetzt von Alexander García Düttmann. Frankfurt am Main: Suhrkamp 1996. / *Force de loi. Le »Fondement mystique de l'autorité«.* Paris: Galilée 1994.

Derrida, Jacques: *Politik der Freundschaft.* Übersetzt von Stefan Lorenzer. Frankfurt am Main: Suhrkamp 2000. / *Politiques de l'amitié.* Paris: Galilée 1994.

Derrida, Jacques: »This strange institution called literature«. In: ders.: *Acts of Literature.* Hg. von Derek Attridge. New York; London: Routledge 1992, S. 33-75.

Derrida, Jacques: *Von der Gastfreundschaft.* Aus dem Französischen von Markus Sedlaczek. Wien: Passagen 2001. / *De l'hospitalité. Anne Dufourmantelle invite Jacques Derrida à répondre.* Paris: Calman-Lévy 1997.

Dufourmantelle, Anne: »Einladung«. In: Jacques Derrida: *Von der Gastfreundschaft.* Mit einer »Einladung« von Anne Dufourmantelle. Hg. von Peter Engelmann. Wien: Passagen 2007, S. 111-144.

Dunker, Axel: *Kontrapunktische Lektüren. Koloniale Strukturen in der deutschsprachigen Literatur des 19. Jahrhunderts.* München: Fink 2008.

Etymologisches Wörterbuch des Deutschen. Hg. von Wolfgang Pfeifer. 2 Bde. Berlin: Akademie Verlag [2]1993.

Frey, Hans-Jost: *Die Autorität der Sprache.* Lana; Wien; Zürich: Edition Howeg + edition per procura 1999.

Friedrich, Peter und Rolf Parr (Hg.): *Gastlichkeit. Erkundungen einer Schwellensituation.* Heidelberg: Synchron 2009, S. 281-299.

Handke, Peter: *Mein Jahr in der Niemandsbucht. Ein Märchen aus den neuen Zeiten.* Frankfurt am Main: Suhrkamp 1994.

Hoffmann, E. T. A.: »Der Sandmann«. In: ders.: *Sämtliche Werke in sechs Bänden.* Hg. von Hartmut Steinecke unter Mitarbeit von Gerhard Allroggen. Bd. 3: *Nachtstücke. Klein Zaches. Prinzessin Brambilla. Werke 1816-1820.* Hg. von Wulf Segebrecht und Hartmut Steinecke unter Mitarbeit von Gerhard Allroggen und Ursula Segebrecht. Frankfurt am Main: Deutscher Klassiker Verlag 1985 (= Bibliothek deutscher Klassiker 7), S. 11-49.

Hoffmann, E. T. A.: »Der unheimliche Gast«. In: ders.: *Sämtliche Werke in sechs Bänden.* Hg. von Hartmut Steinecke und Wulf Segebrecht. Bd. 4: *Die Serapions-Brüder.* Hg. von Wulf Segebrecht unter Mitarbeit von Ursula Segebrecht. Frankfurt am Main: Deutscher Klassiker Verlag 2001 (= Bibliothek deutscher Klassiker 175), S. 722-772.

Kleist, Heinrich von: »Die Verlobung in St. Domingo«. In: ders.: *Sämtliche Werke. Berliner Ausgabe.* Hg. Roland Reuß und Peter Staengle. Bd. II/4. Basel: Stroemfeld / Roter Stern 1988, S. 7-94.

Koschorke, Albrecht und Andreas Ammer: »Der Text ohne Bedeutung oder die Erstarrung der Angst. Zu Stifters letzter Erzählung ›Der fromme Spruch‹«. In: *DVjs* 61 (4, 1987), S. 677-719.

Kristeva, Julia: *Fremde sind wir uns selbst.* Übersetzt von Xenia Rajewsky. Frankfurt am Main: Suhrkamp 2008. / *Étrangers à nous-mêmes.* Paris: Fayard 1988.

Lévi-Strauss, Claude: *Die elementaren Strukturen der Verwandtschaft.* Übersetzt von Eva Moldenhauer. Frankfurt am Main: Suhrkamp 1993. / *Les structures élémentaires de la parenté.* Paris: PUF 1949.

Levinas, Emmanuel: *Die Spur des Anderen. Untersuchungen zur Phänomenologie und Sozialphilosophie.* Übersetzt, herausgegeben und eingeleitet von Wolfgang Nikolaus Krewani. Freiburg im Breisgau: Alber 1983. / *Le temps et l'autre.* Montpellier: Fata Morgana 1979.

Levinas, Emmanuel: *Totalität und Unendlichkeit.* Übersetzt von Wolfgang Nikolaus Krewani. Freiburg im Breisgau: Alber 1993. / *Totalité et infini. Essai sur l'extériorité.* La Haye: Nijhoff 1961.

Liebsch, Burkhard: *Für eine Kultur der Gastlichkeit.* Freiburg im Breisgau: Alber 2008.

Lotman, Jurij: *Die Struktur literarischer Texte.* München: Fink 1972.

Mauss, Marcel: *Die Gabe. Form und Funktion des Austauschs in archaischen Gesellschaften.* Frankfurt am Main: Suhrkamp 2009. / »Essai sur le don. Forme et raison de l'échange dans les sociétés archaïques«. *Année Sociologique* 1923-1924.

Mukařovský, Jan: »Standard Language and Poetic Language«. In: Paul L. Garvin (Hg.): *A Prague School Reader on Esthetics, Literary Structure, and Style.* Georgetown: University Press 1964, S. 17-30.

Parr, Rolf und Peter Friedrich: »Von Gästen, Gastgebern und Parasiten«. In.: dies. (Hg.): *Gastlichkeit. Erkundungen einer Schwellensituation.* Heidelberg: Synchron 2009, S. 7-14.

Peyer, Hans Conrad (Hg.): *Gastfreundschaft, Taverne und Gasthaus im Mittelalter.* München: Oldenbourg 1983.

Polaschegg, Andrea: *Der andere Orientalismus. Regeln deutsch-morgenländischer Imagination im 19. Jahrhundert.* Berlin: Gruyter 2006.

Schumacher, Meinolf: »Gast, Wirt und Wirtin. Konstellationen von Gastlichkeit in der Literatur des Mittelalters«. In: Rolf Parr und Peter Friedrich (Hg.): *Gastlichkeit. Erkundungen einer Schwellensituation.* Heidelberg: Synchron 2009, S. 105-116.

Simmel, Georg: »Exkurs über den Fremden« (1908). In: ders.: *Soziologie. Untersuchungen über die Formen der Vergesellschaftung.* Hg. von Otthein Rammstedt. Frankfurt am Main: Suhrkamp 1992, S. 764-771.

Simon, Ralf: »Ikononarratologie. Bildtheoretische Grundlegung der Narratologie in der Szenographie der Gastlichkeit«. In: Alexander Honold und Ralf Simon (Hg.): *Das erzählende und das erzählte Bild.* München: Wilhelm Fink 2010, S. 303-329.

Sill, Oliver: *Literatur in der funktional differenzierten Gesellschaft. Systemtheoretische Perspektiven auf ein komplexes Phänomen.* Wiesbaden: Westdeutscher Verlag 2001.

Starobinski, Jean: *Gute Gaben, schlimme Gaben. Die Ambivalenz sozialer Gesten.* Aus dem Französischen von Horst Günther. Frankfurt am Main: Fischer 1994.

Štiks, Igor: *Die Archive der Nacht.* Übersetzt von Marica Bodrožić. Berlin: Claassen 2008. / *Elijahova stolica.* Zagreb: Fraktura 2006.

Stifter, Adalbert: »Der Kuß von Sentze«. In: ders.: *Werke und Briefe. Historisch-kritische Gesamtausgabe.* Herausgegeben von Alfred Doppler und Hartmut Laufhütte. Bd. 3,2. Stuttgart: Verlag W. Kohlhammer 2003, S. 141-174.

Viel Glück! Migration heute. Wien, Belgrad, Zagreb, Istanbul. Hg. von Vida Bakondy, Simonetta Ferfoglia, Jasmina Janković, Cornelia Kogoj, Gamze Ongan, Heinrich Pichler, Ruby Sircar und Renée Winter. Wien: Mandelbaum 2010.

Waldenfels, Bernhard: *Grenzen der Normalisierung.* Frankfurt am Main: Suhrkamp 2008.

Waldenfels, Bernhard: *Topographie des Fremden.* Frankfurt am Main: Suhrkamp 2003.

Waldenfels, Bernhard: *Verfremdung der Moderne.* Göttingen: Wallstein 2001.

GESETZ

GAST, GESETZ UND GENEALOGIE.
ADALBERT STIFTERS SPÄTE NOVELLE
»DER KUSS VON SENTZE«

EVI FOUNTOULAKIS

Für die späten Texte Stifters gilt, was auf viele Texte seiner Epoche zutrifft: Die Gäste in zahlreichen Erzählungen Stifters, Raabes oder Storms repräsentieren nicht das grundlegend Andere oder Fremde, das unerwartet hereinbricht. Vielmehr handelt es sich um die Wiederkehr alter Bekannter oder gar Verwandter, deren Besuch eine Infragestellung oder Veränderung der vorherrschenden Ordnung bewirkt.[1] Finden sich bei Kleist und Hoffmann noch buchstäblich fremde, unbekannte Gäste, so tritt dem Leser in der zweiten Hälfte des 19. Jahrhunderts öfter ein Gast entgegen, dessen vorgebliche Vertrautheit gerade irritiert. Wie Renate Bürner-Kotzam in *Vertraute Gäste – Befremdende Begegnungen in Texten des bürgerlichen Realismus* folgert: Es gibt in realistischen Erzähltexten zwar noch Gäste, aber keine Gastfreundschaft mehr – das »Erzählen von Gastfreundschaft« gelingt kaum noch.[2] Dabei kann leicht übersehen werden, dass der vermeintlich bekannte Gast noch immer über eine Ambivalenz verfügt, die einer spezifischen »gastlichen Distanz«[3] entspringt. Er markiert eine Differenz, die weder als Opposition noch Ergänzung zu verstehen ist und sich somit der Festlegung und Aneignung gleichermaßen widersetzt.[4] Doch manifestiert sich seine Ambiguität nicht mehr an der Oberfläche, als Konfrontation von Fremdem und Vertrautem, sondern als Infragestellung des Wohlbekannten, das vielleicht stärker wirkt, gerade weil es nicht über die beschwichtigende »äußere Fremde« verfügt.[5]

Eine Untersuchung des Gastes setzt die Entscheidung voraus, den Gast entweder auf die Person zu beschränken und als ein anthropologi-

---

1 Renate Bürner-Kotzam hat dies in ihrer Dissertation in einzelnen Fallstudien dargestellt, vgl. Bürner-Kotzam: *Vertraute Gäste*.
2 Ebd., S. 207.
3 Bahr: *Die Anwesenheit des Gastes* [o.S.].
4 Vgl. Bürner-Kotzam: *Vertraute Gäste*, S. 33.
5 Vgl. ebd., S. 55.

sches Fundamental zu betrachten; somit bestünde das Auswahlkriterium für zu berücksichtigende Texte allein im motivischen Vorkommen des Gastes. Betrachtet man den Gast jedoch ausschließlich aus anthropologischer Perspektive, so bleibt er auf den Bereich sozialer Oppositionen, d.h. gesellschaftlicher Rollen wie Gast, Gastgeber oder Wirt, reduziert; Hans-Dieter Bahr zufolge durchquert der Gast hingegen alle Oppositionen transversal.[6] Ihm ist eine untergründige andere Dimension zu eigen, die ihn nicht auf das Menschsein beschränkt.[7] Eine zweite Auffassung besteht folglich darin, den Gast als Universalie und Existenzial zu verstehen; die Person wird nicht zum Träger des Gastseins gemacht, sondern vom Gast her gedacht. Die Gastlichkeit wird demnach als Basis des Daseins und des Subjekts begriffen.[8] Eine solche Betrachtungsweise des Gastes als Existenzial zeitigt die Konsequenz für literarische Texte, dass das Spezifische des Gastes sich gewissermaßen als Subtext manifestiert und sich primär auf dieser Ebene untersuchen lässt.[9]

Im Vorliegenden möchte ich mich zunächst der Frage widmen, welche narratologischen Probleme sich am Gast exemplifizieren lassen, um diese anschließend am Beispiel von Stifters später Novelle »Der Kuß von Sentze« (1866) einer genaueren Analyse zu unterziehen. Diese von der Stifterforschung bislang eher wenig berücksichtigte Novelle wurde insbesondere in älteren Studien vor allem hinsichtlich ihrer lustspielartigen Anlage oder ihrer thematischen Verwandtschaft mit dem *Witiko* bzw. den anderen späten Generations-Erzählungen untersucht.[10] Zwei von diesen Zugängen abweichende Aufsätze sind jedoch hervorzuheben: In Martin Selges naturwissenschaftlicher Studie (1976), welche in den »genealogischen Merkwürdigkeiten« des Textes zunächst »bloß Kunstvorwand für die Darstellung des Problems individueller Einordnung in überindividuell verbindliche Zusammenhänge« sieht[11], wird trotz dieser Reduktion, welche die Autoreferenzialitäten des Textes ausblendet, bereits eine wesentliche Verbindung zwischen den zahlreichen Taxonomien innerhalb des Stifter-Textes und deren Implikationen für das weitere Geschehen – das Kommunizieren und Herstellen von Kategorien und Ordnung – geknüpft. Die bedeutsame zeitgeschichtliche Dimension von »Der Kuß von Sentze« wurde schließlich von Wolfgang Frühwald (1987) in seinem Aufsatz »›Tu felix Austria...‹. Zur Deutung

---

6 Vgl. Bahr: *Die Sprache des Gastes,* S. 15f. und passim.
7 Vgl. Hans-Dieter Bahrs Beitrag in diesem Band.
8 Zur Gastlichkeit als Basis des Subjekts vgl. Bürner-Kotzam: *Vertraute Gäste,* S. 31f.
9 Für die theoretische Debatte sei verwiesen auf Bahr: *Die Anwesenheit des Gastes,* Bürner-Kotzam: *Vertraute Gäste* (S. 31f.), für eine Begründung des Existenzials; Simon: »Ikononarratologie« für eine kulturwissenschaftlich-anthropologische Begründung.
10 Für eine Übersicht vgl. Mayer: *Adalbert Stifter,* S. 207. Zur *Witiko*-Parallele vgl. Enzinger: *Gesammelte Aufsätze,* S. 255-266.
11 Selge: *Poesie aus dem Geist der Naturwissenschaft,* S. 64.

von Adalbert Stifters Erzählung ›Der Kuß von Sentze‹« hervorgehoben.[12]

Im Folgenden steht nun die Frage nach dem Zusammenhang zwischen einigen erzähltheoretischen Problemen und dem Gastdiskurs im Zentrum. Die narratologischen Probleme, die sich an der Figur des Gastes exemplifizieren lassen, sind vor allem auf Figuren der Verdoppelung bzw. Wiederholung zurückzuführen und finden sich auf den unterschiedlichen Textebenen. Es wird zu zeigen sein, dass die Figur der Wiederholung dem Gastdiskurs immer schon eingeschrieben ist und jede Ankunft zugleich auch eine Wiederkehr, d.h. ihre eigene Wiederholung, impliziert. Inwiefern sich diese Überlegungen in der Genealogie und den daraus resultierenden Wiederholungsfiguren in Stifters Novelle widerspiegeln, gilt es im Folgenden zu untersuchen. Anhand der zahlreichen thematischen und motivischen Wiederholungen bzw. Verdoppelungen, insbesondere derjenigen des titelgebenden Kusses, wird auch das Verhältnis von Handlung und Darstellung sowie die Frage nach der Herstellung narrativer Kausalität reflektiert. Die »Polyperspektivität des Gastes«[13] und das erzähltheoretische Problem der stimmlichen Identität werden schließlich an die Frage nach der Zeugenschaft des Erzählens gekoppelt, die in dieser Novelle mit der Verdoppelung bzw. Vielfalt der Rollen (vornehmlich der Figur Ruperts) zusammenhängt. Die thematisch stark verknüpfte Trias, wie sie sich im Titel dieses Aufsatzes findet, soll dabei eine strukturgebende Funktion einnehmen.

1. Probleme der Narratologie

Die traditionelle, deskriptive Narratologie setzt eine Unterscheidung zwischen *histoire/story* – eine Reihe von Handlungen und Ereignissen – und *discours/discourse* – die Darstellung der Ereignisse – voraus.[14] Oftmals wird dabei von einer Priorisierung der Ereignisse ausgegangen, die als nicht-diskursive, nicht-textuelle Gegebenheiten betrachtet werden, welche der narrativen Darstellung vorausgehen.[15] Diese Voraussetzung ist jedoch gemäss Jonathan Culler problematisch: »Positing the priority of events to the discourse which reports or presents them, narratology establishes a hierarchy which the functioning of narratives often subverts by presenting events not as givens but as the products of discursive forces or requirements.«[16] Diese Unterscheidungen befinden

---

12 Vgl. Frühwald: »›Tu felix Austria...‹«.
13 Bürner-Kotzam: *Vertraute Gäste*, S. 21.
14 Trotz abweichender Terminologie werden sich in vielen Punkten überschneidende Erzählkomponenten differenziert. Zu einer Rekonstruktion der Begriffs- und Konzeptentwicklungen vgl. Schmid: *Elemente der Narratologie*, S. 245-254.
15 Vgl. Culler: *The Pursuit of Signs*, S. 171.
16 Ebd., S. 172.

sich vielmehr in einem Abhängigkeitsverhältnis bzw. in »irreconcilable opposition«.[17] Die Darstellung der Ereignisse (der Bericht über das Ereignis) ist zugleich die Erschaffung des Ereignisses und seine Interpretation.[18] Oder in den Worten Derridas: »Ein ›Machen‹ des Ereignisses substituiert sich in aller Heimlichkeit seiner Mitteilung.«[19] Die Frage nach der Hierarchie bzw. dem Verhältnis von Ereignis und Darstellung soll anhand Stifters Novelle hinsichtlich des titelgebenden Kusses diskutiert und für die Frage nach der Herstellung von Kausalität frucht-bar gemacht werden.

Das sprachliche Ereignis ist zwar nicht direkt als narratologisches Problem zu betrachten, aber für die Frage nach der Wiederholung von Bedeutung: Das Rede-Ereignis ist, wie seine sprachliche Natur es bedingt, wiederholbar; durch die (potenzielle) Iterabilität der Worte verliert sich das singuläre Moment des Ereignisses, welches zunächst als seine Vorbedingung galt. Bereits bei seinem ersten Auftreten ist dem Sprachereignis also die Möglichkeit der Wiederholung inhärent. Die Wiederkehr des Ereignisses ist Teil des (inauguralen) Ereignisses, was zu seiner gespenstischen Wahrnehmung führt:

> Ich habe vorhin gesagt, dass das Sprechen vom Ereignis eine Art unvermeidlicher Neutralisierung des Ereignisses durch Iterabilität voraussetzt, dass das Sprechen immer die Möglichkeit mit sich trägt, etwas noch einmal zu sagen. [...] sobald ich spreche, bediene ich mich wiederholbarer Worte, und die Einzigartigkeit verliert sich in dieser Iterabilität. [...] Dass es in der absoluten Singularität [...] sofort, von [...] dem ersten Auftauchen des Ereignisses an, Iterabilität und Wiederkehr gibt – das macht, dass die Ankunft des Ankömmlings – oder das Eintreten des inauguralen Ereignisses – nur als Wiederkehr, Heimsuchung und Spuk erlebt werden kann. [...] Diese Heimsuchung ist die gespenstische Struktur der Erfahrung des Ereignisses, und sie ist absolut wesentlich.[20]

Nicht zufällig wird hierfür das Beispiel des ankommenden Gastes beigezogen: auch die erstmalige Ankunft desselben ist eine Wiederkunft,

---

17 Ebd., S. 187.
18 Vgl. Derrida: *Eine gewisse unmögliche Möglichkeit,* 23f. Vgl. auch J. Hillis Miller, der die Etymologie von *narration* ([g]narration) zugleich als *gnosis* und *diagnosis* deutet: »To narrate is to retrace a line of events that has already occurred, or that is spoken fictively as having already occurred. [...] A (g)narration is a gnosis, a retelling by one who knows. It is also a diagnosis, an act of identifying or interpreting by a discriminating reading of signs.« Miller: *Reading Narrative,* S. 47.
19 Ebd., S. 24.
20 Derrida: *Eine gewisse unmögliche Möglichkeit,* S. 36ff. Der Begriff der Heimsuchung tangiert Freuds Definition des ›Unheimlichen‹: »[...] dies Unheimliche ist wirklich nichts Neues oder Fremdes, sondern etwas dem Seelenleben von alters her Vertrautes, das ihm nur durch den Prozeß der Verdrängung entfremdet worden ist.« Freud: »Das Unheimliche«, S. 264.

eine »paradoxe Rückkehr zum Ort, wo wir nie waren«.²¹ So ist einerseits die Ankunft »das Neue schlechthin«²², womit sie die eine zentrale Vorbedingung des Ereignisses, das Moment der Singularität erfüllt. Zugleich birgt sie ihre Wiederkehr im (impliziten) Versprechen der Wiederholung bzw. Wiederholbarkeit:

> Selbst wenn ich den, der kommt, jenseits meiner Aufnahmefähigkeit willkommen heiße, muss ich seine Einkehr als Wiederkehr begrüßen – und das gilt für den Ankömmling ebenso wie für das Ereignis. Das heißt nicht, dass sie nicht Neues bringen, im Gegenteil: die Ankunft ist das Neue schlechthin. Aber die Neuigkeit dieser Ankunft enthält in sich selbst die Wiederkehr. Wenn ich einen Besucher willkommen heiße, einen unerwarteten Besucher zumal, muss das jedes Mal eine einzigartige Erfahrung sein, sonst ist es kein unvorhersehbares, singuläres und unersetzliches Ereignis. Gleichzeitig muss aber noch auf der Schwelle des Hauses und schon bei der Ankunft des Unersetzlichen die Wiederholung vorausgesetzt sein. ›Ich heiße dich willkommen‹ bedeutet: ›Ich werde dich wieder willkommen heißen.‹ [...] Das Versprechen der Wiederholung muss schon in den ersten Worten enthalten sein.²³

Für Derrida ist durch diesen performativen Sprechakt die Möglichkeit der Wiederholung jeder Ankunft gegeben: Die gastliche Begegnung geschieht immer schon im Zeichen des Abschieds; das Versprechen der Aufnahme ist als Versprechen, den Anderen *wieder* bei sich aufzunehmen, zu verstehen. Der gespenstische Charakter aber ist ihr durch die implizierte Iterabilität bereits zu Beginn inhärent. Während bei Derrida das Argument der Performativität des Sprechereignisses im Vordergrund steht, lässt sich die Wiederkehr bzw. Heimsuchung am Beispiel der Gastfreundschaft auch historisch begründen, indem auf die Vererbbarkeit einmal gewährter Gastfreundschaft von einem Vor- auf seine Nachfahren hingewiesen wird.²⁴ Im Folgenden wird zu untersuchen sein, inwiefern sich diese Überlegungen zur gespenstischen Heimsuchung in der Genealogie und den daraus resultierenden doppelgängerisch-stellvertretenden Wiederholungen bzw. Verdoppelungen in Stifters Novelle widerspiegeln.

Besondere Aufmerksamkeit soll auch denjenigen Fragen geschenkt werden, die innerhalb der Erzähltheorie als »Probleme« verhandelt werden; so finden sich beispielsweise in der *Einführung in die Erzähltheorie* von Martinez/Scheffel folgende »Probleme«:

> Das Problem der Perspektivierung des Erzählten wollen wir hier unter den Begriff der *Fokalisierung* fassen. [...]

---

21 Bahr: *Die Sprache des Gastes*, S. 81.
22 Derrida: *Eine gewisse unmögliche Möglichkeit*, S. 39.
23 Ebd.
24 Vgl. Bahr: *Die Sprache des Gastes*, S. 71-76.

Anknüpfend an die bereits im letzten Kapitel vorgestellte Unterscheidung zwischen den Fragen ›Wer sieht?‹ und ›Wer spricht?‹ wollen wir im Folgenden unter der Kategorie der *Stimme* all die Probleme behandeln, die den Akt des Erzählens und damit neben der Person des Erzählers auch das Verhältnis von Erzähler und Erzähltem sowie von Erzähler und Leser/Hörer betreffen.[25]

Grundschwierigkeiten – oder, mit anderen Worten, grundlegende Verdoppelungen im narrativen Text – betreffen v.a. die Erzählperspektive (die [Un-]Möglichkeit der Unterscheidung zwischen Erzähler, Figur, Stimme usw.) und das Problem, die Zuverlässigkeit des Erzählers feststellen zu müssen. Auch Martinez/Scheffel weisen auf die eigentliche Schwierigkeit hin, die in der Natur des literarischen Textes begründet liegt: er verfügt über keinerlei konventionelle oder referenzielle Bezeugung.[26] Innerhalb der Texte werden unterschiedliche Autorisierungsversuche vorgenommen, die an Stelle der mangelnden Referenz treten sollen; diese beanspruchen ihre Autorität jedoch oft im Hinblick auf Konventionen (der Autor als Gewährsmann, die innerhalb der literarischen Welt geltenden Gesetze usw.).

Anders bei Derrida: Indem das sprachliche Ereignis des literarischen Textes auf Singularität und dem impliziten (performativen) Versprechen »Je te dois la vérité dès lors que je te parle«[27] basiert, kommt der Ebene zwischen erzählter und erzählender Stimme besondere Bedeutung zu. Der selbstautorisierende Text verfügt mit dem *Akolyten* über eine die performative Dimension des literarischen Textes unterstreichende begleitende »Figur« – der *Akolyt* ist der Zeuge, die Beglaubigungsinstanz des Erzählten, wiewohl die Aussagen im literarischen Text nicht verifizierbar sind:

> Selon l'étymologie et selon l'usage, l'acolyte accompagne en vue de suivre et d'assister. C'est un sujet attaché, qui suit l'autre, l'écoute et s'accorde à lui comme son ombre. Il *assiste* en un double sens: il est présent et il aide, il supplée. Le suppléant peut aider un prêtre à l'église (service de l'*akolouthia*), sens d'abord le plus fréquent. Il peut aussi devenir le complice d'une action suspecte, voire coupable, même si [...] il n'est pas lui-même le «sujet de l'action». [...] De façon structurelle et régulière, l'*acolyte* prend ainsi [...] une figure *anacolytique*.[28]

Der Akolyt ist der »Andere«, dessen Aufgabe in der *Akolouthia* besteht, dem Begleiten der Stimme. Doch diese Zeugenfunktion wirkt nicht reduzierend oder unifizierend, sondern stellt eine (stimmliche) Verdoppelung dar, womit eine Zweideutigkeit bzw. Mehrstimmigkeit einsetzt,

---

25 Martinez/Scheffel: *Einführung in die Erzähltheorie*, S. 63 und 68. Herv. i. Orig.
26 Vgl. Martinez/Scheffel: *Einführung in die Erzähltheorie*, S. 68f.
27 Derrida: *Le parjure*, S. 19.
28 Ebd., S. 19.

und somit auch eine mögliche Abweichung (darauf weist Derrida mit der anakolytischen Figur hin). Zugleich wird damit deutlich, dass es sich um ein spezifisches Prosaproblem handelt: Fokalisierung, temporale Verhältnisse (suggerierte Zäsur zwischen Geschehen und Erzählung), Nähe und Distanz zwischen Erzählstimme/Figur usw. sind in Prosatexten durch die vermittelnde Erzählinstanz anders geartet.

Worin besteht nun der Zusammenhang zwischen der Figur des Gastes und den Problemen des Erzählens? Der Gast als *tertium non datur*, der ungegebene Dritte[29], geht über die binären Oppositionen der strukturalistischen Erzähltheorie hinaus; an ihm machen sich zahlreiche Verdoppelungen bemerkbar, für die auch die traditionelle Narratologie keine abschließende befriedigende Lösung gefunden hat, wie beispielsweise die Ambivalenz der Trennung der Ebenen von *discourse* und *story*[30], von Figur, Erzähler und Erzähltem[31] u.v.m.

Das gastliche Ereignis kann als eines betrachtet werden, das die Verdoppelungen in sich bereits auf der Figurenebene inkorporiert: der Gastgeber wird in einer chiastischen Bewegung zum Gast seines Gastes[32]; daraus lässt sich folgern, dass eine Untersuchung obengenannter narrativer Fragestellungen in diesem Kontext besonders lohnend sein müsste. Der Rollentausch zwischen Gast und Gastgeber (auf der Handlungsebene) könnte – um vorerst in narratologischer Terminologie zu verbleiben – seine Entsprechung (bzw. Verdoppelung) auf der Darstellungsebene finden, wenn beispielsweise Rupert in Stifters »Der Kuß von Sentze« als Ich-Erzähler agiert, dem (als Objekt sowie als Zeuge) zugleich ein mysteriöses Erlebnis widerfährt und der von der Aufklärung desselben berichtet. Damit findet aber eine seltsame Kontamination der Rollen von ›Opfer‹, Zeuge, Berichterstatter und verspätetem Aufklärungsleister in der Personalunion Ruperts statt. Die Figur des Gastes soll in »Der Kuß von Sentze« nicht zuletzt unter dem Standpunkt der performativen Dimension der Zeugenschaft des Erzählens untersucht werden.

2. »Der Kuß von Sentze«

Die (Binnen-)Erzählung in der Novelle »Der Kuß von Sentze« wird vom Rahmenerzähler als Teil der Chronik der Familie von Sentze ein-

---

29 Vgl. Bahr: *Die Sprache des Gastes,* S. 41ff.
30 Vgl. Culler: *The Pursuit of Signs,* S. 171.
31 Vgl. Derrida: *Le parjure,* S. 58ff.
32 Vgl. Derrida: *Von der Gastfreundschaft,* S. 90: »Der Gast wird zum Gastgeber des Gastgebers«; und Simon: »Ikononarratologie«, S. 306, der den »symbolischen Tausch von Wirt und Gast« als »Kern« des »Gesetz[es] der Gastfreundschaft« versteht.

geführt.[33] Die alte Familie von Sentze verdankt ihre »Blüthe« (HKG 3,2,147) der Tradition bzw. »Satzung« (HKG 3,2,144) eines Friedenskusses, welcher wiederholt Streit zwischen Familienmitgliedern zu schlichten vermochte. Die beiden letzten Vertreter der Familie, der Binnenerzähler Rupert und seine Kusine Hiltiburg, sollen sich auf Wunsch ihrer Väter nicht nur den Friedens-, sondern den Liebeskuss geben[34], um das Fortbestehen der Familie sicherzustellen. Rupert besucht seine Kusine Hiltiburg, eine Ehe scheint aber aufgrund von Hiltiburgs »Prunksucht«[35] nicht in Frage zu kommen. Vor seiner heimlichen Abreise in den Radetzky-Feldzug nach Italien erhält Rupert jedoch von einer im finstern Flur unerkannt bleibenden Frau einen Kuss, den er als »tiefes Geheimniß« versteht (HKG 3,2,156). Nach Jahren trifft er wieder auf die nunmehr stark veränderte Kusine. Rupert und Hiltiburg sollen sich auf Wunsch der Väter wenigstens den Friedenskuss geben. Als sie sich küssen, erkennt Rupert den Kuss aus jener Nacht wieder. Statt des Friedenskusses geben sie sich den Liebeskuss. Es kommt zur Eheschließung durch die Väter, und das Fortblühen des Geschlechtes ist vorerst gesichert (HKG 3,2,174).[36]

2.1 Hospitalität und Hostilität

Die Novelle basiert strukturell auf einer Aneinanderreihung von Gastverhältnissen: Der Binnenerzähler Rupert kann seinen familiären (d.h. väterlichen) Auftrag, die Kusine zu besuchen und bei gegenseitigem Gefallen zu ehelichen, um dem eigenen Geschlecht neue Nachkommen zu sichern, nur ausführen, indem er ununterbrochen die Rolle des Gastes einnimmt. Indem er jedoch die Stelle des Gastes allenorten ›besetzt‹, kann kein exogamer Verkehr stattfinden; Exogamie – die kulturbegründende Funktion der Gastfreundschaft[37] – wird dadurch verunmöglicht, und nur eine endogame Verbindung bietet sich an. Die gerade dem In-

---

33 Stifters »Kuß von Sentze« wird nach der *Historisch-kritischen Gesamtausgabe* unter Angabe von Band- und Seitenzahl zitiert [im Folgenden: HKG].
34 »Weil nun der Kuß nicht blos den Streit verhindern, sondern auch Liebe erzeugen konnte, so theilten ihn die Sentze in zwei Arten ein. Den Liebekuß nannten sie den Kuß der ersten Art, oder schlechtweg den ersten Kuß, den Friedenskuß nannten sie den Kuß der zweiten Art, oder schlechtweg den zweiten Kuß.« (HKG 3,2,144f.)
35 Mayer: *Adalbert Stifter*, S. 208.
36 Auf inhaltliche Parallelen zu »Der fromme Spruch« braucht hier kaum eigens hingewiesen zu werden.
37 Vgl. Lévi-Strauss: *Die elementaren Strukturen der Verwandtschaft,* S. 57: »Als eine Regel, die das umfaßt, was ihr in der Gesellschaft am fremdesten ist, doch zugleich als eine gesellschaftliche Regel, die von der Natur das zurückhält, was geeignet ist, über sie hinauszugehen, ist das Inzestverbot gleichzeitig an der Schwelle der Kultur, in der Kultur und, in gewissem Sinne [...], die Kultur selbst.«

zest entrückte verwandtschaftliche Beziehung gefährdet den hospitablen Austausch grundlegend, indem sie ihn auf die nächstmögliche Verbindung am Rand der Kernfamilie reduziert.

Die Gastbesuche sind intrikat verschachtelt bzw. befinden sich in einem chiastischen Verhältnis: Gast und Gastgeber besuchen sich innerhalb des Hauses gegenseitig in ihren jeweiligen Gemächern. Bezeichnenderweise führt auch Hiltiburg ein Dasein als Gast – zunächst bei der Base Laran und anschließend bei ihrem zurückgezogen lebenden Vater, wo bereits Rupert zu Gast ist. Nach dem zur Wende führenden Friedens- bzw. Liebeskuss bleibt sie bei ihrem Vater (in einem ähnlichen, faktisch ebenso unmündigen Verhältnis wie Rupert), bis sie mit Rupert – so der Rahmenerzähler am Ende – nach Jahren die gestreifte Sentze bezieht, noch immer flankiert von den beiden väterlichen Häusern, der roten und weissen Sentze.[38] Während die Gastgeber immer auch Herren und Besitzer von Höfen und Sitzen darstellen, tritt Rupert (außer in chiastischem Wechsel) nie selbst als Gastgeber in Erscheinung, bis er schließlich mit Hiltiburg (als ständigem Gast[39]) einen eigenen Hausstand gründet. Rupert befindet sich somit zuvor nie bei sich, sondern eilt ständig von Gastgeber zu Gastgeber; dabei dient ihm immer ein formaler Grund als Anlass, um die nicht sehr vertrauten Verwandten zu besuchen.

Damit sind bereits die beiden grundlegenden Handlungslinien, die nicht ungebrochen und linear verlaufen, aufgezeigt: eine erste, die im väterlichen Auftrag zur Eheschließung mit Hiltiburg besteht, die jedoch zunächst zu misslingen scheint, so dass die zweite in Form des Familiengesetzes, des institutionellen Rahmens, in Kraft tritt: statt des Liebes- bzw. Ehekusses sollen die beiden Cousins sich den Friedenskuss geben.

Diese zweite Handlungsmaxime bzw. Satzung bildet das grundlegende Prinzip: es handelt sich nicht um einen individuell an Rupert erlassenen Auftrag, sondern um eine das ganze Geschlecht betreffende Handlungsanordnung bzw. Vor-Schrift (HKG 3,2,144 respektive 158). Die familiäre Grundstruktur basiert demzufolge offensichtlich nicht auf Hospitalität, sondern auf Hostilität:[40] Das innerfamiliäre Vertrauensverhältnis scheint derart gestört, dass zur Erhaltung des Geschlechtes

---

38 Zur Farbsymbolik vgl. Frühwald: »»Tu felix Austria...«‹‹, S. 38f.
39 Vgl. Bahr: *Die Sprache des Gastes,* S. 66. Für den Mangel einer »Gästin« vgl. ebd., S. 65-71.
40 Es lässt sich jedoch aus der Hostilität bzw. Ungastlichkeit gerade die Gastlichkeit betrachten, vgl. Simon: »Die Nacht des Gastes«, S. 265: »Weil in der Ungastlichkeit diejenige Radikalität der Negation sichtbar wird, die zu verhindern die Gastlichkeit antritt, taugt gerade die Ungastlichkeit dazu, die Semantik der Gastlichkeit zu verstehen.«

ein präventives Versprechen, ein Vertrag zur Friedfertigkeit in Form eines Friedenskusses gegeben werden muss.[41]

Das Gesetz verhält sich hostil zur Gastlichkeit[42], doch die Gesetze dominieren bei Stifter. Anstelle von echter Gastfreundschaft kann die ganze Geschichte als permanenter Versuch gelesen werden, durch Konvention, d.h. durch Rituale und Gesetze (die Familiensatzung) Hostilität auszuräumen. Die geschilderten Umstände bestehen in Verrat (der genealogische Judaskuss), Krieg (buchstäblich: der Radetzky-Feldzug) und Hostilitäten zwischen den Figuren (Rupert empfindet »etwas wie Verachtung« und glaubt, »etwas wie Haß« in Hiltiburgs Augen zu sehen [HKG 3,2,153]). Im Vertrauen auf das durch Vertragsküsse gegebene Wort kann bestenfalls ein Waffenstillstand geschlossen, nicht aber Hostilität endgültig getilgt werden.[43]

2.2 GENEALOGISCHE STRUKTUREN

Dass das (sprachliche) Ereignis seine eigene Wiederholung enthält und es deshalb nur als gespenstische Heimsuchung erfahren werden kann, wurde eingangs bereits angesprochen. Auch Gastbegegnungen stehen immer im Zeichen der Wiederholung, des Abschieds und der Wiederkehr.[44] Gründe dafür finden sich auf unterschiedlichsten Ebenen, so in der Betrachtung des Gastes als »Gast aus Väters Zeiten«[45], in dem sich

---

41 Ohnehin mutet es paradox an, dass der Friedenskuss, dessen Bezug zum Judaskuss explizit gemacht wird, eine vertragliche Vereinbarung darstellt, damit der Verrat, den der Judaskuss symbolisiert, *nicht* eintrifft.

42 Vgl. Bahr: *Die Sprache des Gastes*, S. 251. Zum paradoxen Verhältnis »eines Rechts auf und einer Ethik der Gastfreundschaft« vgl. auch Derrida: *Von der Gastfreundschaft*, S. 27: »Das Gesetz der Gastfreundschaft, das formale Gesetz, das das allgemeine Konzept der Gastfreundschaft regiert, erscheint als paradoxes, pervertierbares oder pervertierendes Gesetz. Es scheint nämlich zu bestimmen, daß die absolute Gastfreundschaft mit dem Gesetz der Gastfreundschaft als Recht oder Pflicht, mit dem Gastfreundschafts-›Pakt‹, brechen muß.«

43 Vgl. Frühwald: »›Tu felix Austria...‹«, S. 40, demgemäss »Friedensschlüsse der Welt nur als Waffenstillstände, keineswegs als das ›Ende aller Hostilitäten‹« möglich sind.

44 Vgl. Bahr: *Die Sprache des Gastes*, S. 81: »Die Wiederkehr des Fremden widerfährt dem Heimischen als die Heimsuchung, durch welche sein gewöhnliches Zunächstsein entnähert und gespalten wird.« und ders.: *Die Anwesenheit des Gastes* [o.S.]: »Der Gast gibt sich *als Gast* zu erkennen erst in einer bestimmten *gastlichen Distanz*, die sich zeigt in der Weise vergehender Ankunft und kommenden Abschieds.«

45 Bahr: *Die Sprache des Gastes*, S. 72, im Sinne der Rückführung auf den Geist der Ahnen. Auf einer anderen Ebene angesiedelt sieht Derrida die Repräsentation durch den Familiennamen zwar konventionalisiert, aber gleichzeitig als Exklusionsmoment im Hinblick auf die unbedingte Gastfreundschaft. Vgl. Derrida: *Von der Gastfreundschaft*, S. 26f.

der genealogische Aspekt bereits einschreibt; in der Aufnahme des Gastes als Weder-Abzuweisenden-noch-zu-Integrierenden; und, vor allem, in der sprachlichen Adressierung des Gastes: im Versprechen der Aufnahme, das immer zugleich ein Versprechen der Wiederholbarkeit der Aufnahme enthält. Die gespenstische Heimsuchung durch den Gast findet sich hier durch den zwar nicht fremden, aber dennoch befremdlichen Verwandten personifiziert. Rupert ist mehr als die Verkörperung seiner selbst – er trägt mit seinem Namen zugleich die ganze Ahnenfolge mit sich und befindet sich somit in einem Prozess unheimlicher Wiederkehr.[46] Im Gast ist zugleich das Gespenst seiner Vorfahren eingeschrieben[47], was sich nicht nur in der Wiederholung der Ereignisse zeigt, indem die letzten Nachkommen eines Geschlechts einander ehelichen, wie es einige Generationen zuvor den Ahnen ergangen war.[48] Es betrifft auch die Einbettung von Ruperts Bericht in die Gesamtheit der Familienchronik. Die dargelegten Ereignisse bzw. die Binnenerzählung Ruperts werden vom Rahmenerzähler folgendermaßen eingeführt: »Wir theilen aus der letzten Schrift des weißen Hauses Folgendes mit« (HKG 3,2,145).[49] Während der Rahmen von einem Wir-Erzähler gesprochen wird, fungiert Rupert als Ich-Erzähler und Hauptfigur der Binnennarration, d.h. als Verfasser der »Schrift«[50], worin er die Ereignisse von seiner Mündigwerdung bis zu seiner Vermählung berichtet. Der Rahmenerzähler untermalt den chronikalischen Charakter bzw. die Funktion der »Schrift«, indem er selbst eine genealogische Aufzählung vornimmt. Mit dem Aussterben des Namens jedoch droht der Familienchronik das Ende.[51]

---

46 Unterstrichen noch durch die Wirkung der Tatsache, dass auch die Vornamen (Re)duplikationen sind: vgl. HKG 3,2,145.

47 Vgl. Bahr: *Die Sprache des Gastes*, S. 71-76 und 221-235.

48 Vgl. HKG 3,2,144. – Vgl. auch Friedrich Roderers Erfüllung des »freiwilligen« Roderer-Schicksals, demgemäss jeder Vertreter des Geschlechtes »immer etwas Anderes erreicht hat, als [er] mit Heftigkeit angestrebt hat« (HKG 3,2,49); oder das zeitlich verschobene Überkreuz-Verlieben der Generationen bzw. die Projektionen dieser Art in »Der fromme Spruch.«

49 Unklar bleibt, ob es sich bei der »letzten Schrift« um die aktuellste oder die letzte (d.h. ohne nachfolgende Nachkommen) handelt, was mit dem Aussterben des Geschlechts gleichzusetzen wäre, oder ob es auf den Umstand hinweist, dass die von Sentze von der weissen in die gestreifte Sentze disloziert sind (oder ob die Chronik sich gar mit der Dokumentation des letzten Friedens-/Liebeskusses aufhebt).

50 Auch als ›Schrift‹ im Sinne eines sprachlichen Archivierens der Geschehnisse liegt eine Wiederholung vor.

51 Die beiden letzten verbliebenen Sentze sollen der Familie zu neuer »Blüthe des Stammes« (HKG 3,2,147) und somit zur Fortführung der Chronik verhelfen (wie auch in der letzten Stifter-Erzählung »Der fromme Spruch«). Die Motivation für eine Verbindung zwischen Rupert und Hiltiburg bleibt – abgesehen von einer allfälligen Besitzaufteilung – weitgehend unklar, denn nur Hiltiburg würde ihren Namen verlieren. Erb-

Die beiden Ebenen von Rahmen- und Binnenerzählung sind in einer Art Metalepse miteinander verknüpft: Die Wir-Stimme der Rahmenerzählung enthält zugleich das Ich des Erzählers bzw. inkorporiert es in ihr »Schrift«-Archiv. Die Genealogie, von der die Ahnen im Plural sprechen, schreibt sich nur durch das Individuum Rupert fort, doch schreibt er sich zugleich ein und wird somit Teil des kollektiven »Wir«.[52] Somit gibt Rupert sich einerseits als Stellvertreter bzw. Derrida'scher »suppléant«[53] seiner Vorfahren, indem er sich in das »Wir« der Ahnenrede einschreibt; andererseits fungiert er aber auch als ihr Doppelgänger, indem sich das »Schicksal« des »Junker[s]« und »Fräulein[s]« vor ungenannten Generationen wiederholt, die sich als letzte Familienvertreter ebenfalls ehelichten (HKG 3,2,144).

Durch die genealogische Anlage der Erzählung ergibt sich ein komplexes Verdoppelungsgefüge. Dieses beginnt mit dem Aufzählungssystem der Familiengenealogie und der Aufzählung der Kuss-Genealogie in der Rahmenerzählung, die im doppelten Sinne eine Vor-Schrift darstellt: indem sie vorangestellt ist, aber auch, indem sie den symbolischen Charakter eines generischen (bzw. patriarchalen) Gesetzes festigt: Die Frage nach der Herkunft ist eine der wichtigsten im Gastdiskurs – unabhängig davon, ob die Frage zugelassen ist[54], ob sie als Gabe gegeben wird[55] oder nicht usw. In der Familienchronik der Sentze wird die Herkunft (bzw. eine Version davon) aller von Sentze festgeschrieben.[56] Die Namensvererbung, die die Darstellung einer Genealogie erst ermöglicht, besagt aufgrund der unsicheren Vaterschaft in Zeiten vor der Einführung von DNS-Tests, dass der Name des Vaters vererbt wird.[57] Generisch (zeugend) wirkt zunächst nicht

---

rechtliche Motive hingegen sind unwahrscheinlich, denn ab dem 18. Jh. waren in Österreich Töchter gegenüber Söhnen diesbezüglich nicht mehr benachteiligt. Vgl. Neuwirth: »Die lieben Erben«.

52 Mit einem Stifter-»Nachfahren« gesprochen: »Mit einem Ahnherrn in mir bin ich nicht mehr nur Einzahl«, vgl. Handke: *Die Wiederholung*, S. 190.
53 Derrida: *Le parjure*, S. 55.
54 Vgl. Bahr: *Die Sprache des Gastes*, S. 251ff.
55 Zur Erzählung des Gastes als Gabe vgl. den Beitrag von Ralf Simon in diesem Band.
56 Die Frage der Zukunft hingegen stellt sich – und das mag bei Generationenerzählungen erstaunen – kaum. In den letzten beiden Erzählungen, »Der Kuß von Sentze« und »Der fromme Spruch«, gilt: wenn die potenziellen Nachkommen der soeben vermählten letzten Vertreter des Geschlechts auch nicht außerhalb des Geschlechts heiraten sollen, kommt nur Inzest in Frage, der nicht nur sittlich verwerflich, sondern auch der »Blüthe« von Geschlechtern genetisch nicht zuträglich ist (HKG 3,2,147). Muss nicht allein schon deshalb die Möglichkeit eines erneuten Liebeskusses getilgt werden und die Chronik der Küsse in der Familienschrift mit Ruperts Eintrag enden? (Der Leser erfährt nichts darüber, wie das bereits zitierte »Fräulein« und der »Junker« früherer Generationen dieses Dilemma gelöst haben.)
57 Bahr: *Die Sprache des Gastes*, S. 66f.

unbedingt die Biologie, sondern der Akt der Verschriftlichung: Ruperts Eintrag in der Chronik wird selbst Teil der Genealogie sein (s. oben). Die generische Schrift folgt dem patriarchalischen Gesetz, inkorporiert Individuen und macht diese »zu Mit-Gliedern eines Geschlechterganzen, das über die lebende Sippe hinausreicht [...]«.[58]

Die Autorität befindet sich, wie in »Der fromme Spruch« (dort aber ironisch verdeckt), fest in den Händen des jeweiligen *pater familias* (im vorliegenden Falle – symbolisch verdoppelt – in den Händen der beiden Väter). Das wird bezeugt durch die individual-rechtliche Familiensatzung, aber auch durch die Eheschließung von Rupert und Hiltburg. Diese Ehe wird in zweifachem Sinn »im Namen des Vaters« geschlossen – buchstäblich im Namen derer von Sentze, aber auch metaphorisch: Die Zeugen dieses Bundes sind »alle [...] näheren und ferneren Verwandten«, während der Befehl zu dem das eheliche Bündnis besiegelnden Kuss von den Vätern ausgeht:

> Als wir nach der Feierlichkeit uns in dem Saal versammelt hatten, ich in der schweren Kleidung der Palsentze und Hiltburg in einem reicheren Schmucke, als sie je einen gehabt, und als wir uns auf den Befehl unserer Väter den Kuß der Ehe gegeben hatten, rief mein Vater: »Das ist ein Liebeskuß der Palsentze, möge nie mehr in dem Geschlechte noth sein, daß ein Friedenskuß gegeben werde.«
> (HKG 3,2,174)

Die Ahnen sind im Familiennamen als Geister der lebenden, somit hospitierenden Figuren bzw. Gastgeber präsent. Ungewöhnlich ist eine Eheschließung, in der nicht auf Gott als Zeugen und Richter (oder zumindest seinen irdischen Stellvertreter) verwiesen wird. Doch die Familiensatzung weist auf eine gewisse Distanz zu Autoritäten außerhalb der Familie hin – ob sich die Väter bei der Eheschließung (so wie die Urväter bei der Kuss-Gesetzgebung) auf eine patriarchalische Abstammung bis zu einer göttlichen Herkunft berufen wollen, sei hier als mögliche Lektüre nur angedeutet.[59]

Die primäre Fokussierung auf den Namen bildet eine der auffälligsten Parallelen innerhalb Stifters Generationserzählungen »Nachkommenschaften«, »Der Kuß von Sentze« und »Der fromme Spruch«: Nicht nur sind die Mütter abwesend (mit zunehmender Tendenz: in »Nachkommenschaften« ist Susannas Mutter im Hintergrund vorhanden, in »Der Kuß von Sentze« sind nur noch die Väter übrig und in »Der fromme Spruch« werden die Eltern ganz ersetzt), es handelt sich auch buchstäblich um die Weiterführung der patriarchalen (Namens-)Linie,

---

58 Bahr: *Die Anwesenheit des Gastes* [o.S.].
59 Vgl. das Beispiel von Glaukon und Diomedes in Bahr: *Die Anwesenheit des Gastes* [o.S.]: »Das ›Vom Vater‹ verweist natürlich auf eine patriarchalische Abstammung. Es gehörte zum Adel eigener Herkunft, daß sie auf den *einen*, den göttlichen oder heldischen Ursprung zurück beziehbar ist.«

was durch die Auflistung ganzer Stammbäume in allen drei Erzählungen (manche mehr in die Horizontale, manche stärker in die Vertikale ausgreifend) unterstrichen wird. Nur über den primären Benennungsakt – die Taufe – scheint Ordnung und Identität möglich bzw. festschreibbar zu werden.[60] Etymologie und Genealogie gehören zusammen, denn die Kontinuität des Namens garantiert Besitz und (nominelle) Eindeutigkeit.

Der evidente Mangel an objektiven Begründungen der Eheschließung[61] zwischen den Cousins Rupert und Hiltiburg unterstreicht den Versuch, das Geschlecht bzw. seinen Namen rein zu halten, wie bereits in der Rahmenerzählung angedeutet wird: »Die Sentze behaupteten, sie stammen von dem uralten Geschlechte der Palsentze, oder sie seien eigentlich dieses Geschlecht selber [...]. Später sei durch Mißbrauch des Wortes der Name Palsentze zu Sentze verstümmelt worden, was wieder geordnet werden müsse.« (HKG 3,2,145). Die ›reinste‹ Linie des väterlichen Namens bzw. Stammbaums würde durch die gänzliche Vermeidung exogener Einflüsse geschaffen; idealerweise ginge sie aus einer nichtgeschlechtlichen Fortpflanzung – quasi einer bryologischen Vermehrung – hervor. Da sich aber bei Menschen, anders als bei Moosen, kein Generationswechsel zwischen geschlechtlicher und ungeschlechtlicher Fortpflanzung findet, wäre sie als Ergebnis des sexuellen Zeugungsaktes zugleich inzestuös bzw. im Falle einer gleichgeschlechtlichen Generation eine biologische Unmöglichkeit.

Wenn in »Der fromme Spruch« das »Inzestverlangen«[62] im Vordergrund steht, so stellt sich in »Der Kuß von Sentze« die Frage, ob sich in dieser explizit patrilinear begründeten »Blüthe« des Geschlechtes auch in der Vätergeneration Inzest als Subtext aufdecken lässt.[63] So wie die Geschwister Gerlint und Dietwin in »Der fromme Spruch« Küsse auf

---

60 Die Forschungsliteratur hat vielfach die Bedeutung der Ordnung durch Sprache in den späten Stiftertexten festgehalten (vgl. Koschorke/Ammer: »Der Text ohne Bedeutung«, S. 710-713). In den Generationenerzählungen lässt sich dies nochmals unterstreichen: Stifter betreibt zwar keine Etymologie – d.h. die Transformation von »semantische[r] Unklarheit durch einen Rückgang auf semantisch Ursprüngliches zu Klarheit« (Ehlich: *Sprache und sprachliches Handeln*, Bd. 1, S. 97) – im üblichen Sinne, erzeugt aber generische Ordnung durch das Herstellen von Stammbäumen und die damit einhergehende nominalistische (wörtliche) Taxonomie mittels Rückführung auf den ursprünglichen Stammesvater. Es ist eine alte Annahme, Stifter zu teilen scheint, dass die »Wahrheit der Wörter [...] durch den Rückgang zu den Ursprüngen, zur ›origo‹, aufgeklärt werden« könne (ebd.).

61 Vgl. Anm. 51.

62 Koschorke/Ammer: »Der Text ohne Bedeutung«, S. 686.

63 Auf sprachliche Mimesis des Inzests weist die zwischen verwandtschaftlichen Graden nicht unterscheidende Deixis hin: »Base« und »Vetter« sind die – sprachlich vom Inzest entrückten – Anredeformen, die jeweils für alle Verwandten desselben Geschlechts (Kusine, Tante; Cousin, Onkel usw.) gleichermaßen gelten.

den Mund austauschen, finden sich in »Der Kuß von Sentze« mehrfach erwähnt Küsse zwischen den Vätern. Das latente homosexuelle Inzestbegehren wird durch den bereitwilligen Verzicht auf die scheinbar von Walchon und Erkambert begehrte Frau gestärkt, der in direktem Anschluss an den ersten brüderlichen Kuss erfolgt[64]; die beiden Brüder finden jedoch erst nach dem Tod der jeweiligen Gattinnen, anlässlich der geglückten Vermählung ihrer Kinder wieder zu einander, wenn die Erhaltung des Familiennamens bzw. der Nachkommenschaft durch die Eheschließung ihrer Kinder gesichert ist.

Diese Lektüre wird gestützt durch die bryologischen Erkundungen Walchons, die dahingehend ausgerichtet sind, ein Ordnungssystem durch die Bildung genetischer Verwandtschaft zu schaffen: »Er las die Moose Stämmchen für Stämmchen auseinander und legte sie in eine Reihe.« (HKG 3,2,165). Die botanische Bestimmung der Moose setzt Kenntnisse über ihre Reproduktionsmechanismen voraus. Als »Kryptogame« sind Moose jedoch gerade Pflanzen, deren sexuelle Vermehrung ohne Blüte (also im Verborgenen) stattfindet, und somit wenig geeignet, die gewünschte »Blüthe des [eigenen] Stammes« (HKG 3,2,147) zu illustrieren. Dennoch sind die Parallelen stark, die eine Gleichsetzung zwischen familiärer und botanischer Verwandtschaft fordern. Die zahlreich vorhandene taxonomische Terminologie (Arten, Stamm, Stammbaum etc.) findet sich sowohl im Bereich der Familien- wie der Mooswissenschaft. Die Selbstbefruchtung der Moose zur Produktion klongleicher Nachkommen gleicht der zur Gewinnung namensreiner (d.h. namensidentischer) Nachkommenschaft geforderten Verwandtenehe. Auch die familiale Mythosgenese, die in der Rahmenerzählung betrieben wird[65], scheint eine Verdoppelung bzw. Analogiebildung zu sein, wenn die »Frage nach der Abstammung der Moose [...] direkt mit der Frage nach dem Ursprung aller grünen Landpflanzen verknüpft« ist[66], und die Mythosgenese der Sentze sich im Verlauf der Binnenerzählung zu einer Phylogenese ausweitet.[67]

2.3 DAS GESETZ DER KÜSSE

Die vermutlich auffälligste Wiederholung in dieser Erzählung findet sich jedoch im Kuss (im Titel bzw. in den beiden Küssen zwischen Hiltiburg und Rupert), falls der zweite Kuss denn eine Wiederholung dar-

---

64 »Seit Walchon und ich das nämliche, schöne Fräulein zu ehelichen gewünscht, seit wir uns den Friedenskuß gegeben und ihn so gehalten haben, daß keiner mehr das schöne Fräulein begehrte, seit wir unsere Gattinen in das Grab gelegt haben [...]« (HKG 3,2,146).
65 Vgl. die Rückführung auf den Urahn (HKG 3,2,145) und Anm. 59.
66 Frahm: *Biologie der Moose*, S. 273.
67 Vgl. »Der rechte Mensch« (HKG 3,2,154), wozu Rupert sich implizit zählt.

stellt. Dass es sich um eine handelt, suggeriert der Ich-Erzähler; auf die Problematik dieses Zeugnisses soll im Folgenden noch eingegangen werden.

Genaugenommen handelt es sich bei dem familiären Kussgesetz nicht um eine Zweier-, sondern um die Dreierkonstellation Verrat – Friede – Liebe. Ein konkretes Moment des Verrats lässt sich schwerlich identifizieren; die bereits zitierten Empfindungen von »etwas wie Haß«, »etwas wie Verachtung« sind ein möglicher Hinweis, tatsächlich aber handelt es sich bei dem familiär verordneten Kuss eher um einen prophylaktischen: Da keine Liebe aufzukeimen scheint, muss mindestens Friede gegeben sein.

Die Familiensatzung bzw. das Kussgesetz basiert auf dem Judaskuss[68] (HKG 3,2,144), der »sprichwörtlich als Zeichen der Falschheit« gilt[69], in der Erzählung jedoch gerade verkehrt wird: Er dient nicht als Zeichen der Falschheit, sondern als Zeichen der Nicht-Falschheit.[70] Der auch »[...] sinnbildlich als Bekräftigung eines Vertrages oder Versprechens«[71] geltende Kuss findet seine Begründung in dem Organ, von dem er ausgeht: dem Mund als Artikulationsorgan, als Organ der Rede. Da Rede bzw. Sprache dem Vertrag zugehörig sind bzw. ein Schwur oder Versprechen zum (Vertrags-)Kuss gehört, funktioniert nun der den Mund verschließende Kuss als eine Art Siegel (z.B. eines mündlichen Versprechens). Doch sind Küsse bekanntlich nicht nur Vertragsbestandteile; häufig – wie zum Beispiel bei der für den Gastdiskurs wesentlichen Begrüssung – dient ein Kuss statt einem Beschließen einer Eröffnung, einem Auf- oder Erschließen.[72] Diese Funktion wird aber vom Ich-Erzähler Rupert bei diesem heimlichen Kuss nicht wahrgenommen, wenn er schreibt »[...] ich forschte nicht« und gemäss seiner eigenen Beschreibung in einer Atemlosigkeit suggerierenden Aneinanderreihung von Teilsätzen das Haus verlässt (HKG 3,2,156). Gerade die begrüssenden, eröffnenden Küsse rufen aber nach Wiederholung (man denke an das implizite Versprechen der Iteration, das der Aufnahme des Gastes innewohnt). So ist es nur konsequent, dass der unterdrückte Beginn einer ›Geschichte‹ (und eines Begehrens) sich in der zwanghaften Wiederholung des Kusses in Ruperts Vorstellungswelt niederschlägt.

Der Versuch der Identifikation der Küsse in Stifters Erzählung lässt eine Schwierigkeit hervortreten: einerseits soll der institutionalisierte Kuss einen Pakt besiegeln, zu dem schriftliche Handlungsanweisungen

---

68 Matth. 26,49 und Luk. 22,48.
69 Art. *Kuß* in *Der Große Brockhaus* 1931, Bd. 10, S. 783.
70 In dieser Funktion kennen verschiedene Gesellschaften den Friedenskuss. So wurden auch im frühen Mittelalter »bei einer Versöhnung [...] Küsse ausgetauscht« (ebd.).
71 Wie Anm. 69.
72 Ich danke Prof. Dr. Hans-Dieter Bahr für diesen Hinweis.

vorliegen (vgl. den zweiten Kuss in der Novelle), andererseits findet sich ein diesem vorausgehender Kuss, der nicht familiengesetzlich beglaubigt ist und dem schwerlich konventionalisierte Bedeutung zugeschrieben werden kann; er ist singulär und individuell und kann im Gesetz nicht vorgesehen sein. Auf diese erste Kussszene soll nun eingegangen werden:

> Ich ging mit unhörbaren Schritten, daß ich Niemand erwecke, über den finsteren Gang. Da streifte etwas an mich, wie ein Frauenkleid, zwei weibliche Arme umschlangen mich, und plötzlich fühlte ich einen Kuß auf meinen Lippen. Dieser Kuß war so süß und glühend, daß mein ganzes Leben dadurch erschüttert wurde. Die Gestalt wich in die Finsterniß zurück, ich wußte nicht, wie mir war, und eilte auf dem Gange fort, über die Treppe hinab, durch das geöffnete Pförtchen hinaus, auf dem Wagen zur Post, auf dem Postwagen in der Richtung nach meinem Reiseziele dahin, und konnte den Kuß nicht aus dem Haupte bringen. Ich bin später bei Wachtfeuern gewesen, auf der Vorwacht in der Finsterniß der Nacht, auf wüsten Lagerplätzen, in Regensturm und Sonnenbrand, in schlechten Hütten und in schönen Schlössern, und immer erinnerte ich mich des Kusses und dachte, welches der Mädchen mußte das Ungewöhnliche getan haben. Das erkannte ich, daß der Kuß ein tiefes Geheimniß sein sollte, ich forschte nicht und sagte keinem Menschen ein Wort davon. (HKG 3,2,155f.)

Gerade in der potenziellen Doppeldeutigkeit wie auch in der Verdoppelung der Küsse tritt die Mehrfachkodierung des Kusses zu Tage.[73] Der heimliche Kuss stellt einen hospitablen Akt der Eröffnung seitens der Küssenden sowie zugleich den Versuch eines hostilen Beschließens seitens des Erzählers dar. Gleichzeitig markiert er den Beginn einer neuen, diskursfreien Raumzeitlichkeit, die sich jedoch mit der Rückkehr zur »Gesetzmässigkeit« am Ende der Novelle wieder verliert.

Der Kuss ist grundlegend oszillatorisch[74] – er bewegt sich innerhalb der Konstellation von Verrat, Friede und Liebe im Dreieck von Hostilität (Verschlossenheit), Gesetz (Be-/Versiegelung) und Hospitalität (Aufgeschlossenheit). Die vorsymbolische Ebene, die er durch die Versiegelung des Mundes freizulegen scheint, wird wieder durchbrochen, wenn der Kuss in der Rückführung auf den Judaskuss als Mittel der Bezeichnung verwendet wird und somit wieder symbolische Bedeutung annimmt.

---

73 Auf die zeitliche Anlage der Erzählung, die durch die Rahmung und ihre eigene Dekodierung ebenfalls eine doppelte ist, kann hier nicht eingegangen werden.
74 Etymologisch »naheliegend«, aber dennoch »unsicher« ist die Verbindung von lat. *oscillum* ›Mündchen, kleine Maske‹ (Diminutivum zu *os* ›Mund, Sprechorgan, Maske, Eingang‹, Diminutivum auch *osculum* ›Mündchen, Kuß‹) mit *oscillum* ›Schaukel‹ (abgeleitet von den Masken, die bei den Bacchanalien im Wind hin- und herschaukelten). Vgl. Walde: *Lateinisches etymologisches Wörterbuch,* S. 224-226.

2.4 Gesetzesbruch: Anakolouthia

Die Küsse fungieren somit als Medium der Akolouthia wie auch der Anakolouthia, d.h. der Verbindung wie der Synkope. Der geheime Kuss bzw. das »tiefe Geheimniß« stellt folglich auch einen Akt der Anakolouthia dar:

> L'*anakolouthia* désigne généralement la rupture dans la conséquence, l'interruption dans la séquence même, à l'intérieur d'une syntaxe grammaticale ou dans un ordre en général, dans un accord, donc aussi dans un ensemble, quel qu'il soit, disons dans une communauté, un partenariat, une alliance, une amitié, un être-ensemble: une compagnie ou un compagnonnage.[75]

Der Bruch erfolgt im vorliegenden Fall mit der Familie und dem von ihr institutionalisierten Kussritus, also mit der zugrundeliegenden Handlungsmaxime der Familiensatzung, denn es handelt sich beim ersten nicht um einen offiziellen Kuss; der ›Täter‹ bzw. Küssende ist nicht bekannt, ebensowenig seine Absicht oder die Bedeutung des Kusses. Es scheint, als ob das ursprüngliche Motiv der Verbindung von Hiltiburg und Rupert, das generische Gesetz, subversiv unterlaufen und (durch Hinzukommen des zweiten Kusses bzw. die dadurch erfolgende Aufklärung über die Natur des ersten Kusses) doch nicht ganz gebrochen wird.

Das Ereignis als unerwarteter, unerwartbarer Einbruch offenbart sich hier durch einen Gesetzesverstoss und somit einen Wortbruch. Wo aber genau ist dieser Wortbruch anzusiedeln? Gibt es nicht sogar zwei Wortbrüche – den der unbekannten Frau bzw. Hiltiburgs in Bezug auf die Familiensatzung wie auch Ruperts, der das Ereignis bekanntmacht, obschon es laut seinem eigenen Zeugnis ein Geheimnis darstellt? Denn das Versprechen, etwas geheimzuhalten bzw. nicht zu sagen, bedeutet bereits einen performativen Selbstwiderspruch.

Es stellt sich die Frage, inwiefern der Ich-Erzähler Zeuge oder Opfer dieses geheimnisvollen Kusses ist. Kann er sich seines Zeugnisses sicher sein (auch im Akt des »Wiedererkennen[s]« [HKG 3,2,171])? Rupert ist am Kuss und somit am »Geheimnis« beteiligt; an ihm manifestiert sich die Verdoppelung einer akolytischen Figur (als Zeuge, Begleiter, Beteiligter) und einer anakolytischen Figur, ist er doch in das »Geheimnis« nicht eingeweiht, erforscht es nach eigenem Zeugnis nicht und ist im »finsteren Gang« (HKG 3,2,155) ein ›blinder‹ Augenzeuge; somit könnte er ein falsches Zeugnis ablegen. Das falsche Zeugnis des Erzählers ist ohnehin immer eine in Betracht zu ziehende Möglichkeit[76],

---

75 Derrida: *Le parjure*, S. 56.
76 Vgl. Miller: *Reading Narrative*, S. 151, und Derrida: *Le parjure*, S. 60. – Weiter zu erwägen ist ebenfalls, dass der performative Akt der Zeugenschaft der Archivwerdung des Zeugnisses vorausgeht. Der *testis*, der Zeuge bzw. der Dritte, koinzidiert im Falle des Ich-Erzählers mit der Figur Ruperts.

denn der Zeuge hat keinen Zeugen seiner Zeugenschaft. Hier ist aber mehr noch die Möglichkeit eines falschen Zeugnisses im Sinne eines Missverstehens oder einer Fehlinterpretation des Kusses gemeint – in der Identifikation der Küsserin und in der Intention dieses folgenschweren Bruchs mit dem Familiengesetz, das besagt, dass der Austausch von Küssen von den familiären Autoritäten beglaubigt werden muss. Die Kongruenz der Kussintention – Friede oder Liebe? – auf Seiten der beiden am Kusse Beteiligten lässt sich nicht verifizieren. Rupert empfängt den Kuss (»und konnte den Kuß nicht aus dem Haupte bringen«, »immer erinnerte ich mich des Kusses« [HKG 3,2,156]); zugleich ›betrügt‹ er das Versprechen des Kusses im Hinblick auf das Kussgesetz der von Sentze. Er kann den Kuss nicht einhalten, denn er weiss nicht, welches Versprechen damit gegeben wurde.

Die beiden wörtlichen Hinweise auf die Erkenntnis Ruperts (»Das erkannte ich, daß der Kuß ein tiefes Geheimniß sein sollte [...]« [HKG 3,2,156] und »Hiltiburg, ich kenne den Kuß.« [HKG 3,2,171]) vermögen nur ungenügend die latente Struktur zu verbergen, die auch diesem Prozess eingeschrieben ist: wie in der Rahmenerzählung, in der Rede des Vaters von der Ordnung und in der ständigen Klassifizierung der Moose, findet auch hier eine Einordnung statt – der Kuss wird von Rupert eher klassifiziert denn »erkannt«, so wird auch eine klassifizierende Frage gestellt: »Hiltiburg, ist das nur ein Kuss des Friedens gewesen?« (HKG 3,2,171).[77] Ein klassifizierendes System unterscheidet sich jedoch unwesentlich von einer Satzung: Rupert greift gewaltsam (und willkürlich) auf die Satzung zurück, um damit das Ereignis nachträglich zu deuten.

3. Diskussion und Folgerungen

Die Rituale, die einen Großteil der Wiederholungen ausmachen, dienen der oberflächlichen Herstellung von Ordnung, die durch die nicht festgelegte Bedeutung des Kusses außerhalb des Gesetzes gefährdet wird. Das »tiefe Geheimniß« in »Der Kuß von Sentze« birgt das ganze Potenzial, die Gesetze und somit die Ordnung und Genealogie der Familie durcheinanderzubringen. Das »weibliche Prinzip«, das bei Freud, Miller und Derrida als Störung und Bruch innerhalb des patriarchalen Logos gesehen wird[78] und das sich auch in der Sprache des Gastes nicht

---

77 Die Frage nach der Kussklassifikation nehmen auch die beiden Väter vor (HKG 3,2,173).
78 Vgl. die unterdrückte Matrilinearität bei Bahr: *Die Sprache des Gastes,* S. 66f.; die Sprachverwandtschaft von *sposa* und *hospes* in Bahr: *Die Anwesenheit des Gastes* [o.S.]: »Die ›Braut‹, die in eine andere Sippe verheiratet wurde, blieb lebenslang Gast in dieser, worauf die Sprachverwandtschaft von *sposa* und *hospes* verweist.«; Miller (in Anlehnung an Freud): *Reading Narrative,* S. 50f.

findet[79], wird hier durch diesen geheimnisvoll-verstörenden Kuss exemplarisch dargestellt.

Doch der subversive Bruch wird wieder in die Ordnung des Diskurses eingegliedert. Hier zeigt sich die Unentscheidbarkeit bzw. Abhängigkeit von *story* und *discourse* nach dem ereignishaften Kuss: es bleibt unauflösbar, ob die Eheschließung in einer Erfüllung der Vor-Schrift der Familienchronik im Sinne einer Prophezeiung oder durch eine rückwirkende, ›logische‹ Zuschreibung Ruperts (d.h. des Erzählers) geschlossen wird; die Zweifel an Hiltiburgs Gefühlen (der erwähnte Verdacht auf Hass, ihre Begrüssung Ruperts beim ersten Treffen als »Bräutigam« [HKG 3,2,150], wobei sie sich wie eine Witwe kleidet und verhält) werden vom Erzähler nicht weiter verfolgt (nur ›berichtigt‹/›berichtet‹). Rupert deutet den zweiten, offiziellen Friedenskuss im Hinblick auf den ersten, heimlichen Kuss so, dass daraus (Hiltiburgs) Liebeskuss wird.

Mit der Integration in die symbolische Ordnung werden die beiden Küsse – der heimliche und der ritualisierte – jedoch gleichgesetzt und der erste, heimliche Kuss folglich in seiner Oszillation stillgestellt. Die Einreihung in die Kussgenealogie, mitunter eine Klassifikation nach der »Art« des Kusses[80], generiert letztlich nichts Neues; sie bricht mit dem Versprechen der Eröffnung, indem sie den Kuss retrospektiv eingliedert und dupliziert. Es lässt sich auch nur so die widersprüchliche Ordnung der Küsse logifizieren: wenn der Kuss der »ersten Art« dem Liebeskuss und der Kuss der »zweiten Art« dem Friedenskuss entspricht, so scheint eine Anordnung vorgenommen zu werden, die in ihrer unerläutert bleibenden Hierarchie über die temporale Reihenfolge der Küsse zu bestimmen scheint.

Resümiert man die hier vorgelegte Analyse, so wurde ausgehend von Derridas Hypothese, dass der gastlichen Begegnung sowie dem sprachlichen Ereignis die Wiederholung schon zu Beginn eingeschrieben ist, der Versuch unternommen, Wiederholungs- und Verdoppelungsfiguren in Erzähltext und -theorie unter Berücksichtigung gastsemantischer Aspekte zu untersuchen. Neben dem dominanten poetologischen Prinzip der Verdoppelung wurden die beiden thematisch mit der Gastlichkeit verwandten Motive des Gesetzes und der Genealogie einer näheren Betrachtung unterzogen.

Die Gastlichkeit nimmt in der Stifter-Novelle, obschon sie die einzelnen Szenen unbestritten prägt, indem sie eine Aneinanderreihung gastlicher Begegnungen darstellt, einen prekären Status ein. Die von den Vätern angestrebte endogame Lösung zur Bewahrung des Namens und zur Fortführung der Genealogie muss den Gaststatus notwendigerweise bedrängen und letztlich tilgen; das herrschende Gesetz in Form

---

79 Vgl. Anm. 39.
80 Vgl. Anm. 34.

der familialen Kuss-Satzung ist als Gesetz bereits grundlegend ›ungastlich‹, so dass die Integration des Gastes durch die Eheschließung einer logischen Konsequenz folgt.

Ordnung wird an den kritischen Stellen, die diese selbst gefährden, durch den Rückgriff auf genealogische Klassifikation vorgenommen; so findet sich der die »Schrift« verfassende Rupert als Stellvertreter seiner Ahnen metaleptisch in die Rahmenerzählung integriert. Die buchstäblichen Verdoppelungen finden sich nicht nur im Beharren auf der Reinheit des Namens (insbesondere des Nachnamens, aber auch der Vornamen), sondern auch in der Wiederholung des Schicksals einer früheren Generation. Die das Ordnungssystem bedrohende ›Eröffnung‹ durch den gesetzesbrechenden Kuss wird mit der Integration in die Typologie der Küsse und somit in die Genealogie der Familie abgeschlossen.

Die Vielstimmigkeit in der Novelle, welche die Autoritäten des Textes multipliziert, bedroht jedes Konzept von Identität und Einheit in diesem Text, der das Streben nach klassifikatorischer Eindeutigkeit am Beispiel der Moose explizit thematisiert, woraus sich zwangsläufig eine Polylogie ergibt. Die Verdoppelungen der Stimme werden besonders an der Figur des Gastes, d.h. der nicht zuletzt durch ihre Rollenvielfalt polylog agierenden Figur Ruperts augenfällig: bei den Begrüssungen, im Rollentausch, durch die gespenstische Heimsuchung der Ahnen usw., besonders aber in Bezug auf die Erzählstimme, die sich in literarischen Texten auch als strukturelles Phänomen im Sinne eines Zeugen findet: die Erzählstimme als eine vermittelnde Instanz ist der Andere, der Akolyt (Zeuge, Begleiter), der zugleich Anakolyt ist (abweichender, berichtender Begleiter, Objekt, Opfer, Richter o.ä.), was zur Figur des Anakoluths bzw. der Anakolouthia als eines rhetorischen Prinzips über den gesamten Text führt, wie vor allem anhand des geheimen Kusses aufgezeigt wurde. Dieser von den Konventionen nicht vorgesehene Kuss markiert einen textuellen Bruch, eine Inkonsistenz, welche die von der Erzähltheorie oftmals postulierte Linearität von Texten in Frage stellt: er bezeichnet die Zäsur, aus der heraus das erzählerische Ereignis besteht. Ein Kausalitätseffekt ergibt sich, wenn der geheime Kuss durch die ›Wiederholung‹ in die ›Genealogie‹, die geregelte Welt übergeführt wird; doch da ist eine Lücke, eine Leerstelle, die vom Erzähler und der Erzählstimme ›sinnvoll‹ gefüllt wird, die einer narrativen Konsequenz bzw. einer linearen Projektion gehorcht.

Literatur

Primärliteratur

Handke, Peter: *Die Wiederholung*. Frankfurt am Main: Suhrkamp 1999.
Stifter, Adalbert: »Der fromme Spruch« (1. Fassung). In: ders.: *Werke und Briefe. Historisch-kritische Gesamtausgabe*. Hg. v. Alfred Doppler u. Hartmut Laufhütte. Bd. 3,2. Stuttgart: Verlag W. Kohlhammer 2003, S. 176-360.
Stifter, Adalbert: »Der Kuß von Sentze«. In: ders.: *Werke und Briefe. Historisch-kritische Gesamtausgabe*. Hg. v. Alfred Doppler u. Hartmut Laufhütte. Bd. 3,2. Stuttgart: Verlag W. Kohlhammer 2003, S. 141-174.
Stifter, Adalbert: »Nachkommenschaften«. In: ders.: *Werke und Briefe. Historisch-kritische Gesamtausgabe*. Hg. v. Alfred Doppler u. Hartmut Laufhütte. Bd. 3,2. Stuttgart: Verlag W. Kohlhammer 2003, S. 23-94.

Sekundärliteratur

Bahr, Hans-Dieter: *Die Anwesenheit des Gastes* [erscheint 2010].
Bahr, Hans-Dieter: *Die Sprache des Gastes. Eine Metaethik*. Leipzig: Reclam 1994.
Der Große Brockhaus. Handbuch des Wissens in 20 Bänden. 15. Aufl. Bd. 10. Leipzig: F. A. Brockhaus 1928-1935.
Bürner-Kotzam, Renate: *Vertraute Gäste – Befremdende Begegnungen in Texten des bürgerlichen Realismus*. Heidelberg: Winter Universitätsverlag 2001.
Culler, Jonathan: *The Pursuit of Signs. Semiotics, Literature, Deconstruction*. London: Routledge & Kegan Paul 1981.
Derrida, Jacques: *Eine gewisse unmögliche Möglichkeit, vom Ereignis zu sprechen*. Berlin: Merve 2003. / »Une certaine possibilité impossible de dire l'événement«. In: Soussana Gad / Alexis Nouss / Jacques Derrida (Hg.): *Dire l'événement, est-ce possible? Séminaire de Montréal pour Jacques Derrida*. Paris: L'Harmattan 2001, S. 79-112.
Derrida, Jacques: *Le parjure, peut-être («brusques sautes de syntaxe»)*. Paris: L'Herne 2005.
Derrida, Jacques: *Von der Gastfreundschaft*. Wien: Passagen 2001. / *De l'hospitalité. Anne Dufourmantelle invite Jacques Derrida à répondre*. Paris: Calman-Lévy 1997.
Ehlich, Konrad: *Sprache und sprachliches Handeln*. Bd. 1. Berlin: Walter de Gruyter 2007.
Enzinger, Moriz: *Gesammelte Aufsätze zu Adalbert Stifter*. Wien: Österreichische Verlagsanstalt 1967.
Frahm, Jan-Peter: *Biologie der Moose*. Heidelberg; Berlin: Spektrum Akademischer Verlag 2001.

Freud, Sigmund: »Das Unheimliche« [1919]. In: ders.: *Studienausgabe*. Bd. 4. Frankfurt am Main: Fischer 1980ff., S. 241-274.

Frühwald, Wolfgang: »›Tu felix Austria...‹. Zur Deutung von Adalbert Stifters Erzählung ›Der Kuß von Sentze‹«. In: *Vierteljahresschrift des Adalbert-Stifter-Institutes des Landes Oberösterreich* 36 (187), S. 31-41.

Koschorke, Albrecht und Andreas Ammer: »Der Text ohne Bedeutung oder die Erstarrung der Angst. Zu Stifters letzter Erzählung ›Der fromme Spruch‹«. In: *DVjs* 61 (4, 1987), S. 677-719.

Lévi-Strauss, Claude: *Die elementaren Strukturen der Verwandtschaft*. Übersetzt von Eva Moldenhauer. Frankfurt am Main: Suhrkamp 1993.

Martinez, Matias und Michael Scheffel: *Einführung in die Erzähltheorie*. München: C.H. Beck ^{7}2007.

Mayer, Mathias: *Adalbert Stifter. Erzählen als Erkennen*. Stuttgart: Reclam 2001.

Miller, J. Hillis: *Reading Narrative*. Norman: University of Oklahoma Press 1998.

Neuwirth, Karin: »Die lieben Erben – Verwandtenerbrecht in Österreich im 19. und 20. Jahrhundert«. In: Margareth Lanzinger und Edith Saurer (Hg.): *Politiken der Verwandtschaft. Beziehungsnetze, Geschlecht und Recht*. Göttingen: V & R Unipress 2007, S. 199-224.

Schmid, Wolf: *Elemente der Narratologie*. 2., verb. Aufl. Berlin; New York: Walter de Gruyter 2008.

Selge, Martin: *Adalbert Stifter. Poesie aus dem Geist der Naturwissenschaft*. Stuttgart; Köln u.a.: Kohlhammer 1976 (Studien zur Poetik und Geschichte der Literatur; 45).

Simon, Ralf: »Die Nacht des Gastes. Zur Semantik der Ungastlichkeit in E.T.A. Hoffmanns *Nachtstücken*«. In: Peter Friedrich und Rolf Parr (Hg.): *Gastlichkeit. Erkundungen einer Schwellensituation*. Heidelberg: Synchron 2009, S. 263-280.

Simon, Ralf: »Ikononarratologie. Bildtheoretische Grundlegung der Narratologie in der Szenographie der Gastlichkeit«. In: Alexander Honold und Ralf Simon (Hg.): *Das erzählende und das erzählte Bild*. München: Wilhelm Fink 2010, S. 303-329.

Walde, Alois: *Lateinisches etymologisches Wörterbuch*. 3., neubearbeitete Aufl. von J. B. Hofmann. Bd. 2. Heidelberg: Winter 1938-1956.

Wild, Michael: *Wiederholung und Variation im Werk Adalbert Stifters*. Würzburg: Königshausen & Neumann 2001 (Epistemata. Reihe Literaturwissenschaft; 366).

ZU GAST IM EIGENEN LAND.
GSTREINS *DIE WINTER IM SÜDEN*
UND ŠTIKS' *DIE ARCHIVE DER NACHT*

MILKA CAR

Die Figur der Reise, des Fortkommens und des aufschiebbaren, wiederholbaren und nie endenden Ankommens in einem Land, einer Stadt oder sogar in einer geschichtlichen Epoche stellt das zentrale Motiv der beiden hier zu analysierenden Romane dar. Die Hauptfiguren in *Die Winter im Süden* und *Elijahova stolica [Die Archive der Nacht]* sind Ruhelose, Entwurzelte, Reisende und Zurückkehrende, und das nicht nur im strikt räumlichen Wortsinn: Um sie rankt sich ein Netz aus Reisekoordinaten zwischen Orten und zugleich unterschiedlichen Zeitebenen. Der Zustand des Nicht-Ankommens lässt einen beweglichen heterotopischen Raum »der Gleichzeitigkeit, des Aneinanderreihens, des Nahen und Fernen, der Gleichzeitigkeit und des Zerstreuten«[1] entstehen. Um die Figur der Bewegung und fortwährenden Suche in den beiden Romanen analysieren zu können, bedarf es einer komplexen dreidimensionalen Struktur, wie sie Bachtin mit seinem Konzept des Chronotopos[2] vorgestellt hat. Sein Entwurf einer mehrdimensionalen Raum-Zeit-Struktur – in Verbindung mit poststrukturalistischer Lektüre – ist geeignet, die Pluralität der ›gleitenden‹ Identitäts(re)konstruktion in beiden Werken zu erhellen. In dieser Arbeit wird der Versuch unternommen, die elastische chronotopische Konzeption beider Romane aufzuzeigen, wobei die zweite Zentralfigur, die Figur des Fremden, als Kohäsionsfaktor herangezogen wird.

Die Paradoxie eines derartigen Konzepts, das die Helden zwischen den Zeiten und Räumen schweben lässt und sie in dieser »fatale[n] Kreuzung der Zeit mit dem Raum«[3] als ›ewig Suchende‹ zeigt, ist als das wesentliche strukturelle Element beider Romane anzusehen. Dabei impliziert die topologische Nord-Süd-Achse Unterschiede zwischen Zi-

---

1 Foucault: *Von anderen Räumen*, S. 317.
2 »Die Merkmale der Zeit offenbaren sich im Raum, und der Raum wird von der Zeit mit Sinn erfüllt und dimensioniert« (Bachtin: *Chronotopos*, S. 7).
3 Foucault: *Von anderen Räumen*, S. 317.

vilisation und Barbarei, zwischen Eigenem und Fremdem bzw. bildet die Spannung zwischen Zentrum und Peripherie ab. Darüber hinaus generiert diese topologische Spannung, die durch das ständige Überschreiten aller klassifikatorischen Grenzen erzeugt wird, implizit auch die Frage nach Gastfreundschaft oder Gastfeindschaft. Gerade das Konzept des Ein- bzw. Ausschließens des Fremden, der Gastfreundschaft bzw. Gastfeindschaft, erweist sich als Möglichkeit, die angesprochenen dichotomischen Polaritäten zwischen Zentrum und Peripherie zu überwinden. Im Konzept der Gastfreundschaft kommt es zu einer Vervielfachung des Blicks auf die geschilderte historische Situation, so dass plurale Identitätsentwürfe ermöglicht werden.

Eine zweite auffällige Parallele in beiden Romanen ist die dezidierte Betonung der Rolle des geschichtlichen Narrativs, jenes Narrativs, das in beiden Fällen sowohl identitätsstiftende als auch gesellschaftlich integrierende Funktion innehat. Die symbolträchtigen, historisch markierten Jahre zwischen dem Zweiten Weltkrieg und den jugoslawischen Nachfolgekriegen – 1945, 1968 und 1991 bzw. 1995 – bilden die Zeitenachse in beiden Romanen. Mit ihr wird »das Thema der bedrohlichen, immanenten Geschichte, der Geschichte, die sich uns an die Fersen heftet«[4] inszeniert. Die Verflechtung der historisch überlieferten Referenz mit dem Potential des Imaginären weist letztlich in Form einer umfassenden Parallelisierung auf die »Fragilität menschlicher Bindungen«[5] hin, denn die Hauptfiguren beider Romane sind Schlafwandler, die jeder als Gefangener seiner eigenen Geschichte (im doppelten Wort-sinn) nebeneinander und aneinander vorbei leben. Sowohl die Reisen durch Orte und Räume als auch der damit verbundene Wechsel der Zeitebene haben in beiden Romanen die gleiche Funktion: sie sollen die Figuren gerade »durch ihre Nichtzugehörigkeit definieren«.[6] Die Suche im Roman – die Suche nach Zugehörigkeit, nach Vergangenheit oder auch nach dem Sinn der Reise(n) – entpuppt sich in letzter Konsequenz als Suche nach dem verloren gegangenen Identität stiftenden Zusammenhang. Auf diese Weise werden im Romantext »Parallelwirklichkeit[en]«[7] konstruiert.

In diesem Sinne können die Figuren als Gäste betrachtet werden, als *hostēs* im eigenen Leben, die in ihren Identitätsentwürfen oft zum Opfer der (eigenen?) kolonialisierten Imagination werden. Das Konzept der Gastfreundschaft wird hier sehr breit gefasst, ebenso wie es bei Jacques Derrida mit seinen semantischen Polen zwischen Gastfreundschaft und Asyl der Fall ist. Die von Derrida thematisierte semantische Reihe *hospitalité-hostilité-hostipitalité* ist geeignet[8], die kontingenten realhis-

---

4   Augé: *Orte und Nicht-Orte*, S. 40.
5   Bauman: *Leben in der Flüchtigen Moderne*, S. 14.
6   Gstrein: *Fakten, Fiktionen und Kitsch beim Schreiben über ein historisches Thema*, S. 9.
7   Gstrein: *Wem gehört eine Geschichte?*, S. 95.
8   Vgl. dazu: Derrida: *Von der Gastfreundschaft*, S. 20ff.

torischen Daten und die biographischen Figurenentwürfe in der Analyse zusammenzubringen. In diesem Kontext muss die zentrale Frage dieses Beitrags gesehen werden: Ist in diesem Schwebezustand der Suche, des Noch-Nicht-Angekommenseins der Figuren, eine Möglichkeit der Verortung oder der Gastfreundschaft gegeben? Wie sind die Identitätsentwürfe in einer kontingenten historischen Situation zwischen Pluralität und Determinierung zu beschreiben? Das von Derrida, aber auch von Bauman untersuchte ethische Postulat der Gastfreundschaft, das Letzterer als Postulat der »Nächstenliebe« ansieht, birgt die Notwendigkeit, gerade die »Einzigartigkeit des anderen zu achten – ihn aufgrund seiner Andersartigkeit zu schätzen«[9]. Ob in der chronotopischen Konstellation diese offene »disruptive«[10] Kraft der beiden Romane zur Transgression führt, soll im Folgenden erörtert werden.

Einen dritten Fragenkomplex eröffnet die Said'sche Vorstellung manichäischer Bildprojektionen[11], die die Welt- und Fremdbilder in der postkolonialen Ära definieren. Topologisch sind sie auf den Themenkomplex vom »Anderen« im Herzen Europas zu beziehen. Hier handelt es sich um die thematische Gebundenheit an den Balkanraum, dessen »often derogatory perception«[12] in mehrfachem Sinne das Selbstverständnis der Figuren reflektiert. Der Balkankomplex wird im postkolonialen Sinne[13] als eine diskursive Praxis[14] betrachtet. Dementsprechend soll der Begriff Balkan und die ihn formierenden Landschaften und Orte des »Dinarischen«[15] in der semi-kolonialen Imagination als soziale Konstrukte betrachtet und die Reflexe der Raumkonstruktion in diesem Spannungsfeld im Hinblick auf die Figurenkonstellation und ihre Dynamik zwischen Identitätserhalt und -zerfall untersucht werden.

---

9 Bauman: *Leben in der flüchtigen Moderne*, S. 11.
10 Ebd.
11 »Die Autorität des Beobachters und der geographischen Zentrallage Europas wird schließlich von einem kulturellen Diskurs gestützt, der nicht-europäische Welt auf einen rassisch, kulturell und ontologisch sekundären Status verweist und beschränkt« (Said: *Kultur und Imperialismus*, S. 15).
12 Bakic-Hayden: »Nesting Orientalisms«, S. 920.
13 »The gradation of ›Orientalism‹ that I call ›nesting orientalism‹ is a pattern of reproduction of the original dichotomy upon which Orientalism is premised. In this pattern, Asia is more ›East‹ or ›other‹ than eastern Europe; within eastern Europe itself this gradation is reproduced with the Balkans perceived as most ›eastern‹; within the Balkans there are similarly constructed hierarchies« (ebd.).
14 Das Kolonialismus-Konzept wird hier in Anlehnung an Uerlings als ein »Syndrom von Machtverhältnissen und damit verbundenen Repräsentationsformen, das die Kolonisierten ebenso nachhaltig geprägt hat wie die Kolonisierten [...]« verstanden (Vgl. dazu Uerlings: »Kolonialer Diskurs und deutsche Literatur«, S. 18).
15 Gstrein: *Die Winter im Süden*, S. 249.

1

Es war in ihrem zweiten Monat in Zagreb, im Herbst, in dem der Krieg begonnen hatte, als Marija die Nachricht erreichte, die ihr das eigene Leben für immer fremd machte. (WS, S. 9)

Gerade dieser Bruch, der die »Gestalt eines *Bruchs* und einer *Verdoppelung*«[16] hat und mit der Einsicht in die (Selbst-)Entfremdung einsetzt, bildet eine wichtige thematische Achse in Gstreins Roman *Die Winter im Süden*.[17] Dadurch wird die bisherige als subaltern empfundene Existenz der weiblichen Hauptfigur Marija von Grund aus erschüttert, was in ihr disseminative Kräfte weckt, Kräfte der *Teleopoiesis:* »This is imagining yourself, really letting yourself be imagined [...] Teleopoiesis«.[18] In paradoxaler Verkehrung ist gerade das Fremdsein für Marija eine Erfahrung der Gastfreundschaft als einer »Verantwortung des Anderen«[19]; erst sie macht es möglich, sich im Anderen zu erkennen. Ihre Suche ist eine in die Realität eingebundene Identitätssuche, die mit den Krisenerscheinungen der beschriebenen Periode korrespondiert. Ebenso wie sich Marija, die weibliche Hauptfigur des Romans, von ihrem Mann trennt und unmittelbar vor Ausbruch des Krieges in ihr Heimatland Kroatien zurückkehrt, um mit ihrem »Zagreber Abenteuer« (WS 284) zu versuchen, ihre ins Schwanken geratene Identität neu zu definieren, wird auf der kollektiven Ebene die Transition als ein Prozess der Loslösung von bis dahin geltenden gesellschaftlichen Bedingungen in Kroatien geschildert. Zudem wird die Erfahrung der Brachialgewalt der Geschichte vor dem Hintergrund der Identitätssuche der Figuren und ihrer Transformationsprozesse reflektiert. Mit der Freisetzung des traumatischen Potenzials des Krieges wird deutlich, dass Marija in ihrer Suche nur bedingt frei ist. Bei ihrem Versuch, sich von der Last der Gegenwart zu befreien, verstrickt sie sich immer tiefer in die Falle der Vergangenheit. Der lange Schatten zweier totalitärer Regimes, die das 20. Jahrhundert geprägt haben, wirkt sich in Marijas Leben mit seiner ganzen performativen Kraft aus – die Dialektik zwischen Freiheitsstreben und aussichtslosem Kampf mit den Mechanismen der Macht ist ihrem Leben immanent. Das Bewusstsein der Figuren ist nicht nur durch balkanische Auto- und Heterostereotype als ein »inneres Anderes«[20], sondern auch durch die Wahrnehmung der eigenen Geschichte koloniali-

---

16 Derrida: *Die Struktur, das Zeichen und das Spiel im Diskurs der Wissenschaften vom Menschen,* S. 422.
17 *Die Winter im Süden* wird im Folgenden mit der Sigle WS abgekürzt.
18 Spivak: *Death of a Discipline,* S. 52.
19 Derrida: »Das ist die Verantwortung des Anderen, aber des Anderen in mir vor mir selbst« (Armel: »Du mot à la vie: un dialogue entre Jacques Derrida et Hélène Cixous«, S. 28).
20 Goldsworthy: »Der Imperialismus der Imagination«, S. 253.

siert, die mit Trauma und Verlust, mit Kriegs- und Gewalterfahrung kontaminiert ist und nie ein Ende findet. So betrachtet, ist Marijas zentrale Erfahrung ihr »postcolonial displacement«.[21] Ihre Suche erweist sich als ein Prozess wechselseitigen Ein- und Ausschließens; es ist ein Betreten des neu-alten Raumes und eine damit verbundene Wiederholung auf den Zeitebenen, eine Wiederholung der Geschichte. Diese ständige Doppelgleisigkeit findet ihren Reflex im Konzept der Gastfreundschaft; erst nachdem Marija ihre eigene Fremde akzeptiert hat, kann der eigentliche ›Schritt hin zur Gastfreundschaft‹ erfolgen. Daraus resultiert, dass die Dimension der Gegenwart performativ und prozessual an den geschichtlichen Kontext gebunden ist und dass Marija lernen muss, mit pluralen Kontexten zu leben, die von Nähe und Distanz zugleich geprägt sind. Es ist »the open space of afterness« einer postkolonialen Situation, in der »a single version of history in the name of plurality«[22] verlassen wird. Insofern ist Gstreins Roman als ein postkolonialer Text zu lesen, der nahtlos an die von Terror und Stereotypen kolonialisierte Geschichte des Balkans anknüpft und das Balkan-Narrativ als eine Situation präsenter Vergangenheit darstellt, in der Vergangenheit, Gegenwart und Zukunft zu fließenden, gleichwertigen Momenten einer präsenten Absenz geworden sind. In diesem Rahmen ist Marija als ein Gast zu sehen, als eine Figur, die immer wieder um Einlass bitten muss. Der Grundimpuls ihrer Suche ist tiefe Sehnsucht nach Geborgenheit in der Heimatlosigkeit. Sie wird zu einer Fremden in einer von Entfremdung geprägten Welt; sie wird zur Gastgeberin und zugleich zum Gast im eigenen Land. Marija, von der Wucht der geschichtlichen und individuellen Umwälzungen unmittelbar betroffen, muss sich ihrer Differenz bewusst werden, um ihre fremde, andersartige Existenz einer »Schlangenbeschwörerin« (WS, S. 10) oder »Trophäe« (WS, S. 11) immer wieder neu definieren zu können. Sie nimmt die Rolle des flüchtigen, nomadischen Gastes an, in der sich ihr die Möglichkeit bietet, sich von Fremdzuweisungen zu lösen und außerhalb jeglicher Bindungen zu leben.[23] Auf diese Weise wird ihr Leben zu dem einer Vertriebenen, »nomadisch, dezentriert, kontrapunktisch«[24], gekennzeichnet von immer wiederkehrender Unruhe, begabt mit einem sich selbst generierenden Blick, der sich als »äußerste Nähe bei gleichzeitig äußerster Distanz«[25] darstellt. Die von ihr ausgelösten Kräfte der Teleopoiesis sind somit als ein erst einsetzender Prozess zu verstehen.

---

21 Mishra/Hodge: »What Was Postcolonialism?«, S. 377.
22 Ebd.
23 »Exile is life led outside habitual order. It is nomadic, decentred, contrapuntal, but no sooner does one get accustomed to it than its unsettling force erupts anew« (Said: »Reflections on Exile«, S. 186).
24 Ebd.
25 Gstrein: *Wem gehört eine Geschichte?*, S. 35.

Auf der anderen Seite wird die Wiederholungsstruktur der Geschichte vor allem durch die männlichen Figuren im Roman repräsentiert. Das ständige Changieren zwischen Vergangenheit und Gegenwart kennzeichnet die mühevollen Versuche der Figuren, sich in dieser »gespenstermäßige[n] Zeit der Wiederholung«[26] im Prozess der Narrativierung von Identität und Nation zu orientieren. Vor allem ist das Verhältnis zwischen Marija und ihrem Mann, einem einstigen 68er und jetzigen erfolgreichen Zeitungskritiker, einer »Wiener Lokalberühmtheit« (WS, S. 16), von einem ambivalenten Verhältnis gegenseitiger Nähe bei gleichzeitiger Distanz geprägt. Ihre Beziehung der »Bevormundung« (WS, S. 18) ist in erster Linie durch die topologische Bestimmung ihrer Herkunft bedingt. Das tief verwurzelte Narrativ der westlichen Überlegenheit kommt in der Figur des Ehemanns zum Ausdruck, denn Marija wird von ihm auf ihre herkunftsregulierte Position des »stets Liminalen«[27] zurückgeführt. In diesem Zusammenhang wird der Balkan zu einem Raum, der »doppelgleisig« als inter- und intrakulturell fremd erachtet wird, der stereotypische Versteinerungen in beide Richtungen generiert, wobei sich seine periphere, oft als marginal, rückständig und unzivilisiert definierte Stellung zu einer »unlenksame[n] und instabile[n] Differenz«[28] petrifiziert. Eine solche Vorstellung von ›Balkan‹ wird im Bereich der symbolischen Geographie mit dem Phänomen des »Nesting Orientalism« (Bakic-Hayden) erklärt. Zugleich ist die narrative Strategie, in der sich die Bewegung zwischen diskursiv produzierten Wahrnehmungsmustern und realgeschichtlichen Ereignissen vollzieht, als Antwort auf die Frage nach der Möglichkeiten des Erzählens von Geschichte konzipiert. Die Repräsentationsstrategie der Geschichte gelingt nur, wenn sie die diskursiven Spannungen nicht reduziert, sondern auf ihre Vielschichtigkeit verweist.

Als Gegensatzfigur zu Marija ist ihr Vater konzipiert, der lange verschollene Alte, mit dem eine weitere Parallelwelt entworfen wird. Er ist als eine unechte Existenz aufzufassen, da er für sein Identitätskonstrukt keinen authentischen inneren Zusammenhang findet, sondern ausschließlich aus einem verklärten, ideologisch markierten Vergangenheitsbild schöpft. Er existiert lediglich in eigenen (Selbst-)Inszenierungen und wird damit übereinstimmend im ganzen Roman aus Distanz als der namenlose »Alte« geschildert. So ist auch er als Gast-Figur konzipiert, wobei der Alte als der im ideologisch zweifelhaften Haushalt der Vergangenheit Gastierende fungiert, der seine Identität »auf der Suche nach einem anderen, immer Verheißung bleibenden Land«[29] ledig-

---

26 Bhabha: *Die Verortung der Kultur*, S. 214.
27 Goldsworthy: »Der Imperialismus der Imagination«, S. 255.
28 »Die imperialistische Imagination äußert sich hier, in Abweseinheit eines tatsächlichen Kolonialismus, in der Schaffung kultureller Balkanstereotype, durch die eine Vorstellung von der Welt die Welt selbst ersetzt« (ebd.).
29 Kristeva: *Fremde sind wir uns selbst*, S. 20.

lich konstruiert. Erzähltheoretisch betrachtet, wird die Strategie der Distanzierung vom Alten konsequent eingehalten; von ihm wird fast nur im narrativen Modus, in der internen Fokalisierung des von ihm gewählten österreichischen Adjutanten Ludwig erzählt. Der Alte beharrt auf dem geschlossenen Konzept nationaler Identität als dem für ihn einzigen identitätsstiftenden Faktor und verbirgt sich hinter der zur leeren Floskel erstarrten Formel »Gott und die Kroaten« (WS, S. 82). Diese Formel fungiert in seinem Fall tatsächlich wie eine »Schutzdichtung«[30], die die Illusion einer homogenen Nation aufrechterhält. Der Konstitutionszusammenhang der Nation als Einheitsdiskurs[31] wird in seiner verkehrten Logik auf die Identitätsstiftung im Sinne der Grenzziehung angewandt. Dadurch wird der Alte zum Zeugen und zum Gefangenen seiner eigenen ins Mythische gesteigerten Projektionen. Die Logik der Exklusion, die der Alte zeitlebens durchgeführt hat, wendet sich gegen ihn selbst – er ist am Ende derjenige, der bei seinen »unseligen Sitzungen« (WS, S. 217) trotz fieberhafter Suche in der »Bleiburg-Mappe« keinen Zugang zur Vergangenheit findet. Gleichermaßen bleibt ihm die Inklusion in die gegenwärtige Realität seines Heimatlandes vorenthalten: Seine Rückkehr ist nur eine seiner »Alibihandlungen« (WS, S. 197). Mit der Figur des Alten wird zugleich die für Erfahrung des Exils typische Situation der »essenziellen«, »paralysierenden« und »unüberbrückbaren Trauer«[32] geschildert, einer Trauer, die sich in seinem Fall als eine Situation der selbstverschuldeten und endgültigen Erstarrung und Kälte manifestiert. Auch die lang ersehnte Rückkehr des Alten in sein Heimatland erweist sich als Rückkehr an einen Ort der Erinnerung, der nur deutlich macht, »was wir nicht mehr sind«[33], und damit seine Existenz als verfehlt markiert. Sein Status des Exilierten, des stets Reisenden, wird mit seiner Rückkehr nicht aufgehoben, er bleibt im »Raum des Reisenden« gefangen, in einem Raum, der der »Archetypus des Nicht-Ortes«[34] ist.

Die auf diese Weise besiegelte Exklusion des Alten spiegelt sich auch im Tochter-Vater-Verhältnis, das sich durch Abwesenheit charakterisiert, so dass es zu einem Wiedersehen nach all den Jahren gar nicht kommen kann. Die bewusst ausgeblendete Tochter, »ein wartendes Mädchen« (WS, S. 262), muss in ihrem Status der flüchtigen Fremde verharren, um ihren Authentizitätsanspruch bewahren zu können; nur so

---

30 Bronfen/Marius/Steffen: *Hybride Kulturen. Einleitung zur anglo-amerikanischen Multikulturalismusdebatte*, S. 3.
31 »Der Einheitsdiskurs säubert von pluralen und mit Gewinn widerstreitenden Traditionen – auch dort, wo er die ›Einheit des Vielfältigen‹ sein will; und zweitens: Er bezieht *nur* in dieser Säuberung seine selbstgesetzte Kraft« (Fohrmann: »Grenzpolitik«, S. 28).
32 Said: »Reflections on Exile«, S. 173.
33 Augé: *Orte und Nicht-Orte*, S. 67.
34 Ebd., S. 103.

wird sie zu einer ›glücklichen‹³⁵ Fremden. Der Alte lebt als Gefangener seines eigenen Fremdseins in einer nach außen projizierten »stacheligen« Fremde: Er hat in Kälte erstarrte Abwehrmechanismen entwickelt, die dazu dienen, das eigene Territorium abzustecken. Sie konstituieren die im Roman mehrfach betonte Erfahrung der »alles umfassenden Unwirklichkeit« (WS, S. 218), die den Alten umgibt. Der Chronotopos der Erstarrung ist für seine Figur typisch und repräsentiert die atavistischen Formen von Nationalismus. Die diesbezügliche Strategie lässt sich in der Darstellung des Raumes verfolgen: Es ist gerade die Leere der Kriegslandschaft und des ehemaligen Heimatdorfes in »ihrer nackten Kargheit« (WS, S. 236f.), die als »Grenzzone«³⁶ die unechte Existenz des Alten demaskiert und seine Lebenslüge zu Tage bringt: Ihm haftet »etwas gespenstisch Statuenhaftes« (WS, S. 242) an. Die (Kriegs-) Landschaft kann »ihr eigenes Verschwinden bezeugen« (WS, S. 242). Der Leser wiederum wird mit der Demontage der falschen Prämissen des Alten konfrontiert. Der seine Figur kennzeichnende »starke Eindruck von Unnatürlichkeit«³⁷, der ihm jegliche Möglichkeit der Verortung entzieht, ist übermächtig. Er agiert in der Welt wie ein schon Verstorbener³⁸, einer von »lauter lebenden Toten« (WS, S. 234), und gerade auf dem Zagreber Friedhof Mirogoj wird er zu einer authentischen Figur: »Er hatte für ihn trotz seines massigen Körpers etwas fast überirdisch Leichtes, als er den Friedhof wieder verließ, um sich dann wie in einer eigenen Welt zu bewegen [...]« (WS, S. 234). Dies ist die Ursache der Kälte, die den Alten mehr als alles andere definiert: »Die Winter im Süden sind schrecklich« (WS, S. 160), weil sie mit einem verzerrten Lebensbild und mit mühevoller Selbstinszenierung verbunden sind. Bereits der Titel des Romans bringt es zum Ausdruck: Der Plural signalisiert ebenso die Parallelisierung der biographischen mit der historischen Ebene wie die Paradoxie eines selbst inszenierten, versteinerten Dissidententums. Des Alten Identität wird auf unmögliche Art und Weise – durch Grenzziehung – gestiftet und muss deshalb in einem Nicht-Ort implodieren, so dass gerade ein Oxymoron – die kalten Sommer – die repetitive Zeit seiner ideologisch gescheiterten Identitätskonstruktion prägt. Sein Scheitern wird von seinem Adjutanten Ludwig registriert. Er ist die dritte Hauptfigur im Roman, die des Unbeteiligten, des Beobachters, der lediglich Gast im Zusammenspiel der Zeitebenen bleibt. In diesem Roman ist es gerade die performative Prozessualität in der Strategie der geschichtlichen Repräsentation, die

---

35 »Das fremdartige Glück des Fremden besteht darin, an dieser fliehenden Ewigkeit oder diesem immerwährenden Übergang festzuhalten« (Kristeva: *Fremde sind wir uns selbst*, S. 14).
36 Lewin: »Kriegslandschaft«, S. 131.
37 Ebd., S. 135.
38 »[...] und seine fixe Idee angesichts ihrer eckig verzögerten Schritte, daß sich so die Toten bewegen müßten, wenn sie auferstehen würden« (WS, S. 232).

das transgressive Potential der Geschichte im Prozess der Identitätsbildung zu erfassen versucht.

2

Wie die Gespenster der Geschichte[39] in der Gegenwart unerwartet auftreten können und wie sich die Parallelisierung der historischen Ebenen konkretisieren kann, schildert die Bergung von Opfern des Zweiten Weltkriegs im slowenischen Huda Jama. Die von Srebrenica Traumatisierten bergen Leichen aus dem Zweiten Weltkrieg, wobei die Differenz zwischen Vergangenheit und Gegenwart sich als illusionär erweist und die Geister aus der Vergangenheit in einem repetitiven Zeitzirkel ins Leben zurückkehren. Gerade die Präsenz dieses »gespalteten, geteilten Ortes, eines Ortes, an dem es spukt«[40], kann den Anspruch erheben, die zentrale »vom Fremden kommende Frage«[41] der Geschichte an die Gegenwart zu stellen. Denn die geborgenen Leichen sind zu stummen Zeugen einer verdinglichten geschichtlichen Parallele geworden. In Štiks Roman[42] kommt es auch zu einer unfreiwilligen Form von Gastfreundschaft – die Vergangenheit gastiert in der Gegenwart und fordert deren Geister[43] heraus. Zugleich wird die Präsenz der Geschichte in der

---

39 Vgl. Boris Dežulović: »Bjekstvo od historije« [»Flucht vor Geschichte«]: »Tu, hiljadu i trista metara duboko u rovu rudnika Huda Jama, šezdeset i četiri godine kasnije inženjer Mehmedalija Alić rudarskom će lampom osvijetliti duhove prošlosti, sablasti historije koja ga je tu čekala cijeli njegov život. Bosanac iz Srebrenice otkrit će tako usred Slovenije masovnu grobnicu ustaša i četnika, leševe čiji su duhovi iz slovenskih jama nekako izašli ranih devedesetih, kad su rudnici zatvoreni, i u kovitlacu nove povijesti ušli u svoje unuke da ponovo krenu u rat, poštedjevši jednog od stotina srebreničkih Alića da u martu 2009. godine otkrije njihove mumije« (In: http://www.zamirzine.net/spip.php?article7448). [»Hier, tausenddreihundert Meter tief im Stollen des Bergwerks Huda Jama, wird der Ingenieur Mehmedalija Alić vierundsechzig Jahre später mit einer Grubenlampe die Gespenster der Vergangenheit belichten, die Spukbilder der Historie, jener Geschichte, die hier sein ganzes Leben lang auf ihn gewartet hat. Der Bosniake aus Srebrenica wird so in der Mitte Sloweniens ein Ustascha- und Tschetnik-Massengrab entdecken und damit jene Leichen, deren Geister irgendwie aus slowenischen Gruben in den frühen 90er Jahren herausgetreten sind, als die Bergwerke geschlossen wurden, um im Gewirr der neueren Geschichte ihre Enkel aufzusuchen, und wieder in den Krieg zu ziehen, wobei dieser eine von hunderten Alićs aus Srebrenica verschont wurde, um im März 2009 ihre Mumien zu bergen«].
40 Dufourmantelle: »Einladung«, S. 145.
41 Derrida: *Von der Gastfreundschaft*, S. 13.
42 Im Folgenden im Original mit der Sigle ES (*Elijahova stolica*, 2006) oder in der deutschen Übersetzung mit der Sigle AN (*Die Archive der Nacht*, 2008) zitiert.
43 »Između života i smrti, nacionalizam ima kao svoj vlastiti prostor iskustvo okupiranosti duhovima. Ne postoji nacionalizam bez nekog duha« (»Zwischen Leben und Tod hat Nationalismus zum eigenen Raum die Erfahrung der Geistesbeschwörung

Gegenwart sichtbar, z. B. als »eine Granate eine Fassade in der Tito-Straße zerstört« und darunter »ein Schild mit dem Namen Ante Pavelićs« (AN, S. 199) zum Vorschein kommt.[44] Ähnlich wie im beschriebenen faktographisch dokumentierten Fall aus dem Frühling 2009 geht der Roman von Štiks von einer grundsätzlichen Differenz und gleichzeitigen Korrespondenz zwischen den Ebenen der historischen Wirklichkeit und der Wirklichkeit des fiktionalen Textes aus. Der homodiegetische Ich-Erzähler im Prolog des Romans kündigt dies ausdrücklich an: »Ich werde es zu Papier bringen. […] Lüge. Blendung. Betrug.«[45] (AN, S. 8). Dabei soll die Suche nach der historischen Wahrheit in Kriegssituation in ihrem disruptiven Potenzial dargestellt werden, indem sie die für diese Situation charakteristische »schwankende Beständigkeit einer Anglerbrücke«[46] reflektiert. Die Suche der Hauptfigur Richard Richter, »diese forcierte Rückkehr in meine Jugendzeit« (AN, S. 30)[47], wird durch einen Text, einen nie versandten Brief ausgelöst und mündet am Ende wiederum in einem Text – dem des vom fiktiven Herausgeber Ivor veröffentlichten Romans. Damit will der autodiegetische Erzähler auf der extradiegetischen Ebene nicht nur Richters individuelle Lebensgeschichte intradiegetisch erzählen, sondern auch eine nostalgische Widmung an das als »das kleine Balkan-Jerusalem« (AN, S. 152)[48] dargestellte und in Zerstörung begriffene Sarajevo schreiben. Jedoch muss die fingierte epistolare extradiegetische Ebene und die kunstvolle Inszenierung der Hauptfigur Richards als eines erfolgreichen europäischen Schriftstellers, der in den Kriegswirren der jugoslawischen Sezessionskriege seine Identität zu entwirren versucht, als Strategie der Distanzierung von der historischen Referenz gesehen werden. Die Narration wird zu einem Instrument der Sicherung einer Distanz, so dass keine Spannung zwischen den erzählten Ebenen entstehen kann, da sich die intradiegetische Ebene als völlig abgeschlossen erweist. Die eingeschobene Binnengeschichte, die schon damit als entschieden und abge-

---

gemacht. Es existiert kein Nationalismus ohne einen Geist«) (Derrida: »Filozofijska nacionalnost i nacionalizam«, S. 137).

44 »neki dan je granata razvalila fasadu na Titovoj pa se ukazala ploča s imenom Ante Pavelića« (ES, S. 166).

45 »Ovdje želim zabilježiti sve ono što mi se dogodilo u posljednjih nekoliko mjeseci. […] laž, obmana, prevara čak […]« (ES, S. 9).

46 »Was ist das, das Gedächtnis? Wenn das Wesen des Gedächtnisses zwischen dem Sein und dem Gesetz intrigiert, welchen Sinn kann dann die Frage nach Sein und Gesetz *des* Gedächtnisses haben? Das sind Fragen, die man, außerhalb der Sprach(ordnung)en (*hors des langues*), und ohne sie den Übersetzungen und Übertragungen – über den Abgrund – anzuvertrauen, nicht stellen kann; denn sie erfordern unmögliche Übergänge – von einer Sprache zur anderen, sie erfordern die schwankende Beständigkeit einer Anlegerbrücke« (Derrida: *Mémoires,* S. 25).

47 »ovaj isforsirani povratak u mlade dane« (ES, S. 24).

48 »mali balkanski Jeruzalem« (ES, S. 125).

schlossen präsentiert wird, kann als essentialistische Distanz zwischen Gast und Gastgeber verstanden werden. Die disruptive Kraft der Geschichte wird damit auf ihre deterministische Konstante reduziert, denn es ist keine polyphone Rede in einem zuvor determinierten Raum möglich, so dass es zu keinem »Glitzern der polymorphen Kultur [kommt], die jeden in seine eigene Andersartigkeit oder Entfremdung verweist«.[49] Der fatalistische Zug wird zudem auch auf die Repräsentation der Geschichte übertragen, da sich die Gesetze der Schicksalsdramatik auf das Kriegsgeschehen reflektieren, in dem die im »selben Käfig«[50] (AN, S. 160) gefangenen Figuren »die Geschichte nicht [...] abschütteln konnten«[51] (AN, S. 149). Die kausale Übertragung in einem Nexus von Ursache und Wirkung der »Sühne für die Toten unserer Väter«[52] (AN, S. 149) auf die Gegenwart ist problematisch, denn damit wird das Spannungsfeld der geschichtlichen Ereignisse auf die fatalistischen Oppositionspaare reduziert. Die Geschichte erweist sich als im Voraus determiniertes »Spinnennetz des Schicksals«[53] (AN, S. 271) mit ihrer repetitiven Struktur und nicht mehr als eine mehrdimensionale Kette pluraler Möglichkeiten. Im Roman *Die Archive der Nacht* sind die referenziellen historischen Tatsachen vor allem als Fiktionalitätsindikatoren vorhanden. Dabei übernimmt der homodiegetische Ich-Erzähler Richard die Funktion eines Filters: Er vermittelt die Optik des Gastes, indem er von Selbstzweifel getrieben durch die Straßen von Sarajevo irrt und stets in seiner Distanz des Gastes, als »eine Art Eindringling«[54] (AN, S. 53) verharrt. Sarajevo ist eine »kleine und exotische Stadt«[55] (AN, S. 88), und er muss erkennen: »Ich war kein Bürger dieser Stadt. [...] Ich war nur beruflich hier.«[56] (AN, S. 97). Durch seine privilegierte Position verleiht er dem Geschehen eine irrationale Dimension – sein Aufenthalt in Sarajevo ist kein Exil, sondern stellt das Ende einer Suche dar: »Nach der extremen Logik des Exils dagegen müssten sich alle Ziele in einem Netz aufzehren und zerstören«.[57] Das Konzept des geschlossenen »dunklen Archivs« (AN, S. 15) seines »eigenen Lebens«[58] (AN, S. 15) widersetzt sich direkt einer solchen ›extremen Logik‹.

Da die Materialität der historischen Erfahrung ausschließlich vermittelt dargeboten wird, erweist sich die Fiktionalisierungsstrategie als ein (nicht beabsichtigter) Beleg für die Übermacht der Kriegs-Wirklich-

---

49 Kristeva: *Fremde sind wir uns selbst*, S. 161.
50 »u istom kavezu« (ES, S. 121).
51 »vrtjelo oko povijesti [...] što nas je odredilo kao generaciju« (ES, S. 123).
52 »okajavali grijehe svojih očeva« (ES, S. 123).
53 »gorki udes« (ES, S. 235).
54 »poput uljeza« (ES, S. 27).
55 »mali i egzotični grad« (ES, S. 71).
56 »nisam građanin ovoga grada, [...] moram raditi svoj posao« (ES, S. 78).
57 Kristeva: *Fremde sind wir uns selbst*, S. 16.
58 »materijalom vlastita života« (ES, S. 11).

keit, denn die Handlungsohnmacht des Individuums wird auf das kollektive Schicksal der Stadt übertragen. Nicht nur der Erzähler, »mehr noch, der Schriftsteller, wird von der Handlung an die Hand genommen«[59] (AN, S. 126), aber auch die Repräsentation der Geschichte unterwirft sich dem »Diktat der Fabel«[60] (AN, S. 126). Dabei wird gerade die authentische Stimme des ›native informant‹ unterschlagen, sie kommt erst nach doppelter Vermittlung zu Gehör: durch den homodiegetischen Erzähler und nach der Fokalisierung durch Richard. Als intradiegetisch-homodiegetischer Erzähler gewinnt Richard den Status fingierter Zeugenschaft, seine Stimme ist lediglich als eine »simulierte Stimme«[61] zu betrachten. Diese verschachtelte narrative Struktur macht die Figur Richards tatsächlich zu einem Fremden im fremden Land, zu einem (ewigen) Gast. Damit wird es unmöglich, die liminale Differenz zwischen ihm und der belagerten Stadt aufzuheben, obwohl er sich nach einem »Zufluchtsort«[62] darin (AN, S. 98) sehnt. In ihrem Eingangskapitel »Tokkata und Fuga für den Fremden« warnt Kristeva: Wichtig sei es, »die Fremdheit des Fremden nicht zu fixieren, zu verdinglichen suchen«.[63] Richards Weg führt aber in umgekehrte Richtung: von einem »in seiner Nichtübereinstimmung gefangene[n] Heimatlose[n]« wird er zu einem »taube[n] Verwurzelte[n]«.[64] Als eine zwischen Welten und Zeiten gespaltene Existenz bewegt er sich in einer Landschaft, die damit doppelt irreal wird: als Kriegslandschaft *und* als diskursive Vorstellung vom Balkanraum, bei dem alle gängigen Stereotypisierungen aktualisiert werden. Immer mehr taucht er in eine eigene Wirklichkeit ein, in eine »neue Wirklichkeit: *vor und nach dem Krieg*«[65] (AN, S. 219), in einem Zwischenraum in dem das »heimliche Liebesleben«[66] (AN, S. 218) möglich ist. Auf diese Weise rückt das Bild des kriegerischen Sarajevo in gefährliche Nähe zu Vorstellungen vom Balkan als einem liminalen Raum des Unheimlichen. Die periphere Position des Balkans wird multipliziert, der Balkan selbst erscheint als der konstituierende Andere des Westeuropäers Richard. Damit werden die »Protagonisten« nicht nur auf individueller Ebene »in Opfer verwandelt«[67] (AN, S. 315). Die proklamierten und intendierten Strategien der Abgrenzung von kriegerischem »Barbarismus« können nicht über die Tatsache hinwegtäuschen, dass gleichzeitig ein Prozess des Homogenisierens vollzogen wird, der seinerseits auch über eine klare dichotomische Struktur ver-

---

59 »jer radnja je ta koja nosi naš lik, samog pisca, naime« (ES, S. 103).
60 »po diktatu fabule« (ES, S. 103).
61 Erdle: »Stimme, Zeugenschaft, Wissen«, S. 122.
62 »utočište« (ES, S. 71).
63 Kristeva: *Fremde sind wir uns selbst,* S. 12.
64 Ebd., S. 27.
65 »novu zbilju: *prije rata i u ratu*« (ES, S. 190).
66 »tajni život ljubavnika« (ES, S.189).
67 »njezine likove koje sam pretvorio u žrtve« (ES, S. 264).

fügt und somit jegliche Vorstellung von kultureller Hybridität nivelliert. Die Aufführung des Textes *Homo faber* von Max Frisch, der ausdrücklich als ein »echte[s] Produkt westlicher Zivilisation«[68] (AN, S. 134) ins Repertoire aufgenommen wird, ist als ein Versuch anzusehen, sich gegen Fremdzuschreibungen zu wehren und eine plurale, emanzipatorische Konzeption der Identität zu vertreten. Dies Plädoyer[69] gegen Haß- und Gewaltkultur hat die intradiegetische weibliche Hauptfigur, Alma Filipović, als ihre Aufgabe übernommen. Paradoxerweise ist gerade die professionelle Schauspielerin Alma eine in ihrem Rollendasein nicht determinierte Figur, denn sie entzieht sich allen Zuschreibungen, letztendlich durch ihren Freitod. Jedoch erweist sich auch ihr Schicksal als völlig prädestiniert und bestätigt damit das den Roman beherrschende deterministische und teleologische Weltbild, denn das Inzestmotiv aus dem Roman von Frisch wird als eine Prolepse mit vorausdeutender Funktion für Almas Schicksal eingesetzt. Den Satz von der Kontingenz des Zufalls aus der Filmwerbung für *Homo faber* hat gerade Alma ausgesprochen: »Destiny is the most powerful coincidence of all« (AN, S. 108), womit sie ein statisches Weltbild unfreiwillig reproduziert.

Auch in seinen poetischen Äußerungen[70] zum Roman bekennt sich Štiks zur zum geschichtlichen Determinismus – Richards Schicksal ist im Voraus bestimmt, noch bevor er erfährt, dass sein wahrer Name Schneider ist. Dieses bezeugt die postulierte Prädestination aller Figuren: sobald Richard Richter seine wahre Herkunft erfährt, wird er zum Verurteilten. Dies impliziert die Frage nach dem Verhältnis von individueller Identität und kollektiver Geschichte. Bezogen auf die kollektive Ebene wird er zu einem, der das kollektive tragische Schicksal reprä-

---

68 »istinski produkt zapadne civilizacije« (ES, S. 111).
69 »Wir müssen naiver sein als alle anderen, denn wir wundern uns darüber, dass uns das geschieht, was uns jetzt geschieht. Wie ist es möglich, dass es zu diesem Krieg kommen konnte, Leute in riesigen Konzentrationslagern gehalten und tagaus, tagein bombardiert werden? Wie ist es möglich, dass die Welt uns nicht hilft, wo doch das Unrecht auf der Hand liegt? [...] Wie kann es angehen, dass Europa diesen Krieg als ›schicksalhaft‹, als ›einen Ausbruch ewigen Hasses‹, als ›geisteskrank‹, als ›vorherbestimmt‹, als ›Erfüllung von Prophezeiungen‹ bezeichnet und auf diese Weise mit rechtlich irrationalen Argumenten einen Krieg zu erklären versucht, der eindeutig auf einer logischen Kette von Ursachen und Wirkungen beruht« (AN, S. 136). / »Nismo li naivni mi koji se čudimo kako je moguće da nam se događa to što nam se događa, kako je moguće da se dogodio rat, kako je moguće da vas netko drži u golemom konclogoru i bombardira iz dana u dan, kako je moguće da nam svijet ne pomaže, kada je nepravda očigledna, [...] kako je moguće da ta ista Evropa ovaj rat zove ›sudbinskim‹, ›provalompramržnje‹, ›ludilom‹, ›udesom‹, ›ostvarenim proročanstvom‹, pokušavaju-ći sebi objasniti vrlo jasan uzročno-posljediční niz ovog rata prilično neracionalnim argumentima?« (ES, S. 112f.).
70 »[...] Mislim da te dvije priče na neki način određuju sudbinu mog junaka« [»Ich glaube, dass diese zwei Geschichten gewissermaßen das Schicksal meines Helden bestimmen«] (Antić: »Antički mit ponovio se u Sarajevu«, S. 36).

sentiert. Daraus geht hervor, dass kein neues, sondern ein altes Narrativ erzählt wird, das von der stabilen Kohärenz nationaler Identität ausgeht. Diese Kohärenz wird durch das tragische Schicksal Richards bestätigt und schließt ihn aus angesprochenen Homogenisierungsprozessen (seien sie auch als Widerstandsstrategien maskiert) aus. Als entscheidendes Hindernis für eine erfolgreiche Transgression ist das Überschreiten einer unsichtbaren Grenze anzusehen mit seiner inzestuösen Beziehung, weshalb er ein aus der Gesellschaft Ausgestoßener, ein für immer Fremder bleibt. Gerade diese in langen Prolepsen angekündigte inzestuöse Beziehung reduziert die Geschichte als Historie auf eine fiktionale Geschichte. Da Inzest ein gesellschaftliches Tabu darstellt, stellt er eine unhintergehbare Zäsur dar, welche die Kette kausaler Notwendigkeiten nicht reißen lässt. Vielmehr wird dadurch ungewollt die Wahrnehmung einer historischen Kontinuität konstruiert. Dieser fatalistische Zug im Roman wird bewusst durch intertextuelle Anspielungen auf die Gattung des Schicksalsdramas unterstrichen. Die Geschichte wandert in den Schauplatz hinein, und der Raum erstarrt zur statischen Kulisse – zur »Kulisse für das anstehende Seelendrama«.[71] Walter Benjamin erinnert in seiner Abhandlung *Ursprung des deutschen Trauerspiels* an den »Kern des Schicksalsgedankens«, nämlich »daß Schuld, als welche in diesem Zusammenhang stets kreatürliche Schuld [...] nicht sittliche Verfehlung des Handelnden ist«.[72] Hier jedoch werden die vielgestaltigen Konstellationen von Nation, Sprache und Kulturhegemonien in die klare dichotomische Struktur einer fatalistischen Weltanschauung gezwängt, was eine polyphone, emanzipatorische Darstellung der Geschichte ausschließt. Die deterministischen Konstanten im Roman, die sich aus der These von tragischer Schuld und Sühne ableiten, prägen somit nicht nur die Figurenkonstellation, sondern auch die Repräsentationsstrategie im Roman. Richters Figur ist als eine deterministische Antwort auf die Frage konzipiert, wie die Identität im Krieg zu konstituieren ist. Somit kann er die disseminative Kraft des ›Dritten Raumes‹ (Bhabha)[73], die in vielerlei Hinsicht mit dem Konzept der unbedingten Gastfreundschaft verwandt ist, nicht aktivieren, sondern bleibt durch seine Herkunft definiert und dadurch limitiert. Seine Herkunft, die als »Kategorie eines empirischen Zufalls«[74] hätte gedacht werden können, wird zum Teil eines »essentialistischen Universalismus«[75] hypostasiert. Es stellt sich heraus, dass etwas Abwesendes, eine ethnopolitische Vor-

---

71 Rüdenauer: »Mein Name sei Faber«.
(http://www.tagesspiegel.de/kultur/literatur/Buchmesse-Leipzig; art138,2491240).
72 Benjamin: *Ursprung des deutschen Trauerspiels*, S. 138.
73 Bhabha: *Die Verortung der Kultur*, S. 55ff.
74 »[...] u kategoriju empirijskog slučaja [...]« (Derrida, »Filozofijska nacionalnost i nacionalizam«, S. 140).
75 »[...] esencijalistički univerzalizam [...]« (ebd., S. 138).

stellung der kollektiven »geschichtlich kontinuierlichen«[76] Balkan-Identität seinen ganzen Lebenslauf prägt. Im deterministischen Netz kann es zu keiner Umcodierung der Vorstellungen von ethischer Identität kommen. Diese präsenten und unterschwelligen Prozesse nennt der bosnische Philosoph Ugo Vlaisavljević Ethnopolitik.[77] Mit diesem Begriff beschreibt er die Vorstellung von einer unveränderlichen ethnischer Identität, die die Metamorphosen der kollektiven Identität nicht akzeptieren kann. In Štiks' Roman soll die Stadt Sarajevo einen heteronomen und asymmetrischen sozialen Raum symbolisieren – was insbesondere auf der metadiegetischen Ebene, in der Geschichte Simons abzulesen ist –, bleibt jedoch deterministisch an kausale Gesetze und Entwicklungen gebunden. So kann der im kroatischen Original titelgebende und hier in zentraler Szene im Roman vorkommende Holzstuhl für Elias, d. h. »ein Stuhl für Beschneidungen«[78], »*Cir-cum-ci-si-on*« (AN, S. 159), als ein Symbol für die im Text implizit angelegte soziale Mobilisierung einer Gesellschaft betrachtet werden, die infolge traumatischer Kriegserlebnisse darum bemüht ist, erneut stabile Identitätskonstrukte auf Basis der althergebrachten Dichotomien herzustellen: »Das heutige Europa hat seine wahren Repräsentanten vielleicht gerade in Karadžićs Armee und *nicht in uns*«[79] (Hervorhebung: M.C., AN, S. 137). In dieser Konstellation verfestigt sich Richards vorerst fragile Identität eines österreichischen, in Frankreich lebenden Schriftstellers zu einer geschlossenen Konzeption des Anderen, die sich den Gesetzen der tragischen Determinierung fügt.[80] Obwohl das Geheimnis um Richards Herkunft gelüftet wurde, kann seine Alterität nicht aufgehoben werden, stattdessen wird sie mit einem essentialistischen Nationenbegriff und einer deterministischen Geschichtskonzeption in Verbin-

---

76 Vlaisavljević: »Priče o najboljim sinovima« [»Geschichten über die besten Söhne«]. (http://www.h-alter.org/vijesti/kultura/price-o-najboljim-sinovima).
77 »[...] ja sam sklon etnopolitiku gledati kao politiku koja se bavi promidžbom, učvršćivanjem, osiguravanjem kolektivnog identiteta, [...] kao vječitog, nepromjenjivog« [»[...] Ich neige dazu, Ethnopolitik als eine Politik zu betrachten, die Werbung, Festigung und Sicherung der kollektiven Identität betreibt [...] und [...] sie als ewig und unveränderlich darzustellen versucht.«] (ebd.). Vgl. dazu auch: Vlaisavljević: *Rat kao najveći kulturni događaj. Ka semiotici etnonacionalizma.*
78 »stolica za obrezivanje« (ES, S. 131).
79 »Današnja Evropa svoje istinske predstavnike možda ima upravo u Karadžićevoj vojsci, a ne u nama« (ES, S. 113).
80 »Ein richtiger *étranger* sind Sie keineswegs, *Herr* Richter, ein Mann, der mitten in einem Krieg, mitten in diesem Dahinsterben und Leiden, das uns umgibt, in einer Synagoge Zuflucht sucht [...] aber zufällig ist er an diesem Ort sicher nicht« (AN, S. 166) [»Niste vi baš sasvim *étranger*, *Herr* Richter, jer čovjek koji usred jednog rata, usred umiranja i patnji koje nas okružuju zađe u sinagogu, taj čovjek možda jest *un journaliste quelconque*, ili što vi već jeste, gospodine Richter, al na tom mjestu nije slučajno« (ES, S. 138)].

dung gebracht. Denn gerade in einer »kleinen Literatur« ist nach Guattari/Deleuze eine »Koppelung des Individuellen ans unmittelbar Politische« in eine »kollektive Aussagenverkettung«[81] zu beobachten. Hier führt diese Aussagenverkettung zu einer (unfreiwilligen) homogenisierend-konservierenden Tendenz, die am streng binären Aufbau des Romans abzulesen ist. So wird Richter von einem neuzeitlichen Odysseus zu einem Oudeios[82], zu einer dem Tode geweihten Figur, der jegliche Form von Gastfreundschaft versagt bleiben muss:

> Ich wusste aber sehr genau, dass es ein neues Land nicht geben würde, dass es ein neues Meer nicht gab. Und dass eine Rückkehr ausgeschlossen war. Denn die Stadt ging in mir mit mir mit. In ihren Straßen irre ich noch immer endlos umher.[83] (AN, S. 348f.)

Es ist ein »Diktat der polyphonen Stimmen«[84], dem sich der in der »Falle der Geschichte«[85] gefangene Richard Richter zu ergeben und gleichzeitig zu entziehen versucht. In der dichotomischen Struktur des Romans, in die die ganze Wucht der tradierten fatalistischen Diskurse eingeschrieben ist, scheint es unmöglich, in einem ›teleopoietischen‹ transgressiven Gestus die geschichtliche Erfahrung zu transzendieren: »drinnen zu sein, ohne drinnen zu sein, ein *Drinnen* im *Drinnen* zu haben, ein *Draußen* im *Innen* und so in alle Ewigkeit«.[86] In diesem Sinne wird hier die Gastfreundschaft als eine Erfahrung der Unmöglichkeit[87] konstruiert und mündet in einem vorgeprägten fatalistischen Rahmen.

---

81 Deleuze/Guattari: *Kafka. Für eine kleine Literatur*, S. 25f.
82 »Nitko: ›Ja se zovem Odysseus, što znači kralj Itake / gospodar lutanja, melankonije i poraza‹ / rekao sam.// ›Oudeis?‹ upitao je on / ›Da‹ odgovorio sam, ›točno tako. / Ja se zovem Nitko‹«« (Stojić: »Nitko««, S. 10f.) [»Niemand: ›Ich heisse Odysseus, das bedeutet der König von Ithaka / der Herr des Wanderns, Melancholie und des Verlustes‹ / sagte ich. // ›Oudeis?‹ fragte er / ›Ja‹, antwortete ich, ›genau. / Ich heiße Niemand.‹««].
83 »Znao sam da neće biti nove zemlje, da nema novog mora. Da neće biti povratka, jer Grad je pošao za mnom. Njegovim ulicama opet beskrajno lutam« (ES, S. 294).
84 Derrida: »Ein geflüstertes Wort ist auch ein Diktat der vielfachen Stimmen (männlichen und weiblichen)« (Armel: »Du mot à la vie: un dialogue entre Jacques Derrida et Hélène Cixous«, S. 22).
85 Derrida: »Die Vergangenheit ist eine Falle, [...] und wir dürfen nicht zulassen, dass diese verhängnisvolle Vergangenheit über unser Leben waltet. Nicht nur auf individueller, [...] sondern auch auf kollektiver Ebene.« (Ebd., S. 23).
86 Hélène Cixous: »[...] man kann drinnen sein, und nicht drinnen sein, es gibt ein *Drinnen* im *Drinnen*, ein *Außen* im *Drinnen* und so weiter in alle Ewigkeit [...]« (Ebd., S. 24).
87 Derrida: »Ich könnte Begriffe aufzählen, solche Begriffe, die die gleiche Logik befolgen, eine Logik, in der die einzige Möglichkeit der Dinge die Erfahrung der Unmöglichkeit ist.« (Ebd., S. 24).

Literatur

Primärliteratur

Gstrein, Norbert: *Die Winter im Süden*. München: Hanser 2008.
Štiks, Igor: *Elijahova stolica*. Zagreb: Fraktura 2006. (*Die Archive der Nacht*. Übersetzt von Marica Bodrožić. Berlin: Claassen 2008.)

Sekundärliteratur

Antić, Sandra-Viktorija: »Antički mit ponovio se u Sarajevu. Razgovor s književnikom Igorom Štiksom«. In: *Vijesnik*, 22. 08. 2006.

Armel, Aliette: »Du mot à la vie: un dialogue entre Jacques Derrida et Hélène Cixous«. In: *Le Magazine Littéraire* 2004/4, S. 22-29.

Augé, Marc: *Orte und Nicht-Orte. Vorüberlegungen zu einer Ethnologie der Einsamkeit*. Frankfurt am Main: Fischer 1994.

Bachtin, Michail M.: *Chronotopos*. Frankfurt am Main: Suhrkamp 2008.

Bakic-Hayden, Milica: »Nesting Orientalisms. The Case of Former Yugoslavia«. In: *Slavic Review* Jg. 54, Nr. 4 (Winter 1995), S. 917-931.

Bauman, Zygmunt: *Leben in der flüchtigen Moderne*. Frankfurt am Main: Suhrkamp 2007.

Benjamin, Walter: *Ursprung des deutschen Trauerspiels*. Frankfurt am Main: Suhrkamp 1963.

Bhabha, Homi K.: *Die Verortung der Kultur*. Tübingen: Stauffenburg 2000.

Elisabeth Bronfen / Benjamin Marius / Therese Steffen (Hg.): *Hybride Kulturen. Beiträge zur anglo-amerikanischen Multikulturalismusdebatte*. Tübingen: Stauffenburg 1997.

Deleuze, Gilles/Guattari, Félix: *Kafka. Für eine kleine Literatur*. Frankfurt am Main: Suhrkamp 1976.

Derrida, Jacques: »Filozofijska nacionalnost i nacionalizam« (Aus dem Französischen von Mario Kopić). [»Disseminario. La desconstrucción, otro descubrimento de América«. Montevideo 1987]. In: *Tvrđa* (Nr. 1-2, Osijek 2007), S. 129-142.

Derrida, Jacques: *Die Schrift und die Differenz*. Frankfurt am Main: Suhrkamp 1976.

Derrida, Jacques: *Mémoires. Für Paul de Man*. Wien: Passagen-Verlag 1988.

Derrida, Jacques: »Od riječi do života. Dijalog Jacquesa Derride i Hélène Cixous«. Aus dem Französischen von Igor Štiks. In: *Književna republika* (3-4, Zagreb 2005), S. 40-50.

Derrida, Jacques: *Von der Gastfreundschaft*. Wien: Passagen Verlag 2001.

Dežulović, Boris: »Bjekstvo od historije« [»Flucht vor Geschichte«]. In: http://www.zamirzine.net/spip.php?article7448 (zuletzt eingesehen am 15. 12. 2010).

Erdle, Birgit R.: »Stimme, Zeugenschaft, Wissen: Zur (Theorie)Politik mit dem Trauma in den Kulturwissenschaften«. In: Marcus Hahn / Susanne Klöpping / Holger Kube Ventura (Hg.): *Theorie – Politik. Selbstreflexion und Politisierung kulturwissenschaftlicher Theorien.* Tübingen: Narr 2002, S. 119-131.

Fohrmann, Jürgen: »Grenzpolitik. Über den Ort des Nationalen in der Literatur, den Ort der Literatur im Nationalen« In: Corina Caduff / Reto Sorg (Hg.): *Nationale Literaturen heute – ein Phantom? Die Imagination und Tradition des Schweizerischen als Problem.* Zürich: Verlag NZZ/Fink 2004, S. 23-33.

Foucault, Michel: »Von anderen Räumen«. In: Jörg Dünne/Stephan Günzel: *Raumtheorie. Grundlagentexte aus Philosophie und Kulturwissenschaften.* Frankfurt am Main: Suhrkamp 2006, S. 317-329.

Goldsworthy, Vesna: »Der Imperialismus der Imagination: Konstruktionen Europas und des Balkans«. In: Karl Kaser et al. (Hg.): *Europa und die Grenzen im Kopf.* Klagenfurt: Wieser 2003, S. 253-274. Zit. nach: http://wwwg.uni-klu.ac.at/eeo/Goldsworthy_Imperialismus.pdf (zuletzt eingesehen am: 15.12.2010).

Gstrein, Norbert: *Fakten, Fiktionen und Kitsch beim Schreiben über ein historisches Thema.* Frankfurt am Main: Suhrkamp 2003.

Gstrein, Norbert: *Wem gehört eine Geschichte? Fakten, Fiktionen und ein Beweismittel gegen alle Wahrscheinlichkeit des wirklichen Lebens.* Frankfurt am Main: Suhrkamp 2004.

Kristeva, Julia: *Fremde sind wir uns selbst.* Frankfurt am Main: Suhrkamp 1990.

Lewin, Kurt: »Kriegslandschaft«. In: Jörg Dünne: *Raumtheorie. Grundlagentexte aus Philosophie und Kulturwissenschaften.* Frankfurt am Main: Suhrkamp 2006, S. 129-140.

Mishra, Vijay / Hodge, Bob: »What Was Postcolonialism?«. In: *New Literary History* (36, 2005), S. 375-402.

Rüdenauer, Ulrich: »Mein Name sei Faber. Schicksalsdrama in den Trümmern von Sarajevo«. In: http://www.tagesspiegel.de/kultur/literatur/ Buchmesse-Leipzig;art138,2491240. (zuletzt eingesehen am 15.12. 2010).

Said, Edward: *Kultur und Imperialismus. Einbildungskraft und Politik im Zeitalter der Macht.* Frankfurt am Main: Fischer 1994.

Said, Edward: »Reflections on Exile«. In:, *Reflections on Exile and Other Essays.* Cambridge: Harvard University Press 2000, S. 173-186.

Spivak, Gayatri Chakravorty: *Death of a Discipline.* New York: Columbia UP 2003.

Stojić, Mile: »Nitko«. In: *Vijenac* Jg. XVII (Nr. 390, 12. Februar 2009), S. 10-11.

Uerlings, Herbert: »Kolonialer Diskurs und deutsche Literatur. Perspektiven und Probleme«. In: Axel Dunker (Hg.): *(Post-)Kolonialismus und Deutsche Literatur. Impulse der angloamerikanischen Literatur und Kulturtheorie.* Bielefeld: Aisthesis 2005, S. 18-44.

Vlaisavljević, Ugo: »Priče o najboljim sinovima« [»Geschichten über die besten Söhne«]. In: http://www.h-alter.org/vijesti/kultura/price-o-najboljim-sinovima. (zuletzt eingesehen am 15. 12. 2009).

Vlaisavljević, Ugo: *Rat kao najveći kulturni događaj. Ka semiotici etnonacionalizma [Krieg als das größte Kulturereignis]*. Sarajevo: Mauna-fe 2007.

SPRACHE UND ZEIT DER GASTLICHKEIT
(KLEIST: *DIE VERLOBUNG IN ST. DOMINGO*)

CSONGOR LŐRINCZ

Viele Erzählungen von Kleist inszenieren bekanntlich Geschichten der Gastlichkeit und der Ungastlichkeit. Sie spielen diese beiden Momente zuweilen bis zur Ununterschiedenheit ineinander über. Oft wird der Gast aus einem »kontingenten Anderen« zu einem »privilegierten Du«[1], in der Weise der Liebe, des Heiratens oder der Adoption, wo also noch zusätzliche Kommunikationscodes und Konventionen in Prozessen der Stellvertretung des Gastes ins Spiel kommen. Der Gast schillert von vornherein in einem (auch für ihn selbst) beunruhigenden Zwischen von Fremdheit und Bekanntheit (sogar von Leben und Tod), er ist weder einfach fremd noch vertraut – somit den grundlegenden Zügen der Gastsemantik entsprechend.[2] Diese Ambivalenz des Gastes bei Kleist entspringt jedoch in hohem Maße seiner nicht weniger zweideutigen Temporalität, insofern der Gast hier so gut wie immer den wiederkehrenden Gast, den Gast als Wiedergänger und umgekehrt meint. Der Graf in *Die Marquise von O.* wird erst nach seinem eigentlichen Eindringen förmlich eingeladen und als Täter erst viel später, im Nachhinein erkannt. Die Einladung, ihr performatives Ritual, erweist sich als Wiederholung und höhlt den (an Intentionen und erkennbare Sprechakte gebundenen) Handlungsaspekt der Sprache aus.[3] Der Gast scheint gewissermaßen immer schon da gewesen zu sein, wie das in *Der Findling* mit Nicolo-Colino der Fall ist, oder geistert weiter, wie die Titelfigur der knappen Erzählung *Das Bettelweib von Locarno*. Auch die Anagrammatik der beiden Namen legt nahe, dass die Gastlichkeit in ihren iterativen

---

1 Vgl. Jauß: »Das privilegierte Du und der kontingente Andere«.
2 Vgl. Bahr: *Die Sprache des Gastes; Die Befremdlichkeit des Gastes*.
3 »Ein solcher Besuch ist nicht die Antwort auf einen Einladungswink, sie übersteigt jede Dialogbeziehung zwischen Gastgeber und Gast. Er *muß* seit jeher über sie hinausgegangen sein. Sein traumatisierendes Hereinbrechen muß dem vorausgegangen sein, was man unbesorgt als Gastlichkeit bezeichnet – und selbst den Gesetzen der Gastlichkeit, wie störend und umkehrbar diese auch immer schon erscheinen mögen« (Derrida: *Adieu*, S. 86-87).

und abgründigen temporalen Effekten bei Kleist stets mit sprachlichen Momenten einhergeht, in einer sprachlichen Dimension stattfindet, die sie sowohl ausführt und erinnert wie auslegt. Die Frage nach der Sprache und der Zeit der Gastlichkeit sollten in der folgenden Analyse eines anderen Textes von Kleist, *Die Verlobung in St. Domingo*, folglich im Mittelpunkt stehen.

Um diese Zusammenhänge zu beleuchten, wird es nötig, relativ viele thematische, motivische, narratologische und textuelle Motive wie Effekte und deren Verflechtung im Text aufzuzeigen. Ferner treten hier vor allem Momente der sogenannten »performativen« Sprache ins Zentrum der Interpretation, insofern der Nachweis zu erbringen ist, dass in diesem Text der prekäre Status des sprachlichen Handelns und seine gleichwohl einschneidenden Wirkungen im Vordergrund stehen. Vertrauen, Schwur, Eid, Vergeben – diese Worte und ihre Antonyme bestimmen das Textgewebe. Es geht kurz gesagt um den Gabecharakter von Sprache (und im Zusammenhang damit um die Gastlichkeit) und die verschiedenen, ihr gewissermaßen eigenen oder aufgepfropften Ökonomien.

Bereits die erste Erzählsequenz bringt Kontexte der Treue, der Rechtschaffenheit und der Dankbarkeit sowie deren Gegensätze ins Spiel. Die Ökonomie der Gaben von Guillaume von Villeneuve an seinen befreiten Sklaven, Congo Hoango, und seine Dankbarkeit wird im Ausnahmezustand des Aufstandes aufgehoben und in einen negativen Tausch verkehrt: er nimmt seinem Herrn das Leben, das er ihm früher gerettet hatte. Als Erwiderung der damaligen Rettung hat der Herr den Sklaven Hoango mit »unendlichen Wohltaten« überhäuft, vor allem aber mit einem eigenen *oikos* (»Haus und Hof«) beschenkt. Dieser Zug nimmt das spätere Versprechen des Fremden namens Gustav an die Tochter der alten Babekan, Toni, vorweg – dieser will der Retterin seines Lebens auch mit ähnlichen Gaben danken. Dann tötet er sie aber mit der Pistole, wie Hoango seinem Herrn auch »die Kugel durch den Kopf jagte«.[4] In diesen einleitenden narrativen Beschreibungen werden also wesentliche Ereignisse der späteren Handlung vorweggenommen. Wichtig ist, hier festzustellen, dass der Zusammenhang von »Wohltat« und »Dankbarkeit« wie »Verräterei« mehrmals im Text zurückkehrt (»schlecht« wird gar zum Synonym von »undankbar«).

Interessant wird erstens, wie die Verschwörung von Babekan und Toni gegen die Fremden sprachlich-inszenatorisch exekutiert wird und zweitens ihre narrative Darstellung.

1. Die Selbstinszenierung der Protagonisten in der ambivalenten Situation von Gast und Gastgeber ist überdeterminiert. Da die Ankunft

---

4 Die Zitate beziehen sich auf die zweibändige Ausgabe von Helmut Sembdner (Heinrich von Kleist: *Sämtliche Werke und Briefe*). Die Seitenzahlen werden im Folgenden in Klammern angegeben. Hier: S. 160.

des Ankömmlings antizipiert wird, wird dementsprechend die ganze Szene mit verschiedenen Mitteln inszeniert. Toni, dem Mädchen, wird von der alten Babekan eine Laterne mitgegeben. Über die pragmatische Funktion hinaus eignet dieser Laterne eine spezifische Leistung: »›Geschwind!‹ sprach sie, indem sie seine Hand ergriff und ihn nach der Tür zog: ›hier herein!‹ Sie trug Sorge, indem sie dies sagte, das Licht so zu stellen, dass der volle Strahl davon auf ihr Gesicht fiel.« (163) Das Hereinmanövrieren des Gastes in das Haus geht mit dem Sprechen und der Belichtung der sprechenden Person einher. Dieses Sprechen erfolgt hier wohlgemerkt im Modus des Befehls. Der Vollzug des Sprechaktes wird vom Licht, wie in einem Bühnenauftritt, beleuchtet, um ihm besonderen Nachdruck zu verleihen.[5] Die intentionale Selbstbeleuchtung von Toni legt auf der metaphorischen Ebene Zeugnis von ihrer Aufrichtigkeit ab, sie bekräftigt diese. Sie ist gleichsam ein Pfand für die Wahrhaftigkeit ihrer einladenden Geste, ihrer Gastfreundschaft, und ist dazu bestimmt, das Vertrauen zu erzeugen bzw. zu bestätigen, das zur Aufnahme ihrer Einladung, zu jeglicher Kommunikation überhaupt, notwendig ist. Das Empfangen des Gastes hat demnach eine performative Dimension, es muss das Vertrauen erzeugt werden, das auch sein Brechen (des gegebenen Wortes) ermöglicht. Denn an dieser Stelle der Erzählung gilt noch – zumindest hypothetisch – die Verschwörung von Babekan und Toni, die auf Anweisung von Congo Hoango entsteht, folglich vollzieht sich die Einladung als ein Falschschwur dem Fremden gegenüber – um die vorgängige Verschwörung nicht zu verraten.

Um den Fremden zu beruhigen und sich selbst Vertrauen schenken zu lassen, erzählt Babekan, dass sie und Toni gleichsam auch Gäste (oder besser: Geiseln) im Hause von Hoango und folgerichtig ihm ausgeliefert seien. Die Positionierung ihrer Beziehung als Gastgeberinnen und Gustavs als Gast strukturiert sich demnach gleichsam spiegelsymmetrisch auf der Achse des Mitleids – ein Wort, das in dieser Szene mehrmals mit Nachdruck gebraucht wird. Zunächst hat der Fremde Anspruch auf ihr Mitleid erhoben (»Ihr seht den elendsten der Menschen, aber keinen undankbaren und schlechten vor Euch!«, 164), die Alte dreht das nun in ihrer Erzählung so, dass dadurch der Fremde selber

---

5 Das ist eine biblische Anspielung – bei Lukas liest sich Folgendes über das Bild des beleuchteten Gesichts, unter dem Titel *Das Gleichnis vom Auge*: »Niemand zündet ein Licht an und setzt es an einen heimlichen Ort, auch nicht unter einen Scheffel, sondern auf den Leuchter, auf daß, wer hineingeht, das Licht sehe. Das Auge ist des Leibes Licht. Wenn nun dein Auge einfältig ist, so ist dein ganzer Leib licht; so aber dein Auge ein Schalk ist, so ist auch dein Leib finster. So schaue darauf, daß nicht das Licht in dir Finsternis sei. Wenn nun dein Leib ganz licht ist, daß er kein Stück von Finsternis hat, so wird er ganz licht sein, wie wenn ein Licht mit hellem Blitz dich erleuchtet.« (Luk. 11, 33-36). Im Kontext der Erzählung konnotiert diese Metaphorik in Hinsicht auf die Figur neben ihrer Hautfarbe mindestens zwei Aspekte: die Empfangsbereitschaft der Gastgeberin und die Transparenz ihrer Sprache.

aufgerufen wird, in die Subjektposition des Mitleids zu treten und ihnen damit Vertrauen zu schenken. Denn Mitleid bringt man nur Personen gegenüber auf, von deren moralischen Qualitäten man überzeugt ist. Eine Politik der Gemeinschaft, die auf der Vertauschung der Rollen, der Stellvertretung, beruht und von beiden Seiten in diesem Sinne berechnet wird.[6] Diesem Tausch ging die Beteuerung der Gemeinsamkeit durch den Fremden voraus: »Euch kann ich mich anvertrauen; aus der Farbe Eures Gesichts schimmert mir ein Strahl von der meinigen entgegen.« Da das Licht hier nicht einfach im Sinne der Hautfarbe und der anthropologischen Quasi-Verwandtschaft, sondern – in Erinnerung an die Bibelworte – unter anderem als Index der Schuldlosigkeit und der Wahrhaftigkeit zu verstehen ist, so etabliert die Feststellung der rassischen Gemeinsamkeit durch Gustav das Vertrauen und zwar unter Berufung auf anthropologische Konstanten, die auf transzendente Weise verbürgt werden: »Der Himmel, wenn mich nicht alles trügt, fuhr er fort, indem er die Hand der Alten drückte, hat mich mitleidigen Menschen zugeführt […]« Und später: »Der Himmel, der Menschlichkeit und Mitleiden liebt, antwortete der Fremde, wird Euch in dem, was Ihr einem Unglücklichen tut, beschützen!« (165). Der Kontext der »Menschheit«, der »Menschlichkeit« wird – kantisch-rousseauistisch – als Berufungsgrund für die Gabe, für die Gastfreundschaft aufgerufen und die von ihm implizierte Verwandtschaft auch im Hinweis auf die rassischen Züge gesetzt.[7]

---

6   Die Stellvertretung im Mitleid als Paradigma moralischen Verhaltens beruht auf dem Konzept der Ähnlichkeit, mithin auf dem des Wissens von dieser Ähnlichkeit wie des Gehalts vom Leiden. Zu diesem rousseauistischen Thema vgl. Moser: *Verfehlte Gefühle*, S. 63-70. Zum Mitleid als »Modell einer primären Gesellschaftsfähigkeit« vgl. Schings: *Der mitleidigste Mensch ist der beste Mensch*, S. 19.

7   Hier liest Gustav den früheren uneigentlichen Ausdruck von Babekan gleichsam wörtlich: »›Ei, mein *Himmel!*‹ rief die Alte, indem sie, unter *mitleidigem* Kopfschütteln, eine Prise Tabak nahm.«, resp. »›*Beim Himmel!*‹ erwiderte die Alte […]« (164, Hervorh. Cs.L.) Dieser war wiederum die Aufnahme der Worte des Fremden: »Gott und alle Heiligen, erwiderte der Fremde, haben mich beschützt.« Zugleich wird der Ausdruck »mitleidig« aus dem Erzähldiskurs in die als erlebte Rede wiedergegebenen Worte von Gustav transponiert. Seine Rede wird vom Erzähldiskurs gewissermaßen zitiert – *im Unterschied* zu den jeweils mit Anführungszeichen markierten Äußerungen von Babekan –, zugleich zitiert Gustav auch Momente des Erzähldiskurses, folglich stellt der Erzähldiskurs auch einen Prozess der Selbstzitierung im Medium der Protagonistenrede dar. »Mitleid« kann auch als Interpretant der Aufrichtigkeit und Glaubwürdigkeit des Erzählers (als sein Wort für Gustav) fungieren, dabei ist aber der Meineid nicht auszuschließen, was die Autorität des Erzählers problematisch erscheinen lässt. Insgesamt ergeben sich aus der zitathaften Permutation der Reihe von »Himmel«-»mitleidig«-»Mensch« merkwürdige Effekte: der Himmel wird sowohl als Akteur (er »führt« ihn den beiden »zu«) inszeniert als auch als Berufungsinstanz (»der Himmel« als Bürge von »Menschlichkeit« und »Mitleiden«) angeführt. Dabei ist die grammatikalische Ambivalenz im Satz »Der Himmel, wenn mich nicht alles trügt […] hat mich mitleidigen Menschen zuge-

Mindestens drei Aspekte werden da also ins Spiel gebracht: die Verwandtschaft, das Mitleid und die Berufung auf den »Himmel« als Schwur. Die Betonung der Gemeinsamkeit im Zeichen der Verwandtschaft und der Menschlichkeit ist eine konstative Aussage (aufgrund der Hautfarbe), sie beruft sich indes auf die transzendente Instanz als auf einen beglaubigenden Zeugen.[8] Dieser Schwur als Aufrufen der Zeugenschaft eines Dritten soll die Gemeinschaft autorisieren, die beschworene Vertrautheit sichern. Und auch umgekehrt: die Wahrhaftigkeit des Schwörens soll von der konstatierten Verwandtschaft verbürgt werden, einer Verwandtschaft, deren handlungsrelevante moralische Geltung von Babekan freilich auch bezweifelt wird: »Der Schatten von Verwandtschaft, der über unsere Gesichter ausgebreitet ist, der, könnt Ihr sicher glauben, tut es nicht!« (165). Die konstativen und performativen Aspekte der Sprache sollen für Gustav dennoch zu einer Einheit verschmolzen werden. Diese Einheit gilt auch in anthropologischem

---

führt« auch von Interesse: das »wenn mich nicht alles trügt« lässt sich nämlich sowohl auf die Subjektposition von »Himmel« als auch auf »mitleidig« beziehen. Der Himmel selber könnte ihn laut der ersten Lesart den beiden zugeführt haben, bereits hier verschiebt sich also der Akzent auf das transzendente Prinzip, das von Gustav etwas später als Berufungsinstanz und als Zeuge in Anschlag gebracht wird. Die Sprache des Fremden nimmt immer wieder die providenzielle Legitimierung und Autorisierung in Anspruch – als ob er selber seiner Sprache nicht trauen würde und sich auf transzendente Autoritäten berufen müsste. Einerseits weist er auf das Äußere – die Hautfarbe und rassische Züge – hin, anderseits beruft er sich auf übersinnliche Instanzen: so ist er nicht fern vom Inneren der Anderen, dessen er sich vergewissern möchte. Sowohl die referentielle Vergewisserung (durch den anthropologischen Index) als auch die transzendente Berufung auf die Autorität sind Effekte der ambivalenten, nicht-transparenten Sprache, wobei die Schwurformeln in der Berufung nach dem transzendenten Zeugen diese Ambivalenz erst recht (mit)erzeugen (sofern ihr performativer Wert wegen ihrer Unverifizierbarkeit nicht unproblematisch ist).

8   Gustav baut seine ganze Politik der Gemeinschaft auf eine fragwürdige referentielle Basis – besser gesagt: er ist gleichsam dazu genötigt, eine solche Politik zu verfolgen, ist ja der referentielle Wert von Babekans Aussagen nicht zu verifizieren, sondern ihr Sprechen ist im Empfang nur zu beteuern und zu glauben. Daher ergibt sich die Politik der Gemeinschaft für Gustav in der Sprache selbst, wie wir das oben gesehen haben, in der der Erzähldiskurs und sprachpragmatisch markierte bzw. unmarkierte Aussagen der Protagonisten miteinander verflochten werden. Die Strategie von Gustav ist sowohl als referentiell (»Mitleid«) wie performativ (»Himmel«) zu kennzeichnen. Er referentialisiert figurale Momente (das Kopfschütteln) und beruft sich dabei auf Zeugeninstanzen, um den illokutiven Wert der Äußerungen der beiden zu stabilisieren. So ergibt die Aussage »Der *Himmel* […] hat mich *mitleidigen* Menschen zugeführt« einen dritten Sinn: beim Vermeinen des »Mitleids« kann er sich wirklich nur auf den »Himmel« berufen, in diesem Sinne ist die oben vorgeschlagene alternative Lesart über die aktionale Rolle des »Himmels« als Subjekt zu verstehen. Zugleich wird da auch eine Bestimmung der »Menschlichkeit« generiert – als einer axiologischen Figur, die auf die Farbe »weiß« und ihre Symbolik aufbaut.

Sinne: die Kognition, die Erkenntnis der Verwandtschaft, soll mit dem Affekt, dem Mitleid (das eigentlich auf Wissen basiert), in Verbindung gebracht werden. Das Mitleid ist jedoch nicht performativ zu nennen, da dieses den inneren Akten des Sprechenden, des Schwörenden einen referentiellen Zug und, wie wir gesehen haben, einen wechselseitigen ökonomischen Aspekt hinzuzufügen berufen wird. Nicht zuletzt diese Einheit *als solche* soll von der performativen Berufung auf den »Himmel« als einen Dritten verbürgt werden (»Der Himmel, der Menschlichkeit und Mitleiden liebt [...]«). Überhaupt wird in der Einforderung des Mitleids die Aufrichtigkeit des Gastes (und der Gastgeber) auf indirekte Weise postuliert.

2. Das Sprechen von Babekan wird im Modus des Berichts, als direkt zitierte Rede wiedergegeben, die Äußerungen des Fremden und Tonis hingegen als indirekte, erzählte Rede. (Dadurch wird auf der narrativen Ebene bereits ihre spätere Verbindung angedeutet.) In der ersten Szene des Empfangs bestimmt diese Verteilung die narrativ vermittelten Stimmen, einmal als Bericht, das andere Mal als Erzählung. Es scheint so, als ob der Erzähler auf Distanz zu Babekan ginge, die beiden anderen Protagonisten hingegen mehr bezeugend-beglaubigend begleiten würde. Denn Babekan »heuchelt« ja (165), der Erzähler markiert mit dieser narrativen Distanz, dass er ihre Worte nicht ihrem Inhalt gemäß beglaubigen und mit ihnen in keine Gemeinschaft treten kann. Dennoch ist man näher an Babekan, da man ihre Bewusstseinsinhalte kennt, hingegen beim Fremden, aber auch bei Toni nicht sicher ist, was sie eigentlich denken, was ihre Gedanken und Absichten sind. Beiden haftet bereits hier eine Art Geheimnis an[9], das die Transparenz ihrer Sprache in Zweifel zieht. Der Code des Verhältnisses von Erzählen und erzählten Wahrheitsinhalten organisiert sich also zu einem Chiasmus: berichtende und erzählende Rede stehen in Spannung, gleichwohl kreuzen sie sich auch, insofern der »von außen« berichtete Diskurs für den Leser doch transparenter ist als die »unmittelbarer« erzählte Kommunikation und Handlung.

In der Exposition der Rede der einzelnen Protagonisten, ausgewiesen durch Anführungszeichen, geht der Erzähler gleichsam auf eine Distanz zum Gesprochenen, anderswo begleitet er die Protagonisten im Modus der erlebten Rede, in der die Differenzen zwischen Erzähldiskurs und Figurenrede viel unscheinbarer sind. Oft, wenn die Figuren gleichsam vorgefertigt-zitathafte Diskurse tätigen, erscheinen ihre Äußerungen in Anführungsstrichen, die spontaneren Aussagen hingegen verbleiben im Modus der erlebten Rede. Dieses System gilt allerdings

---

[9] Dies wird später noch verstärkt: »Toni [...] den Kopf gedankenvoll auf ihre Hand gelegt, fragte den Fremden [...]« (169). Überhaupt korreliert die Betonung ihres *scham*haften Verhaltens mit dem Geheimnis. Das Wort »unaussprechlich« kommt auch mehrmals vor (185 und 192).

nicht in jedem Fall. Bis zur Befragung des Mädchens durch den Fremden, ob »sie schon einem Bräutigam verlobt wäre?«, werden die Äußerungen der beiden Frauen auffallend konsequent durch Anführungsstriche gerahmt, um gleichsam die Distanz des Erzählers zu signalisieren, als ob dieser ihre Verschwörung und vorgetäuschte Aufrichtigkeit nicht unterschreiben, das falsche Zeugnis vermeiden möchte. Er scheint vielmehr Gustav zu begleiten, seine Worte und Gedanken zu bezeugen, ihm gleichsam näher zu stehen, ihn zumindest zu *supplementieren*, indem die pragmatisch-zitationelle Einrahmung seiner Aussagen ausbleibt. Dies ändert sich in der Befragungsszene, wo plötzlich seine Fragen markiert, dafür die Äußerungen von Toni in erlebter Rede vermittelt werden. Meistens sind nicht beide Stimmen zu gleicher Zeit durch Anführungsstriche codiert und so wiedergegeben, sondern jeweils nur die eine, die andere verbleibt im anderen narrativen Modus. Die erlebte Rede scheint eine Nähe zum Protagonisten zu suggerieren, insofern seine Stimme und Sprechakte nicht eigens wahrzunehmen sind, sondern ihre Bekanntheit vom Erzähler als Zeugen gewissermaßen vorausgesetzt wird. Der Erzähler gibt uns sein Wort, die sprachlichen sowie inneren Akte der Figuren treu wiederzugeben oder zu vermitteln. Zugleich gibt er sein bzw. das Wort ebendiesen handelnden Figuren, deren so vermitteltes Sprechen – und darin all die Schwüre und Versprechen – auf dieses Wort als zweifach gegebenes Wort angewiesen bleibt. Diese narrativen Züge werfen also die Frage nach der Zuverlässigkeit des Erzählers auf und zwar nicht nur im Sinne des *Wissens* um die Umstände des Geschehens, sondern der Wahrhaftigkeit, auch wenn man ihm unterstellt, er bezeuge die narrativen Momente, die Geschehen ihren referentiellen Wert betreffend, auf zuverlässige Weise.[10] Gerade in der Kreuzung von Erzähldiskurs und erlebter Rede ist aber die Möglichkeit der falschen Zeugenschaft von vornherein gegeben, wo die Worte der Figuren vom Erzähldiskurs her bzw. dieser Diskurs selbst in seiner Kontamination durch die bezeugten Sprechakte und Intentionen vom Leser nicht ganz zu beglaubigen sind. In diesem Sinne bewirkt die problematische erlebte Rede – Rede des Protagonisten oder des Erzählers? – eine merkwürdige Ferne zu den berichteten Ereignissen, Sprechakten und inneren Vollzügen. In den Interferenzen zwischen Erzähldiskurs und Protagonistenrede laufen komplexe Bezeugungsprozesse ab, die in der Frage münden: wem gehört das Wort? Das Wort wird hier gewissermaßen vom Erzähler weitergegeben oder weitergeschenkt wie die »Liebesgabe« vom Fremden – wie oben in Bezug auf die zentralen Interpretanten »Mitleid« und »Himmel« zu sehen war. Der Erzähler kann das Gesagte der Protagonisten substituieren, statt ihrer reden – so

---

10 Den Zusammenhang der Unentscheidbarkeit von mimetischer und diegetischer Rede mit dem Problem der Beglaubigung bei Kleist hat Paul de Man deutlich dargelegt, vgl. »Ästhetische Formalisierung«, S. 216-217.

wie Babekan auf die Frage an Toni statt dieser antwortet (168) –, er kann ihnen aber auch sein Wort geben, um die Aufrichtigkeit der Versprechensakte der Protagonisten zu beteuern. Zeugenschaft als Supplement und gegebenes Wort – in dieser nicht ganz auflösbaren Spannung werden gewisse Momente des Textes doppelt lesbar. Zu dieser Spannung gehören nämlich fundamentale, sich mehrfach kreuzende Differenzen im Text: wie der Unterschied zwischen Reden und Schweigen, Verkünden und Geheimnis, Aussprechen und Scham, Öffentlichem und Privatem, und nicht zuletzt zwischen Kennen und Nicht-Kennen oder kognitiver und performativer Sprache. Um statt jemandes zu reden, muss man voraussetzen oder die Voraussetzung vortäuschen, dass man diese Person kennt. Um ihr sein Wort zu geben bzw. an ihr Vertrauen in dieses Wort, in seine Aufrichtigkeit, zu appellieren, setzt man voraus, dass man diese Person nicht restlos kennt.[11] Kennte man sie im Sinne einer referentiellen Gewissheit (und nicht eines Glaubens), bräuchte man nicht nach ihrem Vertrauen zu rufen (den Glauben an dieses Vertrauen zu haben)[12] – sei es, weil eine referentielle, positivierbare Festigkeit gegeben ist, sei es, weil man sich nach Enttäuschungen auf negative Weise sicher ist, dass dieses Wort so oder so gebrochen wird. Das Wort zu geben, sei es im Schwur oder im Versprechen, und es somit zugleich vom anderen zu erhalten, der diesem Wort überhaupt Glauben zu schenken vermag – dieses Geben wird möglich, gar notwendig, nur von seiner potentiellen Gefährdung, also von der Lüge, vom Meineid her.

Wenn hier die Unentscheidbarkeit von Sprache und Geheimnis, Wissen und Nicht-Wissen, Bekanntheit und Unbekanntheit, Fremdheit und Vertrautheit eine so starke Rolle spielt – ihr Zwischen ist ja der Ort des Gastes –, dann akzentuiert die Sprache des Gastes die performative Funktion, die ohne referentielle und kontextuelle, gar konventionelle Absicherungen auskommen muss. Der Gast wird nicht einfach zum Gast, weil er an einem schönen Tag ankommt und man nun die Umstände dieser Ankunft und des Empfangens oder auch Ausstoßens mimetisch beschreiben kann, sondern weil mit ihm ein Sprachgeschehen (das zum Teil auch im Modus des Schweigens erfolgen kann) vonstat-

---

11 Die Oszillation zwischen den Benennungen »Gustav« und »der Fremde« setzt genau diese Spannung in Szene. Sie wird womöglich noch einmal gedreht vom doppelten Eigennamen »Gustav« bzw. »August«, wie das seit Roland Reuß' Entdeckung in der Fachliteratur immer wieder diskutiert wird. Was hier aber wichtig ist: Auch die Interpretation kann der performativen Sichverpflichtung nicht entgehen, man sagt nämlich jeweils etwas anderes über die Figur und a fortiori über den Text aus, man *bezeugt* jemand oder etwas anderes, verwendet man »Gustav« oder den Ausdruck »der Fremde«.

12 »Vertrauen, als die Hypothese künftigen Verhaltens […] ist […] ein mittlerer Zustand zwischen Wissen und Nichtwissen um den Menschen. Der völlig Wissende braucht nicht zu *vertrauen*, der völlig *Nicht*wissende kann vernünftigerweise nicht einmal vertrauen.« Simmel: »Das Geheimnis und die geheime Gesellschaft«, S. 393.

ten geht, das gewissermaßen ohne konventionelle Begründungen und referentielle Autoritäten (des Erzählens) stattfindet, ein starkes wie schwaches sprachliches Ereignis. Die »Verlobung« repräsentiert somit einen prekären Sprechakt, ein Gelübde, ein gegenseitig gegebenes Wort, das außer dem personengebundenen Vertrauen und dem Versprechen (der Ausharrung) keine konventionelle Autorisierung erhält. Sie modelliert die sprachliche Problematik, die hier zentral ist.

Gast zu sein in der Sprache – das meint hier die Suspendierung von referentiellen Konventionen und Autoritäten, von Pakten und Codes, ohne die die Sprache im Alltag gleichwohl nicht funktionieren kann. Gastlichkeit als Ausnahmezustand der Sprache – dieses Thema bezeugen auch andere Texte von Kleist (*Die Marquise von O.; Der Findling*). Bekanntlich gibt es keinen Gast oder keine Gastlichkeit ohne Gastgeschenk oder eine Art von Mitgift, generell ohne irgendeine Gabe – und das heißt, solche Sprachereignisse, die einer pragmatischen und konventionellen Grundlegung oder Geltung entbehren, sind als Gaben zu denken, die einen eigenen Ort, einen *oikos*, ein Zu-Hause oder gar einen Grund vermissen bzw. diese suspendieren. Den Gast gibt es streng genommen nur in einem Ausnahmezustand, bzw. der Gast ruft zumindest potentiell einen solchen – hier vor allem der Sprache – hervor. Dieser setzt die Regeln der symbolischen Wiedererkennung außer Kraft, ferner auch Modelle des Sichverstehens, die von den Figuren praktiziert werden. Der Gast induziert die Krise des Selbstverständnisses, zugleich verschärft er sie, bringt sie überhaupt zum Vorschein – in dieser metaleptischen Konfiguration ist er sowohl Ankömmling als auch Wiedergänger in einem (wie in einem »déjà-vu«). Die Wiederkehr des Vergangenen – der eigenen Vergangenheit, über die man nicht verfügt (im Falle von Gustav gespendet durch den Tod des Anderen) – ereignet sich hier aus der Zukunft, im Modus des Versprechens der Gastlichkeit.

So kann man sagen, gerade im Modus der erlebten Rede könne sich eine Fremdheit, ein Nicht-Wissen, eine Differenz oder Kluft – eine Art »Anakoluth« – auftun, die aber nicht von kognitiven Kurzschlüssen oder manipulativen Strategien verursacht wird, sondern vielmehr von der impliziten performativen Beschaffenheit der Narration herrührt (und in diesem Sinne weder einfach zur Geschichte – *fabula, story, histoire* – noch zur Erzählung – *sujet, discourse, récit* – gehört). Der Erzähler gibt sein Wort der Leserinstanz, zugleich den Figuren, indem er sie begleitet und bezeugt, für sie spricht (im doppelten Sinne des Wortes), zugleich sein Wort gewissermaßen von ihnen erhält.[13] Es gibt Stellen in der Erzählung, wo die akolytische Rolle des Erzählers ambivalent wird und

---

13 Zum Erzähler als »acolyte« vgl. Derrida: »Le Parjure«, S. 213-217, im Anschluss an Hillis Miller: »The anacoluthic lie«. Zum Anakoluth bei Kleist s. Kommerell: »Die Sprache und das Unaussprechliche«, S. 296-298.

ein implizites Anakoluth den Diskurs auftrennt, wo das Wort ohne Beglaubigung erscheinen kann.

Wie man sieht, produziert die Ambivalenz der performativen Dimension des Sprechens verschiedene Besetzungen in referentiellem Sinne, die den Hiatus zwischen der konstativen und performativen Sprache resp. zwischen Handeln und Moral überbrücken sollten.[14] Die Neutralisierung dieser Zäsur soll von der Berufung auf die transzendente Instanz, im Modus eines Eids, gesichert werden. Insgesamt kann man sagen, dass die providentiellen Bezugnahmen auf diesen Eid nicht einfach vom Sprecher wegweisen (auf transzendente Bereiche hin), sondern vor allem als ein Rufen nach einer Zeugenschaft ertönen, die die Wahrhaftigkeit des Gesagten beglaubigen möge. Der Diskurs des Fremden wird ab der Szene, in der er gleichsam Probefragen an das Mädchen stellt, im berichtenden Modus – also nicht mehr in indirekter Rede –

---

14 Dass hier diese Zäsur, die referentiell niemals unmittelbar zu gewährleistende Glaubwürdigkeit bzw. Wahrhaftigkeit und der Meineid, die Lüge, das falsche Zeugnis im Mittelpunkt stehen, bezeugen die beiden Binnenerzählungen, die gleichsam »mise en abyme«-Effekte vollziehen. Die Vorgeschichte, sogar die Gegenwart und die Zukunft von Babekan sind von einem falschen »Eidschwur« markiert, sie selber davon stigmatisiert, zum lebendigen Gedächtnis dieses Meineids gemacht. Etwas komplizierter ist dies in der Vorgeschichte Gustavs, in der wiederum ein öffentlich exekutierter Falschschwur die Hinrichtung seiner Braut Mariane veranlasst, wodurch sie ihm das Leben rettet: »Doch sie, die schon auf dem Gerüste der Guillotine stand, antwortete auf die Frage einiger Richter, denen ich unglücklicher Weise fremd sein musste, indem sie sich mit einem Blick, der mir unauslöschlich in die Seele geprägt ist, von mir abwandte: diesen Menschen kenne ich nicht!« (174). (Eine doppelte Fremdheit, sowohl im Öffentlichen als auch im Privaten – unter Anspielung auf den biblischen Petrus.) Eine nichtrestituierbare, nicht zurückzugebende Gabe, das Geben des eigenen Todes als Rettung des Lebens des Anderen. Die Gabe als Trauma, das Trauma als Gabe – diese werden hier in einer Kreuzung der öffentlichen und privaten Aspekte des Sprechaktes verschränkt. Gustav als Lebendiger ist also (»unauslöschlich«) von diesem Meineid gezeichnet, sein *bios*, seine Lebensgeschichte trägt das Anakoluth des Eidbruchs und der durch diesen ermöglichten Gabe in sich, zugleich wird sein Narrativ überhaupt von diesem Bruch erzeugt. In diesem Sinne ist Gustav, »der Fremde«, ein Doppelgänger seiner selbst, er ist lebendig wie unlebendig, sich selbst der Bekannte wie der Unbekannte im Zuge dieses Falschschwurs (»diesen Menschen kenne ich nicht!«), der der Ermöglichungsgrund seiner Narration ist, zugleich aber auch ihre Blockierung, insofern er diese Szene nur noch reproduzieren und wiederholen kann. Nicht minder wichtig ist zugleich das Motiv der verspäteten Erkenntnis: »Sie starb, antwortete der Fremde, und ich lernte den Inbegriff aller Güte und Vortrefflichkeit erst mit ihrem Tode kennen.« (Ebd.). Das vermeintliche Erkenntnismoment geht dem Schwur und dem von ihm implizierten Tod nach, es erfolgt nachträglich. Dieses Motiv nimmt evidenterweise Gustavs ungeheure Tat und die späte Realisierung seines Fehlers vorweg (der Zwangscharakter des Traumas, die Wiederholung, die Quasi-Notwendigkeit aus der Nachträglichkeit kommen in Ausdrücken wie »musste«, »Opfer haben musste« vor). Gleichwohl bringt er sich selbst auch um – er opfert sich nun doch, was ihm damals nicht gelungen ist.

wiedergegeben, der Erzähler geht auf Distanz zu ihm, was wohl der Eigenart des diskursiven Rituals entstammt, das hier vom Fremden ausgeübt wird.

Gustav ist gewissermaßen ein Supplement seiner selbst, er trägt das Trauma der uneinholbaren Verantwortung (im Zuge der nichterwiderbaren Gabe des Todes von Mariane) als ein unsichtbares Stigma auf oder besser: in sich selbst. Sein Bedürfnis nach der Beichte ist nach seinem verkannten und gekappten Selbstaufopferungsversuch nur zu verständlich. Nicht zufällig ist die Erzählung seiner Vorgeschichte kein bloßer autobiographischer Bericht, sondern vielmehr eine Beichte, die gleichsam von Toni als wahrhaftigem Zeugen gegengezeichnet werden sollte.[15] Gleichwohl meint er »eine wunderbare Ähnlichkeit« zwischen Mariane und Toni bemerkt zu haben, die als äußeres Merkmal wiederum für das Innere gelten sollte.[16] D.h., seine Beichte wird von vornherein an sie als eine bestimmte Person mit vorweggenommenen Eigenschaften adressiert, indem er meint, den richtigen Zeugen für sein Bekenntnis gefunden zu haben. In dieser Kreuzung von Bekanntheit und Unbekanntheit nun auf der Seite Tonis ist der illokutiv-performative Wert der Erzählung von Gustav nicht mehr zu bestimmen, da sie auch Züge einer Rhetorik der Überzeugung an sich tragen und mobilisieren kann, um die Gegenzeichnung Tonis auch referentiell zu beeinflussen.[17] Das falsche Zeugnis sucht also diese »Beichte« von vornherein heim, sie könnte ohne die Wahrnehmung oder Halluzination einer Vertrautheit (»Ähnlichkeit«) vielleicht gar nicht erfolgen. Das Vertrauen des Anderen in Anspruch zu nehmen, scheint ohne eine referentielle Illusion nicht möglich zu sein; zugleich entstellt diese Referenz von Anfang an die Wahrhaftigkeit des Geständnisses. Der Fremde *nimmt* Toni nämlich nicht nur als einen Zeugen, sondern gleich als potentielle Figur seiner eigenen Narration in Anspruch und diese referentielle Gewalt *nimmt*

---

15 In dieser Kreuzung der Rollen von Gastgeber und Gast wird die von Simmel erwähnte »Objektivität des Fremden«, also als Zeuge eine Art Dritter zu sein und sein Ohr dem Einheimischen zu leihen, hier umgekehrt, Toni wird zum Zeugen der Konfession Gustavs. Unter der »Objektivität des Fremden« versteht Simmel Folgendes: »dass ihm oft die überraschendsten Offenheiten und Konfessionen, bis zu dem Charakter der Beichte, entgegengebracht werden, die man jedem Nahestehenden sorgfältig vorenthält. Objektivität ist keineswegs Nicht-Teilnahme, – denn diese steht überhaupt jenseits von subjektivem und objektivem Verhalten – sondern eine positiv-besondere Art der Teilnahme [...]«. Simmel: »Exkurs über den Fremden«, S. 767.

16 Diese, da allerdings noch »entfernte Ähnlichkeit« fällt ihm »schon bei seinem Eintritt in das Haus« auf, wobei »er noch selbst nicht recht [wusste] mit wem« (172). Ein déjà-vu prägt seine Wahrnehmung bereits beim Betreten des gastgebenden Hauses.

17 Dass dies in der Tat ambivalent bleibt, wird auf der szenischen Ebene durch die Unsichtbarkeit von Gustavs Gesicht angezeigt: »[...] sein Gesicht sehr gerührt in ein Tuch drückte« (175). Das Gesicht Tonis ist nach der sexuellen Vereinigung ebenfalls nicht ganz sichtbar (Tränen).

evidenterweise seine sexuelle Offensive auf Toni vorweg (bis er dann ihr Leben *nimmt*). Dennoch sind seine Beweggründe für die sexuelle Tat höchst ambivalent. Handelt er hier wirklich absichtlich, sogar überlegt[18], oder gerät er in ein Geschehen hinein, dem keine vorgängigen »Überlegungen« vorangehen, wird also erst von jenem her auf diese geschlossen? So kopiert die Unentscheidbarkeit der Handlung diejenige der Sprechhandlung. Diese Mehrdeutigkeit stellt wiederum die Ambiguität des gegebenen Wortes dar.[19] Des Wortes, das nicht einmal als solches gegeben wird, um die eigenen Intentionen zu bezeugen: es kommt ja, seine Verlobung betreffend, nicht zur Erklärung seitens Gustavs an Babekan.[20] Der (halb)öffentliche Sprechakt an den Dritten ver-

---

18 Zu diesem Unterschied vgl. Austin: »Drei Möglichkeiten, Tinte zu verschütten«.

19 Die Aggressivität vieler – merkwürdigerweise männlicher – Interpretationen, dem Fremden eine wohlüberlegte Absicht zuzuschreiben, ist ein Symptom dieser abgründigen Ambivalenz der Ermittelbarkeit jeglicher Intention, ferner der doppeldeutige Aspekt, dass ihm einmal die bloße Absicht, ein andermal die strategische Überlegung als »Ursprung« der Tat zugeschrieben wird. Diese Unklarheit verstärkt nur den Eindruck, dass die Interpreten die Ambivalenz der Geschichte nur so determinieren können, indem sie Gustav die Intention des Verführers zuschreiben. Die Schuldzuweisung an Gustav hat mindestens zwei Gründe: zum einen sind seine Absichten größtenteils unbekannt und die Determinierbarkeit seiner »Sprechakte« fraglich, zum anderen lässt sich dadurch die Geschichte, das Opfer ökonomisch – aufgrund der »Schuld« – erklären. Der Schuldzuweisung an Gustav – die die latent *ökonomische* Struktur der Auslegungen verrät (Suche nach dem Täter) – wurde am entschiedensten von zwei Leserinnen widersprochen (Marx: *Beispiele des Beispiellosen*, S. 18-48; Lubkoll: »Soziale Experimente und ästhetische Ordnung«). Man kann im Grunde *vor* dem Liebesakt nicht entscheiden, ob Gustav eine aufrichtige Beichte ablegt oder ob er Toni dadurch »nur« verführen möchte. Die sprachlichen Handlungen bleiben zu ambivalent, als dass man eindeutig bestimmen könnte, ob Gustav hier in existentiellem oder instrumentellem Sinne handelt. Handelte es sich nur um einen Verführungsakt, so könnte man seine furchtbare Tat, die Ermordung von Toni, *vor allem* aber seinen Selbstmord, nicht erklären. »Misstrauen« als Drama legt hier sowieso einen veränderten Code der Liebessemantik nahe: die Figur des Verführers war noch im 18. Jahrhundert für die Liebe emblematisch, zu der Zeit Kleists sind vielmehr die »Inkommunikabilität« und die »romantische Liebe« charaktergebend für Liebe »als symbolisch generalisiertes Kommunikationsmedium«. S. Luhmann: *Liebe als Passion*, S. 153-182.

20 (Wie beim Grafen in *Die Marquise von O.*) Austin stellt die problematische Verifizierbarkeit der Absichten durch die Deklaration gerade am Heiratsantrag fest: »Oder, wir bitten den jungen Mann, der unserer Tochter Aufmerksamkeiten erweist, seine Absichten zu erklären. Was sind seine Absichten? Sind seine Absichten ehrbar? Würde es hier einen Unterschied machen, wenn wir ihn fragten, was der Zweck seiner Aufmerksamkeiten sei, ob er es auf einen bestimmten Zweck abgesehen habe, ob er etwas damit bezwecke oder einen Zweck im Auge habe? Dies läßt sein Verhalten eher berechnend erscheinen und stellt ihn als Abenteurer oder Verführer hin. Heißt das jetzt nicht, er solle eine geheime Schuld preisgeben, statt daß wir ihn bitten, seine Position – in seinem eigenen Interesse vielleicht ebenso wie in unserem – klarzustellen?« Austin: »Drei Möglichkei-

lautet nicht, Deklaration und Öffentlichkeit kommen nicht überein, gleichwohl ist der Dritte da, als Schwur- und als Erzählinstanz (s. weiter unten).[21]

---

ten, Tinte zu verschütten«, S. 355-356. Zu den »inneren Akten« bei Austin vgl. übrigens Bahr: *Die Sprache des Gastes*, S. 151.

21 Das Moment der Halluzination, des »déjà-vu« kommt auch auf der diskursiven Ebene der Narration vor und verkompliziert die Interpretierbarkeit der Szene. Der Fremde nähert sich Toni immer mehr, und kurz nach der Befragungsszene liest man: »Der Fremde, von ihrer Anmut und Lieblichkeit gerührt, nannte sie sein liebes Mädchen, und schloß sie, *wie durch göttliche Hand von jeder Sorge erlöst*, in seine Arme. Es war ihm unmöglich zu glauben, dass alle diese Bewegungen, die er an ihr wahrnahm, der bloße elende Ausdruck einer kalten und grässlichen Verräterei sein sollten.« (173, Hervorh. Cs.L.). Hier ist die Perspektive, die Zuordnung des hervorgehobenen Nebensatzes nicht zu entscheiden. Ist das eine Aussage von Gustav, besser: vom »Fremden«, schließlich ging ihr das »nannte« fast unmittelbar voraus, oder ist das nur sein Bewusstseinsinhalt – oder ein Kommentar des Erzählers? Die indirekte Rede und der transzendente Bezug würde den Satz auf den Fremden, auf seinen providenziellen Diskurs referieren lassen, doch ist dies keine gewöhnliche Figurenwahrnehmung und könnte mithin auch als Zusatz des Erzählers gelesen werden (die grammatische Struktur des Satzes erlaubt es, den Nebensatz auch auf Toni zu beziehen). Dieser scheint gewissermaßen der Sprache des Fremden zu verfallen, sich für ihn zu substituieren (die epische Distanz wird nicht gewahrt). Gehört dieser Nebensatz also zum Erzähldiskurs oder zur erzählten Geschichte? Da es im nächsten Satz auch um den Glauben geht, wird der Status der »göttlichen Hand« denkbar verkompliziert: sie sollte gleichsam für den inneren Glauben einstehen, diesen beglaubigen, sei es als impliziter Schwur des Erzählers oder des Fremden. (Kurz vorher las man, noch lange vor der eigentlichen Schwurszene nach dem Liebesakt: »er hätte, bis auf die Farbe, die ihm anstößig war, schwören mögen, dass er nie etwas Schöneres gesehen.« 172). Im ersten Fall, als Glaube Gustavs, wird aber die frühere Serie der Beteuerungen fortgesetzt bzw. wiederholt, die die Autorität des »Himmels« aufrufen und die eigentlich von Babekan stammt, wobei sie die Wendung »Ei, mein Himmel!« auch als bloße Redezutat gebraucht oder aber gerade als falsches Zeugnis eingesetzt haben könnte und sie vom Fremden fehlgelesen wird. In der Berufung auf die »göttliche Hand« wird der Glaube als solcher erzeugt (»von jeder Sorge erlöst«), der aber potentiell Selbstlüge ist, und zwar nicht einfach wegen der bösen Absicht der Gastgeberinnen, sondern weil Gustav sie von einer transzendenten Autorität abhängig macht (und dadurch den intimen Rahmen sprengt, was wiederum Meineid impliziert). Wenn der Status dieser Bemerkung zwischen reell vollzogener Äußerung und bloßem Glauben schwankt, so deswegen, weil ihr z.B. vom Erzähler wohl kein Glaube geschenkt wird. Dennoch kann das auch eine Zwischenbemerkung des Erzählers sein, er zeichnet gewissermaßen jene gegen, und folglich ist er entweder an der Selbstlüge von Gustav beteiligt oder bezeugt ihn auf unwahrhaftige Weise. Unschwer zu erkennen, dass dieser ambivalente Status des Wortes die aporetische Konstellation der »Verlobung« wiederholt oder kopiert bzw. vorwegnimmt.
Ein anderes Beispiel aus der Fesselungsszene: »In dieser unaussprechlichen Angst fiel ihr ein Strick in die Augen, welcher, *der Himmel weiß durch welchen Zufall*, an dem Riegel der Wand hing. Gott selbst, meinte sie, indem sie ihn herabriß, hätte ihn zu ihrer und des Freundes Rettung dahin geführt.« (185, Hervorh. Cs.L.). Wieder ein expliziter Wahrnehmungsakt (»in die Augen«), der jedoch mit einem Kommentar versehen – und da-

Wenn es sich um einen transzendenten Zeugen handelt, dann ist die Intimität der beiden gekappt, der Dritte ist da – der Erzähler oder der Besitzer der »göttlichen Hand« (oder sogar beide). Die Sprache der transzendenten Autorität spielt hier auf mehreren Ebenen eine Rolle: in der Selbstwahrnehmung des Fremden könnte sie eine Quasi-Halluzination konnotieren (bald kommt er auf die »Ähnlichkeit« zurück), zugleich die Bewahrheitung seines (bevorstehenden) Geständnisses – und auf der Erzählebene die (eigene) Beglaubigung des Erzählers, dessen Zuverlässigkeit auch nicht über alle Zweifel erhaben ist.[22] Auf der inhaltlichen Ebene – doch können hier »Inhalt« und »Sprache« bzw. *histoire* und *récit* noch getrennt werden? – präfiguriert diese Verschränkung von Figurenwahrnehmung und Erzählstimme die Verbindung zwischen Intimität und dem Dritten, die für die Struktur der Verlobung konstitutiv ist.[23] Diese Art von Diskursführung lässt sich als

---

durch seiner konstativen Funktion (des bloßen Sehens) auch beraubt – wird, dessen sprachpragmatischer Ursprung ambivalent bleibt (stammt er vom Erzähler oder von Toni?), gleichwohl die bekannte Schwurformel vom Fremden heraufbeschwört. Die alltägliche Wendung »der Himmel weiß« wird bei Toni gleichsam wörtlich genommen – als Gegeneffekt zu ihrer »unaussprechlichen« Sorge, als Heilmittel für die performative Instabilität der Sprache (dass ihr Gustav kein Wort mehr glauben würde). Ferner zeigt diese Wendung an, dass die Verpfändung in der Geiselnahme gerade von der Berufung auf die transzendente Autorität gesichert werden soll, die auch vom Erzähler herbeigerufen werden kann.

22 Es ist zweifelhaft, ob man solche Unentscheidbarkeiten durch die »Gemeinsamkeit von Erzähler und Rezipient« heilen könnte, wie dies Reuß annimmt (»Die Verlobung in St. Domingo««, S. 74). Sonst stellt man den Leser in die Position jener Autorität, den prekären Status der quasi-performativen Momente im Text beglaubigt und autorisiert oder gar eine Brüderlichkeit mit dem Erzähler voraussetzt. (Vgl. dagegen den Vorschlag, Gustav für den Leser – oder umgekehrt – zu substituieren bei Mehigan: *Text as contract*, S. 222. S. vor allem die differenzierte Deutung bei Moser über die ambivalente Rolle des Lesers »als Ankläger«, *Verfehlte Gefühle*, S. 193-198.) Die Analyse des problematischen Charakters der Gemeinschaftsstiftung weiter oben gilt für das angebliche Kollektiv von Erzähler und Leser (für ihr gegenseitiges Zu-Gast-Sein) erst recht. Der Vertrag zwischen Erzähler und Leser ist nicht unbedingt gesicherter als die »Verlobung«. Ähnlich problematisch – im Zeichen des (bei ihnen buchstäblichen) Autorisierungszwanges – argumentieren Jochen Schmidt und Gernot Müller, die den fragwürdigen Erzähler, die Ambivalenz der »Unzuverlässigkeit« mittels Autorprinzip heilen, die Brüderschaft zwischen Autor und Leser auf Kosten des Erzählers bemühen möchten (Schmidt: *Heinrich von Kleist;* Müller: »Prolegomena«). Die abgründige Unzuverlässigkeit des Erzählers soll »vom Autor strategisch eingesetzt« (Müller: ebd., S. 60.) werden! Das kann man freilich nur tun, indem man »Unzuverlässigkeit« nur auf die Attributionen der Protagonisten seitens des Erzählers beschränkt, sie letztlich mimetisch versteht.

23 Gemäß Gerhard Neumann ist die Verlobung »das Paradigma eines bastardisierten Kontrakts; weder ganz heimlich noch ganz öffentlich vollzogen, weder nur intim noch ganz offiziell zu verstehen und sozial zu funktionalisieren« (Ders.: »Anekdote und Novelle«, S. 181).

sprachlicher Anlass der potentiellen Verlobung interpretieren, wie das im abrupten Verlassen der infradiegetischen Ebene erscheint.

Dem Anderen – sei es das Du oder die Erzählinstanz – wird hier gleichsam ein Doppeltes aufgebürdet, das doch dasselbe meint: das Bekenntnis zu beglaubigen und die problematische Identität des Bekennenden wiederherzustellen, d.h., nicht nur die Kontinuität zwischen Intention und Sprechakt zu sichern, sondern den inneren Akt als solchen zu identifizieren. Dies geschieht jedoch erst über den Sprechakt, über das *Versprechen*, den man als solchen nur mithilfe einer Konvention oder eines Kontraktes identifizieren und stabilisieren kann.[24] So tritt der Kontrakt als Sprachmuster aus diesem Grund auf den Plan: wo übersinnliche Instanzen und auch die Aufrichtigkeit gescheitert sind, übernimmt der Kontrakt – auch als Friedensschließung – die regulierende Funktion.[25] Der Kontrakt wiederum ist aber rechts- und öffentlichkeitsbedingt und basiert auf der Restituierung der »Schuld« und der Identifizierung des »Täters«, die – wie die »Tat« – erst durch den Kontrakt erzeugt bzw. kenntlich gemacht werden. Wenn übersinnliche Instanzen der Aufrichtigkeit verloren gegangen sind, ist man vor dem Meineid nicht gefeit, die noch so sehr beteuerte Gemeinschaftlichkeit (auch im Sinne der »Menschheit« und »Menschlichkeit«) wird brüchig und so ist der (potentielle) Feind da (der zum »Unmenschen« gestempelt wird).[26]

---

24 In der »Rache des Himmels« (171) wird die Zeitverkürzung im Sinne der Apokalypse anvisiert, das Versprechen von Gustav an Toni stellt auch eine säkularisierte Zeitbeschleunigung dar, die hauptsächlich im Interesse des (autonomen) Handelns steht. Nach dem Kant'schen Schema: die Moral verkörpert jenes Versprechen, das Handeln zu seinem Ziele führen zu können/sollen (vgl. Koselleck: *Zeitschichten*, S. 191-192. 204-205). Gustav gibt Toni die Zeit durch sein Versprechen, indem er sie ihr auch nimmt und jenes Warten aufhebt (durch das Handeln und die »Verlobung« in der gemessenen Zeit), das einer Gabe ohne Kontrakt entspräche.

25 Durch den Kontrakt als paradigmatisches Modell wird auch das Nicht-Kennen des Anderen eingeräumt. Zugleich werden die Teilnehmer als Rechtssubjekte vom Vertrag inauguriert, aber auch schon vorausgesetzt, wie in einem halluzinatorischen *déjà-vu* (hierzu vgl. Zeeb: *Die Unlesbarkeit der Welt*, S. 179-180). Hinter dem bei Kleist so dominanten Vertragsmodell stehen ideen- und rechtsgeschichtlich gesehen eine epochale und eine »lokalere« Tendenz: die Vertragskonzepte des Naturrechts, die alle transzendenten bzw. tradierten Legitimationsgrößen brüchig werden ließen, ferner der »Rechtswandel von Haus und Familie« in Preußen, in dem ihre ständische Begründung in die individualisierende »häusliche Gesellschaft« überführt wurde, »hinter der [...] die Vertragsfigur [steht].« Vgl. Koselleck: *Begriffsgeschichten,* S. 465-485, insbesondere S. 471.

26 Zu deren ideengeschichtlichen Hintergründen zwischen Theodizee und Geschichtsphilosophie vgl. Marquard: »[...] angesichts des perennierenden Übels auf der Suche nach dem anderen Täter entdeckt die Geschichtsphilosophie, indem sie von Gott nicht mehr spricht und von der Natur nicht mehr sprechen will, von den Menschen aber sprechen muß, als entscheidende Figur die anderen, die das menschlich gewollte Gute verhindernden Menschen: also die Gegner, die Feinde. [...] Die Geschichtsphilosophie: sie hat die

Der Meineid ist nicht zu rechtfertigen, zugleich birgt der Ausfall der übersinnlichen, aber dann auch der rechtlichen Instanzen den Meineid in sich.[27] Die Feindschaft kann im (vermeintlichen) Meineid folglich auch einen sprachlichen Grund (Verknüpfung von Täter und Tat, gar Erzeugung der Letzteren) haben, und so ist auch weniger zu berechnen, wie dem »Misstrauen« Gustavs die Opferung Tonis entspringt. Der Kontrakt ist hier sowohl ökonomisch-zukunftsorientiert als auch als Friedenschließung zu verstehen (eine metaleptische Struktur), er soll jedoch auf einer tieferen Ebene *den sprachlichen Akt als solchen* ausweisen. Dem Versprechen ist der Kontrakt gewissermaßen inhärent, insofern in ihm die Identifizierung der Tat und des Täters erfolgt. Das Nicht-Kennen meint radikaler gefasst nicht einfach die Unkenntnis der Intentionen des Anderen – sie sind auch für diesen selbst nicht einfach da –, sondern die Unkenntlichkeit des sprachlichen Aktes. Dieser als Handlung lässt sich nur erkennen, insofern die Handlung eine Konvention, gar einen Kontrakt erfordert, um als solche identifiziert zu werden.[28] In kompensatorischer Wendung zum Nicht-Kennen, der Ambiguität, wird so die Erkennbarkeit des Aktes als Handlung, als »Tat«, postuliert. (Nichts anderes geschieht heute in den »Performanztheorien«.) Die Grenze genau dieser Kompensation und ihrer ideologischen Wurzel wird jedoch bei Kleist aufgezeigt.[29] Gastfreundschaft kann laut Kleist keine »Handlung«, und weder auf Aktivität noch auf Passivität abzuwälzen sein. Das Nicht-Kennen meint folglich ein Nicht-Wissen als Geheimnis, »die Erfahrung eines *Geheimnisses* ohne Tiefe,

---

Pflicht zum Gottesbeweis durch die Pflicht zum Feindesbeweis ersetzt, das Proslogion durch das Kapital, die Theodizee durch die Revolution, die mißlingende Theodizee durch den Bürgerkrieg« (Ders.: *Schwierigkeiten mit der Geschichtsphilosophie*, S. 78-80). Zu den »asymmetrischen Gegenbegriffen« vgl. Koselleck: *Vergangene Zukunft*, S. 244-259, der Hinweis auf Kants »Zum ewigen Frieden«, S. 247.

27 Die impulsivste Empörung des Fremden galt ja dem falschen Versprechen: »daß, nach dem Gefühl seiner Seele, keine Tyrannei, die die Weißen je verübt, einen Verrat, so niederträchtig und abscheulich, rechtfertigen könne. Die Rache des Himmels [...]« (170f.).

28 Der »Vertrag« soll hier die Handlung bzw. ihre Intentionalität wiederherstellen – dass jedoch gerade dieser »Vertrag« sich im Text von Kleist entzieht oder unkenntlich/unerkennbar bleibt, kann als seine metareflexive Pointe gelten. (Zur Problematik der Erzeugung von »Tat« – zur Etablierung einer Beziehung zwischen Handeln und Bewusstsein, die zur postulierten »moralischen Identität« unerlässlich ist – in anderen Texten von Kleist, vor allem in *Das Bettelweib von Locarno,* der mehrere Ähnlichkeiten zur *Verlobung* aufweist, vgl. Moser: *Verfehlte Gefühle*, S. 189. 194-198.) Ganz wichtig ist festzustellen, dass Gustavs »Tat« – die öffentliche Beschimpfung des »furchtbaren Revolutionstribunals« (174) – erst später zur »Tat« im Sinne der »Schuld« wird, nämlich im Zuge der (vom selben Tribunal veranlassten) Exekution seiner Verlobten.

29 Wie das Kommerell – in der besten Studie zu Kleist bis heute – auf den Punkt brachte: »Man kann verhören über das, was jemand tat, nicht über das, was jemand ist.« Ders.: »Die Sprache und das Unaussprechliche«, S. 247.

eines *Geheimnisses ohne Geheimnis*«[30], das sich erst in einer Öffnung ergibt (wie ein »déjà-vu«) und sich jenseits der dialektischen Struktur von Öffnung und Verschließung, im Empfang des Gastes, konstituiert. Hier ist der Gastgeber kein Besitzer seines Hauses mehr. (Die unentscheidbaren Kreuzungen von indirekter Rede und Erzähldiskurs produzieren auch solche Geheimniseffekte.)

Der berühmte Wechsel auf die extradiegetische Ebene – »Was weiter erfolgte, brauchen wir nicht zu melden, weil es jeder, der an diese Stelle kommt, von selbst liest« – statuiert nämlich den Leser als Zeugen und Dritten (»testis«/»terstis«) in der Szene der beiden Figuren, wobei seine Beteiligung, mit Nachdruck vermittelt, höchstens imaginativ ist (so wie die Zeugenschaft Tonis bei Hoangos nächtlicher Rückkehr).[31]

---

30 Derrida: *Falschgeld*, S. 126. Vgl. Bahr: »Wie, wenn die Gastlichkeit das offene Geheimnis wäre, das sich nie offenbarte, weil es nie verborgen war?« Ders.: *Die Befremdlichkeit des Gastes*, S. 56.

31 Die Verschränkung von medialer Supplementierung und Zeit wird bei der Rückkehr Hoangos, die Toni im Gästezimmer aufschreckt, in signifikanter Weise reinszeniert und in den prinzipiellen Zusammenhang der Zeugenschaft übersetzt. Hier hört Toni die Worte Babekans, die Hoango von ihrem Verrat berichtet: »Sie versicherte dem Neger, dass das Mädchen eine Verräterin […]« (184). Sie scheint nur durch das Hören Zeuge der Szene im Hof zu sein: »Sie [...] *hörte* auch schon die Mutter, welche dem Neger vor allem, was während dessen vorgefallen war, auch von der Anwesenheit des europäischen Flüchtlings im Hause, Nachricht gab.« (Ebd. Hervorh. Cs.L.; hier steht Babekan in der Position des Erzählers). Es scheint, dass Toni nur durch das Hören in das Geschehen involviert ist (eine Stellvertretung der Sinne: Hören statt Sehen, Sprache statt Wahrnehmung). Umso befremdender ist die Eröffnung der nächsten Sequenz, wo es heißt: »Toni, *vor deren Augen* sich, während weniger Minuten, dieser ganze Auftritt abgespielt hatte, stand, gelähmt an allen Gliedern, als ob sie ein Wetterstrahl getroffen hätte, da.« (184f., Hervorh. Cs.L.). Hat nun Toni den »Auftritt« nur gehört oder auch gesehen? Hören und Sehen, Sprache und Erscheinung stehen hier in einem Konflikt, der der Spannung zwischen Erzählen und Berichten, indirekter und direkter Rede, Schwören und Sagen entspricht und diese modelliert. Eine »mise en abyme« des Erzählens als Zeugenschaft, die potentiell immer auch falscher Zeuge ist: Toni hört eigentlich der Erzählung Babekans zu (so wie sie Gustav im Spiegel zusieht). Der Zeuge wird von einer »Lähmung« ergriffen: Toni befindet sich nach dem Mitleid nun ein zweites Mal im Affekt, in der Furcht, hierzu s. Kant: »Im heftigen, plötzlich erregten Affekt (des Schrecks, des Zorns, auch wohl der Freude) ist der Mensch, wie man sagt, *außer sich*, (in einer *Ekstasis*, wenn man sich einer Anschauung, die nicht die der Sinne ist, begriffen zu sein glaubt) seiner selbst nicht mächtig und für den Gebrauch äußerer Sinne einige Augenblicke gleichsam gelähmt.« (Ders.: *Anthropologie*, S. 166). Die Zeugenschaft erfolgt nicht durch eine direkte Begegnung mit dem Zu-Bezeugenden, mit einem empirischen Bestand, sondern durch die Einbeziehung in sprachliche Ereignisse. In diesem Sinne könnte man hier lesen: »vor deren *inneren* Augen«. Wenn sie die Szene zu imaginieren genötigt ist, so ist das wiederum ein »déjà-vu«, wo sie die Worte hört, die eigentlich Bekanntes vergegenwärtigen, ohne aber die eigentliche Szene zu sehen. Dieses Ineinander von Vergangenheit und Gegenwart (im »déjà-vu«) wird nochmals gewendet und virtuell in die Zukunft transponiert bzw. da wiederholt: »teils auch *sah sie voraus*, dass […] Zubodenstreckung unmittelbar sein Los würde.« (185, Hervorh. Cs.L.). Zugleich verbindet

Im Augenblick des privatesten, geheimnisvollsten Geschehens meldet sich das Öffentlichste – der gedruckte Text. Das Private gleitet gleichsam in den öffentlichen Raum, zumindest in die testimoniale Dimension über, dem publizierten Text wird hingegen das Moment des Verschweigens, des Geheimnisses, eigen. Als Anakoluth unterstreicht diese Zwischenbemerkung umso mehr die Rolle ähnlicher potentieller Momente im Text, darunter das Beispiel der »göttlichen Hand«. Dabei bereitet dieses Anakoluth den abermaligen Wechsel in die indirekte Rede vor, in den Anschein der Distanzlosigkeit, wobei dadurch gerade der vermittelnde, »private« wie bezeugende Charakter der indirekten Rede hervorgehoben wird – jener Aspekt, in dem der Erzähler als »acolyte« agiert, als Begleiter oder Zeuge, der in einem Bund mit der Figur erscheint, zugleich diesen Bund referentiell, aber auch performativ nicht zu stabilisieren vermag, auch – und gerade – wenn beide auf ein Glauben-Schenken angewiesen sind.[32]

Nach diesen Beobachtungen der sprachlich-thematischen Zusammenhänge der Gastlichkeit wird es nötig, sie zusammenfassend zu modellieren bzw. zu interpretieren. Um es kurz zu machen: Die Figur der *Stellvertretung* scheint hier auf allen Ebenen, d.h. zwischen den einzelnen Figuren, wie zwischen den Figuren und dem Erzähler bestimmend zu sein. Diese Stellvertretung spielt sich auf der Ebene der Sprache und der Subjektrollen ab, wo letztere als *Geiseln* positioniert werden. (Dieses Motiv tritt auch thematisch in der Geschichte auf, die erst durch das Pfand der Geisel zum Abschluss kommt.) Babekan und Toni geben zunächst vor, als Geiseln im Hause von Hoango zu sein, dabei ist (oder wird) wiederum letztlich Toni die Geisel der Verschwörung der Älteren. Die Szenen, in denen Babekan statt Toni, ihr die Worte aus dem Mund nehmend, spricht[33], führen ihr Geisel-Sein auf der Ebene der

---

sich mit diesem *Voraus*sehen auch eine »*Rück*sicht«: »Ja, die entsetzlichste *Rücksicht*, die sie zu nehmen genötigt war, war diese, dass der Unglückliche sie selbst [...] für eine Verräterin halten [...] würde.« (Hervorh. Cs.L.). Für eine Verräterin gehalten zu werden ist die schlimmere Angst, die zudem »unaussprechlich« ist (ebd.) – der also mit keinem Schwur zu entgegnen ist. Ein »déjà-vu« aus der Zukunft, die aber nicht einfach vorweggenommen, sondern vielmehr in der Gegenwart *als* Gegenwart erlebt wird und zugleich eine ganze (nicht nur narrative) Vergangenheit umschreibt (»Rücksicht«) – die zeitliche Struktur des (potentiellen) Meineids in der Gastlichkeit.

32 Das Moment des unverbürgten, gleichwohl unumgänglichen Glauben-Schenkens wird ja explizit thematisiert (zusammen mit dem zahlreichen Gebrauch von »versicherte«), an der folgenden Stelle: »doch da sie [...] ihrem Gedächtnis, mehrerer ähnlichen Vorfälle wegen, mißtraute: so blieb ihr zuletzt nichts übrig, als der Meinung, die ihr die Tochter geäußert, Glauben zu schenken.« (182). Das Glauben-Schenken muss also ohne das Gedächtnis referentieller Grundlagen auskommen und das Mißtrauen in die Referenz in Kauf nehmen können.

33 »Der Fremde fragte sie: wie alt sie wäre? und wie ihre Vaterstadt hieße? worauf die Mutter das Wort nahm und ihm sagte [...]« (168); »›Schwerlich‹, versetzte die Alte [...]«

Sprachlichkeit auf. Gustav seinerseits versucht durch sein Geschenk als Liebespfand (zu diesem s. weiter unten), Toni als seine Geisel für die verlorene Mariane einzusetzen. Er verpfändet die (materiale) Erinnerung an Mariane, um Toni an sich zu binden und zuletzt über ihr Leben zu verfügen. Durch dieses Pfand wird gleichsam ihr Eid von ihr eingefordert (dies war bereits durch das probenhafte Befragen des Mädchens der Fall), der wiederum als Pfand fungiert. Nun ist aber Gustav selber (als *bios*) die Geisel der uneinholbaren Erinnerung und Verantwortung von Mariane – gezeichnet vom Trauma dieser Vergangenheit stellt sein Geisel-Sein seine Subjektivität als Subjekt dar, ist kein bloßes Attribut von ihm.[34] Seine Geschichte mit Mariane ist ja eine der gekappten und wiederum geglückten, also verschobenen Stellvertretung: er kann sich nicht opfern für sie, sie sich aber für ihn, sie stirbt an seiner Stelle. Er trägt ihren Tod in sich, in seinem Leben, das er für den ersteren erhielt. Das alles wird durch einen Falschschwur verursacht, dessen Bedingung das Nicht-Kennen darstellt. Es ist nicht auszumachen – ebenso wenig wie das Original eines »déjà-vu« –, ob die Erinnerung an Mariane erst in der Begegnung mit Toni stark wird oder ob sie von vornherein aktiv war und nach einer stellvertretenden Besetzung suchte.[35] Gleiches gilt für die Entscheidung zwischen Beichte und bloßer Erzählung. Jedenfalls kehrt für ihn in der Gestalt Tonis die verlorene Mariane wieder. Als Tonis Gast nimmt er sie unterschwellig als Geisel in Anspruch, zugleich ist er auch ihre Geisel (inszeniert in der Fesselung im Bett), nicht nur im Sinne der Gefahren im Haus, sondern ursprünglicher in der Annahme seines Geständnisses (auch seiner Entschuldigung nach dem vom Erzähler ausgesparten Akt) und der angebotenen/erwarteten Ver-

---

(169); »›Es wird alles besorgt werden‹, fiel ihm die Alte ein [...]« (180); »Doch da dieser [...] nichts hervorbrachte [...] so nahm die Mutter das Wort...« (186) Die Figur von Babekan könnte durch diese Vertauschungen gewissermaßen die Allegorie des Erzählers darstellen (eine ironische Stellvertretung, ist ja Babekan die am wenigsten zuverlässige Figur in der Erzählung). Babekans sprachliches Weltbild der Stellvertretung ist auch in ihrer Benutzung eines Sprichworts zu beobachten, das ja meistens die eigenen Worte für eine referentielle Gegebenheit gleichsam auf allegorische Weise ersetzt. »Die Mutter sagte mit einem Seufzer: ›mein Kind, der Gebrannte scheut, nach dem Sprichwort, das Feuer.‹« (167f.)

34 S. die Ausführungen Derridas über den engen Zusammenhang von Subjekt, Gastgeber und Geisel bei Levinas, wo auch das Traumatische mehrmals den Konnex dieser Zusammenhänge bildet. Derrida: *Adieu*, S. 77-80.

35 Diese Frage hat Konsequenzen für die Narrativierbarkeit – die Etablierung der »kausalen« Bezüge – dieser »Geschichte« überhaupt. Das von Babekan zitierte Sprichwort – »der Gebrannte scheut das Feuer« – interpretiert übrigens das Schicksal Gustavs: nach einem so folgenreichen Falschschwur möchte er gleichsam zwanghaft vor den Intentionen seiner Gastgeberinnen sicher sein. Andererseits verfällt er aber genau der Wiederholung, indem er Toni für Mariane eintauschen möchte. Nicht-Wiederholung und Wiederholung sind zur gleichen Zeit im Spiel.

lobung. In diesem Ineinander von Vergangenheit und Gegenwart, gegebenem und erwartetem Wort, Entschuldigung und Versprechen wird die »Verlobung« in der Tat zum zentralen Interpretanten (nicht nur) der Handlung. Insofern Gustav die Rolle Tonis als Geisel durch ihr Töten gewissermaßen erst vollendet hat, sich dabei aber an den potentiellen »Eidschwur« erinnert, der gerade ihn (als eine Art Geisel) band, so erscheint es konsequent, sich selbst dabei auch umzubringen. Damit schreibt man aber die Kausalität in die Handlung wieder ein, wohlgemerkt durch eine performative Operation oder mit performativem Effekt, insofern man dadurch den Selbstmord Gustavs entschuldigt. Freilich so, dass man ihn auch schuldig befindet oder befand, und dann seiner Schuld gleichsam enthebt. Als Leser verfügt man über Gustav in derselben Weise wie er über Toni verfügte – eine weitere Warnung, in der Leserfigur nicht unbedingt die heilende Instanz der sprachlichen Ambivalenzen sehen zu wollen.

Von der verzweigten Struktur der Stellvertretung ist auch der Erzähler nicht gefeit: wie an einigen Beispielen zu sehen war, agiert er grundsätzlich als Substitut für die Wahrnehmung, Gedanken und Sprache der Figuren. Er wird vom textuellen Geschehen, von dem Spiel der Stellvertretungen in der Gastlichkeit erfasst, daher kann er kein konsequentes Erzählverhalten entwickeln bzw. ausführen. Auch das berühmte Spiel mit dem Namen Gustav vs. August macht nur die abgründige Ambivalenz der Differenz »Gustav«/»der Fremde« expliziter. So wird nämlich die Engführung von erzählender und berichtender Rede aus einem diegetischen Problem zum Dilemma der Interpretation: wen bezeugt man hier, Gustav oder den Fremden? Die beiden Benennungen haben nicht dieselben Implikationen. Wem gewährt man also Gastfreundschaft in der Auslegung? Dem unbekannten »Fremden« oder dem quasi-bekannten Gustav? So verpflichtet sich auch die Interpretation jeweils dem »Fremden« oder »Gustav«, was natürlich nicht dasselbe ist und weit reichende Implikationen für die Deutung hat. Denn Gustav mit seinem *bios*, mit seiner Vorgeschichte zu identifizieren, würde ihn als bekanntes Subjekt setzen (und dem Textgeflecht dabei wohlgemerkt ein kausales, zeitdeterminierendes Muster mit all seinen performativen Folgen einschreiben) – die Bezeichnung »der Fremde« deutet aber darauf hin, dass er trotz dieses Sinnangebots doch fremd bleibt, aus seiner – im »déjà-vu« gewissermaßen nur potentiellen! – Vorgeschichte also nicht restlos zu erklären ist; eher treibt die Fremdbegegnung diese Erinnerung hervor. In diesem Spiel zwischen Fremdheit und Vertrautheit ist also »Gustav«/»der Fremde« ein Gast. Die weiter oben erwähnten unvermeidlichen Fragen des Interpretierens – für wen legt man jeweils Zeugnis ab: für den »Fremden« oder für Gustav? – machen auf die Grenzen der Metasprache aufmerksam, die laut maßgeblichen Theoretikern eine Grundvoraussetzung der Einsicht in die Gastfreundschaft ist.[36] Zwischen Metasprache und Verbrüderung (von Erzähler und Leser) als zwei Polen[37] wären also die Wege einer gerechten, freilich sowohl möglichen wie unmöglichen Bezeugung des Gastes oder der Gastlichkeit zu verorten.

Die Strukturen der Stellvertretung im Geisel-Sein werden dadurch möglich, dass die performative Funktion der Sprache, die hier im Mittelpunkt steht[38], selbst diese Figuration produziert: der Andere, der dem gegebenen Wort Glauben schenkt, wird dadurch zu dessen Geisel.[39] Und auch umgekehrt: Das gegebene Wort kommt ohne die Gegenzeichnung des Anderen nicht aus (sonst gelingt es von vornherein nicht), folglich ist dieses Wort selbst (wer?) gewissermaßen Geisel des Anderen. Wenn man den Anderen nicht ganz kennen kann und die Möglichkeit des Betrugs potentiell immer besteht (dieser grundsätzliche Sachverhalt wird in der Gastlichkeit verschärft), so lässt sich von diesem Aspekt des Glaubens, des Vertrauens, folglich der Geisel (in) der Sprache nicht absehen. Wenn also Babekan statt Toni spricht, tut sie dies vielleicht nur, weil sie selber sich Toni betreffend nicht ganz sicher ist. Auch die Vortäuschung des Kennens des Anderen versucht, die Unsicherheit der performativen Funktion auszugleichen, nicht einfach den Anderen zu be-

---

36 Vgl. Bahr: *Die Sprache des Gastes*, S. 21. Derrida: *Die Einsprachigkeit des Anderen*, S. 133. Bei Levinas stehen »Gastlichkeit« und »Thematisierung« in Spannung, vgl. Derrida: *Adieu*, S. 41.

37 Diese beiden haben wohlgemerkt auch eine prinzipielle Gemeinsamkeit (wie so oft die beiden Glieder scheinbar so starrer Oppositionen): beide basieren auf dem erkenntnistheoretischen Paradigma, auf einem Vorrang des Wissens.

38 Spätestens hier fällt die Partialität einer der besten Analysen zu Kleist im Allgemeinen und zur »Verlobung« im Besonderen auf, des Aufsatzes von Gerhard Neumann, der die Problematik der Erzählung lediglich im Wahrnehmungsproblem, im »Kennen« bzw. »Verkennen«, der »Erkundung«, letztlich also epistemologisch-kognitiv sieht (vgl. Ders.: »Anekdote und Novelle«). Seine Arbeit kommt ohne die geringste Bezugnahme auf den Komplex um den »Eid«, »Wahrhaftigkeit«, »Vertrauen«, »Glauben-Schenken« aus, der bereits von Anthony Stephens in seiner zentralen Rolle erkannt wurde (vgl. ders.: »'Eine Träne auf den Brief'«, S. 331-334). Immerhin zitiert Neumann eine Briefstelle von Kleist (ebd., S. 201), in dem genau das Problem des *Kredits* im Vordergrund steht, nicht einfach die Frage der referentiellen Gewissheit, wie von Neumann suggeriert wird: »Daher kann ein Wechsler die Echtheit der Banknote, die sein Vermögen sichern soll, nicht ängstlicher untersuchen als ich Deine Seele.« (Brief an Wilhelmine von Zenge vom 11. Januar 1801). Überhaupt fallen wichtige Momente wie »Ohnmacht«, »Rührung«, »Scham« usw. wegen der einseitigen Betonung des epistemologischen Orientierungsproblems der Kleist'schen Protagonisten unter den Tisch, wie das Stehen am Fenster und das Hinausschauen (als Metaphern für die Orientierungssuche laut Neumann) von vielfältigen Verborgenheitsaspekten konterkariert werden, von der Unsichtbarkeit der Gesichter (in entscheidenden Situationen) bis zu der Ereignisse.

39 »Wer die *fidēs* besitzt, die ein Mann in ihn gesetzt hat, hält diesen Mann in seiner Gewalt. Deshalb wird *fidēs* beinahe gleichbedeutend mit *diciō et potestās*.« Benveniste: *Indoeuropäische Institutionen*, S. 97.

herrschen (wobei die beiden gewissermaßen das Gleiche meinen). Dieses Nicht-Kennen kommt auch im zeitlichen Index der sprachlichen Geiselnahme zum Vorschein: es produziert das *Versprechen*, das den Anderen in der Annahme dieses Versprechens bindet (als Liebesgeschenk gar zum Pfand wird). Das Versprechen statuiert in der eigenen Schuld den Anderen auch als Geisel, die diese Schuld erwartet. Die Stellvertretung im Versprechen als Geiselnahme macht jedoch auch den Versprechenden zur Geisel – exponiert in der Figuration des Kontraktes – und dies kann von ihm genauso wenig beherrscht werden (er verstrickt sich darin) wie vom Anderen. Daher wäre es verfehlt, Gustav als Subjekt, Toni als Objekt begreifen zu wollen, da diese Rollen sich auch umkehren (vgl. die Fesselung von Gustav im Bett). Ein Chiasmus (de)strukturiert somit ihr Verhältnis und die Geschichte: Gustav nimmt Toni beim (eigentlich nicht gesagten) Wort, interessanterweise aber infolge seiner Fesselung, also der Quasi-Geiselnahme. Gerade das Beim-Wort-Nehmen des Anderen (in der Stellvertretung) übt Verrat an diesem, an seinem Versprechen. Gustav wendet das auf Toni zurück (sie soll Verrat begangen haben), somit ist er eigentlich sein eigener falscher Zeuge, er übt Verrat auch an sich selbst. Dieser Chiasmus wird auch im Doppeltöten exekutiert: somit ist Gustavs Selbstmord sowohl konsequent als auch sinnlos (keine Selbstopferung, wie er das für Mariane versuchte).[40] Vielleicht erkennt er nicht bloß, dass Toni ihm ver-

---

40 »Der Selbstmord Gustavs besiegelt den seltsamen Pakt zwischen Gastgeberin und Gast und hebt ihn zugleich auf: Die Gastfreundschaft Tonis provoziert den eigenen Tod des Gastes, der sein Recht an ihr ausübt und so zu dem Feind wird, zu dem er bereits eingangs erklärt worden war.« Geisenhanslüke: *Hostilitäten*, S. 285.
In der Mordszene ist vor allem die auffällige Symmetrie der tödlichen Verwundungen zu interpretieren: Toni geht die Kugel »mitten durch die Brust«, Gustav jagt sich die Kugel »durchs Hirn« (194). Herz und Verstand, Affekt und Kognition sind da emblematisch im Spiel, im Allgemeinen Romantik und Aufklärung. Keiner der beiden anthropologischen Faktoren gewinnt hier die Oberhand über den anderen, was auch heißt, dass beide in sich von partiellem Charakter sind. Sowohl das Handeln im Affekt als auch der Vertrag scheitern – und zwar an der prekären performativen Funktion der Sprache, an einem (potentiellen) Versprechen, das weder als Handlung noch als Kognition oder Affekt identifizierbar und etwa durch Kontrakte zu zügeln ist. Das Glauben-Schenken dem (vermeintlich) gegebenen Wort gegenüber ist als Vertrauen weder affektiv noch kognitiv – aufgrund von solchen anthropologischen Parametern nicht ergründbar. (Daher ist es irrig, das Vertrauen dem Wissen zu unterstellen [da es mindestens im selben Maße auch Nicht-Wissen enthält, mehr noch: vom Nicht-Wissen notwendig gemacht wird]: »Das naive Nicht-wissen-wollen, das hingebungsvolle, vorbehaltlose Akzeptieren des anderen erweist sich [...] als ein Je-schon-alles-wissen, ein Je-schon-alles-begriffen-haben. Man gibt sich nur demjenigen hin, dem man vertraut. Vertrauen ist jedoch eine Modalität des Vorauswissens, eine antizipierte Kenntnis des anderen.« Moser: *Verfehlte Gefühle*, S. 16. Man sieht, dass bereits auf der Ebene der Wortwahl Widersprüche auftreten: sind »Akzeptieren« und »Sich-Geben« bzw. »Vertrauen« wirklich äquivalent?)

bunden war, sondern dass er seine eigene Protogeschichte in der doppelten Nachträglichkeit der Verspätung wiederholte. Erkenntnis und Handlung können nur im Tode zusammenfallen, wobei ihr Ineinander auch im Geheimnis verbleibt, das gerade vom Tode versiegelt wird.

Das Nicht-Kennen bezeichnet freilich nur auf negative Weise das ursprüngliche positive Moment des *Gebens* oder der *Gabe* (ohne Grund), die zugleich auch empfangen werden – vom Gebenden selbst. Wenn der Gast ohne irgendeine Gabe oder Geschenk kein Gast ist, sei er selber die Gabe – so ist eigentlich das Nicht-Kennen (als *Geheimnis*) des Anderen die Möglichkeit und zugleich die Unmöglichkeit der Gabe. Das Kennen des Anderen, des Beschenkten, zu wissen, was er/sie braucht, was seine/ihre Bedürfnisse sind (vgl. »häuslich« 172), wie seine/ihre vermeintlichen Sprechakte performativ-referentiell zu kontrollieren sind, würde niemals zu einer Gabe führen – diese wäre vielmehr ein falsches Zeugnis des Anderen.[41] Das gegebene Wort ist auf das Glauben-Schenken angewiesen, es wird gleichsam vom Anderen (zurück)gegeben. Das ist der sprachliche Grund der Stellvertretung von Gast und Gastgeber, der wesentlichen Struktur der Gastlichkeit. Die Stellvertretung kommt zumal bei Kleist auch dem Opfer nahe – ihr Verhältnis ist eine »gewaltige Frage«[42] –, indem sie durch mehrfache Opfer zustande kommt bzw. diese impliziert. Eine weitere zeitliche Unentscheidbarkeit von Vor- und Nachher, Ursache und Folge: nimmt die Stellvertretung das Opfer, d.h. die Ökonomie von vornherein in Anspruch, oder ist das Letztere ihr kontingenter Effekt? Kleists Erzählung gibt den doppelten Charakter des Opfers kund: seinen ökonomischen wie gewaltsamen Aspekt, in dem die beiden letztlich aufeinander verweisen. Sich dessen – der Wahrhaftigkeit, des Vertrauens – vergewissern, in das Wissen, in die *Wieder*erkennbarkeit einführen zu wollen,

---

So ist die Rolle der Sprache in der Anthropologie Kleists eine besonders intrikate – wie dies vom Verfasser einer Schrift mit dem Titel Über die allmähliche Verfertigung der Gedanken beim Reden vielleicht auch nicht anders zu erwarten ist –, sie ermöglicht gewissermaßen die Anthropologie (den Affekt, die Scham, die Rührung usw.) und blockiert diese auch. Kleist zweifelt damit latent das große anthropologische Projekt des 18. Jahrhunderts an, »den ganzen Menschen« hervorzubringen bzw. zu definieren (s. hierzu Schings: *Der ganze Mensch*), indem er die Unvordenklichkeit und Abgründigkeit der Sprache, ihren begründenden, gleichwohl aber subversiven Status in jeglicher Anthropologie stark macht. Zugleich entlarvt er die Komplizenschaft zwischen Anthropologie und Geschichtsphilosophie, die Veranlagung des Fortschritts in die Richtung der Zukunft in der vermeintlichen Natur des Menschen (vgl. Marquard: *Schwierigkeiten mit der Geschichtsphilosophie*), als eine nicht ganz durchschaute Versprechensleistung der Sprache, die u.a. den ewigen Frieden verspricht.

41 Kleists Essay *Von der Überlegung. Eine Paradoxe* lässt sich sehr wohl auf diese Problematik anwenden. Jede Erkenntnis der Gabe oder des Gebens kann nur nachträglich, als eine Figur erfolgen und jene (mit)erzeugen.
42 Derrida: *Adieu*, S. 169.

was man nur empfangen kann, opfert genau dieses Zu-Empfangende.[43] Die Stellvertretung im gegebenen Wort ohne transzendent(al)e (oder öffentliche) Beglaubigungsinstanz impliziert das Opfer, wo dieses zugleich im Namen der – von Gustav in Anspruch genommenen – transzendenten Autorität auch zu legitimieren wäre. Wenn man die Gabe intentional versteht (in Sätzen wie »ich gebe«), so wird die Gabe latent – ökonomischen Mustern gehorchend – immer schon als Opfer gedacht, etwas, auf das man überlegt verzichtet. Die Intention zu geben opfert ebendiese Gabe selbst.[44]

Zusammenfassend kann man festhalten, dass Gustav das eigene Selbstverständnis mit sprachlichen Mitteln oder Verfahren aufrechterhalten möchte (z.B. Verhör)[45], die gerade beim traumatischen Ereignis seines Lebens versagt haben. In diesem Sinne ist er im Grunde in eine Selbstlüge verstrickt, und zwar in doppeltem Sinne: insofern er meint, das Innere Tonis (ihre Gedanken, sogar ihre Bedürfnisse) kennen und sich dabei auch auf überpersönliche Instanzen berufen zu können, zweitens in der Annahme, dass seine eigenen Sprechakte steuerbar sind (wobei er zwischen der Sprache der Rechtfertigung und der der Entschuldigung hin und her gerissen wird). Dabei waren beide Annahmen von seiner eigenen Vorgeschichte dementiert, gerade darin bestand seine Tragödie. In diesem Sinne kennt er nicht nur die Andere nicht, sondern nicht einmal sich selbst – dadurch fällt ihm die Rolle des Petrus (als der falsche Zeuge seiner selbst) in einem tiefgründigeren Sinne zu als Mariane, die den Falschschwur eher in formeller Hinsicht exekutiert.[46] Daher ist er Wiedergänger in oder für sich selbst, situiert in einer

---

43 »So findet etwa Gustav [...] kein anderes Mittel, die moralische Wahrheit der ›Mestize‹ Toni in Erfahrung zu bringen – ›zu erprüfen, ob das Mädchen ein Herz habe oder nicht‹ (II, 172) –, als sie zu verführen und ihr im körperlichen Liebesakt die Unschuld zu nehmen, die er doch bewahrheiten möchte.« Moser: »Prüfungen der Unschuld«, S. 107. Die Stellvertretung verwandelt sich im Mord buchstäblich ins Opfer: er opfert das Vertrauen, das er meint (zu wissen), nicht erhalten zu haben. Er opfert Toni für das verlorene Vertrauen (auch eine nachträgliche Stellvertretung) – eine gewaltsame Trauerarbeit.

44 Vgl. Derrida: *Falschgeld*, S. 21-30.

45 Er stellt Toni die Frage, »ob *sie* wohl einer solchen Tat fähig wäre?« (170). Vgl. Kommerells prägnante Bemerkung zur Grenze des Verhörs: »Man kann verhören über das, was jemand tat, nicht über das, was jemand ist.« Ders.: »Die Sprache und das Unaussprechliche«, S. 247. Zur Lüge bei Kleist, die vor allem eine Selbstlüge ist, noch bevor sie an andere herangetragen wird, vgl. ebd., S. 312-315.

46 Die Priorität der Selbstlüge vor der an andere adressierten Lüge wird übrigens auch von Kant erkannt (freilich angesichts der Autorität des »Gewissens«), in der »Schlussanmerkung« zu seinem *Über das Mißlingen aller philosophischen Versuche in der Theodizee*, nachdem er Probleme wie »Geständnis«, »Bekenntnis«, »Eid«, »Aufrichtigkeit« diskutierte: »Ich halte mich hier hauptsächlich an der tief im Verborgnen liegenden Unlauterkeit, da der Mensch sogar die innern Aussagen vor seinem eignen Gewissen zu verfälschen weiß. Um destoweniger darf die äußere Betrugsneigung befremden; es müßte denn dieses sein, daß, obzwar ein jeder von der Falschheit der Münze belehrt ist, mit

double-bind auch in zeitlicher Hinsicht. So ist das Sprichwort »ein gebranntes Kind scheut das Feuer« in Bezug auf ihn sowohl wahr als auch falsch.[47] Damit stellt sein Gast-Sein die Chance, sein problematisches Selbstverständnis zu überwinden (Beichte), wie auch die Blockierung seiner sprachlichen Operativität (Scheitern des Verhörs) für ihn dar. In einem tieferen Sinne wird er deshalb von »déjà-vus« heimgesucht. Gerade im Gast-Sein als einem Ineinander von Öffnen und Verschließen wird diese – sprachliche wie zeitliche – *double-bind* hervorgetrieben. Die Spannungen zwischen Bericht und Beichte im Diskurs vom Fremden suchen in der Verdopplung von Bericht und Zeugnis auch den Erzähldiskurs heim und sind Figuren nicht zuletzt einer zeitlichen Unentscheidbarkeit. Wenn der Bericht sich vor allem auf Vergangenes, vormalig Gewesenes bezieht, die Beichte aber auch auf emphatische Weise Gegenwart (als Versprechen der Wahrhaftigkeit) impliziert, so sind die Interpenetrationen zwischen den beiden auch temporaler Art. Sie produzieren in ihrer Verschränkung eine Art »déjà-vu«. Man kann sogar sagen, die Wechsel zwischen direkter und indirekter Rede und die Aporien des Erzählers sind ein Signal dafür, dass die Protagonisten ihre eigenen Intentionen auch nicht restlos kennen und sie sich selbst verborgen bleiben.

Wie zu sehen war, ist keineswegs ausgemacht, dass in der Vereinigung von Gustav und Toni nur das Machwerk der Verführung zu sehen

---

der er Verkehr treibt, sie sich dennoch immer so gut im Umlaufe erhalten kann.« (S. 123.) Das »Falschgeld« der Intention, der Äußerung, des Bekenntnisses – diese geben potentiell immer »Falschgeld« – mit der Selbstlüge in Verbindung zu setzen, kommt bei Derrida (vgl. *Falschgeld*) übrigens nicht vor, vgl. Hillis Miller: »The anacoluthic lie«, S. 154-156; ferner Kulcsár-Szabó: *Tetten érhetetlen szavak*, S. 330. Es könnte sein, dass die oben thematisierte Feindschaft gegen andere ihre Wurzeln vor allem in der Selbstlüge, im Nicht-Kennen seiner selbst (nicht nur der Anderen) hat.

47 Dem Sprichwort eignet ein prognostischer Aussagewert, zugleich basiert es als Erfahrungssatz auf applikabler Wiederholung (vgl. Koselleck: *Zeitschichten*, S. 218-219). Dieses Sprichwort zieht aber gerade die Wiederholungsstruktur, »die Erwartung ähnlicher Fälle« (Kant: *Anthropologie*, S. 186) metafigurativ in Zweifel, es stellt sich selbst, seine sprachlich-anthropologische Fundierung in Frage. In diesem Sinne wird es – da seine prognostische Perspektive gleichwohl beibehalten bleibt – zu einer Art Versprechen, das ohne Rückbestätigung in der Wiederholung verbleibt, dieser indes ausgesetzt wird (wie ein Versprecher im Versprechen selbst). Dieses Versprechen ist dem narrativen Diskurs inhärent, zumal Babekan die Erzählerfigur repräsentieren kann, in einem Text, der die Kennzeichnung »moralische Erzählung« trug. Der moralisierende Prätext des Sprichworts wird durchgestrichen, aber auch bejaht; die Wiederholung kann unerwartet den Platz des Versprechens einnehmen, die erwartete Wiederholung kann in der Virtualität des Versprechens verharren. So nimmt das Versprechen – die »Ahndung« – den Platz der auf Kausalität basierenden »Vorhererwartung« ein (ebd., S. 187). Kant spricht kurz vorher von einer Art »Neujahrsversprechen« oder Gelübde, dessen Bruch gerade mit der Wiederholung des Früheren, dem Rückfall in es zusammenfällt (und als Selbstlüge erscheint).

ist: Gustav ist Toni gegenüber vertrauensselig und misstrauisch zugleich (beides mehr als anderen Leuten gegenüber), er ist interessiert am Erkennen ihrer Persönlichkeit. Diese können bereits als »Symptome« eines angehenden Verliebtseins gewertet werden, vor allem aber der Liebesakt als gewissheitsspendendes Moment in Bezug auf die Aufrichtigkeit des Mädchens (ein Moment, das sich im Nachhinein freilich wiederum als brüchig erweisen kann, und so mündet die Geschichte tatsächlich in einem erneuten »Mißtrauen«). Nach dem Liebesakt als dem Sich-Geben Tonis kehrt die ganze Konstellation in die Ökonomie zurück bzw. wird diese gestärkt: Gustav schenkt ihr »das kleine goldene Kreuz, ein Geschenk der treuen Mariane, seiner abgeschiedenen Braut« (175).[48] Eine Zirkulation der Gabe, die zwischen den beiden Narrativen vermittelt und die hier gleichsam zu einem Liebespfand wird, um das Gästeverhältnis umzukehren und Toni auf der Achse der Wiederholung seiner Vorgeschichte nun auch in seinen *oikos* einzuführen.[49] Dieses Pfand macht sie auch auf der symbolischen Ebene zu seiner Geisel – Pfand und Geisel werden in der ökonomischen Struktur des Kontrakts miteinander verknüpft. Gerade dieses Besitzemblem nimmt zugleich ihre Tötung vorweg, die Opferung der Geisel.[50]

---

48 Eine doppelsinnige Beschreibung: Gustav bleibt mit dem Weiterschenken des ehemaligen Geschenks der »treuen« Mariane gerade nicht mehr treu, zugleich gibt er doch das, was ihm das Teuerste ist. (Zu diesem Punkt vgl. Wetzel: »Liebesgaben.«)

49 »Er beschrieb ihr, welch ein kleines Eigentum, frei und unabhängig, er an den Ufern der Aar besitze; eine Wohnung, bequem und geräumig genug, sie und auch ihre Mutter, wenn ihr Alter die Reise zulasse, darin aufzunehmen; Felder, Gärten, Wiesen und Weinberge; und einen alten ehrwürdigen Vater, der sie dankbar und liebreich daselbst, weil sie seinen Sohn gerettet, empfangen würde.« (175). Das Versprechen wird hier nicht mehr von der transzendent-providentiellen Instanz, sondern von der Vaterfigur autorisiert, die die Familie vor allem ökonomisch zusammenhält (zum »Weg vom standespolitisch definierten Hausvater zum ökonomisch definierten Hausbesitzer«, vgl. Koselleck: *Begriffsgeschichten*, S. 475). In der Familiarisierung wird auch das Kennen des Anderen erzeugt oder garantiert.

50 »Er nahm sich das kleine goldene Kreuz [...] von der Brust; und [...] hing er es ihr [...] um den Hals.« (175). Die tödliche Kugel geht Toni »mitten durch die Brust« (192): das kleine Kreuz macht aus Toni eine Zielscheibe, es ist ein regelrechtes Visier. Die Verknüpfung von Geschenk und Opfer könnte nicht krasser sein – das Zeichen der *Wiedererkennung* zwischen Gast und Gastgeber funktioniert im Grunde nicht (und hier sind sowohl das »Wieder« als auch das »Erkennen« von Belang). Das Geschenk wird dergestalt zu einer Erinnerung des Versprechens, zu seiner Mnemotechnik, die laut Nietzsche die »Vergesslichkeit« in »Verantwortlichkeit« umkehrt und sogar leiblich zu denken ist (»Man brennt etwas ein, damit es im Gedächtnis bleibt [...]«), wie das Kreuz durch den Schuss buchstäblich in den Körper von Toni eingeprägt wird. Vgl. ders.: *Zur Genealogie der Moral*, S. 291-313. – Wichtig ist hier noch Folgendes: der Schmuck als privater Gegenstand, der seinen Besitzer aber – laut der unvergesslichen Analyse von Simmel – vor der Öffentlichkeit exponiert und nur vor dieser Bedeutung hat, lässt sich als Emblem der doppelten Seinsweise der Verlobung lesen (s. ders.: »Das Geheimnis und die geheime

Die Gabe von Mariane konnotiert ihre eigentliche Opfergabe an Gustav – ihr Leben als Singuläres im Zeichen des Gebens des eigenen Todes als unersetzlicher, nicht-rückzahlbarer Gabe –, so übt er mit dem Weiterschenken gleichsam ein falsches Zeugnis an dieser Singularität und dadurch an sich selbst (insofern er sein Leben dieser Gabe zu verdanken hat). Gustav möchte dadurch gewissermaßen die Unwiderrufbarkeit, die Unersetzbarkeit oder Unvergeltbarkeit der Gabe von Mariane rückgängig machen bzw. im ökonomischen Kreis ausgleichen. Man kann das eine Verdrängung nennen, zugleich auch ein Vergessen. Die Protogeschichte von Gustav wird wiederholt bzw. ausagiert, zugleich soll sie auch vergessen werden, das Opfer von Mariane soll seinerseits auch geopfert werden. In diesem Sinne möchte Gustav letztlich sein Eigenes opfern – er tut das also von sich aus, bevor er von seinen Gastgeberinnen geopfert werden könnte.

Die strukturelle Analogie zwischen der Trauerszene und der Liebesszene stellt die Figur der unrestituierbaren Gabe dar: einmal den eigenen Tod geben, das andere Mal die Unschuld geben. Beide Akte des Gebens sind paradoxerweise nur durch je einen Falschschwur möglich. Gustav möchte nun die zweite Gabe auf ihren vermeintlichen Ursprung hin stabilisieren, d.h. sie legalisieren, also öffentlich machen und durch dieses Pfand sein Recht auf sein Eigentum sichern. Dieser Akt der berechtigenden Ankündigung soll merkwürdigerweise mit dem Anbruch des nächsten Tages, also mit dem Wiedereintritt in die gemessene Zeit, erfolgen (»[...] dass er bei ihrer Mutter am Morgen des nächsten Tages um sie anhalten wolle« 175). Wohlgemerkt spricht nur Gustav während der ganzen Szene, das Mädchen hört »seine Worte« womöglich gar nicht, jedenfalls antwortet sie auch am Ende nicht darauf. Warum sie vom Weinkrampf überfallen wird, bleibt im Dunkeln: sie kann dabei sowohl die verlorene sexuelle Unschuld wie ihren Verrat an der gemeinsamen Verschwörung mit Babekan sowie an ihm selbst beweinen, insofern sie ihr eigener falscher Zeuge ist. Allen gegenüber ist sie nun falscher Zeuge, sich selbst mit einbegriffen – alle hat sie belogen. Ihr Verhalten steht im Zeichen der Scham und des Schuldbewusstseins, wem gegenüber auch immer. Der sprachliche Sündenfall geht jedenfalls dem körperlichen voraus: z.B. darin, dass sie den Worten des Fremden Vertrauen schenkt und die referentielle Rolle im als Wiederholung auftretenden Geschehen annimmt. Die Zeugenschaft gegenüber der Beichte von Gustav reproduziert eine strukturelle Rolle, die in der referentiellen Lesart dieser Beichte angeboten und persuasiv vermittelt wird (auf der

---

Gesellschaft«, S. 414-421.). Gustav führt sein Versprechen bereits hier öffentlich vor, er veröffentlicht sein gegebenes Wort an Toni, möchte dieses von der Öffentlichkeit legitimiert sehen. Er agiert im Sinne der Ethik Kants. Als »gebranntes Kind« drängt er dennoch auf die öffentliche Exekution von Sprechakten, wobei gerade die Öffentlichkeit diese nicht a priori schützen kann (s. die Hinrichtung von Mariane und ihren Falschschwur).

Achse der körperlichen »Ähnlichkeit«). In diesem Sinne ist sie kein »neutraler« Zeuge mehr, sondern Protagonistin; sie tritt gleichsam in einen Rollentausch mit der verstorbenen Mariane ein (da der narrative Knoten in beiden Malen von der Lebensrettung motiviert wird) und partizipiert am falschen Zeugnis Gustavs, insofern sie das Geschenk annimmt (wobei dies auch nicht ganz eindeutig ist). Es ist nicht auszumachen, ob Toni dem kognitiven (»Ähnlichkeit«) oder dem performativen Effekt (»Beichte«) aufsitzt, sogar ob Gustav der performativen Komponente seiner Rede überhaupt bewusst ist. Eine denkbar komplexe Konstellation, wie dem aber auch sei: Diegesis (Rettung des Lebens) und Referentialität (physiologische Ähnlichkeit) sind also vom Kredit abhängig, einmal vom Kredit für die vermeintlichen Gastgeberinnen, das andere Mal für Gustav selbst – zugleich wird dieser Kredit auch getilgt. Der Rückbezug auf die Protogeschichte wird durch das falsche Zeugnis ermöglicht (Schenken des Kreuzes), das Toni stillschweigend unterschreibt. Diese Liebesgabe verbindet und trennt die beiden zugleich.

Gustav wechselt nach seinem Geständnis, das indes bereits eine Beichte sein könnte, auch von der Scham (»Rührung«) betroffen, in die Sprache der Entschuldigung (»was er ihr zu Leide getan und ob sie ihm nicht vergeben könne?«), nachdem seine Konfession unerwartete (?) referentielle Wirkungen zeitigte, die die Glaubwürdigkeit seiner Beichte noch nicht unbedingt sichert. Sein Handeln kann diese Glaubwürdigkeit gerade aufheben, um folglich die gefährdete Konvergenz zwischen Sprechen und Intention wiederherzustellen, ihm bleibt nichts übrig, als sich zu entschuldigen.[51] Die Sprache der Entschuldigung ist aber erst recht ambivalent, da sie ein Doppeltes versucht: sich wegen der potentiellen Unaufrichtigkeit der Äußerungen zu entschuldigen, zugleich nach dem Vertrauen des Anderen zu rufen, er/sie möge ihm Glauben schenken.[52] Aufrichtigkeit kann nur versprochen werden, auch die Aufrichtigkeit jener Entschuldigung, die sich wegen des potentiellen Meineids der eigenen Äußerung entschuldigt. So kann er sein Versprechen »nur« mit dem eigenen Schwur beglaubigen oder umgekehrt, seinen ursprünglichen Schwur mit seinem Versprechen beteuern, zugleich Tonis Treue durch Versprechen binden (»Er schwor ihr [...]«, unmittelbar nach der Bitte ihm zu vergeben).[53] Seine Worte bleiben aber gewissermaßen nichtig, gehören ihm nicht zu, da Toni nichts sagt und den Ruf nach

---

51 Dies wurde bereits durch folgende Momente vorweggenommen: »er schalt sich, ihr Herz nur einen Augenblick verkannt zu haben, und [...] drückte [...] gleichsam zum Zeichen der Aussöhnung und *Vergebung,* einen Kuß auf ihre Stirn.« (173, Hervorh. Cs.L.). Es handelt sich hier um die Scham Gustavs und in der Narration ist es unentscheidbar, ob wir *Äußerungen* von Gustav oder seine Gedanken erfahren.
52 Zu dieser Problematik vgl. de Man: »Excuses«, Derrida: »Das Schreibmaschinenband« und Kulcsár-Szabó: *Tetten érhetetlen szavak,* S. 282-314.
53 Dieser Doppelung entspricht der Sachverhalt, dass Toni später darum *betet,* dem Fremden ein ehrliches *Geständnis* ablegen zu können, damit dieser ihr vergebe (183).

dem Kredit nicht erwidert – folglich bleiben die Worte Gustavs gleichsam in der Schwebe. Es sind leere Worte, nicht seine Worte, denn sie würden erst zu seinen Worten, würde er sie von Toni (zurück)bekommen im Sinne des Glauben-Schenkens. Hier wird deutlich, dass seine Worte nicht sein Eigentum sind, ein Mangel in ihnen aufklafft (die ausbleibende Gegenzeichnung dieser Worte), folglich das von ihm angebotene Pfand des Kreuzes, überhaupt die »Verlobung« gewissermaßen ungültig wird. Umso mehr versucht er dieses Fehlen auf der referentiellen Ebene auszugleichen (»ein kleines Eigentum, frei und unabhängig [...]«), womit er sich auf der Ebene des Versprechens wiederfindet.[54] Die ganze von ihm anvisierte Ökonomie (»Eigentum«, »Wohnung«, »Felder, Gärten, Wiesen und Weinberge«) hat ihren tieferen Grund in diesem Fehlen, nicht einfach in einer Erwiderung der Wohltaten. Sowohl seine Beichte als auch seine Entschuldigung bleiben ohne Rückbestätigung, zumindest bleibt diese ambivalent. Wohl deswegen drängt Gustav auf eine Veröffentlichung, Legalisierung und Institutionalisierung ihres gemeinsamen Geheimnisses. Dabei *opfert* er dieses als Geheimnis, wodurch er sein Schuldbewusstsein freilich eventuell auch ausgleicht, indem er den referentiell kontrollierbaren Sprech-akt als das wahre Zeugnis seiner kundgegebenen Wahrhaftigkeit ins Feld führt. Ob er das alles intentional steuert, ist fraglich: Man darf zudem auch nicht vergessen, dass er bereits mit Mariane »heimlich verlobt« war und er sein Leben eigentlich diesem Geheimnis zu verdanken hat. In der Protogeschichte war aber genau die Öffentlichkeit ein Ort, an dem die Wahrhaftigkeit mit einer eigenen fürchterlichen Logik umgedreht wurde. Darüber hinaus, dass es Toni vorläufig nicht möglich ist, ihr Geheimnis vor der Mutter gleich zu lüften[55], kann ein tieferer, vielleicht

---

54 Seine Versprechen sind eigentlich auch Beteuerungen seines ursprünglichen Schwurs (zu diesem gewissermaßen unendlichen Regress siehe Manfred Schneider: »Die Inquisition der Oberfläche«, S. 108-109).

55 Gleichwohl stellt sie sich Gustav am nächsten Tag auf indirekte Weise als Geisel zur Verfügung, wohlgemerkt auf der sprachlichen Ebene der Stellvertretung, insofern sie seinen Diskurs aktiviert: »Unrecht« (zweimal) und »Gottes Rache«, ferner das Schwören. »»[...] um mir Gottes Rache wegen alles, was vorgefallen, zu versöhnen, so schwöre ich dir, dass ich eher zehnfachen Todes sterben, als zugeben werde, dass diesem Jüngling, so lange er sich in unserm Hause befindet, auch nur ein Haar gekrümmt werde.«« (177). Babekan merkt dies auch: »so magst du das Mitleiden, das dich bewog, ihn gegen das ausdrückliche Gebot wieder abziehen zu lassen, verantworten.« Das »Mitleid« war ja ein wichtiger Berufungsgrund des Fremden. Toni macht ihren Platz als Zeuge, dann Figur im Narrativ des Fremden nun fest – sie schwört auf implizite Weise auf die Verlobung mit ihm, freilich nicht ihm, sondern der Mutter gegenüber. Das halb(öffentliche) Moment des Kontrakts wird dadurch ausgeführt. Dies führt zu der Verfestigung ihrer Bindung an den Fremden: »Denn sie sah den Jüngling, vor Gott und ihrem Herzen, nicht mehr als einen bloßen Gast, dem sie Schutz und Obdach gegeben, sondern als ihren Verlobten und Gemahl an [...]« (181). Diesem Moment ging noch ein theatralisch inszenier-

unbewusster Grund ihrer Weigerung genau darin liegen, dass sie die Ambivalenz der öffentlichen Verkündigung erkennt, die ihre Scham so oder so nur potenzieren würde (wie die der Marquise von O., die versucht, ihre Schande zu veröffentlichen und sie aber gerade auf diesem Wege zu heilen). Eines aber ist sicher: Eine doppelte Lesbarkeit sucht jegliche Begebenheit in der »aktuellen« Geschichte von der alten her heim und verdoppelt die Temporalität der Gastlichkeit, fügt sie in eine metaleptische Konstellation ein. Das Gespenst der Wiederholung der Protogeschichte ist potentiell in jedem Moment der Erzählung präsent und lässt alle noch so aufrichtigen Äußerungen bzw. Verhaltensformen kontaminieren.[56] Bezeugt man hier die eigene Intentionalität oder wiederholt man ein bereits dagewesenes Muster? – das ist die Frage, die der Szene eingeschrieben ist.

Die zeitlichen Implikationen der Szene, überhaupt der ganzen Geschichte zu analysieren, wäre ein lohnendes Unterfangen. Die Komplikationen in der Struktur der performativen Sprache, in der Kreuzung zwischen Geständnis und Entschuldigung, Beichte und Schwur erhalten auch zeitliche Koordinaten oder Kontrollmomente und zwar in engster Verbindung mit der Liebessemantik (der Bedeutsamkeit der Worte wie »Verlobung«, »Ehe«, »Treue« und dergleichen, die im Text mehrfach überdeterminiert vorkommen). Im Zeichen der romantischen Liebe geht es auch hier darum, – mit Luhmann gesprochen – den »Startmechanismus Zufall« in den Code der Liebe einzufügen, ihn mit dem »Schicksal« zu vermitteln.[57] Die Plötzlichkeit soll für die »Entstehung einer *dauerhaften* Liebe« bürgen, wozu Luhmann noch anmerkt: »Bemerkens-

---

ter Falschschwur vor der Mutter voraus, welcher diesmal nicht vom Vergessen abhängt, sondern vom »Gedächtnis« (Stigma) ermöglicht wird. (Hier ist wiederum das Verbergen des eigenen Gesichtes zentral, gerade umgekehrt zum Empfangen des Fremden: »[...] ein Blick jedoch auf die Brust ihrer unglücklichen Mutter, sprach sie, indem sie sich rasch bückte und ihre Hand küßte, rufe ihr die ganze Unmenschlichkeit der Gattung, zu der dieser Fremde gehöre, wieder ins Gedächtnis zurück: und beteuerte, indem sie sich umkehrte und das Gesicht in ihre Schürze drückte, dass, sobald der Neger Hoango eingetroffen wäre, sie sehen würde, was sie an ihr für eine Tochter habe.« 179). Dass ihre Sicht vom Fremden wortwörtlich vermittelt ist, deutet die Spiegelszene an: »[...] Toni, die, dem Fremden den Rücken zukehrend, vor den Spiegel getreten war [...]« (180). Sie schaut sich ihn im Spiegel an, sie sieht ihn und sieht ihn wiederum auch nicht. »Sieht« sie ihn erst im Spiegel der performativen Sprache? (Zum Zusammenhang der Spiegelmetapher und sprachlicher Kommunikation bei Kleist vgl. Mehigan: *Text as contract*, S. 52-61.)

56 Die Ansteckung – ein beliebtes Kleist'sches Motiv – fehlt ja auch in dieser Erzählung nicht und zwar in engster Verbindung mit dem Meineid, mit einer in böser Absicht übermittelten Einladung.

57 »Die Kombination Zufall/Schicksal besagt dann: dass das voraussetzungslose Beginnen die Bedeutung der Liebesbeziehung nicht beeinträchtigt, vielmehr als Unabhängigkeit von jeder Außenprägung diese Bedeutung gerade steigert, sozusagen in sich verabsolutiert«. Luhmann: *Liebe als Passion*, S. 181.

wert ist die Wendung von einer temporalen (Plötzlichkeit/Dauer) zu einer modaltheoretischen (Zufall/Notwendigkeit) Fassung (z.B. bei Friedrich Schlegel).«[58] Die Versprechen Gustavs nach dem sexuellen Zwischenfall verheißen die Dauer nach dem abrupten Ereignis und das heißt, seine Treue, die gleichsam die Sprache der Entschuldigung beglaubigen und das Vertrauen wiederherstellen sollte (»Er schwor ihr, dass die Liebe für sie nie aus seinem Herzen weichen würde [...]« (175)).[59] Der Schwur impliziert ja Beständigkeit, Standhaftigkeit, eben Treue, und in diesem Sinne verspricht er Dauer. Gerade in der Beteuerung suggeriert er die Notwendigkeit im Sinne der Kausalität (»[...] und einen alten ehrwürdigen Vater, der sie dankbar und liebreich daselbst, *weil* sie seinen Sohn gerettet, empfangen würde.« (Ebd.)).[60] Die zwingende Kausalität würde entgegen dem Zufall die Dauerhaftigkeit hervortreiben, diese würde gleichsam die Realisierung der Kausalität darstellen.[61] Die Zeitlichkeit im Sinne der Kausalität ist aber nicht mit der Standhaftigkeit, dem Ausharren im Zeichen des Schwurs, zu verrechnen (das sieht man schon daran, dass ein Beweis – als Ursache – nie ganz ausschlaggebend sein kann für die positive oder negative Wendung des Vertrauens). Welche Zeit wird von einem Schwur gegeben? Ist diese noch auf kausale Verbindungen zurückzuführen? Gibt es eine »Ursache« – oder ein Unterpfand – für die Standhaftigkeit des Schwurs oder Versprechens? Wenn man diese Ursache z.B. in vermeintlichen Charaktereigenschaften der schwörenden Person lokalisieren würde, so würde man diese Person als bekannt voraussetzen. Die Problematik der Kausalität und der referentiell nicht zu verbürgenden Performativität verschränken sich mit der Frage nach dem Kennen und Erkennen. Und zugleich auch mit der Frage nach Recht und Gesetz: Das Gebot, seinen Schwur unter allen Umständen zu halten, ihn autonom zu verantworten, wäre ein Gebot der Moralität als Gesetz, das die zeitliche Determinierung des Schwörenden, überhaupt der performativen Prozesse in diesem Sinne, gewährleisten würde. Man könnte sagen, dass Gustav die Gastfreundschaft gewissermaßen verrechtlichen, ihr das Gesetz einschreiben möchte.

Die Notwendigkeit wird auch im Sinne der Vorzeitlichkeit, mit der schon erwähnten »Ähnlichkeit« zwischen Mariane und Toni, aufgezeigt oder generiert. In dieser Kausalität oder narrativen Verkettung würde

---

58 Ebd., S. 180f. Es handelt sich um eine Fußnote bei Luhmann.

59 Die etymologische Verwandtschaft von »Treue« und »Vertrauen« analysiert Benveniste: *Indoeuropäische Institutionen*, S. 85.

60 Hervorh. Cs.L. Gustav verspricht also eine Gastfreundschaft, die als Gegenleistung einer vergangenen Wohltat erfolgen und dabei die familiäre Ökonomie sichern würde (Beziehung zwischen Vater und Sohn als Garantie für die Dankbarkeit des Ersteren für sie).

61 Für Gustav hat seine Geschichte nachträglich ja quasi-notwendige Züge angenommen (s. Anm. 13). Zur Verbindung von Kausalität und Narrativität bei Kleist s. Chase: *Decomposing Figures*, S. 141-156.

Toni als das Supplement von Mariane eingesetzt. Wie aber zu sehen war, implizierte dieses narrative Manöver das falsche Zeugnis (und zwar sowohl an Mariane als auch an Toni), die narrative Verkettung oder Analogiebildung war ein Effekt oder Resultat des Meineids. (Die Geschichte von Gustav und Toni kopiert oder wiederholt auch auf dieser Ebene die Geschichte von Gustav und Mariane, die ebenfalls vom Falschschwur ermöglicht und zugleich in eine repetitive Temporalität eingeschrieben wurde.) Die Notwendigkeit im Zeichen der Kausalität übt Verrat an der Standhaftigkeit im Sinne des Schwurs. Zwei Zeiten also, die sich gegenwendig kreuzen, gleichwohl heterogen zueinander bleiben: die Zeit der notwendigen, zwingenden, kausalbedingten (letztlich ökonomischen) Dauer und die Zeit des Schwurs als eines Gebens, das, wenn es keine Ökonomie oder keinen Tausch als Ziel hat, eine Art Beständigkeit dimensioniert. Wenn aber die Beständigkeit des Schwurs nur von den subjektivierten Eigenschaften als epistemologischer Größe abgeleitet oder vom Gesetz her autorisiert werden kann – Autoritäten und Berufungsinstanzen braucht man dort, wo die referentielle Kausalität nicht gegeben ist –, so kann man sagen, dass die potentielle Unhaltbarkeit des Schwurs oder Versprechens diese dem Anschein einer falschen Ewigkeit als endloser Dauer auch entzieht.[62] Der »ewige Frieden« von Kant wäre nur möglich, wo das Gesetz die Moralität beeinflusst und prägt bzw. kontrolliert.

---

62 Sein Wort halten zu müssen, weil man das gesagt hat – hier verbinden sich Schuld und die notwendig-programmierte Kausalität. (Der »Himmel« wäre eine solche transzendentale Autorität der Dauerhaftigkeit – und Gustav gebraucht das Wort »ewig« als Attribut seiner – versprochenen – Dankbarkeit, 165.) Die »Verlobung« hat eine komplizierte Temporalität; Gustav meint sie erst im Nachhinein, und das heißt, zu spät, erkannt zu haben. Das Ausbleiben des zu gebenden Wortes Tonis, ihr Schweigen angesichts des ökonomischen Kontrakts und der auf Kausalität basierenden Dauer (die von Gustav eingefordert wird) markiert womöglich den Abgrund zwischen der performativ-gabebedingten und der ökonomisch-kausalen Zeit. – Der »Eidschwur« selber erscheint im Modus eines »déjà-vus« – Gustav identifiziert ihn erst im Nachhinein, nach seiner Mordtat, deren Bedingung also gewissermaßen das Vergessen war. Ob er sich wirklich daran erinnert oder ihn nur nachträglich für einlösbar hält (»Gustav raufte sich die Haare«, 193), ob er den Verrat Toni bereits für ihr ganzes Verhalten von vornherein (also Meineid) oder als *nach* der »Verlobung« erfolgten Eidbruch attestierte, bleibt offen. Ob er sich wegen seiner Amnesie oder wegen einer Schuld richtet, bleibt ebenfalls offen. Es ist auch nicht auszuschließen, dass er das Problematische seiner eigenen Tat- und Verantwortungskonzeption realisiert, das ihn in die Verderbnis brachte (für ihn gelten beide, Tat und Verantwortung, nur dann, wenn sie – wie bei Kant – öffentlich legitimierbar oder beurteilbar sind). Das »Misstrauen« ist jedenfalls *eine* mögliche Lesart der Ereignisse, es ist nichts anderes als eine nachträgliche Kausalisierung (Genealogisierung) der Geschichte. Wichtig ist, dass die sittliche Beurteilung der ansonsten unbestreitbaren Tat *und* ihrer Verbindung mit einem individuellen Bewusstsein wegen einer sprachlichen Komplikation (»Eidschwur« und »Verrat« faktisch oder imaginär, vorzeitig oder nachträglich?) denkbar ambivalent bleibt.

Die sprachperformative Konstellation, in der Toni zur Zeugin (Beichte) und zugleich zur Figur (Narrativ) der Äußerungen vom Fremden wird, kopiert die aufklärerische Legitimierung des politischen Handelns durch die Einsicht in seine moralische Notwendigkeit im Zeichen des »Fortschritts«, eine Einsicht, welche zugleich die Bedingung des Handelns ist.[63] Politik und Moral im Sinne der »allgemeinen Hospitalität« zu verbinden, war bekanntlich das Ziel der Schrift »Zum ewigen Frieden« von Kant. Diese Pflicht, die eine Schuld, die ihr aus der Zukunft (der Perspektive des »ewigen Friedens«) entgegenkommt, zu begleichen bestrebt ist, wird eigentlich im Modus des Gesetzes statuiert,[64] das jedes Versprechen von vornherein zu einem falschen macht, in doppeltem Sinne: sie schreibt das Versprechen in den Zustand des Wissens um, zugleich vertagt sie seine Einlösung immer weiter in die Zukunft.[65] So paradox es klingt, diese Annahme hebt die Möglichkeit eines Wartens auf (so wie Gustav auch nicht warten kann). Eine Pflicht, die – als Gesetz – *im Voraus* statuiert wird, macht aus dem Gast einen Bekannten (oder überspringt gerade die Unergründlichkeit des Gastes, seiner Sprache, der Gastlichkeit überhaupt)[66], wobei selbst diese Pflicht vom Gast in Frage gestellt wird.

Überhaupt korreliert die Verspätung, die Eile, das Nicht-Warten-Können mit dem »Misstrauen«, mit dem Fehlen des Vertrauens, mit dem vermeintlichen Eidbruch. Was ist also die Zeit einer Gastfreundschaft, die die Erzählung von Kleist auf negative Weise bezeugt? Welche Zeit gibt die Gabe der Gastlichkeit? Ausharren und Geduld, impliziert im Schwur, im gegebenen und zurückgegebenen Wort, könnten nicht so sehr eine Dauer (die ohnehin von einer übergeordneten Instanz garantiert würde) als ein Seinlassen, eine Gelassenheit bedeuten, die Vertrauen als verhaltenes Warten auf den Anderen vollzieht, auch wenn dieser als Gast bereits da ist. Selbst wenn der Gast anwesend ist, wartet man noch auf ihn – im Modus eines »komm«, das die Belegung des Vertrauens, seinen Beweis, gar seine Restitution nicht erwartet. Gerade dieses Warten entspricht der Endlichkeit des Zu-Gast-Seins, in dem eine Vergangenheit aus der Zukunft zurückkehrt – als solche also nicht da war. Ein Warten auf das, was dennoch bereits geschehen ist, ein Warten als Gedächtnis im Zeichen einer Wiederkehr. Dieses Warten wird sowohl

---

63 Hier ist »die menschliche Gattung als Subjekt und Adressat des Fortschritts, solange es den Hiatus als Bedingung des Vorauseilens oder des Nach- und Aufholens gibt, eine geteilte Menschheit.« Koselleck: »Fortschritt«, S. 398.

64 Vgl. Nietzsche: *Zur Genealogie der Moral,* S. 312.

65 Daher erscheint am Ende der Erzählung der »ewige Frieden« in einer ironischen Brechung (»[…] senkte man sie unter stillen Gebeten in die Wohnungen des ewigen Friedens ein.« 195). Ein solches, immer in die Zukunft hinausgezögertes Versprechen ist nämlich genauso wahrscheinlich, wie die Auferstehung der Toten, auf die man wartet.

66 »Alle Achtung für eine Person ist eigentlich nur Achtung fürs Gesetz (der Rechtschaffenheit usw.).« Kant: *Grundlegung zur Metaphysik der Sitten,* S. 20.

von der Wiederkehr als auch von der Ankunft diktiert. In ihrer Unentscheidbarkeit ist man immer schon in eine Trauerarbeit involviert, die sich sowohl auf den Gast (auf sein endliches Verweilen) als auch auf den Gastgeber selbst richtet (Warten auf den eigenen Tod, der in der nicht beherrschbaren Konstellation der Gastlichkeit aus der unverfügbaren »eigenen« Vergangenheit zurückkehrt). Die Konstruktion der Kausalität wäre gerade der Index des Nicht-Warten(-Können)s, wo das wenn auch nur im Schweigen gegebene oder als Sprechhandlung zu tätigende, aber dennoch hinausgeschobene Wort nicht als Moment oder Funktion einer Gesetzeserfüllung eingefordert oder via epistemologischer Befragung ausgekundschaftet wird, sondern vielmehr als wenn auch unscheinbare Gabe gewährt, als wenn auch nur stummes Wort sein gelassen wird, ohne (auf) seine ausweisbare Erfüllung als künftige Gegenwart zu (er)warten.

Literatur

Primärliteratur

Kleist, Heinrich von: *Sämtliche Werke und Briefe*. Hg. Helmut Sembdner. 9., vermehrte und revidierte Auflage. München: Hanser 1993.

Sekundärliteratur

Austin, John L.: »Drei Möglichkeiten, Tinte zu verschütten«. In: ders.: *Gesammelte philosophische Aufsätze*. Stuttgart: Reclam 1986, S. 351-369.
Bahr, Hans-Dieter: *Die Sprache des Gastes*. Leipzig: Reclam 1994.
Bahr, Hans-Dieter: *Die Befremdlichkeit des Gastes*. Wien: Passagen 2007.
Benveniste, Emile: *Indoeuropäische Institutionen: Wortschatz, Geschichte, Funktionen*. Frankfurt am Main: Campus 1993.
Chase, Cynthia: *Decomposing Figures. Rhetorical Readings in the Romantic Tradition*. Baltimore: Johns Hopkins UP 1986.
Derrida, Jacques: *Falschgeld. Zeit geben I*. München: Fink 1993.
Derrida, Jacques: *Adieu – Nachruf auf Emmanuel Lévinas*. München; Wien: Hanser 1999.
Derrida, Jacques: *Die Einsprachigkeit des Anderen*. München: Fink 2003.
Derrida, Jacques: »›Le Parjure,‹ *Perhaps*: Storytelling and Lying (›abrupt breaches of syntax‹)«. In: Carol Jacobs (Hg.): *Acts of Narrative*. Stanford: Stanford UP 2003, S. 195-234.
Derrida, Jacques: »Das Schreibmaschinenband. Limited Ink II«. In: ders.: *Maschinen Papier*. Wien: Passagen 2006, S. 35-138.
Geisenhanslüke, Achim: »Hostilitäten. Literatur und Gastrecht bei Kleist, E.T.A. Hoffmann, Flaubert und Kafka«. In: Peter Friedrich und Rolf

Parr (Hg.): *Gastlichkeit. Erkundungen einer Schwellensituation.* Heidelberg: Synchron 2009, S. 281-299.

Miller, J. Hillis: »The anacoluthic lie«. In: ders.: *Reading Narrative.* Norman: Oklahoma UP 1998, S. 149-157.

Jauß, Hans Robert: »Das privilegierte Du und der kontingente Andere«. In: ders.: *Probleme des Verstehens.* Stuttgart: Reclam 1999, S. 136-187.

Kant, Immanuel: *Grundlegung zur Metaphysik der Sitten.* Hamburg: Meiner 1965.

Kant, Immanuel: *Anthropologie in pragmatischer Hinsicht.* In: *Kants gesammelte Schriften.* Hrsg. v. d. Königlichen Preußischen Akademie der Wissenschaften. Bd. 7. Berlin 1907.

Kant, Immanuel: »Über das Mißlingen aller philosophischen Versuche in der Theodizee«. In: ders.: *Werkausgabe.* Band XI. Frankfurt am Main: Suhrkamp 1968, S. 105-124.

Kant, Immanuel: »Zum ewigen Frieden«. In: ders.: *Werkausgabe.* Band XI. Frankfurt am Main: Suhrkamp 1968, S. 195-251.

Kommerell, Max: »Die Sprache und das Unaussprechliche«. In: ders.: *Geist und Buchstabe der Dichtung.* 3., durchgeseh. u. vermehr. Aufl. Frankfurt am Main: Klostermann 1944, S. 243-317.

Koselleck, Reinhart: »Fortschritt«. In: ders., Otto Brunner und Werner Conze (Hg.): *Geschichtliche Grundbegriffe.* Bd. 2. Stuttgart: Klett-Cotta 1975, S. 351-423.

Koselleck, Reinhart: *Vergangene Zukunft. Zur Semantik geschichtlicher Zeiten.* Frankfurt am Main: Suhrkamp 1979.

Koselleck, Reinhart: *Zeitschichten. Studien zur Historik.* Frankfurt am Main: Suhrkamp 2000.

Koselleck, Reinhart: *Begriffsgeschichten. Studien zur Semantik und Pragmatik der politischen und sozialen Sprache.* Frankfurt am Main: Suhrkamp 2006.

Kulcsár-Szabó, Zoltán: *Tetten érhetetlen szavak. Nyelv és történelem Paul de Mannál.* [Worte ohne Tatort. Sprache und Geschichte bei Paul de Man] Budapest: Ráció 2007.

Lubkoll, Christine: »Soziale Experimente und ästhetische Ordnung. Kleists Literaturkonzept im Spannungsfeld von Klassizismus und Romantik«. In: dies. u. Günter Oesterle (Hg.): *Gewagte Experimente und kühne Konstellationen. Kleists Werk zwischen Klassizismus und Romantik* Würzburg: Königshausen und Neumann 2001, S. 119-135.

Luhmann, Niklas: *Liebe als Passion. Zur Codierung von Intimität.* Frankfurt am Main: Suhrkamp 1982.

de Man, Paul: »Excuses«. In: ders.: *Allegories of Reading.* New Haven/London: Yale UP 1979, S. 279-301.

de Man, Paul: »Ästhetische Formalisierung: Kleist's *Über das Marionettentheater*«. In: ders.: *Allegorien des Lesens.* Frankfurt am Main: Suhrkamp 1988, S. 205-233.

Marquard, Odo: *Schwierigkeiten mit der Geschichtsphilosophie.* Frankfurt am Main: Suhrkamp 1973.

Marx, Stefanie: *Beispiele des Beispiellosen. Heinrich von Kleists Erzählungen ohne Moral.* Würzburg: Königshausen & Neumann 1994.

Mehigan, Timothy J.: *Text as contract. The nature and function of narrative discourse in the Erzählungen of Heinrich von Kleist.* Frankfurt am Main: Peter Lang 1988.

Moser, Christian: *Verfehlte Gefühle. Wissen–Begehren–Darstellen bei Kleist und Rousseau.* Würzburg: Königshausen und Neumann 1993.

Moser, Christian: »Prüfungen der Unschuld: Kleist und Rousseau«. In: Tim Mehigan (Hg.): *Heinrich von Kleist und die Aufklärung.* Rochester: Camden House 2000, S. 92-112.

Müller, Gernot: »Prolegomena zur Konzeptualisierung unzuverlässigen Erzählens im Werk Heinrich von Kleists«. In: *Studia Neophilologica* 77 (2005), S. 41-70.

Neumann, Gerhard: »Anekdote und Novelle: Zum Problem literarischer Mimesis im Werk Heinrich von Kleists«. In: Anton Philipp Knittel und Inka Kording (Hg.): *Heinrich von Kleist. Neue Wege der Forschung.* Darmstadt: WBG 2009, S. 177-202.

Nietzsche, Friedrich: *Zur Genealogie der Moral.* In: ders.: *Sämtliche Werke. Kritische Studienausgabe.* Bd. 5. Hg. Giorgio Colli und Mazzino Montinari. Berlin; New York: de Gruyter 1980.

Reuß, Roland: »›Die Verlobung in St. Domingo‹ – eine Einführung in Kleists Erzählen«. In: Anton Philipp Knittel und Inka Kording (Hg.): *Heinrich von Kleist. Neue Wege der Forschung.* Darmstadt: WBG 2009, S. 71-88.

Schings, Hans-Jürgen: *Der mitleidigste Mensch ist der beste Mensch. Poetik des Mitleids von Lessing bis Büchner.* München: Beck 1980.

Schings, Hans-Jürgen (Hg.): *Der ganze Mensch. Anthropologie und Literatur im 18. Jahrhundert.* Stuttgart; Weimar: Metzler 1994.

Schmidt, Jochen: *Heinrich von Kleist.* Darmstadt: WBG 2003.

Schneider, Manfred: »Die Inquisition der Oberfläche. Kleist und die juristische Kodifikation des Unbewussten«. In: Gerhard Neumann (Hg.): *Heinrich von Kleist: Kriegsfall-Rechtsfall-Sündenfall.* Freiburg i. Br.: Rombach 1994, S. 107-126.

Simmel, Georg: »Das Geheimnis und die geheime Gesellschaft«. In: ders.: *Soziologie.* Frankfurt am Main 1992, S. 383-455.

Simmel, Georg: »Exkurs über den Fremden«. In: ders.: *Soziologie.* Frankfurt am Main 1992, S. 764-771.

Stephens, Anthony: »›Eine Träne auf den Brief.‹ Zum Status der Ausdrucksformen in Kleists Erzählungen«. *Jahrbuch der Deutschen Schillergesellschaft* 28 (1984), S. 315-348.

Wetzel, Michael: »Liebesgaben«. In: ders. und Jean-Michael Rabaté (Hg.): *Ethik der Gabe.* München: Fink 1993, S. 223-247.

Zeeb, Ekkehard: *Die Unlesbarkeit der Welt und die Lesbarkeit der Texte. Ausschreitungen des Rahmens der Literatur in den Schriften Heinrich von Kleists.* Würzburg: Königshausen und Neumann 1995.

POLITIK

»Das Gespenstergerede
von einem Mitteleuropa« –
die Imagination eines Un-Orts

Boris Previšić

Wenn Peter Handke 1991 zu Beginn des jugoslawischen Zerfalls das »Gespenstergerede von einem Mitteleuropa« in direkter Nachfolge und Konkurrenz zu seinem »urslowenischen Märchen vom Neunten Land« sieht[1], so wendet er sich in erster Linie gegen die ›Dissidenten-Diskussion‹[2] der Vertreter aus Polen, Ungarn und aus der Tschechoslowakei, gegen die Definitionen von Mitteleuropa aus der Feder eines Vaclav Havel, Milan Kundera oder György Konrád. Für Handke bildet Slowenien den eigentlichen Angelpunkt in der Diskussion um Mitteleuropa. Denn durch die Herauslösung aus Jugoslawien und damit durch die Absage an die »Märchenwirklichkeit«[3] einer südslawischen Gemeinschaft und einer sozialistischen, nicht kapitalistisch entfremdenden Selbstverwaltung beruft sich Slowenien nicht nur neu auf sein öster-reichisch-ungarisches Erbe und eine katholische Kleinstaatstradition Mitteleuropas[4], sondern zerstört gleichzeitig das multikulturelle Modell des Zusammenlebens unterschiedlicher Sprachgruppen, Ethnien, Religionen und Konfessionen in einem übergreifenden realutopischen Raum des Dritten Wegs. Das nicht zu Mitteleuropa gehörende

---

1 »Und nun wich das urslowenische Märchen vom Neunten Land Jahr für Jahr mehr zurück vor dem Gespenstergerede von einem Mitteleuropa« (Handke: *Der Abschied des Träumers vom Neunten Land*, S. 18).

2 Jäger: *Europas neue Ordnung*, S. 138.

3 »Nein, Slowenien in Jugoslawien, und mit Jugoslawien, du warst deinem Gast nicht Osten, nicht Süden, geschweige denn balkanesisch; bedeutetest vielmehr etwas Drittes, oder ›Neuntes‹, Unbenennbares, dafür aber Märchenwirkliches [...] durch dein [...] greifbares Eigendasein, [...] gerade im Verband des dich umgebenden und zugleich durchdringenden – dir entsprechenden! – Geschichtsgebildes, des großen Jugoslawien.« (Handke: *Der Abschied des Träumers vom Neunten Land*, S. 17f.)

4 Genau in der katholisch(-protestantischen) Tradition sieht Robert Bideleux eine Gefahr für Europa, sich auf ethnisch, religiöse Werte einzuschiessen, die dem Konzept einer EU jedoch nicht entspricht. Vgl. Bideleux: »Europakonzeptionen«, S. 91f.

Rumpfjugoslawien wird dadurch balkanisiert.[5] Andererseits bildet gerade der kritische Mitteleuropabegriff noch in den 1980er Jahren politische Sprengkraft in einem Europa der zwei Blöcke. Im Zuge von Glasnost und Perestroika schafft die noch durch Breschnew geprägte Formel Im Zuge von Glasnost und Perestroika schafft die noch durch Breschnew geprägte Formel vom gemeinsamen ›europäischen Haus‹[6] in Form des neuen Ordnungskonzepts Mitteleuropa eine Orientierungsalternative zur europäischen West-Ost-Konfrontation – kurz: »Es entstehen Freiräume, um neue Perspektiven zu konzipieren.«[7]

Doch nicht erst in den 1980er Jahren, sondern schon seit bald zwei Jahrhunderten bildet Mitteleuropa einen geopolitischen, vorab deutschen Grundbegriff zwischen Integration und Marginalisierung, zwischen Fiktion und Realität, zwischen Mythos und Alltagswelt, ja zwischen ›Zentripetalisierung‹ und ›Zentrifugalisierung‹. In der Frage nach Mitteleuropa bildet die Frage nach Europas topographischer Gestalt und Begrenzung lediglich einen Vorwand, um dahinter den Anspruch auf Diskurshoheit über europäisch-universalistische Grundwerte der Aufklärung zu kaschieren. In der Verhandlung des Begriffs Mitteleuropa geht es um das Eingemachte, um eine ständige Reformulierung einer europäischen ›mission civilatrice‹ und ihren Logozentrismus.[8] Gerade der deutschsprachige imperiale Raum – welcher historisch gesehen den Begriff am längsten prägt – wurde und wird immer noch selbst Objekt von Inklusion und Exklusion; die Rolle der deutschen Kultur und somit auch einer deutschsprachigen Literatur in der Geopoetik, die sich um Mitteleuropa rankt, ist und bleibt selber ambig. Das »Gespenstergerede von einem Mitteleuropa« bei den beiden Hauptkontrahenten Konrád und Kundera soll aus historischer Perspektive eingangs kurz beleuchtet werden (1). Denn erst auf dieser Folie können stichprobenweise Gegen-

---

5 So sehr sich Handke 1991 gegen den pejorativen Gebrauch des Balkanbegriffs im Essay »Der Abschied des Träumers vom Neunten Land« noch wehrt, so problemlos verwendet er ihn spätestens im Theaterstück *Die Geschichte vom Einbaum* (1998) und in der epischen »Erzählung« *Die morawische Nach*t (2008), wobei hier dann – meist noch ironisch gewendet – die Bezeichnung für das idealisierte Slowenien bzw. Jugoslawien im Roman *Die Wiederholung* (1986) bzw. für das gleichsam verherrlichte Serbien des am meisten Polemik provozierenden Essays *Eine winterliche Reise* (1996) anknüpft.
6 Jäger: *Europas neue Ordnung*, S. 122.
7 Ebd., S. 11.
8 Dass es sich dabei durchwegs um eine Tradition handelt, welche nicht erst auf die Aufklärung, sondern schon auf die Entdeckungsreisen Bezug nimmt, macht Waldenfels deutlich: »Der Eurozentrismus stellt eine raffinierte Form des Ethnozentrismus dar, nämlich eine Mischung aus Ethno- und Logozentrismus, aus Entdeckungsfreude und Eroberungsgier, aus Missionsgeist und Ausbeutung. ›Entdecken und Gewinnen‹ (descobrir é ganar), lautet der Auftrag, den Ferdinand und Isabella Kolumbus auf den Weg gaben« (Waldenfels: *Topographie des Fremden*, S. 135).

konzepte und Alternativen besprochen werden, die sich bewusst außerhalb Mitteleuropas bzw. provokativ inmitten ihres eigenen Mitteleuropas der Peripherie installieren (2). Zum Abschluss möchte ich die Frage nach der in diesem Diskurs am häufigsten verwendeten Textsorte des Essays stellen, welcher narrative Muster in der ganzen Bandbreite zwischen faktual-wissenschaftlichem und fiktional-literarischem Anspruch ausbildet (3). Es geht hier um eine zunehmende Literarisierung des Diskurses in Form des Essays. Die grundlegende These dazu lautet: Es gibt einen unmittelbaren Zusammenhang zwischen dem Gegenstand ›Mitteleuropa‹ und dem narrativen Modus seiner Darstellung, dessen Tradition bis an den Anfang der Neuzeit zurückreicht und mit Michel de Montaignes (1533-1592) *Essais* einen fulminanten und genreprägenden Anfang nimmt.[9] Der Essay, der sich »im Zwischenraum zwischen Literatur und Theorie« ansiedelt[10], ist in vielerlei Hinsicht zweischneidig: Er setzt sich von einem wissenschaftlichen Traktat durch seinen »bricolage«-Charakter[11] ab, schwankt zwischen Objekt- und Subjektbezogenheit[12], zwischen »Erfahrung und Experiment«[13], definiert sich als »Ergebnis einer ›ars combinatoria‹ [...] um einen bestimmten Gegenstand«[14], versteht sich als »Interdiskurs mit der Funktion, [...] Spezialdiskurse wieder zusammenzubringen«[15] und dialogisiert nicht nur mit vorausgegangenen Texten, sondern ebenso mit dem Leser. Dies sind alles Eigenschaften, welche den narrativen Modus der literarisch-essayistischen Auseinandersetzung mit Mitteleuropa zwischen 1983 und 2000 zusehends bestimmen. Zudem ist immer mitzubedenken, dass sich die Autoren sowohl der Dissidenten-Diskussion wie auch der Gegendiskurse nicht einmal primär an Vertreterinnen und Vertreter ihres eigenen (sprich: des polnischen, tschechischen, ukrainischen, ungarischen oder serbokroatischen) Sprachraums, sondern an ein deutsches Publi-

---

9 Sogar die deutschsprachige Essayforschung ist sich in der Bezugnahme auf Montaigne einig; nur eine Auswahl daraus belegt dies: Rohner: *Deutsche Essays in vier Bänden.*; Berger: *Der Essay, Form und Geschichte*; Hiebel: *Biographik und Essayistik*; Küntzel: *Essay und Aufklärung*; Auer: *Die kritischen Wälder. Ein Essay über den Essay*; Exner: »Zum Problem einer Definition und einer Methodik des Essays als dichterische Kunstform«; Müller-Funk: *Erfahrung und Experiment*; Villmar-Doebeling: *Theodor Fontane im Gegenlicht. Ein Beitrag zur Theorie des Essays und des Romans*; Theml: *Fortgesetzter Versuch*; Jander: *Die Poetisierung des Essays.*

10 Theml: *Fortgesetzter Versuch*, S. 101.

11 Zum Begriff »bricolage« einschlägig: Lévi-Strauss: *La pensée sauvage*, S. 26-33.

12 Schon Michel de Montaigne thematisiert das Verhältnis zwischen Eigen- und Objektreflexion immer wieder. Stellvertretend dazu aus dem 3. Kapitel »Nos affections s'emportent au-delà de nous«: »Qui aurait à faire son fait, verrait que sa première leçon, c'est connaître ce qu'il est et ce qui lui est propre.« (de Montaigne: *Essais*, S. 38).

13 So der Titel von Müller-Funks Monographie.

14 Bensch: »Über den Essay und seine Prosa«, S. 418.

15 Parr: »Zum interdiskursiven Status des Essays«, S. 4.

kum richten, welches nur schon ökonomisch eindeutig überlegen ist. Damit schreibt sich der essayistische Gegendiskurs immer schon in eine deutschsprachige und vor allem auch deutschsprachig induzierte und vermittelte Debatte ein, die sich aus den großen Verlagen oder den Feuilletons großer deutscher Zeitungen speist. Dennoch kann man den Autoren aus Mittelsüdosteuropa nicht vorwerfen, dass sie sich dadurch nahtlos in eine genuin westliche Sicht einfügen. Die Texte sind aber erst im deutschen Kontext als Gegentexte verständlich und haben zum Teil wenig mit dem kulturellen Selbstverständnis der einzelnen mittelosteuropäischen Völker zu tun (welche sich oftmals viel dezidierter zum Westen zugehörig, als Schwarzmeeranrainer etc. verstehen und den Begriff Mitteleuropa entweder unkritisch oder nicht gebrauchen).

1. Die historische Prägung des Begriffs ›Mitteleuropa‹ und die ›Dissidenten-Diskussion‹

Romantisch-poetische Europa-Konzeptionen sind uns seit Novalis' *Europa-Fragment* (1799) bekannt; politische Mitteleuropa-Konzeptionen setzen spätestens im Zusammenhang mit dem Beginn der Restauration um 1815 ein, verstärken sich im Deutschen Reich ab 1871 und erreichen einen Höhepunkt zu Beginn des Ersten Weltkriegs. Politische Ansätze überschneiden sich dabei mit geographisch-kulturellen: »Mitteleuropa als die Länder, die unter dem gemeinsamen Dach von Habsburger- und Hohenzollern-Monarchie vereinigt werden; als das Siedlungsgebiet der Deutschen, das keine nationalstaatliche Abgrenzung zuläßt; als Aktionsfeld der staatlichen Interessen der Mittelmächte; als historisch gewachsenes, geographisch und kulturell einheitliches Gebiet, als nationale Hoffnung der Ausland- und Österreichdeutschen.«[16] Obwohl heute einschlägige Lexikonartikel suggerieren, Mitteleuropa sei (ähnlich wie die weniger markierten Regionsbezeichnungen Nord-, West- oder Südeuropa) kulturell und geographisch umreissbar und vor allem eingrenzbar, so ist der Begriff wie kaum ein anderer damals wie heute Gegenstand kontinuierlicher Diskussionen. Das Diskursfeld verlagert seinen Schwerpunkt geographisch wie disziplinär; geographisch entwickelt sich »Mitteleuropa« von einem Begriff vornehmlich deutscher Provenienz zu einem, der in den 1980er Jahren in den westlichen sowjetischen Satellitenstaaten virulent wurde und im Zuge einer Habsburger-Nostalgie bis weit in das Gebiet der heutigen Ukraine ausgreift; disziplinär ist eine zunehmende Abkehr von einem politischen Konzept zugunsten seiner Poetisierung beobachtbar. Während sich Mitteleuropa als Begriff bis in die Mitte des 20. Jahrhunderts ›verpolitisiert‹ und im Zuge des Kalten Krieges gewissermaßen aufs Eis gelegt wird, so ›poeti-

---

16 Jäger: *Europas neue Ordnung*, S. 130.

siert« er sich seit der Wende zusehends. Das Konzept Mitteleuropa wird immer dort am meisten virulent und verhandelt, wo seine vermeintliche Grenze liegt. In der Suchbewegung nach Europas Zentrum schafft es realpolitische Ausgrenzungen und entwirft in einem visionär-politischen Akt unter Zuhilfenahme historisch-mythischer Gedächtnisräume einen dritten Ort, welcher sich einer Grenzziehung immer unterlegten Dichotomisierung explizit entzieht. Damit entpuppt sich das Konzept Mitteleuropa als Liminalitätsprinzip mit dem Argument der Mitte.

Die deutsche Debatte ist in ihrer historischen Perspektive nur schon im Umfang kaum zu bewältigen; ebenso weiss man um die Problematik und die zentrale Rolle des Begriffs im nationalsozialistischen Kontext vom »Großraum Europa« und seinen »Großwirtschaftsräumen«. So stellt für den österreichischen Historiker Heinrich von Srbik (1878-1951) Mitteleuropa eine »Raumindividualität« dar, deren Kennzeichen die deutsche Durchsiedlung ist.[17] Der »Anschluss« Österreichs liest sich in diesem Kontext nur noch als logische Folge einer solchen Konzeption. Differenzierter, aber nicht weniger problematisch nimmt sich das unter dem Eindruck des Ersten Weltkriegs geschriebene und zu diesem Thema wohl wichtigste Opus magnum *Mitteleuropa* (1915) vom liberalen Politiker und Theologen Friedrich Naumann aus. Aus der Einsicht heraus, dass der Weltkrieg national-partikularistische Interessen *ad absurdum* führt, propagiert Naumann einen mitteleuropäischen Staatsgeist, um den Handel zu fördern, aber ohne dabei die Eigenständigkeit einzelner Staaten völlig aufzuheben.[18] Auch hält er nichts von einem »Germanisierungszwang«[19] in diesem mitteleuropäischen Oberstaat, wenn er verlauten lässt: »Wie schön wäre es, die Tschechen zu Deutschen zu machen, wenn es ginge! Aber es geht einfach nicht.«[20] Die geographische Ausdehnung Mitteleuropas erklärt sich nicht aus topographischen Gegebenheiten, sondern wiederum aus einem imperial geprägten kulturellen Gedächtnis: »Gehen unsere Söhne bloß deshalb zusammen in den Tod, weil sie einen geschriebenen Vertrag haben, oder ist es mehr? Ballten sich nicht die Wolken am Himmel über den Karpaten und über Antwerpen, als ob uralte Rosse und Reiter sich zu grüßen suchten? Das alles war schon einmal ein Reich!«[21] Als Norm des Zusammenlebens sieht Naumann ähnlich wie Srbik die »natürliche« Vorherrschaft der Deutschen. Entsprechend werden kleine Staaten willkommen geheissen: »Als internationale Macht reichen wir den kleineren mitteleuropäischen Völkern die Hand und schlagen ihnen vor, den Gang in die Zukunft mit uns zu wagen und nicht mit den Engländern

---

17 Jäger: *Europas neue Ordnung*, S. 135.
18 Ebd., S. 131.
19 Naumann: *Mitteleuropa*, S. 568.
20 Ebd., S. 578.
21 Ebd., S. 533.

und nicht mit den Russen.«[22] Zur Inklusion der kleinen gehört ebenso die Exklusion der großen Nationen in dieser Zukunftsvision. Die Einsicht, dass Mitteleuropa ausschließlich an ein Konzept deutscher Hegemonie gebunden ist, verunmöglicht einem geteilten Deutschland, den Begriff nach dem Zweiten Weltkrieg weiter zu verfolgen. Auch ein Ausweichen auf den historisch weniger belasteten Begriff ›Zentraleuropa‹ erweist sich nicht als Lösung.[23]

Erst die Dissidenten-Diskussion hat auf den seit 1945 blockierten innerdeutschen Diskurs Katalysatorwirkung: Mitteleuropa hat sich nicht mehr auf den deutschen Reichsgedanken zu berufen, sondern versteht sich primär als Absetzung von sowjetischer (und amerikanischer) Vorherrschaft. Dabei geht es explizit nicht um Deutschland, sondern um die Manifestation gesellschaftlicher Pluralität und Meinungsfreiheit im so genannten ›Osteuropa‹. Während die im Muster des Kalten Krieges noch ›osteuropäischen‹ Dissidenten gegen die ›Entführung Europas nach Osten‹ aufbegehren, so reagiert vor allem die deutsche Sozialdemokratie auf diese neue Diskussion, indem sie sich wiederum primär gegen eine Uniformierung und Amerikanisierung der Kultur für eine »Mitteleuropäisierung Mitteleuropas« (Peter Bender) einsetzt.[24] Beide Seiten entdecken Mitteleuropa wieder in Form des amerikanischen *ethnic revival*[25] der 1970er Jahre, in dem die national-kulturelle und nicht mehr ideologische Verortung in den Vordergrund rückt. Die Schaffung eines neuen europäischen Raums ist zwar ein primär politisches Desiderat; doch die kulturelle Legitimierung, für welche Österreich mit seiner Suche nach dem »habsburgischen Mythos« sicherlich eine Vorreiterrolle spielt, sich aber gleichzeitig von der innerdeutschen Debatte absetzt, bildet zur politischen Forderung die Basis. Da sich die Dissidenten-Diskussion im Unterschied zur eher tagespolitischen Neuausrichtung Deutschlands auf die Wiedervereinigung als nachhaltiger erweist – das hat Handke sicherlich richtig nachvollzogen –, lohnt sich darauf ein genauerer Blick. Um den Beginn

---

22 Ebd., S. 474f.
23 Es ist zwar kategorial zwischen dem historisch geprägten und belasteten Begriff »Mitteleuropa« und dem neutraleren »Zentraleuropa« zu unterscheiden. Die Differenz zwischen den beiden kann in den slawischen Sprachen gut wiedergegeben werden. Doch nur das Italienische kennt die direkte Übernahme des Fremdworts »Mitteleuropa« in seinen Wortschatz, wobei hier weniger auf den pangermanischen Traum als vielmehr auf den habsburgischen Mythos angespielt wird.
24 Vgl. Jäger: *Europas neue Ordnung*, S. 154-162. Peter Bender verortet sein Mitteleuropa topographisch eindeutig als Abwendung von Westeuropa mit Blick gegen Osten: »Im Wunsch nach Entspannung haben wir mehr mit Belgrad und Stockholm, auch mit Warschau und Ost-Berlin gemeinsam als mit Paris oder London. Beim Bemühen um das ganze Europa stehen uns die Mitteleuropäer näher als die Westeuropäer« (Bender: »Mitteleuropa. Mode, Modell oder Motiv«, S. 304).
25 Vgl. dazu einschlägig Radtke: »Demokratische Diskriminierung«, S. 35.

der anfänglich sehr dezidiert und darum auch oftmals polemisch geführten Dissidenten-Diskussion zu analysieren, ist zuerst auf die Ausführungen des im deutschen Raum prominentesten Vertreters, György Konráds, in seiner Monographie *Antipolitik. Mitteleuropäische Meditationen* (1984) einzugehen, welche durch Milan Kunderas kurzen Essay »Un occident kidnappé oder die Tragödie Zentraleuropas« (1983)[26] ergänzt werden.[27] Mit der Abfolge Konrád-Kundera (1984-1983) gegen die Zeit soll eine polemische Zuspitzung des Mitteleuropa-Diskurses sichtbar gemacht werden, der in der heutigen EU durchwegs ihre realpolitische Umsetzung erfahren hat. So wollte Kundera weitere Publikationen seines Essays nicht veröffentlicht wissen, »als er gewahr wurde, welche politischen Wellen er schlug«.[28]

Einen großen Raum beansprucht in Konráds Ausführungen die Analyse des Ist-Zustands des Kalten Kriegs, womit er seine »Antipolitik« begründet. Sie versteht sich zwar auch ungarisch national, doch in erster Linie systemoppositionell. Dabei wendet er sich gegen die Ideologien der beiden Gesellschaftssysteme, indem er sie lediglich als »Instrument« der »nationalstaatlichen Strategie«[29] zweier »supernationalis-

---

26 Der Essay Milan Kunderas erscheint 1983 als einer der ersten in der Mitteleuropa-Debatte auf Französisch unter dem Titel »Un occident kidnappé ou la tragédie de l'Europe centrale«; auf Deutsch erscheinen im Folgejahr zwei Fassungen. Wieder zwei Jahre später geben Busek/Wilfinger den Aufsatz nochmals heraus. Auszüge daraus wiederum erscheinen in einer Neuübersetzung in Hohls u.a. (Hg.): *Europa und Europäer*, S. 226-229. Gerade der Schlüsselbegriff »Europe centrale« wird je nach Intention der Herausgeber entweder in seiner Neutralität belassen oder aber an eine österreichische Idee von »Mitteleuropa« anschlussfähig gemacht.

27 Zur Diskussion haben weitere prominente Schriftsteller aus der Tschechoslowakei wie Havel mit *The Power of the Powerless* oder aus Polen wie Milosz mit *The Witness of Poetry* beigetragen. Dazu gesellen sich Monographien wichtiger Historiker wie diejenige von Schlögel *Die Mitte liegt ostwärts*. Zu erwähnen in diesem Zusammenhang ist zudem ein erster Sammelband aus dem Jahre 1986 von Busek und Wilfinger (Hg.), *Aufbruch nach Mitteleuropa*, mit Beiträgen von Milovan Djilas, Peter Hanák, Leszek Kolakowski, György Konrád, Milan Kundera, René de Mouzon, Alexander Sinowjew, Manès Sperber, Alois Sustar, Ljubomir Tadić, Jozef Tischner sowie Carl F. von Weizsäcker. Ein Jahr später erscheint der Essayband von Hans Magnus Enzensberger: *Wahrnehmungen aus sieben Ländern*. Darin macht er um die Kern-EG-Länder wie Deutschland und Frankreich einen weiten Bogen, um sich in »italienischen Ausschweifungen« zu ergehen und vor allem auch aus Polen und Ungarn zu berichten. In seinem Artikel verweist Kovacs auf die heutige »Renaissance« der »Mitteleuropa-Debatte« »in ganz Osteuropa« (Kovacs: »Westerweiterung«, S. 7).

28 Vgl. dazu Kovacs: »Westerweiterung«, S. 7. So lässt Kundera im Sammelband *Aufbruch nach Mitteleuropa* von Busek/Wilfinger unter dem Titel »Die Tragödie Mitteleuropas« (S. 133-144) einen Essay veröffentlichen, worin er der ausgelösten Polemik wiederum die Spitze nimmt, indem er seine Argumente historisch einordnet.

29 Konrád: *Antipolitik*, S. 17.

tische[r] Systeme«[30] entlarvt, welche sich in der Konfrontation zwischen Westen und Osten selber am Leben erhalten. Hinter der Zweiteilung Europas stehe letztlich nur der Machterhalt der beiden Supermächte. Der Gedanke an Mitteleuropa *per se* sei schon »Antipolitik«, da damit topographisch ein dritter Raum behauptet werde, welcher ideologisch nicht vereinnahmt werden soll. Bei der Umsetzung dieses politischen Projekts kommt den Intellektuellen besondere Bedeutung zu: »Die entscheidenden strategischen Fragen einer europäischen Lösung müßten zuerst von einem staatsunabhängigen Intellektuellenkollektiv diskutiert werden. Gedanken werden, sofern sie die erforderliche intellektuelle Kraft besitzen, zur politischen Wirklichkeit.«[31] Der Kernpunkt dieser »europäischen Lösung« betrifft die Alternative sowohl zu »östlichen« wie »westlichen Mustern«, indem sie »organisatorisches Zentrum der mitteleuropäischen Ideologie« in Form einer »Selbstverwaltung« wird.[32] Neben der herrschenden Politik soll Antipolitik im romantisch-subversiven Sinne betrieben werden. Der konkrete geographische Raum, den Konrád meint, versteht sich als Mitteleuropa, das sich explizit von »großrussischen und großdeutschen Dominanzversuchen« fernhält.[33] Dieser Ausschluss lässt sich zwar geographisch sehr schwer, historisch hingegen sehr wohl begründen.

Problematischer werden die Ausgrenzungsversuche aber dann, wenn die Selbstbestimmung über einen Nationalismus erreicht werden soll, der *per se* »sowjetfeindlich« ist.[34] Als Verteidigungstaktik, um

---

30 Konrád: *Stimmungsbericht*, S. 76.
31 Ebd, S. 80.
32 Konrád: *Antipolitik*, S. 113.
33 »Auch die Russen haben unsicheren Boden unter den Füßen, schon allein deshalb, weil sie hier und nicht zu Hause sind. Der osteuropäische Nationalismus ist wieder erwacht, und es ist immer schwieriger, ihn zum Verstummen zu bringen« (Konrád: *Antipolitik*, 10). Im Allgemeinen kann man davon ausgehen, dass sich die osteuropäische Debatte einig darüber ist, dass neben der Sowjetunion insbesondere auch Deutschland aus Mitteleuropa ausgeschlossen zu sein hat. Vgl. dazu Jäger: *Europas neue Ordnung*, S. 149. Ein durch einen gewissen Patriotismus kaschierten Nationalismus umschreibt Konrád ein wenig später euphemistisch als »Matriotismus«, der sich aber nicht auf Ungarn allein, sondern auf ganz Mitteleuropa beziehen soll: »Der Traum von Mitteleuropa ist eine neue Progression, eine neue Ebene unseres Selbstbewußtseins, ja, der Traum von Mitteleuropa ist Idealismus. Ebenso wie auch der Nationalstaat für die romantischen Patrioten ein verheißungsvoller Traum war. Ein wenig könnten wir getrost auch Matrioten sein. Mitteleuropa, das ist etwas Mütterliches« (Konrád: »Der Traum von Mitteleuropa«, S. 97). Eine Debatte unter den Historikern wird erst im Anschluss an diesen Sammelband ausgelöst; bezeichnend in diesem Zusammenhang ist der Aufsatz von Karl Schlögel: »Nachdenken über Mitteleuropa«.
34 Konrád: *Stimmungsbericht*, S. 24. Erst 1998 anlässlich eines Vortrags im Wiener Rathaus zählt Konrád sogar Russland zu Europa: »Die Ausdehnung Europas im nächsten Jahrhundert nach Osten und Südosten hin scheint ein sich fortsetzender Trend zu sein. Die Grenzlinie des westlichen beziehungsweise östlichen Christentums ist kein zivili-

sich gegen den Großmachteinfluss zu schützen, mag das Argument hinhalten, doch als längerfristig angelegte Strategie für ein selbstbestimmtes Mitteleuropa ist es unhaltbar. Denn welche Konsequenzen eine auf dem Nationalismus basierende Politik innerhalb der mittelosteuropäischen Staaten hat, insbesondere in den nicht homogenen Ländern mit großen Minderheiten wie die Slowakei, Rumänien und Bulgarien – ganz abgesehen von Jugoslawien –, wird nicht bedacht. Genau hier stösst das romantische Verständnis von Konráds »Antipolitik« an seine Grenzen. Der im Zusammenhang mit dem titoistischen Projekt idealisierte Begriff der »Selbstverwaltung« belässt die politische Umsetzung im Vagen. Eine solche Politik grenzt nicht nur die Großmächte Deutschland und Russland aus, sondern ebenso die jeweiligen Nachbarstaaten. Eine nationalistisch fundierte Politik erstickt den übergeordneten regionalen Gedanken Mitteleuropas wieder im Keim. Dazu gesellt sich ein europäischer Kultursnobismus, der eine zumindest moralische Suprematie über andere Erteile historisch begründet:

> So viele Halbverrückte randalieren und bomben heute auf den anderen Erdteilen, so viel Primitivismus drängt auf die internationale Bühne, daß die Repräsentation des mündigen Verstands am ehesten noch den Europäern vorbehalten bleibt. Europa hat büßen müssen, bevor sein nüchterner Verstand die Oberhand gewann. Dieser Verstand ist mehr denn je vonnöten, denn es hat den Anschein, daß der Wahnsinn auf die farbige Welt übergegriffen hat.[35]

Dass dieser Wahnsinn spätestens sechs Jahre später auch die nicht »farbige Welt«, ja Europa selbst erfassen wird, ahnt Konrád im Moment der Niederschrift kaum. Aber vielleicht erklärt sich daraus, warum er einen NATO-Einsatz im Kosovo 1999 ablehnt, die Intervention im Irak 2003 hingegen gutheisst. Ganz im Sinne der Devise, die Amerikaner hätten nichts auf dem Alten Kontinent verloren, im Nahen Osten hingegen schon.[36] Noch prononcierter und umso widersprüchlicher formuliert Milan Kundera die Exklusivität »Zentraleuropa[s]«:

> Was bedeutet tatsächlich Europa für einen Ungarn, einen Tschechen, einen Polen? Von Anbeginn an gehörten diese Nationen zu jenem Teil Europas, dessen Wurzeln im römisch-katholischen Christentum liegen. [...] Das Wort ›Europa‹ bezeichnet für sie kein geografisches Phänomen, sondern einen geistigen Wert,

---

satorischer Abgrund, der unüberbrückbar wäre. Rußland ist ein Teil Europas, die russische Kultur ist eine europäische Kultur« (György Konrád: *Die Erweiterung der Mitte*, S. 23).
35 Konrád: *Stimmungsbericht*, S. 65 sowie S. 78.
36 Vgl. dazu auch das Statement von Konrád zur Kosovofrage »Der Rückfall in den Anfang dieses Jahrhunderts«.

ist ein Synonym für ›Okzident‹, den ›Westen‹. (Kundera: »Die Tragödie Mitteleuropas«, S. 133)[37]

Begründet der Katholizismus den geistigen Wert und somit die Zugehörigkeit zu Westeuropa? Die aktuelle Lage 1983 betrachtet Kundera nur für die drei Länder Polen, Tschechoslowakei und Ungarn als vertrackt, da sie sich im seit jeher zweigeteilten Europa (auch wieder religiös begründet: West- vs Ostkirche) »geographisch im Zentrum, kulturell im Westen und politisch im Osten« befänden (Kundera, S. 133). Das Schicksal anderer Länder, die unter derselben politischen Zweiteilung zu leiden haben, blendet er aus. Wenn es um den Widerstand gegen die sowjetische Vormachtstellung in den genannten Ländern geht, gleichen sich Kunderas und Konráds Argumentation. In einem grösseren historischen Kontext sieht er die kleinen Staaten als Spielball der Großmächte: »Eingekeilt zwischen den Deutschen auf der einen und den Russen auf der anderen Seite verbrachten die Nationen Mitteleuropas im Überlebenskampf und für die Erhaltung ihrer Sprache.« (S. 137) Zentraleuropa ist dementsprechend eine Ansammlung der kleinen Nationen, worin die inzwischen fast verschwundene jüdische »kleine Nation par excellence« (S. 128) das eigentliche Bindeglied darstellt. Der historische Anschlusspunkt bildet Österreich, das »einmal eine gute Chance [besaß], Mitteleuropa zu einem starken Staat zu machen« (S. 137). Wenn sich Kundera auf die »großen gemeinsamen Erfahrungen« (S. 138) beruft, dann bleibt eigenartigerweise unklar, ob er nun das politische Schicksal (»eingekeilt« zwischen Deutschland und Russland), das Habsburgerreich, die jüdische oder die katholische Religion meint. Spätestens wenn er am Schluss seines Aufrufs danach fragt, worauf nun die europäischen Werte gründen, so muss er jeden aufgezählten Punkt verneinen: die Religion habe man in der Neuzeit verloren (S. 142), die Kultur verliere man heute; »[m]it der Zerstörung des Habsburgerreiches verlor Mitteleuropa sein Bollwerk« und »nach Auschwitz, das die jüdische Nation in diesem Raum vernichtete, seine Seele« (S. 144). Einziger rettender Strohhalm bildet die »auf eigener Erfahrung beruhende Erinnerung der mitteleuropäischen Länder an den Westen« in der »Zeit zwischen 1918 und 1938«[38], also just in jener Zeit, in welcher die drei Länder erstmals in der Moderne eigene nationalstaatliche Erfahrungen machen mussten, dabei nicht zimperlich mit den eigenen ethnischen Minderheiten umgingen und sich in ihrem Nationalismus gegenüber den Nachbarn abgrenzten. So unterwandert Kundera am Schluss seine zu Beginn aufgestellte Legitimation des politischen Osteuropas, Teil des geographischen Mitteleuropas und des kulturellen Westeuropas zu sein.

---

37 Zitiert nach Busek/Wilfinger (Hg.): *Aufbruch nach Mitteleuropa. Rekonstruktion eines versunkenen Kontinents,* S. 133-143.

38 Diese Stelle findet sich nicht in der von Busek/Wilfinger herausgegebenen Version; hier wird zitiert aus Hohls u.a. (Hg.): *Europa und Europäer,* S. 229.

Der *ethnical turn* dekonstruiert sich in dem Moment, in dem er sich zu begründen sucht. Es werden trotz einer langen Tradition von Durchmischung, Austausch und unterschiedlichen Imperialerfahrungen nicht gemeinsame Werte, sondern vielmehr nationale Kleinkrämerei hochgehalten. Im Zuge der EU-Osterweiterung wird genau dieselbe Rhetorik der Ausgrenzung bedient (einfach ohne idealistischen Überbau einer so genannten mitteleuropäischen Kultur, deren Grenzen auch nicht zu verorten sind). Bezeichnenderweise wird dadurch ein weiterer Aussenraum jenseits des transatlantischen EU-Bollwerks geschaffen: Diesen Aussenraum nennt man – euphemistisch grundiert – im Moment noch »Osteuropa« und »Westbalkan«: »Diese Einstellung zeigt statt eines ruhmreichen Mitteleuropas eher ein moralisch-mittelmäßiges Europa.«[39]

Was wäre denn geschehen, wenn ein schlechteres Szenario in Mitteleuropa eingetreten wäre, wenn es beispielsweise zu kriegerischen Auseinandersetzungen zwischen der ungarischen Minderheit in der Slowakei und der dortigen Mehrheit gekommen und Ungarn selbst eingeschritten wäre? Oder das *Worst-case*-Szenario: Was wäre passiert, wenn dies in Rumänien Realität geworden wäre? Die realpolitischen Folgen wären kaum abzuschätzen, aber eines schon: Die beiden soeben besprochenen Essays würden heute in einem Zug mit dem *Memorandum zur Lage der serbischen Nation in Jugoslawien* genannt, welches in derselben Zeit, zwischen 1982 bis 1986, von Mitgliedern der Serbischen Akademie der Wissenschaften und Künste ausgearbeitet wurde. Man beruft sich noch heute auf dieses Dokument, um aufzuzeigen, dass die Idee Großserbiens zuerst intellektuell unterfüttert worden war, bevor sie politisch instrumentalisiert wurde. Die Argumente im *Memorandum* gleichen erstaunlicherweise denjenigen Konráds und Kunderas; es wird im Analyseteil genauso antikommunistische Kritik geübt und eine neue Politik ethnisch sowie religiös begründet.[40] Nicht nur die Soziologie sieht sich »angesichts der unübersehbaren, eruptiven Re-Nationalisierung der Politik nach dem ultimativen Sieg der Marktwirtschaft über den Kommunismus gezwungen, Begriffe wie »Ethnie«, »Nation« und »nationale Interessen« zu Beobachtungskategorien zu erheben,[41] sondern auch die Literaturwissenschaft müsste die Problematik gewisser narrativer Muster, auch wenn sie von etablierten Autoren stammen, beim Namen nennen. Denn »viele prominente Verfechter des ›Euro-

---

39 Kovacs: »Westerweiterung«, S. 2. Und: »Es ist nicht ohne Ironie, dass es gerade die alten Schwächen des Mitteleuropabegriffs sind – seine [...] nationale Selbstzentriertheit [...] –, denen sich heute seine erfolgreiche Anwendung in der Politik verdankt.« (Ebd., S. 3) Als Kooperationsgefässe für eine europäische Politik, welche sich auf »eine handhabbare Gruppe von Ländern zur ›Weiterverarbeitung‹« beschränkt, führt Kovacs die Višegrader-Kooperation, das Mitteleuropäische Freihandelsabkommen (CEFTA) etc. an.
40 Vgl. dazu Sundhaussen: *Geschichte Serbiens,* S. 392-397.
41 Radtke: »Demokratische Diskriminierung«, S. 35.

päismus‹ meinen, sie verträten universalistische Werte inklusive liberalkosmopolitischer Auffassungen von Europäität, und verwahren sich gegen den Vorwurf, sie stünden für neue Formen von Ausschließung und Partikularismus. Trotzdem spielen auch sie mit dem Feuer, da ihre moralisierenden Bemühungen, europäische Kultur und Identität zu stärken und zu schützen, ganz offensichtlich von der rassistischen und ausländerfeindlichen extremen Rechten für antiliberale und demagogische Zwecke missbraucht werden können.«[42]

2. Gegendiskurse aus dem europäischen Off? Krleža, Dor, Andruchowytsch, Stasiuk

In einem im Speziellen für die deutsche Ausgabe aus dem Jahre 1964 zusammengestellten Essay »Was ist Europa?« stellt der jugoslawische Schriftsteller Miroslav Krleža ohne Bezugnahme auf den Kalten Krieg und weit vor den großen topographieinduzierten Kulturanalysen der 90er Jahre einerseits von Larry Wolff *Inventing Eastern Europe* und von Maria Todorova *Imagining the Balkans*[43] nüchtern fest, »daß es zwei Europas gibt«:

> Neben dem klassisch westeuropäischen, museal-grandiosen, historisch-pathetischen Europa lebt noch ein zweites, das bescheidene, in die Ecke gedrängte, seit Jahrhunderten immer wieder unterworfene periphere Europa der östlichen und südöstlichen europäischen Völker. Dies sind die Völker im Baltikum, im Donau- und Karpatenraum und auf dem Balkan, denen es bestimmt ist, nicht innerhalb der europäischen Mauern zu leben, sondern antemural, eine Art Glacis bildend gegen die osmanische und mongolische Gefahr und gegen alle anderen Bedrohungen militärischer und politischer Art.[44]

Auf geradezu beklemmend überzeugende Weise bestimmt Krleža die Aufteilung Europas nicht auf der Folie gewisser Diskursordnungen oder einer konkreten historisch verorteten geopolitischen Situation, sondern viel eher in Anlehnung an eine Herdersche Universalgeschichte, in welcher der Kontinent von Osten her immer wieder von neuen Völkern

---

42 Bideleux: »Europakonzeptionen«, S. 91.
43 Grundsätzliche Überlegungen zu Imagination und Geographie in Derek: *Geographical Imaginations*.
44 Krleža: »Was ist Europa?«, S. 117. Nach Karl-Markus Gauß: *Europäisches Alphabet*, S. 199f. Der Ursprungstext, welcher für die Übersetzung umgeschrieben wurde, ist zu finden unter dem Titel »Evropa danas«. Dass es durchwegs eine Avantgarde gegeben hat und immer noch gibt, welche die Zivilisierung bzw. Barbarisierung (kurz: die Einflußnahme auf) Europa(s) vom Balkan aus künstlerisch vornimmt und unter dem Namen des »zenitizam« figuriert, macht in ihrem Aufsatz Tatjana Petzer deutlich: »Topographie der Balkanisierung«.

überrollt wird,[45] als anthropologische Konstante. Das »antemurale Europa«, wie es Krleža beschreibt, harrt noch heute größtenteils seiner Aufnahme in die Europäische Union. Die Gefahr, vor der sich Europa heute vermeintlich schützt, nennt sich nicht mehr osmanisch oder mongolisch, sondern islamisch, russisch oder chinesisch. Umso interessanter ist zu beobachten, wie sich die neuere Essayistik dieses zweiten Europas annimmt.

Es handelt sich um Autoren, welche Mitteleuropa nicht mehr als exkludierendes Prinzip verstehen, sondern in der Doppelbewegung europäischer Obstruktionspolitik von Inklusion und Exklusion sowie in der nostalgischen Bezugnahme und Parodierung des Diskurses immer schon als peripheren Raum reflektieren. Die Frage rückt ins Zentrum: »Was geschieht mit jenen Osteuroäern, die durch unseren Einschluss ausgeschlossen werden?«[46] Milo Dors Mitteleuropa schließt explizit historisch in unzähligen Varianten an die k. u. k. Monarchie an, wogegen das Österreich unter den Nationalsozialisten in der autobiographischen Rückschau verblasst. Die »großdeutsche Nation« hat schon fünf Jahre nach dem »Anschluss« ausgedient; doch Wien, das Zentrum von Dors Mitteleuropa, Wien, wo sich noch kurz vor Ausbruch des Ersten Weltkriegs für das 20. Jahrhundert so prägende Personen wie Stalin, Trotzki, Buchanin, Hitler und Tito gleichzeitig aufgehalten hatten[47], verkommt in den Folgejahren zur Bedeutungslosigkeit. Entsprechend erweist sich die »Flucht in den Traum von der ruhmreichen [...] Vergangenheit der k. u. k. Monarchie« als einziger Lichtpunkt.[48] Die Ver-

---

45 So spricht Herder von einem übergeordneten Naturkonzept der von Osten nach Westen »herab gesenkte[n] Fläche«, auf deren (nicht nur) metaphorischen Abschüssigkeit immer wieder »barbarische Horden« Richtung Westen drängten, woraus »ein langer tatarischer Zustand in Europa« resultierte (Herder: *Ideen zur Philosophie der Geschichte der Menschheit*, S. 704).

46 Kovacs: »Westerweiterung«, S. 4.

47 »Josef Wissarionowitsch Stalin, der hier im Zentrum des Vielvölkerstaats die nationale Frage erkunden wollte, Leo Trotzki, der als freier Journalist über den Balkankrieg berichtete, Nikolaj Bucharin als immatrikulierter Student der Wirtschaftswissenschaften, Adolf Hitler als Postkartenmaler und Insasse eines Asylheims, Thomas Masaryk als Reichsratsabgeordneter und Josip Broz, der sich viel später Tito nannte, als Einfahrer bei Daimler in Wiener Neustadt. Wien war zu dieser Zeit eine europäische Weltstadt, die sie alle beherbergte« (Dor: *Mitteleuropa*, S. 9f.).

48 Im Jahre 1943 kommt Milo Dor als Zwangsarbeiter nach Österreich und beschreibt die Situation in Wien wie folgt: »Die Menschen waren längst nicht mehr begeistert wie vor fünf Jahren, sondern gingen mehr als mißmutig der aufgezwungenen Arbeit nach, die angeblich den endgültigen Sieg Deutschlands über ganz Europa und die übrige Welt bringen sollte. [...] Das einzige, das sie am Leben hielt und ihnen half, dieses düstere Dasein als Vorläufiges zu ertragen, war die Flucht in den Traum von der ruhmreichen und ihrer Ansicht nach glücklichen Vergangenheit der k. u. k. Monarchie. Sie fühlten sich nicht mehr als Angehörige der ›großdeutschen‹ Nation, sondern als verlorene Nachkommen des untergegangenen Vielvölkerstaats« (Dor: *Mitteleuropa*, S. 8).

fassung der Wiener Bevölkerung während des Zweiten Weltkriegs reflektiert Dors eigene Gedanken während des jugoslawischen Zerfalls:

> Das blutige Auseinanderdriften der jugoslawischen Völker nach Titos Tod spricht dafür, daß unsere Vorstellungen von der friedlichen Koexistenz zwischen verschiedenen Völkern anscheinend nur eine Illusion waren. Ich gehöre weder zu den k. u. k. noch zu den Jugo-Nostalgikern und doch trauere ich dem Zerfall dieser multinationalen und multikulturellen Gebilde nach, weil sie für mich eine vertane Chance waren, verschieden Völker mit ihren verschiedenen Kulturen unter einem gemeinsamen Dach zu vereinigen. (S. 15)

Den literarischen Anschlusspunkt an die k. u. k. Monarchie bildet explizit Claudio Magris' Dissertation *Der Habsburgische Mythos in der österreichischen Literatur*.[49] Dor will aber Mitteleuropa nicht nur als Mythos, sondern als Wirklichkeit, nicht ausschließlich und ausschließend, sondern als »Verbindungsglied« verstanden wissen. Dabei rücken negativ konnotierte Aspekte einer imperialen Vergangenheit in den Hintergrund, kulturelle Gemeinsamkeiten und technische Errungenschaften dagegen in den Vordergrund.[50] Dazu gehören die Infrastruktur (Eisenbahnen, Fabriken, Verwaltung) (S. 15), die Architektur des Jugendstils (S. 16), aber vor allem eine geistige jüdische Elite (S. 17f.) und die deutsche Sprache: »Wozu also das ganze unreflektierte Gerede von mitteleuropäischer Kultur, zu deren Existenz zwei Voraussetzungen unumgänglich sind: das Vorhandensein der jüdischen Bevölkerung und der Gebrauch der deutschen Sprache als allgemein anerkanntes Kommunikationsmittel. [...] [I]ch weigere mich [...], über Mitteleuropa in englischer oder französischer Sprache zu reden.«[51] Mit dem jüdischen Wesensmerkmal Mitteleuropas schließt er sich zwar an Kundera an; doch im Insistieren auf dem Deutschen als mitteleuropäischer Verkehrs- und Kommunikationssprache positioniert er sich abseits von der Dissidenten-Diskussion.

Wenn Dor erst 1996 festzustellen vermeint, dass Mitteleuropa »ein Modewort geworden« sei, »so daß es an der Zeit wäre, sich zu fragen, worum es sich da handelt«[52], dann zeugt das zwar von einem gewissen Anachronismus, der so tut, als ob in den 80er Jahren keine Debatte um

---

49 Dor: *Mitteleuropa*, 12f. Ebenso im früheren Essay von Dor: »Triest«, S. 45.
50 »Wenn man durch den sogenannten mitteleuropäischen Raum reist, merkt man deutlich, daß ein gewisses Gefühl der Zusammengehörigkeit kein Mythos allein ist, sondern eine spürbare Wirklichkeit, deren Wurzeln weit zurückreichen. Die Auseinandersetzungen mit der einstigen österreichischen kontinentalen Kolonialmacht sind in den Hintergrund gerückt, so daß man endlich einmal frei und ungebunden über verwandtschaftliche Gemeinsamkeiten reden kann, Gemeinsamkeiten, die uns zu einem wichtigen Verbindungsglied bei dem Zusammenschluß aller europäischer Völker machen.« (Dor: *Mitteleuropa*, S. 19)
51 Ebd., S. 18f.
52 Ebd., S. 13.

Mitteleuropa stattgefunden habe. Mit dem Anspruch aber, »sich zu fragen«, worum es hier geht, verschafft sich bei Dor eine kritische Stimme Gehör, welche eine neue und tolerantere Geopoetik fordert und damit einen Umschlag von einem realpolitischen in einen literarischen Modus sichtbar macht, den er schon zur Zeit der Dissidenten-Diskussion pflegt. Er unterläuft schon in früheren Essays der 1980er Jahre den Mitteleuropadiskurs konsequent, indem er *expressis verbis* Elemente miteinschließt, welche Kundera und Konrád noch implizit ausschließen. So macht er topographisch knapp südlich von Mitteleuropa in einer gewissermaßen transversalen Kultur-Geologie eine gemeinsame europäische vorrömische Geschichte aus, welche die Etrusker und Illyrer aufweisen: »Ein Gelehrter hat jüngst eine gewisse Verwandtschaft zwischen der etruskischen und der albanischen Sprache festgestellt, die man wiederum zum Teil auf die Sprache der Illyrer, der Ureinwohner der Balkanhalbinsel, zurückführt.«[53] Ein weiteres Gegenmodell liefert Dor mit seinem Aufsatz aus dem Jahre 1987 »Triest. Stadt zwischen drei Welten«. Triest bildet nicht nur den Vielvölkerstaat nochmals ab; vielmehr potenziert es ihn in der Kennzeichnung als Tor Mitteleuropas zur Welt. Die Auswahl der beschriebenen Objekte ist aber höchst selektiv; so richtet sich das Augenmerk des Erzählers auf die griechisch-orthodoxen Kirchen[54] und auf zwei besondere Statuen:

> Die gerade Häuserzeile auf der einen Seite erinnert stark an die josephinischen Bauten in Wien. Kein Wunder, sie sind auch in dieser Epoche entstanden. Auf einem von ihnen entdecke ich die Statuen der serbischen Fürstin Militza und des Fürsten Lazar, der vor sechshundert Jahren auf dem Amselfeld im Kampf gegen die Türken gefallen ist. Die muss ein reicher serbischer Schiffseigner vor sein Haus gestellt haben: Ein Mythos in einem luftleeren Raum ist angenehm, er verpflichtet zu nichts.[55]

Damit erweitert Milo Dor den mitteleuropäischen Horizont Richtung Südosten und nimmt dem bis heute geschichtsträchtigen Kosovo-Mythos in seiner museal wienerischen Straße die Notwendigkeit einer realpolitischen Implikation; in seiner Deterritorialisierung bleibt Mythos nur noch Zitat. Zu fragen wäre an dieser Stelle, ob der dekontextualisierte Kosovomythos nicht auch eine Demystifizierung des Europa-Begriffs impliziert. Gleichzeitig öffnet das Triest von Dor den Raum Richtung Westen: »[Joyces] Held, der Handelsvertreter Leopold Bloom aus Dublin, hätte seine Abenteuer zwischen Traum und Wirklichkeit ebensogut in Triest erleben können. Das hat James Joyce auch zugegeben. Triest stand ihm sozusagen Modell für seine Heimat-

---

53 Dor: »Die Toskana. Ein Brunnen stiller Heiterkeit«, S. 92.
54 Dor: »Triest«, S. 138.
55 Ebd., S. 139.

stadt Dublin.«[56] Das *Quid pro quo,* Triest statt Dublin, versteht sich aber nicht als Beliebigkeit, sondern – wie es Dor in einem späteren Aufsatz formuliert – als Erweiterung des Begriffs Mitteleuropa auf Europa selbst[57], das auch Russland miteinschließt.[58] Kurz und gut: Dem Mitteleuropabegriff von Milo Dor ist assoziativ immer seine Erweiterung eingeschrieben, die sich fortlaufend ideologisch dekontextualisiert; weder eine explizite noch implizite Exklusion des Nicht-Mitteleuropäischen lässt sich feststellen.

Will Milo Dor den Mitteleuropabegriff dennoch als Realität verstanden wissen, welche durchwegs das Potential hat, sich zu seinem europäischen ›Zuhause‹ zu erweitern, so richtet sich Andruchowytschs Blick auf das Innere und Randständige dieses nur noch als Zitat existierenden Raums, des »aus verschiedenen Flicken zusammengenähten Teils der Welt, der später Mittel- und Osteuropa genannt werden sollte, doch damals gehörte das alles noch zum groteskesten aller Imperien« (Andruchowytsch: »Mittelöstliches Memento«, S. 23f.). Entsprechend entpuppt sich dieser unvollkommene Raum als komplizierte historische Schichtung; es ist das »zwischen Russen und Deutschen eingezwängte ›Mitteleuropa‹« (S. 43), das in Anlehnung an Tarkovskijs STALKER sozialistische und postsozialistische Mitteleuropa »als Zone des ewigen Übergangs« (S. 33), das Mitteleuropa, in welchem einst ein Vorfahre die Donau mit dem Atlantischen Ozean verwechselt hat in der Meinung, auf der anderen Seite befinde sich Amerika, und wie schon in Karl Emil Franzos' *Der Pojaz* (*posthum* 1905) der Entwicklungsroman an der topographischen Endlichkeit der Peripherie in der Mitte ein jähes Ende nimmt (S. 24). Das »Mittelöstliche Memento« Andruchowytschs ›revidiert‹ – wie der ukrainische Titel »revizija« besagt – das Zentrum, indem es der Erzähler immer ein bisschen östlicher als vermutet verortet und in diesem Abseits die Leerstelle des Zentrums wiederum thematisiert. So wandelt er mit seinem Vater »durch das feuchte Flachland der Vorbergzone, irgendwo im Donaubecken, hier unweit vom Zentrum Europas und eines jeden von uns; das menschliche ›ich‹

---

56 Ebd., S. 139.
57 »Ich habe einige Male das Wort ›Zuhause‹ statt des Wortes Heimat gebraucht, denn meine Heimat ist viel größer als die drei Städte, in denen ich aufgewachsen bin und in denen ich lebe. Heimat ist auch nicht Mitteleuropa, weil dazu Griechenland, Italien und Frankreich gehören. Meine Heimat ist also Europa« (Milo Dor: »Alle meine Städte«, S. 167). Dieses »Zuhause« ist dennoch in erster Linie mitteleuropäisch und literarisch bedingt. Gewährsmann und -frau sind beispielsweise Stefan Zweig mit seiner Monographie *Die Welt von gestern* (ebd., S. 171) und Ingeborg Bachmann mit dem Gedicht »Böhmen liegt am Meer« (ebd., S. 170f.).
58 »Ich möchte zuerst sagen, daß es für mich nicht nur ein Traum von Mitteleuropa ist. Ich bin überzeugter Europäer, und Europa ist viel größer als Mitteleuropa, da gehört auch Spanien genauso dazu wie Rußland« (So im Dezember 1991, Milo Dor: *Leb wohl, Jugoslawien,* S. 24).

liegt im mittelöstlichen Teil des Körpers [...]« (S. 71f.). In der Dezentrierung der Mitte eröffnen sich immer neue Räume in der Verherrlichung der Hinterhöfe, der »Ruinen alter Zivilisationen« (S. 13) und Industriekomplexe (S. 9), in »gereimten Register[n] über Schrotthalden und zerstörte Häuser, über Keller und Dielen, die mit mittelalterlichem – Pardon: mitteleuropäischem Kram zugestellt sind« (S. 16). Das historische Erbe, »der Kram« verstellt den Blick für die Zukunft: »Zerfall ist Verwandlung des Vergangenen in Künftiges, würde jemand sagen, der mehr Sinn für Aphorismen hat als ich« (S. 17). Und dennoch hat es für den selbstironischen Erzähler »eine Bedeutung, zu wissen, daß zwischen Lemberg und Venedig zwei Züge verkehrten, der eine über Wien-Innsbruck, der andere über Budapest-Belgrad« (S. 16). Der schiere Überfluss an historischem Erbe verbaut zwar einen Weg in die Zukunft, doch Andruchowytsch hebt stetig, subtil und mit Detailtreue Mitteleuropa aus den Angeln, um es in der Imagination des Ich-Erzählers immer weiter nach Osten, ins Zentrum der Peripherie zu verschieben.

Gleicht Andruchowytsch seine persönliche Ahnengeschichte auf eine solche Weise immer wieder mit den Zitaten und Ruinen aus dem »groteskesten aller Imperien« ab, inszeniert Stasiuk sein ganz persönliches Mitteleuropa der Provinz, indem er es topographisch abzirkelt mit dem Mittelpunkt in seinem Wohnort im Südosten Polens, in Wołowiec, und mit einem Radius, der bis nach Warschau, seine Geburtsstadt reicht:

> Die Linie verläuft ungefähr durch Brest, Równo, Czernowitz, Cluj-Napoka, Arad, Szeged, Budapest, Žilina, Katowice, Częstochowa und endet dort, wo sie begann, nämlich in Warschau. In diesem Kreis liegen ein Stück von Weißrußland, ein großes Stück der Ukraine, recht ansehnliche und ungefähr gleich große Stücke von Rumänien und Ungarn, fast die ganze Slowakei und ein kleines Stück von Tschechien. Ja, und ungefähr ein Drittel meines Vaterlandes. Aber kein Stück von Deutschland oder Rußland, was ich mit einem gewissen Erstaunen, aber auch mit diskreter, atavistischer Erleichterung registriere. (Stasiuk: »Logbuch«, S. 79)

Die Konsequenz dieser logisch-ästhetischen Geometrie erstreckt sich auf dieselben Länder wie schon in der Dissidenten-Diskussion, wird jedoch erweitert um die Ukraine. Der Ausschluss Deutschlands und Russlands muss nicht mehr begründet werden. Sie sind verbannt aus dem Zauberkreis. Es sind keine historischen Argumente mehr vonnöten. Nur die Landkarte braucht man richtig zu gebrauchen und zu lesen. Sie suggeriert zumindest Objektivität – in diesem ganz persönlichen Verfahren, in dieser ganz persönlichen Ästhetik. So geht – wie könnte es nur anders sein – die »absolute Mitte Europas« durch das ganz nah gelegene Koluszki, da sich dort horizontaler und vertikaler Gebrauchsfalz der slowakischen Europakarte kreuzen (S. 86). Auch die Vollkommenheit der Länder selbst lässt sich aus den Umrissen ablesen: »Von allen europäischen Ländern hat mein Land eindeutig die schönsten Umrisse. Sie nähern sich fast dem Ideal, in diesem Fall dem Kreis« (S. 85). Diese Prüfung besteht eigentlich kein weiteres europäisches Land außer Rumänien. Der Kreis als Sinnbild der Mitte wird so gleichwohl von seiner identifikatorischen Funktion entkoppelt, parodiert und in seiner politischen Beliebigkeit ästhetisch wieder fruchtbar gemacht.

Diese an Ländern vollzogene subjektive Objektivierung macht jedoch Halt, sobald es um den Gesamtraum Mitteleuropas geht. Heraldisch umschreibt ihn Stasiuk so:

> Wenn ich mir für Mitteleuropa ein Wappen ausdenken müßte, würde ich in die eine Hälfte Halbdunkel und in die andere Leere tun. Das erste als Zeichen der Unselbstverständlichkeit, das zweite als Zeichen für den nach wie vor nicht gezähmten Raum. Ein schönes Wappen mit etwas undeutlichen Konturen, die man mit seiner Vorstellung ausfüllen kann. Oder mit Träumen. (S. 105)

Das Wappen übernimmt in Bezug auf das Dargestellte eine metonymische Funktion und steht für den unklar eingegrenzten Raum mit ebenso abstraktem Inhalt. Es ist ein Raum, welcher sich gleichsam der Kartographierung entzieht, er ist nicht gekerbt, sondern bleibt das ›ungezähmte‹ Wilde des Nomaden, dessen Reisen Stasiuk in eindringlichen Bildern immer wieder beschreibt.[59] Hier reist unablässig der Nostalgiker, der alljährlich des alten Kaisers Geburtstag mit einem Besäufnis abfeiert (S. 129f.); hier befinden sich die »Lenden des Kontinents« (S. 115); hier entsteht Europa immer wieder neu, eben gerade nicht als Territorium, sondern deterrioralisiert als reine Zeit[60], als »Provinzlerin, die von der Metropole träumt« (S. 129)[61]: »Mitteleuropäer zu sein bedeutet: Zwischen dem Osten, der nie existierte, und dem Westen, der allzusehr existierte, zu leben. Das bedeutet, ›in der Mitte‹ zu leben, wenn diese Mitte eigentlich das einzige reale Land ist. Nur daß dieses Land nicht fest ist« (S. 141). Das in zahlreichen Digressionen entwickelte »Logbuch« von Stasiuk kreist nicht nur geographisch, sondern auch argumentativ um ein leeres Zentrum, um ein »[N]irgends« (S. 100), das an den »Nicht-Ort«

---

59 Entsprechend werden nicht die in Realität politisch korrekt »Roma« zu nennenden, sondern die »Zigeuner«, die nirgends fremd sind, idealisiert, denn sie »kannten keine Landkarten, sie durchwanderten die ganze Welt und zeigten sich nie erstaunt, nie entdeckte ich in ihren Gesichtern jene höfliche Tölpelhaftigkeit japanischer Touristen« (Stasiuk: »Logbuch«, S. 135).

60 Denn der »Raum war zersprungen, und nun dehnte sich die formlose, unmenschliche Zeit darin aus« (ebd., S. 114).

61 Mit der Apostrophierung Europas als »Provinzlerin« setzt sich Stasiuk wiederum explizit vom Europa-Begriff Konráds ab, denn der »europäische Maßstab als annähernder Tendenzbegriff« sei »mit dem Gegenteil von Provinzialismus gleichzusetzen« (Konrád: *Die Erweiterung der Mitte*, S. 30).

»einer europäischen Selbstbefragung« anschließt.[62] So widersprüchlich Stasiuks Argumentation ist, so sehr die Dissidenten-Diskussion (S. 94) und der habsburgische Mythos (S. 128) parodiert werden, so scheint eines in der essayistischen Literarisierung festzustehen: »*Mitteleuropa* fiel auf keinen Fall mit meinem Zentraleuropa zusammen, weil es nur ein Abgesandter des hyperrealen Westens war« (S. 141).

3. Zur literarischen Form des Essays und seiner Fiktionalisierung

Vergleicht man die Texte der frühen 80er Jahre, der Dissidenten-Diskussion, mit denjenigen eines Andruchowytsch und Stasiuk zu Mitteleuropa, so rücken die wichtigen Stilmittel der Essayistik in den Fokus: Es findet ein ständiger Registerwechsel zwischen faktischer und fiktionaler, zwischen ironischer und parodistischer Abhandlung statt; die Ambivalenz zwischen auktorialem Ich-Erzähler und *skaz* impliziter und expliziter Figuren verstärkt einerseits die subjektive Meinung als »konstitutives Moment«[63], andererseits unterwirft sich das Ich »der Macht der Sprache, Diskurse und disziplinierenden kulturellen Praktiken«.[64] Der Mitteleuropa-Diskurs hat spätestens seit der EU-Osterweiterung ausgedient. In der europäischen Machtpolitik hat die Strategie heute etwas als mitteleuropäisch zu bezeichnen, damit es »morgen ganz real ›westeuropäisch‹« wird, ausgedient. Es nützt nichts mehr, »zum imaginären Zentrum zu stürmen und dafür zu kämpfen, in ›Mitteleuropäer‹ umbenannt zu werden«. Vielmehr hat »der Westen« aufgehört, »an die ›Mitteleuropa‹-Rhetorik zu glauben«. Diejenigen, »die als ›Osten‹ gelten«, werden »noch ›östlicher‹ werden und die Spaltung zwischen ihnen und der EU könnte sich in einen Abgrund verwandeln«.[65] Genau an dieser realpolitischen Leerstelle – über diesem Abgrund eines exkludierenden Prinzips Europa – setzt die utopische Funktion des »Essayismus« ein, »dem Robert Musil den ›Möglichkeitssinn‹ zugesellt hat«.[66] Während Kundera, Havel und Konrád in ihren Essays noch auf eine politische Realisierung ihrer Visionen eines Mitteleuropas abzielten, so nähern sich Andruchowytsch und Stasiuk und mit ihnen eine alte und junge Generation antemuraler Literaten wie Krleža, Dor oder der Ukrainer Serhij Zhadan in ihrer Fiktionalisierung und

---

62 Waldenfels: *Topographie des Fremden,* S. 131.
63 Vgl. dazu Theml: *Fortgesetzter Versuch,* S. 102. Die Vorlagen zur subjektiven Meinung bilden die Genres der Autobiographie, des Tagebuchs und Bekenntnisse.
64 Ebd., S. 102f.
65 Die Formulierungen entnehme ich Kovacs: »Westerweiterung«, S. 5; er sieht aber das beschriebene Szenario im Unterschied zu der hier vorliegenden Formulierung erst in der Zukunft eintreten.
66 Müller-Funk: *Erfahrung und Experiment,* S. 9.

»Poetisierung des Essays« einer Utopie, die ihrem Namen wieder gerecht wird. So negativ die realpolitische Bestandesaufnahme auch ausfallen mag, so innovativ ist die neue Essayistik zu bewerten, welche den Logozentrismus und den Absolutheitsanspruch der universalistischen vermeintlich europäischen ›mission civilatrice‹ viel bewusster als anhin unterwandert. Denn der Essay funktioniert gerade als Gegenmodell zu einer aufgeklärten cartesianischen Kohärenz, wie wir sie im *Discours de la méthode* (1637) vorfinden, der die Essenzialisierung systematisch betreibt. Als Gewährswissenschaft einer solchen Philosophie figuriert die Wissenschaft der Landvermessung, die Geometrie. So vergleicht Descartes – im Anschluss an die vier Regeln von objektiver Erfassung, von Unterteilung in überblickbare Einheiten und von kohärenter Induktion im Hinblick auf eine erfassbare Totalität und Essenz[67] – sein gefordertes Vorgehen unter anderem mit demjenigen der Geometer: »Ces longues chaînes de raisons, toutes simples et faciles, dont les géomètres ont coutume de se servir, pour parvenir à leurs plus difficiles démonstrations, m'avaient donné occasion de m'imaginer que toutes les choses [...] s'entre-suivent en même façon [...].«[68] In der geometrischen Verräumlichung – und das Modell erweiternd: in der topographischen Sichtbarmachung einer europäischen Essenz – werde auch der komplexeste Gegenstand wie das Ich selbst erfassbar, so könnte das neue *Cogito ergo sum* lauten. In der Lesart Adornos entzieht sich der Essay jeglicher Essentialisierung; denn es gehe darin nicht mehr darum, »das Ewige im Vergänglichen auf[zu]suchen und ab[zu]destillieren«, als vielmehr das »Vergängliche [zu] verewigen«.[69] Was als Kommentar zum eigenen Werk zu verstehen ist, in dem sich die *Minima Moralia*

---

67 Die erste cartesianische Regel fordert ohne Überstürzung und Auslassungen, beim Vorstellbaren und Wahren zu beginnen und davon Ableitungen herzustellen, ohne etwas zu überstürzen: »Le premier était de ne recevoir jamais aucune chose pour vraie, que je ne la connusse évidemment être telle: c'est-à-dire, d'éviter soigneusement la précipitation et la prévention; et de ne comprendre rien de plus en mes jugements, que ce qui se présenterait si clairement et si distinctement à mon esprit, que je n'eusse aucune occasion de le mettre en doute.« Die zweite Regel fordert eine sinnvolle Unterteilung in lösbare Einheiten: »Le second, de diviser chacune des difficultés que j'examinerais, en autant de parcelles qu'il se pourrait, et qu'il serait requis pour le mieux résoudre.« Drittens geht es um eine kohärente Deduktion – »en commençant par les objets les plus simples et les plus aisés à connaître, pour monter peu à peu [...] jusques à la connaissance des plus composés« – und schließlich um die Vergewisserung einer Kohärenz – »des dénombrements si entiers, et des revues si générales, que je fusse assuré de ne rien omettre« (Descartes: *Discours de la méthode*, S. 47).
68 Ebd., S. 47.
69 Adorno: »Der Essay als Form«, S. 18. Darauf, dass der Essay in der Definition Adornos den cartesianischen Regeln widerspricht, verweist auch Theml: *Fortgesetzter Versuch*, S. 74f.

von den übrigen Schriften im Duktus abhebt, kann ebenso auf die jüngste Mitteleuropa-Essayistik angewendet werden, welche die topographische Topologie parodiert und damit dezentriert sowie gleichzeitig den Subjektbegriff selber aus dem Lot bringt. Das essayistische Subjekt wähnt sich nicht in Sicherheit. Im Gegenteil: Wie Simon Jander kürzlich in Anlehnung an Hofmannsthals Essays dargestellt hat, manifestiert sich in den *Briefen des Zurückgekehrten* (1907) durch den Rückzug aus dem öffentlichen Bereich in subjektiv-elitäre Erlebniswelten nicht einfach – wie das Hannelore Schlaffer formulierte – eine »konservative Kulturkritik«. Vielmehr wird die »emphatisch-utopische Ausrichtung« »mit einer problematisierenden und relativierenden Perspektivierung« kombiniert.[70] In der spezifischen Ausrichtung der Mitteleuropa-Essayistik potenziert sich dieser Befund insofern, als dass die Desubjektivierung des Einzelnen mit einer solchen des nationalen und kontinentalen Subjekts direkt korreliert.

Mitteleuropa ist lediglich – wenn überhaupt – ein Ort der Passage, der historisch-politisch-utopisch fundierten diskursiven Reibungsflächen, ein topographisch-topologischer Palimpsest. Hat der Mitteleuropabegriff daher sein Verfalldatum bereits erreicht? Erst wenn der Geist der Aufklärung, der europäischen ›mission civilatrice‹, der Kulturhoheit, keine Stätte, keine topographische Mitte mehr hat, kann er sich immer wieder neu erfinden, sich selber kritisch beleuchten, ohne an Wirkungsmacht einzubüßen. Das politische Mitteleuropa ist in Realität seine Fiktion; real ist nur Europas Peripherie; die Welt als solche gerät zur Peripherie. Daraus entsteht ein Bewusstsein von Bescheidenheit und reflektierter Offenheit, welche die Gefahren inkludierender und exkludierender Prinzipien kennt und damit kreativ umzugehen weiss. Vielleicht würde auch Handke hier die »Märchenwirklichkeit des Neunten Landes« orten, in welcher niemand ausgeschlossen bleibt, die sich ›dezentrieren‹, ›peripherieren‹, ja ›transzendieren‹ lässt. Das ist der Un-Ort – den die Literatur imaginiert; das ist die Schwelle – auf der Gastfreundschaft beginnen könnte. Um mit Stasiuks Essaybeginn zu schließen: »Natürlich ist die Geographie nicht so wichtig wie das Vorstellungsvermögen, und sei es nur, weil sie öfter eine Falle als eine Zuflucht darstellt«.[71]

---

70 Jander: *Die Poetisierung des Essays,* S. 362. Parr macht deutlich, dass der Essay »Brüche, Sprünge, ja sogar Friktionen nicht nur in Kauf« nehme, »sondern geradezu« forciere, wenn sein »literarischer Charakter besonders stark betont« werde (Parr: »Zum interdiskursiven Status des Essays«, S. 7).
71 Stasiuk: »Logbuch«, S. 79.

Literatur

PRIMÄRLITERATUR

Andruchowytsch, Jurij: »Central'no-schidna revizija« / »Mittelöstliches Memento«. Verfasst in der Zeit zwischen September 1998 und Januar 2000. Übers. von Sofia Onufriv. In: ders. und Andrzej Stasiuk: *Moja Evropa. Dwa eseje o Evropie zwanej Środkowa.* Wołowiec: Czarne 2000. / *Mein Europa. Zwei Essays über das sogenannte Mitteleuropa.* Frankfurt am Main: Suhrkamp 2004, S. 9-74.

Busek, Erhard / Wilflinger, Gerhard (Hg.): *Aufbruch nach Mitteleuropa.* Wien: Atelier 1986.

Descartes, René: *Discours de la méthode* (1637). Paris: GF Flammarion 1966.

Dor, Milo: *Mitteleuropa. Mythos oder Wirklichkeit. Auf der Suche nach der grösseren Heimat.* Salzburg: Otto Müller 1996.

Dor, Milo: »Die Toskana. Ein Brunnen stiller Heiterkeit« (1983). In: ders.: *Mitteleuropa. Mythos oder Wirklichkeit. Auf der Suche nach der grösseren Heimat.* Salzburg: Otto Müller 1996, S. 90-106.

Dor, Milo: »Triest. Stadt zwischen drei Welten« (1987). In: ders.: *Mitteleuropa. Mythos oder Wirklichkeit. Auf der Suche nach der grösseren Heimat.* Salzburg: Otto Müller 1996, S. 135-149.

Dor, Milo: »Alle meine Städte (Belgrad-Budapest-Wien)« (1989). In: ders.: *Mitteleuropa. Mythos oder Wirklichkeit. Auf der Suche nach der grösseren Heimat.* Salzburg: Otto Müller 1996, S. 150-172.

Dor, Milo: *Leb wohl, Jugoslawien.* Salzburg: Otto Müller 1993.

Enzensberger, Hans Magnus: *Wahrnehmungen aus sieben Ländern. Mit einem Epilog aus dem Jahre 2006.* Frankfurt am Main: Suhrkamp 1987.

Gauß, Karl-Markus: *Europäisches Alphabet.* Wien: Zsolnay 1997.

Handke, Peter: »Der Abschied des Träumers vom Neunten Land« (1991). In: *Abschied. Winterliche Reise. Sommerlicher Nachtrag.* Frankfurt am Main: Suhrkamp 1998, S. 7-32.

Havel, Vaclav: *The Power of the Powerless. Citizens Against the State in Central-Eastern Europe* (1978). London: Hutchinson 1985.

Herder, Johann Gottfried: *Ideen zur Philosophie der Geschichte der Menschheit* (1784-1791). Werke in zehn Bänden. Bd. 6. Frankfurt am Main: Deutscher Klassiker Verlag 1989.

Konrád, György: *Antipolitik. Mitteleuropäische Meditationen.* Frankfurt am Main: Suhrkamp 1985.

Konrád: »Der Traum von Mitteleuropa«. In: Erhard Busek und Gerhard Wilflinger (Hg.): *Aufbruch nach Mitteleuropa. Rekonstruktionen eines versunkenen Kontinents.* Wien: Atelier 1986, S. 87-97.

Konrád, György: *Stimmungsbericht.* Frankfurt am Main: Suhrkamp 1988.

Konrád, György: *Die Erweiterung der Mitte. Europa und Osteuropa am Ende des 20. Jahrhunderts.* Wien: Picus 1999.

Konrád, György: »Der Rückfall in den Anfang dieses Jahrhunderts«. In: *Frank Schirrmacher (Hg.)*: *Der westliche Kreuzzug. 41 Positionen zum Kosovo-Krieg*. Stuttgart: Deutsche Verlags-Anstalt 1999, S. 121-128.
Kundera, Milan: »Un occident kidnappé ou la tragédie de l'Europe centrale«. In: *Le débat* (Novembre, 1983). Deutsche Übersetzungen: »Un occident kidnappé oder die Tragödie Zentraleuropas«. In: *Kommune. Forum für Politik und Ökonomie* (2, 1984), S. 43-52. / In: *Wiener Journal* (7, 1984).
Krleža, Miroslav: »Evropa danas«, in: *Evropa danas, knjiga dojmova i essaya. Sabrana djela Miroslava Krleže, svezak trinaesti*. Zagreb: Zora 1956, S. 9-31.
Krleža, Miroslav: »Was ist Europa?« Übers. von Milo Dor und Reinhard Federmann. In: *Europäisches Alphabet. Aus den kulturgeschichtlichen Essays*. Eingeleitet und ausgewählt von Gerhard Fritsch. Graz/Wien: Stiasny 1964, S. 108-121.
Montaigne, Michel de: *Essais* (1580). Édition présentée, établie et annotée par Pierre Michel. Tome 1. Paris: Librairie Générale Française 1972.
Milosz, Czeslaw: *The Witness of Poetry*. Cambridge: UP 1983.
Stasiuk, Andrzej: »Dziennik okrętowy« / »Logbuch«. Übers. von Martin Pollack. In: Jurij Andruchowytsch und ders.: *Moja Evropa. Dwa eseje o Evropie zwanej Środkowa*. Wołowiec: Czarne 2000. / *Mein Europa. Zwei Essays über das sogenannte Mitteleuropa*. Frankfurt am Main: Suhrkamp 2004, S. 79-145.

SEKUNDÄRLITERATUR

Adorno, Theodor W.: »Der Essay als Form«. In: *Noten zur Literatur*. Frankfurt am Main: Suhrkamp 1981, S. 9-33.
Bensch, Max: »Über den Essay und seine Prosa«. In: *Merkur* (3/1947), S. 414-428.
Bideleux, Robert: »Europakonzeptionen«. In: Karl Kaser / Dagmar Gramshammer-Hohl / Robert Pichler (Hg.): *Europa und die Grenzen im Kopf*. Klagenfurt: Wieser 2004.
Derek, Gregory: *Geographical Imaginations*. Cambridge (MA): Blackwell 1994.
Jäger, Thomas: *Europas neue Ordnung. Mitteleuropa als Alternative?* München: Tuduv 1990.
Jander, Simon: *Die Poetisierung des Essays. Rudolf Kassner, Hugo von Hofmannsthal, Gottfried Benn*. Heidelberg: Winter 2008.
Hohls, Rüdiger / Schröder, Iris / Siegrist, Hannes (Hg.): *Europa und Europäer. Quellen aus Essays zur modernen europäischen Geschichte*. Stuttgart: Franz Steiner 2005.

Kovacs, Janos Matyas: »Westerweiterung. Zur Metamorphose des Traums von Mitteleuropa. Eine Einleitung«. In: *Transit – Europäische Revue* (21/2002).

Lévi-Strauss, Claude: *La pensée sauvage*. Paris: Plon 1967.

Müller-Funk, Wolfgang: *Erfahrung und Experiment. Studien zu Theorie und Geschichte des Essayismus*. Berlin: Akademie 1995.

Naumann, Friedrich: *Mitteleuropa* (1915). In: *Werke* Bd. IV. Köln: Opladen 1964.

Parr, Rolf: »›sowohl als auch‹ und ›weder noch‹. Zum interdiskursiven Status des Essays«. In: Wolfgang Braungart und Kai Kauffmann (Hg.): Essayismus um 1900. Heidelberg: Winter 2005, S. 1-14.

Petzer, Tatjana: »Topographie der Balkanisierung. Programme und künstlerische Manifestationen der Demarkation und Desintegration«. In: *Südosteuropa* (55/2007), S. 255-275.

Radtke, Frank-Olaf: »Demokratische Diskriminierung. Exklusion als Bedürfnis oder nach Bedarf«. In: *Mittelweg* (36, 1995), S. 32-48.

Schlögel, Karl: *Die Mitte liegt ostwärts*. Berlin: Wolf Jobs Siedler 1986.

Schlögel, Karl: »Nachdenken über Mitteleuropa«. In: Spangenberg, Dietrich (Hg.): *Die blockierte Vergangenheit*. Berlin: Argon 1987, S. 11-35.

Sundhaussen, Holm: *Geschichte Serbiens. 19.-21. Jahrhundert*. Wien; Köln; Weimar: Böhlau 2007.

Theml, Katharina: *Fortgesetzter Versuch. Zu einer Poetik des Essays in der Gegenwartsliteratur am Beispiel von Texten Christa Wolfs*. Bern: Peter Lang 2003.

Todorova, Maria: *Imagining the Balkans*. Oxford: UP 1997.

Waldenfels, Bernhard: *Topographie des Fremden. Studien zur Phänomenologie des Fremden I*. Frankfurt am Main: Suhrkamp 1997.

Wolff, Larry: *Inventing Eastern Europe. The Map of Civilization on the Mind of Enlightenment*. Stanford: UP 1994.

LITERATUR ALS GAST.
PETER HANDKE IM SÜDSLAWISCHEN RAUM
ZWISCHEN 1969 UND 2009

SVJETLAN LACKO VIDULIĆ

1

Folgt man einem Sprachgebrauch, der das Begriffsfeld der Gastlichkeit nicht auf die besondere soziale Schwellensituation des Gast-Seins und der Gast-Aufnahme beschränkt, sondern auf jede metonymische oder metaphorische Gast-Wirt-Konstellation zu beziehen bereit ist, so kann auch die literarische Kommunikation als Spielart einer solchen Konstellation bezeichnet werden. Die mediengeschichtliche Entwicklung von der oralen Kultur zur Schriftkultur und von dieser zur Massenkommunikation der Moderne bedeutet in diesem Zusammenhang vermutlich eine Verschiebung von den sozialen Formen der Gastlichkeit im eigentlichen Sinne, die zu jenen »Schwellensituationen der Begegnung von Fremdem und Eigenem, von Innen und Außen, Nähe und Ferne, Intimität und Öffentlichkeit [gehören], die Erzählen geradezu herausfordern«[1], in Richtung von metaphorischen Gastsituationen: der indirekten und anonymen, dennoch als Zwiegespräch imaginierbaren Begegnung von Leser und Autor bzw. Leser und Text im Rezeptionsprozess.

Im Bewusstsein der Gefahr einer »Verwässerung der Gast-Begrifflichkeit« einerseits, einer »zu große[n] Abstraktion«[2] andererseits wäre allerdings zu erwägen, ob die Begrifflichkeit nicht auf jene Bereiche des Literaturbetriebs zu beschränken ist, in denen eine lebende Autorin, ein lebender Autor seinen alltäglichen Wirkungsbereich verlässt, um sich als Reisende(r), Lesende(r), Gastvortagende(r) oder Gastkommentator(in) vor ein neues Publikum zu begeben. Folglich wäre der Einsatz der Gast-Semantik für andere Aspekte der literarischen Kommunikation in methodischer Hinsicht problematisch, könnte jedoch von diskursanalytischem Interesse sein. Die Vermutung liegt nahe, dass meta-literarische

---

1   Parr/Friedrich: »Von Gästen«, S. 8.
2   Ebd., S. 9.

Diskurse der Gastlichkeit am ehesten dort anzutreffen sind, wo die literarische Kommunikation sprachlich-kulturelle Grenzen überschreitet und mit entsprechenden Alteritätserfahrungen einhergeht. Je statischer und essentialistischer dabei die zugrunde liegenden Vorstellungen von Kultur und Identität, desto virulenter vermutlich auch die Vorstellung von kultureller Grenzüberschreitung als linearer Bewegung in Richtung einer homogenen Zielkultur, die das jeweilige Kulturgut als fremdkulturellen Gast aufzunehmen oder abzuweisen hat.

Peter Handkes Beziehung zum südslawischen Raum (hier im Sinne der ehemaligen jugoslawischen Teilrepubliken und ihrer Nachfolgestaaten) ist in mehrfacher Hinsicht von Situationen und Diskursen der Gastlichkeit geprägt. In biographischer Sicht vollzog der Schriftsteller eine Entwicklung, die ihn zunächst dem Herkunftsland Kärnten, sodann der Wahlheimat Slowenien, schließlich dem Gastland Serbien besonders nahe brachte – nicht zuletzt als leiblichen Gast. Ins Südslawische führen seit *Die Wiederholung* (1986) häufig auch die Reisen der Hauptfiguren und Erzähler in Handkes Prosawerk, wobei diese – in Verbindung mit narrativen Mustern, die in dem Beitrag von Alexander HONOLD eingehend untersucht werden – häufig zu Gast oder auch selber Gastgeber sind, etwa in *Mein Jahr in der Niemandsbucht* (1994) und *Die Morawische Nacht* (2008). Eine besondere Verbindung lebensgeschichtlicher, thematischer und narrativer Aspekte der Gastlichkeit liegt schließlich in Handkes (Reise-)Essays zu Jugoslawien vor, zwischen *Abschied des Träumers vom Neunten Land* (1991) und der vorläufig letzten »Nachschrift« *Die Kuckucke von Velika Hoča* (2009).

Der vorliegende Beitrag geht nicht auf die genannten Komplexe ein. Untersucht wird vielmehr die Auswirkung von Handkes Jugoslawien-Narrativ[3] auf die regionale Rezeption des Autors und die dabei ins Feld geführte Rhetorik und Politik der Gastlichkeit. Um die Entwicklung aufzeigen zu können, wird die gesamte Geschichte des regionalen Handke-Transfers in ihren Grundzügen skizziert. Geklärt werden soll der Zusammenhang zwischen: 1. den wechselnden Umständen des regionalen Transfers, 2. dem Diskurswandel der Öffentlichkeit in Bezug auf Handke und 3. der Übersetzungsrezeption.[4]

---

[3] Dazu zähle ich die einschlägigen Essays zwischen *Abschied des Träumers vom Neunten Land* (1991) und *Die Kuckucke von Velika Hoča* (2009), die fiktionalen Werke mit Jugoslawien-Bezug sowie Handkes öffentliche Stellungnahmen in Interviews, Glossen, Leserbriefen u.a. Der Begriff ›Narrativ‹ wird hier im Sinne aller literarischen und diskursiven Äußerungen zum Thema Jugoslawien benutzt, die durch die Urheberschaft sowie bestimmte weltanschauliche, poetologische u.a. Konstanten verbunden sind.

[4] Zu den in Buchform erschienenen Übersetzungen siehe die Tabelle am Ende dieses Beitrags, S. 141f.

2

Unter kulturellem Transfer sind nach Hans Jürgen Lüsebrink »Prozesse der interkulturellen Übertragung und Vermittlung kultureller Artefakte (wie Texte, Diskurse, Medien, Praktiken) zwischen kulturellen Systemen« zu verstehen.[5] Die Beschäftigung mit Phänomenen des kulturellen Transfers setzt somit die Existenz abgrenzbarer kultureller Systeme voraus, deren Grenzen im Zuge von Transferprozessen überschritten und dynamisiert werden. Bei der Untersuchung des regionalen Transfers sind die Konturen des ›kulturellen Systems‹ umso genauer zu beobachten, als die Rede von einem komplexen, multikulturellen System ist, das im Zuge explosiver Umbruchsprozesse großteils aufgelöst wurde und unter veränderten Umständen teilweise neu konstituiert wird.[6]

Der Status des sozialistischen Jugoslawien (1945-1991) als ›kulturelles System‹ ergibt sich aus den politischen und kulturellen Rahmenbedingungen in dem föderalen Vielvölkerstaat. Zur Stabilisierung der komplexen ethnischen und sprachpolitischen Konstellation wurde der föderale Charakter des Staates schrittweise ausgebaut, und zwar im Zusammenhang mit der Doktrin des jugoslawischen ›Sonderwegs‹ sowie mit den wechselvollen und widersprüchlichen Liberalisierungsprozessen seit Mitte der 1960er Jahre. Weitgehend unbehelligt von einer in ästhetischen Belangen verhältnismäßig unrestriktiven Kulturpolitik nahm auch die Rezeption Peter Handkes in Jugoslawien einen weitgehend autonomen Verlauf, unter den besonderen Umständen des mehrsprachigen Kulturbetriebs.

In dem geographisch zentralen, zahlenmäßig wie kulturpolitisch dominanten, plurizentrischen Sprachraum mit der amtlichen Bezeichnung ›serbokroatisch‹ bzw. ›kroatoserbisch‹ (später: ›serbisch oder kroatisch‹ u. a.) wurde Handke nach dem Prinzip der freien Kumulation kroatischer und serbischer Übersetzungen verlegt und gelesen.[7] Mit anderen Worten: Lag ein Handke-Titel bereits in einer der standardsprachlichen Varietäten vor, wurde auf eine Übersetzung in die anderen Varietäten verzichtet[8], da Kroatien, Bosnien-Herzegowina, Serbien und Monteneg-

---

5   Lüsebrink: »Kulturraumstudien«, S. 318.
6   Zu den Grundzügen der politischen Entwicklung s. Ramet u. a.: *The three Yugoslavias* sowie Melčić: *Der Jugoslawien-Krieg*.
7   In Bosnien-Herzegowina und Montenegro liegen bis heute m.W. keine Übersetzungen vor, mit Ausnahme eines Raubdrucks von 1996. Zur komplexen Sprachgeschichte und -politik im mittelsüdslawischen Raum vgl. Katičić: »Jugoslawien«; Ramet u.a.: *The three Yugoslavias*, Kapitel 8; Radelić: *Hrvatska u Jugoslaviji*, S. 403-412.
8   Dieses Prinzip war nicht unmittelbar politisch oktroyiert, folgte vor allem den Gesetzen des (gesamtjugoslawischen) Literaturmarktes und kannte zahlreiche Ausnahmen. Zu zeitgleichen oder zeitversetzten Parallelübersetzungen kam es etwa in den folgenden Fällen: Ausbleiben des überregionalen Vertriebs eines konkreten Titels; Klassiker-Übersetzungen, besonders solche, deren Bedeutung für die Entwicklung der jeweiligen

ro bzw. gewichtige Segmente der Medien-, Verlags- und Theaterlandschaft in diesen Teilrepubliken einen überregionalen Kulturraum darstellten, in dem die Varietäten des sog. Serbokroatischen, d. h. die mittelsüdslawischen Sprachen und ihre zwei Schriften (die lateinische und die kyrillische) in vielen Zusammenhängen, wenn auch nicht immer konfliktfrei, koexistierten.[9]

Am nordwestlichen und südöstlichen Ende der Föderation, in Slowenien und Mazedonien, aber auch im albanisch dominierten Kosovo, hatte das so genannte Serbokroatische, in der Regel die serbische Varietät, den Status einer über das Schulsystem, die überregionalen Medien und die Bundesinstitutionen vermittelten Verkehrssprache. Das Fehlen von Handke-Übersetzungen im Mazedonischen geht vor allem auf diesen Umstand zurück. Die intensive slowenische Übersetzungsrezeption hingegen geht in dem vorliegenden besonderen Fall nicht auf den intensiveren Übersetzungsbetrieb, sondern auf seine Verbindung mit dem interkulturellen Verlagswesen in Kärnten zurück: Die gesamte Buchproduktion von slowenischen Handke-Übersetzungen zwischen 1987 und 2003 wurde in Klagenfurt verlegt.[10]

Handke war bereits um die Mitte der 1970er Jahre gewissermaßen ein kanonisierter Autor: Die *Geschichte der Weltliteratur* in acht Bänden, das gesamtjugoslawische Projekt eines Zagreber Verlages, stellte Thomas Bernhard und Peter Handke als »die international bekanntesten unter den jüngeren österreichischen Autoren« vor.[11] Die Rezeption hatte mit der Sendung von Hörspielen und der Zagreber *Kaspar*-Inszenierung von 1969 begonnen, die zu einer der erfolgreichsten Inszenierungen der lokalen Theatergeschichte überhaupt werden sollte. Als die letzte der 224 Aufführungen des *Kaspar* im Mai 1985 über die Bühne des Zagreber Theaters ITD ging, genoss Handke längst ein hohes Ansehen und eine verhältnismäßig breite Rezeption im slowenischen und dem so genannten serbokroatischen Sprachraum, die sich auf eine Reihe von Inszenierungen, eine repräsentative Auswahl von Prosa-Übersetzungen nebst umfangreichen Begleittexten namhafter Kritiker und Übersetzer, nicht zuletzt auf den ›Kultstatus‹ des in Zusammenarbeit mit Handke entstandenen Films von Wim Wenders *Der Himmel über Berlin* stützen konnte.

Nationalvarietät und -kultur hoch eingestuft wurde; überfällige Neuübersetzungen; Übersetzungen von Dramentexten für den (auf das lokale Publikum angewiesenen) Theaterbedarf.

9 Bis 1974 ging es um zwei, laut der Verfassungen der Teilrepubliken von 1974 um vier amtliche Varietäten.

10 Die einzige Ausnahme ist die zweisprachige Ausgabe von *Die Stunde da wir nichts voneinander wußten* beim *Forum Stadtpark* in Graz.

11 Viktor Žmegač in: Žmegač/Škreb/Sekulić: »Književnost njemačkoga jezičnog izraza«, S. 285. Diese und alle folgenden Übersetzungen aus den südslawischen Sprachen stammen von mir.

An den Reaktionen der professionellen Kritik, an der Auswahl der übersetzten Titel und an der verzögerten Übersetzung der *Heimkehr-Trilogie* (erst 1988 bzw. 1990) ist zu erkennen, dass das Interesse an Handke sich vor allem auf seine radikalen szenischen Experimente und die Prosa der 1970er Jahre, also auf die publikumswirksameren Werke vor der ›holistischen Wende‹ bezog. Die radikalen dramatischen und die gemäßigten epischen Spielarten von Handkes Avantgardismus fanden Anschluss an entsprechende Entwicklungen und Interessen im regionalen Literaturbetrieb, wobei die sprachkritischen Aspekte der frühen ›Sprechstücke‹ im Kontext systembedingter Spracherfahrungen im Land der ›sozialistischen Selbstverwaltung‹ – der besonderen Formen der Ritualisierung, Erstarrung und Manipulation von Sprache – eine spezifische Wirkung entfaltet zu haben scheinen.[12]

Eine wachsende Auswirkung auf den regionalen Transfer hatten Handkes Beziehungen zum südslawischen Raum bzw. ihre wechselvollen Stilisierungen durch Autor und Publikum. Als der angesehene serbische und Innsbrucker Komparatist Zoran Konstantinović an exponierter Stelle auf Handkes Beziehung zu Slowenien und Jugoslawien einging, etablierte er ein bestimmtes diskursives Muster, das den künftigen Handke-Transfer nachhaltig prägen sollte. In der Handke-Nummer der Belgrader »Zeitschrift für Literaturästhetik« *Književna kritika* (Januar/Februar 1986), die als Höhepunkt der unpolitischen Handke-Rezeption im jugoslawischen Raum angesehen werden kann, beendet Konstantino-vić seinen Essay unter dem Titel »Handke und unsere Erwartungshorizonte« mit dem Hinweis auf nicht quantifizierbare Aspekte von Handkes literarischer Anwesenheit in Jugoslawien. Gemeint war die geteilte Sorge um die »Gespenster der Vergangenheit« – eine Anspielung auf das Verhältnis zur antifaschistischen Tradition – sowie Handkes Identifikation mit dem bedrohten Kärntner Slowenentum. Die rhetorische Schlussfrage des Komparatisten lautete: »Wäre es bei der Bestimmung seiner Position in unseren Rezeptionsstrukturen vielleicht nicht angemessener, Handke in bedeutendem Maße auch als unseren Schriftsteller aufzufassen?«[13]

Das hiermit etablierte diskursive Muster besteht in der expliziten Korrelierung von literarischer Rezeption und kollektiver Identität. Virulent ist dabei jene eingangs erwähnte Vorstellung von Rezeption als der Aufnahme fremdkultureller Autoren und literarischer Korpora durch eine quasi homogene Rezeptionsgemeinschaft, wobei im vorliegenden Fall dem literarischen Gast eine besondere Art der Verwandtschaft mit dem kollektiven Gastgeber attestiert und daher seine symbolische Integration betrieben wird. Die Konturen der aufgerufenen kollektiven Identität sind bei Konstantinović allerdings denkbar wage: Das Syntagma

---

12 Vgl. Konstantinović: »Handke u horizontima«, S. 38.
13 »Ne bismo li možda bolje učinili određujući Handkeu mesto u našim recepcionim strukturama da ga priličnim delom smatramo i našim piscem?« (ebd., S. 40).

›unser Schriftsteller‹ (›naš pisac‹) stellt einerseits den Bezug zum alltagssprachlichen Ausdruck von Gruppenkohäsion dar (in Analogie zu ›naš čovjek‹ – ›einer von uns‹), andererseits zur gesamtjugoslawischen Identität und ihren Widersprüchen (in Analogie zur Verlegenheitsformel ›naš jezik‹ – ›unsere Sprache‹).[14]

Einige Jahre später stand der Handke-Transfer ganz im Zeichen eben jener, nun aber identitätspolitisch verschärften und ethnisch gewendeten Korrelation von Transferakt und Rezeptionsgemeinschaft. Einen Auftakt zu dieser Entwicklung bildete die Aufnahme von Handkes Slowenien-Roman *Die Wiederholung*, die in die Zeit der hegemonialnationalisti-schen Mobilmachung in Serbien, der beginnenden bürgerrechtlichen und defensiv-nationalistischen Mobilmachung in Slowenien und entsprechender Konflikte auf bundespolitischer Ebene fiel.[15] Der aktuelle politische Kontext hat vermutlich dazu beigetragen, dass der Roman nur ins Slowenische übersetzt wurde und als Bekenntnis des angeblichen ›Kryptoslowenen‹ Handke zu seinem Herkunftsland missverstanden oder gar »zum Nationalbuch hochstilisiert[]« werden konnte,[16] während eine Übersetzung im so genannt serbokroatischen Sprachraum ausblieb.

3

Die institutionelle Desintegration des jugoslawischen Staates (1987-1991), die darauf folgenden jugoslawischen Erbfolgekriege (1991-99) und der zeitgleich verlaufende politische und wirtschaftliche Systemwechsel bedeuteten die Auflösung auch des bisherigen kulturellen Systems und eine Repositionierung der ›Nachfolgesysteme‹ im regionalen und europäischen Umfeld. Für die Forschung ergeben sich methodische Probleme bei historischen Längsschnitten über den politischen, institutionellen und erinnerungskulturellen Bruch hinweg.[17] Im vorliegenden Fall, für die zu rekonstruierende Geschichte des literarischen Transfers,

---

14 Zumindest im Rückblick vermeint man in Konstantinovićs rhetorischer Frage von 1986, dem ersten Stichjahr einer ›Ethnifizierung‹ der öffentlichen Diskurse in Jugoslawien, einen polemischen Unterton zu erkennen. Dass »wir« könnte in diesem Zusammenhang die Zurückweisung einer slowenischen zugunsten einer gesamtjugoslawischen Vereinnahmung Handkes bedeuten. Prekär und quasi prophetisch erscheint eine solche Vereinnahmung angesichts der Beerbung und Umfunktionierung vorgeblich gesamtjugoslawischer Werte durch den dominanten politischen Diskurs in Serbien der Milošević-Ära.

15 Vgl. hierzu Jovic: *Yugoslavia* (Kapitel 7) sowie Melčić: *Der Jugoslawien-Krieg*, Abschnitt 20.2.

16 Hafner: *Peter Handke*, S. 264.

17 Einen guten Einblick in das Ausmaß der Schwierigkeiten bietet Lauer: *Serbokroatische Autoren*, insbesondere S. VII sowie S. XII-XVI.

ist der regionale Zusammenhang auch für die Zeit nach dem Epochenbruch aus mindestens zwei Gründen unverzichtbar. Zum einen stand der Handke-Transfer in den einzelnen, z.T. durch Kriegsfronten voneinander getrennten kulturellen Systemen paradoxerweise in engstem Zusammenhang mit dem Transfer jenseits der Front. Zum anderen ist abzusehen, dass einzelne Aspekte der Kontinuität wieder hergestellt und neue Formen der Annäherung an Bedeutung gewinnen werden.

In den Zeiten des Umbruchs gerieten die Teilrepubliken ab 1989 in zunehmende gegenseitige Isolation[18], deren Ausmaß in einzelnen Bereichen des öffentlichen Lebens und in Abhängigkeit von den politischen und militärischen Frontenbildungen und Allianzen variierte. Besonders dramatisch war die Entwicklung im sog. serbokroatischen Sprachraum. Im sprachpolitischen Bereich wurden hier die objektiven Widersprüche des alten Systems im Sinne einer nationalkulturellen Eindeutigkeit aufgelöst; zu den neuen Widersprüchen gehörte die Aufspaltung jener plurizentrischen Literatur- und Übersetzungslandschaft, in der Peter Handke als »unser Autor« bezeichnet werden konnte.

Durch die Desintegration Jugoslawiens gestört in seinem ›privatmythologischen‹ Zugriff auf empirische und symbolische Aspekte des untergehenden Staatsgebildes, intervenierte Peter Handke u. a. im Modus gewollt hybrider, eine politische Lesart zugleich provozierender und unterminierender ›Friedenstexte‹[19], die – in Verbindung mit der Rezeption der internationalen Kontroverse um Handke – bei ihrem vorgeblichen Zielpublikum in der Kriegsregion[20] eine konflikteskalierende Wirkung entwickelten. Die Interventionen, ihr Urheber und sein gesamtes Œuvre gerieten schlagartig in den Sog jener zentrifugalen Tendenzen, gegen die der Autor anzuschreiben vermeinte, und wurden zum Gegenstand völlig divergenter Transferprozesse. Diese beruhten weitestgehend auf jener Engführung von Rezeption und kollektiver Identitätspolitik, bewegten sich zwischen radikaler Ächtung auf der einen, euphorischer Aufnahme auf der anderen Seite und gingen mit entsprechenden Umwertungen des gesamten vorherigen Handke-Transfers einher.

In Slowenien war bereits mit den öffentlichen Reaktionen auf Handkes *Abschied des Träumers vom Neunten Land* (1991), an denen die volle Tragweite jener identitätspolitischen Dekodierung von Handkes literarischer Slowenien-Utopie abzulesen war, der Höhepunkt in der lokalen Politisierung der Handke-Rezeption erreicht. Ein Einbruch der sloweni-

---

18 Vgl. Ramet: *Balkan Babel*, S. 21 und S. 31-33.
19 »Mein Text ist Wort für Wort ein Friedenstext«. Peter Handke im Gespräch mit W. Winkler, zitiert nach Bluhm: »Peter Handkes Reisebücher«, S. 74.
20 »Mein Buch ›Gerechtigkeit für Serbien‹ ist nicht für deutsche oder österreichische Leser geschrieben worden, sondern für das kroatische, serbische, muslimische und slowenische Lesepublikum [...]« (Handke im Gespräch mit Sonja Ščekić-Simić: »Nacional« (Zagreb), 22.03.1996). In anderen Zusammenhängen behauptet Handke allerdings das Gegenteil.

schen Übersetzungsrezeption erfolgte allerdings erst mit dem Ausbruch der internationalen Kontroverse rund um die *Winterliche Reise* von 1996. Die geringste Resonanz hatte der ›Fall Handke‹ erwartungsgemäß in dem vom Krieg zunächst verschonten Mazedonien. In Bosnien-Herzegowina verlief die Front der Handke-Affekte zwischen den ethnisch aufgeteilten öffentlichen Räumen: dem bosniakischen (muslimischen) und dem kroatischen auf der einen, dem serbischen auf der anderen Seite, wobei der kroatische und der serbische auch im Hinblick auf die Handke-Kontroverse eng mit dem Medienraum des jeweiligen ›Mutterlandes‹ verbunden waren. In Kroatien und Serbien bzw. Rest-Jugoslawien waren die Auswirkungen des Narrativs, aufgrund der politischen Frontbildungen und der intensiven Handke-Rezeption in der Vorkriegszeit, im größten Gegensatz und von größter Nachhaltigkeit. Es soll daher näher auf die Entwicklung in diesen Ländern eingegangen werden, zum Teil unter zusammenfassender Wiedergabe bereits vorgelegter Einzeluntersuchungen.[21]

Den Auftakt der Reaktionen in Kroatien bilden die Stellungnahmen des damaligen Präsidenten des Kroatischen Schriftstellerverbandes zu Handkes politischen Thesen, vor allem zu seiner harschen Verurteilung der Sezession in dem Ende Juli 1991 veröffentlichten Essay *Abschied des Träumers vom Neunten Land*.[22] Die Stellungnahmen – in zeitlicher und affektiver Nähe zu den ersten massiveren, von Kriegsverbrechen begleiteten Kampfhandlungen der JVA in Slawonien Anfang August 1991 – sind von patriotischer Entrüstung über Handkes politischen Dolchstoß und damit den Verrat an der »Gastfreundschaft« und der »Liebesmüh« gezeichnet, die »wir« den Werken Handkes durch Lob und Unterstützung auf ihrem Weg in »unsere« Theater und Verlagshäuser großzügig und über Jahre hinweg entgegen gebracht hatten. Die auf hoher kulturpolitischer Ebene verkündete Absage der von Handke ›missbrauchten‹, kroatischen »Gastfreundschaft« unterschlägt die überregionale Dimension der vorherigen Handke-Rezeption im sog. serbokroatischen Raum, betreibt also implizit eine nachträgliche Ausgliederung des kroatischen Literaturbetriebs aus dem ehemaligen kulturellen System. Mit dieser diskreten Revision war zwar nicht der Maßstab, wohl aber die Richtung für ein Verfahren gesetzt, das im Mediendiskurs der 1990er Jahre zu einer geradezu grotesken Verdrängung von Handkes literarischer Bedeutung und seiner regionalen Rezeption seit den 1970er Jahren führen sollte.

Nach dem ›Verrat‹ von 1991 nicht nur als engagierter Intellektueller, sondern gewissermaßen auch als Schriftsteller kompromittiert, ver-

---

21 Vgl. Lacko Vidulić: »Imaginierte Gemeinschaft« und ders.: »Vergangenheitsfalle und Erinnerungsort«.

22 Vgl. Mirjana Šigir: »Handke vraća gostoprimstvo« [»Handke weist die Gastfreundschaft zurück«], *Vjesnik* vom 12.08.1991; sowie Nedjeljko Fabrio: »Uzaludan ljubavni trud« [»Verlorene Liebesmüh«], *Vjesnik* vom 13.08.1991.

schwand Handke in den Kriegs- und Transformationsjahren 1991-1995 aus dem Literaturbetrieb, dem Bereich seiner bisherigen Anwesenheit in Kroatien, um anlässlich der *Winterlichen Reise* im Jahr 1996 in der Arena der politischen Tages- und Wochenpresse wieder aufzutauchen. Im Fahrwasser der internationalen Reaktionen wurde der quasi mediokre Skandalautor – teils in tatsächlicher, teils in gespielter Unkenntnis seiner literarischen Vorgeschichte im In- und Ausland – fast ausschließlich als Gegenstand politischer und sensationalistischer Verrisse gehandelt. Die rezeptionsgeschichtliche Revision beruhte meistens auf der einfachen Unterschlagung, seltener auf einer Umdeutung von Handkes literarischem Gesamtwerk. Exemplarisch für das zweite Verfahren ist eine Glosse unter dem Titel »Kurzer Brief zum langen Abschied« in einer katholischen Kulturzeitschrift: Hier wird zunächst mit der literarischen Neoavantgarde als ästhetischem und ideologischem Altkram linker Provenienz abgerechnet; anschließend wird eine Engführung von Handkes Avantgardismus, der besonderen avantgardistischen Neigung der serbischen Kultureliten, der serbischen Rezeption der *Heimkehr*-Tetralogie und schließlich Handkes aktuellem politischen Dienst an seinen großserbischen »Souffleuren« betrieben. Der Abschied von dem nebulösen Avantgardisten im Schlusssatz der Glosse bedient sich sinnigerweise einer volkstümlichen Formel zur Fernhaltung unerwünschter Gäste.[23]

Handkes Jugoslawien-Narrativ ergab keinen Anlass für eine lokale Kontroverse in Kroatien. Einige Prämissen des Narrativs, etwa der ›jugonostalgische‹ Blick oder die Infragestellung der medial vermittelten Kriegsrealität, darunter auch zentrale Bestandteile des nationalen Gründungsmythos ›Heimatkrieg‹, scheinen im Kontext empirischer Kriegserfahrung sowie der herrschenden Erinnerungsdiskurse gänzlich indiskutabel gewesen zu sein. Die Radikalität der Positionen und ihre weitgehende Übereinstimmung mit der serbischen Doktrin disqualifizierten den Autor zudem auch in den Augen der damaligen kritischen Opposition. Handke wurde zum Objekt einer risikolosen rhetorischen Abrechnung, mit der auf breiter politischer Front ein seltener Konsens in Bezug auf die jüngste politische Geschichte demonstriert werden konnte. Der internationale Image-Verlust, das lokale Zerbild und die Verdrängung der Rezeptionsgeschichte sprachen gegen die Aufnahme des literarisch fast unbekannten und wertlosen, als Skandalfigur exponierten Autors in die Verlags- und Theaterprogramme: Die *Winterliche Reise* blieb die einzige Handke-Übersetzung der 1990er Jahre in Kroatien.[24]

In Rest-Jugoslawien geriet der gleiche Titel, d. h. seine zwei (!) serbischen Übersetzungen und die pompös-offiziös inszenierte Belgra-

---

23 »Daleko mu lijepa kuća!« [»Ferne sei sein schönes Haus!«] (Gradiška: »Kratko pismo za dugo rastajanje«, S. 761).

24 Peter Handke: *Pravda za Srbiju*. Übers. von Ratomir Škunca. In: *Europski glasnik* 2 (2, 1997), S. 121-210.

der Buchvorstellung im Mai 1996 zum eigentlichen Auftakt einer patriotischen Instrumentalisierung und einer Rezeptionswelle ohnegleichen; eine Entwicklung, die sich bereits im Nachfeld des Slowenien-Essays von 1991 abzuzeichnen begann. Der drittklassige Skribent von drüben galt nun hüben, im homogenen Diskurs der staatlich kontrollierten Medien, als eine der größten literarischen, intellektuellen und moralischen Autoritäten der heutigen Welt, die sich im Namen der Wahrheit auf die Seite des verleumdeten serbischen Volkes geschlagen hat. Handkes Stellungnahmen und die internationale Debatte erlebten eine umfassende Verwertung; sie reichte publikationstechnisch von der direkten Kolportage bis zur Blütenlese in Buchform[25], diskurspolitisch vom gezielten Einsatz für tagespolitische Zwecke bis zur weltanschaulichen Legitimierung der offiziellen Doktrin (Opferthese, antiwestliche Affekte u. a.).

Unter diesen Umständen genossen Person und Werk Peter Handkes den Status eines Sonder- und Ehrengastes; einen Status, der durch Handkes ambivalente Haltung zwischen Privatheit und Öffentlichkeit eher genährt als behindert wurde.[26] Eine zentrale Rolle in der patriotischen Engführung von Rezeption und Nation spielte allerdings nicht die Gast-Semantik, sondern eine über alles Persönliche quasi erhabene Freundschafts-Semantik, die sich auf die geteilte Kritik an der westlichen (Medien-)Welt, die intellektuell und ethisch fundierte Solidarität sowie die Riege solidarischer Vorgänger (Grimm, Goethe, Hugo, Tolstoj) und Zeitgenossen (Noam Chomsky, Harold Pinter) beruft. Folgt man den extremsten Beiträgen zu diesem Diskurs, so besteht die besondere Bedeutung von Handkes Schriften für die Nation allerdings nicht nur in der Infragestellung der westlichen Medienkonstrukte, sondern in der Konstituierung einer umfassenden Gegengeschichte, gleichsam als Gründungstexte einer neuen Zivilisation.[27] Unter den gegebenen medi-

---

25 Života Ivanović (Hg.): *Handke i njegovi kritičari. Polemika o Pravdi za Srbiju* [*Handke und seine Kritiker. Polemik über die Gerechtigkeit für Serbien*]. Beograd: Tanjug 1996; ders. (Hg.): *Putovanje sa dugotrajnim dejstvom* [*Reise mit nachhaltiger Wirkung*]. Vorwort von Akademiemitglied Dejan Pavlov Kreculj. Beograd: Karić fondacija 2000; ders. (Hg.): *Treba li spaliti Handkea. Peter Handke i njegovi kritičari* [*Handke verbrennen? Peter Handke und seine Kritiker*]. Beograd: Filip Višnjić 2006.

26 Handke betonte einerseits seine Unabhängigkeit als privat Reisender, exponierte sich andererseits im politisch vereinnahmten Raum (beispielsweise Belgrader Lesungen im Mai 1996; Rede bei der Eröffnung der Belgrader Buchmesse 1997; Besuch in der Redaktion der *Politika* 1999; Besuch bei Milošević in Haag 2005 und Rede bei seiner Beerdigung 2006; öffentliche Unterstützung des Präsidentschaftskandidaten der Radikalen 2008; Annahme diverser Preise für literarische, humanitäre und ›wahrheitspolitische‹ Leistungen 1998, 2000, 2004, 2009).

27 »Peter Handke hat als erster unter den Intellektuellen Europas und der Welt die universelle Bedeutung der Ereignisse auf dem Balkan für die ganze heutige Welt eingesehen. Daher wird sein Buch ›Gerechtigkeit für Serbien‹ in der Geschichte als unzerstör-

en- und diskurspolitischen Umständen war eine kritische Auseinandersetzung mit Werk und Wirkung des ›Serbenfreundes‹ kaum möglich; nur im Ausland stießen die kritischen Stimmen des oppositionellen, ›anderen Serbien‹ auf Resonanz.

Im Fahrwasser der patriotischen Instrumentalisierung erlebte auch die literarische Handke-Rezeption in Rest-Jugoslawien einen Aufschwung. Die Vorgeschichte der lokalen und der globalen Rezeption, in Kroatien verdrängt, wurde hier als Beleg für die Bedeutung des Autors herangezogen und entsprechend aufgewertet. Neben den Texten des Jugoslawien-Narrativs erschienen weitere Titel in Erst- oder Neuauflagen und wurden acht Inszenierungen in Angriff genommen; Paratext und Medienreaktionen zeugen von dem engen Zusammenhang zwischen literarischer Rezeption und politischem Umfeld. Die Übersetzungen schafften allerdings nicht immer den Schritt vom Vorab- oder Kostprobendruck zur Buchform, noch die Theaterproben zur tatsächlichen Aufführung: Das Interesse der breiten Öffentlichkeit für Handkes nicht unmittelbar instrumentalisierbare Texte war erwartungsgemäß nicht viel größer als vor der Politisierung des Autors, während ein Teil seines angestammten Publikums durch ebendiese Politisierung abgestoßen wurde.

Die so genannte zweite Transition in Kroatien und der Sturz der Sozialisten in Serbien, beides im Jahr 2000, führten zu einer Pluralisierung der Diskurse, auch jener um Peter Handke. Die neu gewonnene Offenheit im Zugang zum Universum Handke führte in Kroatien zur stillen (Wieder-)Entdeckung seiner Literatur jenseits des Jugoslawien-Narrativs, änderte allerdings nichts in der einstimmigen Ablehnung von Handkes politischen Thesen. In Serbien dagegen brach nach den Eklats von 2005 und 2006 (Haag-Besuch, Grabrede, Heine-Preis) eine heftige und anhaltende Kontroverse um Peter Handke aus. Vertreter des nationalen Kurses führten die Lobgesänge auf den vermeintlichen Freund der Nation unbeirrt weiter, während Vertreter der erstarkten kritischen Gegenöffentlichkeit den bisher dominanten Diskurs und ihre Träger einer radikalen Kritik unterzogen. Der politische Handke geriet somit zwischen die Fronten der politischen Lager in Serbien und wurde zum Topos in der schwierigen Auseinandersetzung um Vergangenheit und Zukunftsperspektive des Landes.

---

barer Beweis und unbestechliches Zeugnis einer pervertierten Zeit und einer gescheiterten Zivilisation bestehen. Ein einziges Exemplar dieses Buches von biblischem Wert wird ausreichen, um den zukünftigen Generationen alles nahezubringen, was im Verlauf eines Jahrzehnts auf dem Balkan, in Europa und der Welt vor sich ging.«
Ivanović: *Putovanje* (zit. Anm. 25), S. 80.

4

Die Etablierung kultureller ›Nachfolgesysteme‹ auf dem Gebiet des ehemaligen Jugoslawien und die zeitgleich verlaufenden postsozialistischen Transformationsprozesse führten auch im Literatur- und Übersetzungsbetrieb zu tief greifenden Veränderungen. Das föderale System mit der umstrittenen plurizentrischen Verkehrssprache ist ersetzt worden durch eigenständige kulturelle Systeme, deren Eigenständigkeit sich in dem je eigenen Staatswesen mit seinen Institutionen, seiner Kultur- und Sprachpolitik, seinem Buchmarkt sowie in der jeweils besonderen Positionierung im regionalen und europäischen Umfeld offenbart: vom EU-Mitgliedstaat Slowenien mit seinen Beziehungen zur Kärntner slowenischen Kulturpolitik, über den Ausnahmestaat Bosnien-Herzegowina mit separater Anbindung der serbisch bzw. kroatisch dominierten Gebiete an die entsprechenden Nachbarländer, bis hin zu dem unter UN-Schutz stehenden Kosovo mit seinen Beziehungen zum albanischen Sprachraum.

Mit der staatspolitischen Trennung ging in Slowenien und Mazedonien die Präsenz der ehemaligen föderalen Verkehrssprache, mit dem Nachrücken neuer Generationen auch die entsprechende Sprachkompetenz zurück. Der damit gestiegene Übersetzungsbedarf hat zur allerersten mazedonischen Handke-Übersetzung in Buchform geführt (2009), gehört vermutlich auch zu den Ursachen für Handkes Auftauchen in der innerslowenischen Verlagslandschaft (2005) nach langjähriger Dominanz der Kärntner interkulturellen Verlage. Obwohl ein Teil der laufenden Übersetzungsproduktion aus der Region weiterhin im Buchhandel und in Bibliotheken zur Verfügung steht, wobei letztere selbstverständlich auch als Speichergedächtnis der gemeinsamen Rezeptionsvergangenheit dienen, hat der südslawische Kontext der literarischen Transferprozesse in den einzelnen Ländern zweifelsohne an Bedeutung verloren. Dies gilt nicht nur für Slowenien und Mazedonien, sondern paradoxerweise auch für Kroatien und Serbien. Die Auflösung der überregionalen Konstellation ist an den ersten Parallelübersetzungen von Handkes Prosa-Texten ins Kroatische und Serbische abzulesen (*Die Angst des Tormanns beim Elfmeter* und *Don Juan*). Die Übersetzungspolitik der Verlage wird dabei weniger von Distanzierungsaffekten gegenüber den eng verwandten mittelsüdslawischen Sprachgemeinschaften und ihren Literatursprachen geleitet, vielmehr von pragmatischen Entscheidungen in dem grundlegend gewandelten Umfeld.[28]

---

28 Zu den wichtigsten Umständen zählen das Fehlen überregionaler Vertriebsnetze und Medienräume sowie die Schwierigkeiten im grenzüberschreitenden Finanzverkehr. Hinzu kommen die Erwartungen des Publikums: Anders als bei der Rezeption aktueller nachbarsprachlicher Belletristik (die aus den oben genannten Gründen immer häufiger als sprachlich identische Parallelveröffentlichung bei zwei oder mehr Verlagen in der Region erscheint!), erwartet die – über weniger regionale Sprachkontakte als frü-

Mit der nationalstaatlichen Aufsplitterung der Rezeptionslandschaft ist der Zusammenhang von Nation und Rezeption in pragmatischer Hinsicht gestärkt worden. In diskurspolitischer Hinsicht hingegen ist der Zusammenhang inzwischen wieder entschärft, erkennbar nicht zuletzt an der Entpolitisierung des Handke-Transfers. Selektion, Vermittlung und Rezeption folgen wieder überwiegend ästhetischen sowie Kriterien des Literaturbetriebs: Sind literarische Texte doch ›Gast‹ und ›Gabe‹ nicht für diese oder jene nationale oder politische Gemeinschaft, sondern für den einzelnen Literaturvermittler und Konsumenten; oder allenfalls für jenes von Handke imaginierte ›Volk der Leser‹. Im Rückblick zeigen die Wandlungen des regionalen Literaturtransfers auf einmalige Weise, welche Inklusions- und Exklusionseffekte die diskursive Engführung von Rezeption und nationaler Rezeptionsgemeinschaft sowie die damit verbundene Vorstellung von Literatur als fremdkulturellem Gast im literarhistorischen Extremfall entfalten können.

Literatur

Bluhm, Lothar: »»Schon lange... hatte ich vorgehabt, nach Serbien zu fahren‹. Peter Handkes Reisebücher oder: Möglichkeiten und Grenzen künstlerischer ›Augenzeugenschaft‹«. In: *Wirkendes Wort* 48 (1, 1998), S. 68-90.

Djordjević, Mira: »Österreichische Autoren im jugoslawischen Rundfunk«. In: Johann Holzner und Wolfgang Wiesmüller (Hg.): *Jugoslawien – Österreich. Literarische Nachbarschaft*. Innsbruck: Innsbrucker Beiträge zur Kulturwissenschaft 1986, S. 139-143.

Gradiška, Ante: »Kratko pismo za dugo rastajanje«. In: *Marulić* 30 (4, 1997), S. 757-761.

Hafner, Fabjan: *Peter Handke. Unterwegs ins Neunte Land*. Wien: Zsolnay 2008.

Jovic, Dejan: *Yugoslavia: A State That Withered Away*. West Lafayette, Indiana: Purdue University Press 2008.

Katičić, Radoslav: »Jugoslawien im Lichte seiner Sprachen«. In: Dunja Melčić (Hg.): *Der Jugoslawien-Krieg. Handbuch zu Vorgeschichte, Verlauf und Konsequenzen*. 2., aktualis. u. erw. Aufl. Wiesbaden: Verlag für Sozialwissenschaften 2007, S. 255-267.

Konstantinović, Zoran: »Handke u horizontima naših očekivanja« [»Handke und unsere Erwartungshorizonte«]. In: *Književna kritika* XVII (1, 1986), S. 37-40.

Lacko Vidulić, Svjetlan: »Imaginierte Gemeinschaft. Peter Handkes jugoslawische ›Befriedungsschriften‹ und ihre Rezeption in Kroatien«. In: *Germanistentreffen Deutschland – Süd-Ost-Europa. Dokumenta-*

tion der Tagungsbeiträge. Bonn: DAAD 2007, S. 127-151 (zugleich: www.kakanien.ac.at/beitr/fallstudie/SVidulic2.pdf).

Lacko Vidulić, Svjetlan: »Vergangenheitsfalle und Erinnerungsort. Zur Handke-Kontroverse in Serbien seit 1991«. In: Wolfgang Müller-Funk und Marijan Bobinac (Hg.): *Gedächtnis, Identität, Differenz. Zur kulturellen Konstruktion des südosteuropäischen Raums und ihrem deutschsprachigen Kontext.* Tübingen: Narr-Francke 2008, S. 205-215.

Lauer, Reinhard (Hg.): *Serbokroatische Autoren in deutscher Übersetzung. Bibliographische Materialien (1776-1993). Teil 1: Chronologischer Katalog.* Wiesbaden: Harrassowitz Verlag 1995.

Lüsebrink, Hans-Jürgen: »Kulturraumstudien und Interkulturelle Kommunikation«. In: *Konzepte der Kulturwissenschaften. Theoretische Grundlagen – Ansätze – Perspektiven.* Hrsg. von Ansgar Nünning und Vera Nünning. Stuttgart, Weimar: Metzler 2003, S. 307-328.

Melčić, Dunja (Hg.): *Der Jugoslawien-Krieg. Handbuch zu Vorgeschichte, Verlauf und Konsequenzen.* 2., aktualisierte und erweiterte Auflage. Wiesbaden: Verlag für Sozialwissenschaften 2007.

Parr, Rolf und Peter Friedrich: »Von Gästen, Gastgebern und Parasiten«. In: dies. (Hg.): *Gastlichkeit. Erkundungen einer Schwellensituation.* Heidelberg: Synchron 2009, S. 7-14.

Radelić, Zdenko: *Hrvatska u Jugoslaviji 1945.-1991. od zajedništva do razlaza* [*Kroatien in Jugoslawien 1945-1991 von der Gemeinschaft zur Trennung*]. Zagreb: Školska knjiga 2006.

Ramet, Sabrina P. (Hg.): *Balkan Babel. The Disintergration of Yugoslavia from the Death of Tito to the Fall of Milošević.* 4. Aufl. Boulder: Westview Press 2002.

Ramet, Sabrina P. / Mirjana Valent / Vesna Racković: *The three Yugoslavias. State-building and legitimation 1918-2005.* Washington: Woodrow Wilson Center Press 2006.

Toma, Savica: »Peter Handkes Gerechtigkeit für Serbien. Über das Verhältnis von Text und Kontext in der Interpretation«. In: *Germanistentreffen Deutschland – Süd-Ost-Europa. Dokumentation der Tagungsbeiträge.* Bonn: DAAD 2007. S. 109-126.

Žmegač, Viktor / Škreb, Zdenko / Sekulić, Ljerka: »Književnost njemačkoga jezičnog izraza« [»Deutschsprachige Literatur«]. In: *Povijest svjetske književnosti.* Bd. 5. Hrsg. von Viktor Žmegač. Zagreb: Liber u. Mladost 1974.

Tabelle: Peter Handke in den südslawischen Sprachen des ehemaligen Jugoslawien (nur selbständige Publikationen)

	Slowenisch	Kroatisch	Serbisch
bis 1990	Kratko pismo dolgo slovo [**Kurzer Brief zum langen Abschied**]. Übers. V. Klabus. Ljubljana: Državna založba Slovenije 1973. Žalost onkraj sanj [**Wunschloses Unglück**]. Übers. S. Rendla. Ljubljana: Cankarjeva založba 1977. Napačna kretanja. Levičnica. [**Falsche Bewegung. Die linkshändige Frau**]. Übers. G. Jakopin. Ljubljana: Prešernova družba 1983. Pesem trajanju [**Gedicht an die Dauer**]. Übers. A. Kokot. Klagenfurt: Drava 1987. Ponovitev [**Die Wiederholung**]. Übers. S. Borovnik u. K. D. Olof. Klagenfurt: Wieser 1988. Pisateljev popoldan [**Nachmittag eines Schriftstellers**]. Übers. B. Trekman. Klagenfurt: Drava 1989. Poskus o utrujenosti [**Versuch über die Müdigkeit**]. Übers. S. Borovnik u. K. D. Olof. Klagenfurt: Wieser 1990.	**Kaspar**. Übers. S. Knežević. Zagreb: Društvo hrvatskih književnih prevodilaca 1974. Živjeti bez poezije [Auswahl aus: **Die Innenwelt der Außenwelt der Innenwelt; Begrüßung des Aufsichtsrats; Als das Wünschen noch geholfen hat**]. Übers. S. Knežević. Zagreb: CKD SSO 1979. Ljevoruka žena [**Die linkshändige Frau**]. Übers. E. Đerasimović. Zagreb: August Cesarec 1979 [=Beograd: Filip Višnjić 1981 (Brailleschrift)]. Kratko pismo za dugo rastajanje [**Kurzer Brief zum langen Abschied**]. Übers. D. Baron. Zagreb: Znanje 1980 [=Beograd: Filip Višnjić 1983 (Brailleschrift)] Trenutak pravog osjećaja [**Die Stunde der wahren Empfindung**]. Übers. S. Knežević. Zagreb: GZH 1986.	Golmanov strah od penala [**Die Angst des Tormanns beim Elfmeter**]. Übers. D. Gojković. Beograd: Rad 1981 (Neuausg. 1999). Užas praznine [**Wunschloses Unglück**]. Übers. Ž. Radaković. Gornji Milanovac: Dečje novine 1983. Pouka planine Sainte-Victorie [**Die Lehre der Sainte-Victoire**]. Übers. Ž. Radaković. Gornji Milanovac: Dečje novine 1988. Detinja povest [**Kindergeschichte**]. Übers. Ž. Radaković. Gornji Milanovac: Dečje novine 1988. Spori povratak kući [**Langsame Heimkehr**]. Übers. Ž. Radaković. Gornji Milanovac: Dečje novine 1990. Kroz sela [**Über die Dörfer**]. Übers. Ž. Radaković. Gornji Milanovac: Dečje novine 1990.
1991 - 2000	Sanjačevo slovo od devete dežele [...] [**Abschied des Träumers**...]. Übers. V. Smolej u. S. Fras. Klagenfurt, Salzburg: Wieser 1991. Otroška zgodba [**Kindergeschichte**]. Übers. B. Trekman. Klagenfurt: Drava 1991. Nauk gore Sainte-Victoire [**Die Lehre der Sainte-Victoire**]. Übers. B. Trekman. Klagenfurt: Drava 1994. Zimsko popotovanje k rekam		Oproštaj sanjara od Devete zemlje [...] [**Abschied des Träumers**...]. Übers. Ž. Radaković. Vršac: Književna opština Vršac 1992. Još jedanput za Tukidida [**Noch einmal für Thukydides**]. Übers. Ž. Radaković. Beograd: Clio 1995. Pesma za trajanje. **Gedicht an die Dauer** [zweisprachig]. Übers. Ž. Radaković. Beograd: Interpress 1996.

	[...] [**Eine winterliche Reise**...]. Übers. V. Smolej. Klagenfurt u. Salzburg: Wieser 1996. **Die Stunde da wir nichts voneinander wußten**. Ura, ko nismo ničesar vedeli drug o drugem [zweisprachig]. Graz: Forum Stadtpark 1996.		Bezželjna nesreća [**Wunschloses Unglück**]. Übers. Ž. Radaković. Beograd: Narodna knjiga – Alfa 1996 (2. Aufl. 2007). Zimko [sic] putovanje do reka [...] [**Eine winterliche Reise**...]. Übers. Z. Krasni. Podgorica: Oktoih 1996 [Raubdruck]. Zimsko putovanje do reka [...] [**Eine winterliche Reise**...]. Übers. Ž. Radaković. Priština: Grigorije Božović 1996. Letnji dodatak zimskom putovanju [**Sommerlicher Nachtrag**...]. Übers. Ž. Radaković. Priština: Grigorije Božović 1997. Unutrašnji svet spoljašnjeg sveta unutrašnjeg sveta. **Die Innenwelt der Außenwelt der Innenwelt** [Auswahl, zweisprachig]. Übers. Z. Krasni. Beograd: Prosveta 1998. Vožnja čunom ili Komad za film o ratu [**Fahrt im Einbaum**...]. Übers. Ž. Radaković. Beograd: Paideia 2000.
seit 2001	Lucie v gozdu z oneti [**Lucie im Wald mit den Dingsda**]. Übers. Z. Hafner-Čelan. Klagenfurt, Ljubljana, Dunaj: Mohorjeva 2003. **Don Juan** (pripoveduje sam). Übers. Z. Hafner-Čelan. Ljubljana: Cankarjeva založba 2005.	Strah golmana pred jedanaestercem [**Die Angst des Tormanns beim Elfmeter**]. Übers. B. Perić. Zaprešić: Fraktura 2007. **Don Juan** (pripovijeda sam o sebi). Übers. B. Perić. Zaprešić: Fraktura 2008.	Pitajući u suzama [...] [**Unter Tränen fragend**...]. Übers. Ž. Radaković. Beograd: Narodna knjiga – Alfa 2002. Don Huan, po njemu samom [**Don Juan**...]. Übers. Ž. Radaković. Beograd: Clio 2006. Juče, na putu [...] [**Gestern unterwegs**...]. Übers. Z. Krasni. Beograd: Srpska književna zadruga 2007. Mazedonisch: Stravot na golmanot od penal [**Die Angst des Tormanns beim Elfmeter**]. Übers. I. Fidančeva. Skopje: Ili-ili 2009.

GASTLICHKEIT *VERSUS* SOUVERÄNITÄT.
SPRACHE, ERZÄHLUNG UND POLITIK IM KONTEXT EINER KULTUR DER GASTLICHKEIT

BURKHARD LIEBSCH

1. Gewalt und Ungastlichkeit

So alt und ehrwürdig die Gastlichkeit einerseits als ethische Dimension menschlicher Lebensformen sein mag, so unerwartet aktuell ist sie andererseits als theoretisches Thema erst in Folge von Erfahrungen exzessiver Gewalt geworden, die durch Menschenhand eine ganz und gar ungastliche Welt heraufbeschwören. Das gilt von Immanuel Kants Reflexionen über das »inhospitable Betragen« der Europäer auf fremden Kontinenten, deren Einwohner sie »für nichts rechneten«[1], über die von Hannah Arendt beschriebene »Wüste der Nachbarlosigkeit«[2], als die ihr das nazistisch beherrschte Europa erschien, bis hin zu Jacques Derridas Begriff einer demokratischen *hos(ti)pitalité*, die sich selbst angesichts radikaler Feinde bewähren sollte.[3]

Liefen die Staaten des so genannten Westens nicht unter dem Eindruck dessen, was man plakativ als »islamistische Bedrohung« zu bezeichnen sich angewöhnt hat, Gefahr, die gastliche Offenheit ihrer Lebensformen preiszugeben? Wie sollten die Gesellschaften dieser Staaten ihre Offenheit, die sie sich nicht nur unter Berufung auf Sir Karl Popper gerne selbst bescheinigten, angesichts radikaler Feinde aufrecht erhalten, ohne diese dem Schutz des Rechts zu entziehen?[4] Kann ein zur politisch-rechtlichen Einigung strebendes Europa auch als ein angesichts dieser Herausforderung offenes, aufgeschlossenes und gastliches

---

1 Kant: »Zum ewigen Frieden. Ein philosophischer Entwurf«, S. 214f.
2 Arendt: *Elemente und Ursprünge totaler Herrschaft,* S. 713; Bauman: *Modernity and the Holocaust,* S. 123.
3 *Autour de Jacques Derrida. Manifeste pour l'hospitalité.*
4 Vgl. Kohlhammer: »Die Feinde und die Freunde des Islam«; Rorty: »Feind im Visier. Im Kampf gegen den Terror gefährden westliche Demokratien die Grundlagen ihrer Freiheit«, S. 49f.

verteidigt werden?[5] Und zwar Anderen als Fremden gegenüber, deren Fremdheit womöglich in keiner Weise aufzuheben ist? Handelte es sich nur um eine politisch wohlfeile Rhetorik der Aufgeschlossenheit oder einer sogenannten »Einbeziehung des Anderen« (Habermas), die kaum darüber hinwegtäuscht, dass man nicht etwa an einen dem Anderen angesichts seiner unaufhebbaren Fremdheit zukommenden Anspruch gedacht hatte, sondern nur daran, politisch guten Willen zu bekunden, ohne aber daran zweifeln zu lassen, dass es der jeweils eigenen nationalstaatlichen oder transnationalen (europäischen) Souveränität letztlich allein zusteht, über *rechtmäßige* Ansprüche Anderer zu befinden?

Genau dagegen setzte Derrida eine unbedingte Gastlichkeit[6], die sich jeglicher souveränen Verfügung entzieht, wohl wissend, wie sehr die europäische Wirklichkeit einer hyperbolischen Inanspruchnahme dieses Begriffs zuletzt widersprach. Man rufe sich nur die im Westen Europas fast schon wieder vergessenen Verheerungen des ehemaligen jugoslawischen Staates in Erinnerung, die viele nicht mehr für möglich gehalten hatten. Hatte man in Europa etwa nicht aus der nazistischen Diktatur gelernt und in Folge dessen alles dagegen unternommen, dass sich genozidale Exzesse wiederholen? Offenbar nicht. Diese katastrophale Erfahrung vor dem Vergessen zu bewahren, bleibt freilich weitgehend einer narrativen Literatur vorbehalten[7], die sie *als solche* be-

---

5 Vgl. Liebsch: *Gastlichkeit und Freiheit,* Teil B.
6 Besonders Derrida: *Schurken. Zwei Essays über die Vernunft.*
7 Mit guten Gründen forscht man deshalb – der Projektbeschreibung von Evi Fountoulakis und Boris Previšić zufolge – nach »Gastfreundschaft und Ausgrenzung« als Gegenständen narrativer Texte, um etwa zu untersuchen, wie in der Literatur »kulturelle Grenzen Europas« (neu) gezogen oder allererst ausgelotet werden und wie dabei Formen der Assimilation, der Integration oder auch der Exklusion des oder der Anderen zum Vorschein kommen. (Was auch immer das, der oder die Andere sein mag; wie auch immer er, sie oder es begegnen mag, ob als Person oder als namenlose, relative, absolute Andersheit oder radikale Anderheit, die anders als sie selbst zu sein scheint... (Vgl. Ricœur: *Das Selbst als ein Anderer,* Kap. 10.) Angesichts derart disparater Bestimmungen des oder der Anderen ist es kein geringer Anspruch, Formen der Narrativität daraufhin untersuchen zu wollen, ob und wie sie »Gastfreundschaft und Ausgrenzung« zum Vorschein bringen – wobei der suggestive Eindruck erweckt wird, die fragliche Freundschaft sei das, wonach man eigentlich suche, während die Ausgrenzung nur pejorativ ins Spiel zu kommen scheint, als Mangel an Gastfreundschaft oder als deren Verweigerung nämlich, die nichts Gutes verheißt. Tatsächlich rufen höchst komplexe Herausforderungen wie die sog. Globalisierung und Gegentendenzen europäischer Regionalisierung, neue Formen erzwungener Migration und freiwilliger Mobilität die Frage auf den Plan, wie Formen der Aufnahme oder der Abweisung Fremder, die vorübergehend oder auf lange Sicht als unerwartete Besucher, als Eindringlinge oder willkommene Gäste im Leben Anderer auftreten, in ihrer nicht nur politisch-rechtlichen und ökonomischen, sondern auch ethnischen und ethischen Brisanz narrativ allererst sichtbar gemacht werden und wie diese Brisanz zu denken ist. Dabei wird nicht nur die Erzählung, sondern darüber hinaus auch die Sprache selbst als Me-

schreibt, d.h. im Modus der Erzählung *kenntlich macht* und zugleich die Frage wach hält, wie die bezeugte radikale Ungastlichkeit einer durch solche Exzesse verwüsteten Kultur zu einem europäischen Selbstverständnis passt, dem zufolge das politische Leben auf diesem Kontinent vorbildlich dem Gedanken gastlicher Achtung jedes Anderen (und wenigstens der Verhinderung absoluter Missachtung oder Verachtung jedes Anderen) verpflichtet sein müsste. Verschreibt sich Europa nicht seit langem der unbedingten Achtung der Menschenrechte, die jedem Anderen eingeräumt werden, auch Massenmördern und radikalen Feinden? Hat es sich nicht auf diese höchst generöse Art und Weise so weit wie nur möglich für Andere geöffnet – sogar für Andere, die radikal alles in Frage zu stellen scheinen, wofür die politische Identität Europas steht?

Daran machen sich nagende Zweifel geltend. Erweist sich nicht als schreckliche Kehrseite dieser vermeintlichen Generosität die Rigidität, mit der man an den europäischen Grenzen die »Flut« anonymer Fremder abwehrt, denen man nicht nur jedes Recht auf Aufnahme, sondern darüber hinaus auch verwehrt, überhaupt irgend einen Anspruch geltend zu machen? Würde das aber nicht darauf hinauslaufen, jene unbedingte Gastlichkeit, die Derrida mit Levinas verteidigt, zu liquidieren? Kann es sein, dass man auf diese Weise Fremde, die man nicht einmal anhört, um jeglichen Anspruch bringt, *und zugleich* eine Propaganda der weltoffenen Aufgeschlossenheit, des interkulturellen Interesses und des Willkommenseins Anderer betreibt, vorausgesetzt, niemand kommt auf den Gedanken, dem anderswo erfahrenen Elend, der ökonomischen Misere oder schierer Gewalt durch Geltendmachung befremdlicher Ansprüche im stereotyp beschworenen »gemeinsamen Haus« der Europäer entkommen zu wollen?

Verheißt die Beschwörung dieses europäischen *oikos*[8] eine wirkliche, sogar unbedingte gastliche Offenheit Fremden gegenüber, oder bringt sie nur eine Vorstellung politischer Souveränität zum Ausdruck, der zufolge an der Herrschaft im eigenen »Haus« und an der uneingeschränkten Macht über es nicht zu zweifeln ist? Täuscht die Apologetik einer weltoffenen Einbeziehung jedes Anderen am Ende nur darüber hinweg, wie radikal eine unbedingte Gastlichkeit dieses *oikos* im Grunde dieser Vorstellung politischer Souveränität widerstreitet? Dieser Frage gehe ich zunächst nach, um zu zeigen, wie uns ein radikalisiertes Gastlichkeitsdenken zur Rückbesinnung auf das elementarste gastliche Geschehen zwingt, das im Verhältnis von Anspruch und Erwiderung auf den Anderen gewissermaßen den Ursprung der Sprache ständig wie-

---

dium der Gastlichkeit (wieder-)entdeckt. Dieser Spur folgen meine anschließenden Überlegungen.

8   Sofern es sich nicht ohnehin um eine *bavardage irresponsable* handelt, wie Jean Greisch meint: vgl. Greisch: »Repenser l'Europe«, S. 361-376.

derholt.⁹ Nicht erst in der generösen Einräumung gewisser Rechte (bzw. wenigstens eines Rechtes auf Rechte)¹⁰ oder in der Einladung zur Geselligkeit, sondern hier, im zunächst einseitigen Geschehen der Anrede und Inanspruchnahme eines Anderen zeigt sich eine Bestimmung zur Gastlichkeit, die jegliche souveräne Verfügung unterläuft.

Davon jedenfalls versucht uns offenbar Derrida zu überzeugen, ohne damit glauben machen zu wollen, von diesem befremdlichen Gedanken aus lasse sich gleichsam extrapolieren, was wir uns unter einer sozial, politisch und rechtlich konkretisierten *Kultur der Gastlichkeit* vorzustellen hätten. Was Derrida zur Geltung bringt, ist zunächst lediglich das Moment einer untilgbaren Heraus- und Überforderung jeder mehr oder weniger regulierten und beschränkten Gastlichkeit durch eine ihr vorausliegende unbedingte Gastlichkeit, zu der wir, wie er mit Levinas meint, auch gegen unseren Willen bestimmt sind. So gesehen ist es keine Harmlosigkeit, einer solchen Gastlichkeit das Wort zu reden. Denn sie läuft tatsächlich allen tradierten Vorstellungen sozialer und politischer Souveränität, Autonomie und Autarkie radikal zuwider.¹¹ Diese Brisanz wird verkannt, wo man die Gastlichkeit nur als eine Art generöse Zutat zu einem im Übrigen uneingeschränkt seiner selbst mächtigen sozialen oder politischen Subjekt denkt, das sich ihr jederzeit auch wieder entledigen könnte, wenn sie ihm zum Nachteil gereicht.

2. Souveränität versus unbedingte Gastlichkeit

Vom antiken Konzept der Autarkie bis hin zur modernen Philosophie der Autonomie hat sich in Europa unverkennbar eine Vorstellung menschlicher Subjektivität durchgesetzt, der zufolge wir in unserem Selbstsein vor allem darum bemüht sind, uns im Vollbesitz unserer Kräfte selbst zu erhalten und sie zu entfalten in einem kämpferischen Leben, das nicht davor zurückschrecken sollte, sich aufs Spiel zu setzen – vor allem im Kampf um Anerkennung. So sollte sich dieses virile Leben souverän gegen mannigfaltigen Widerstand der natürlichen Welt

---

9 Keineswegs geht es also hier um die obsolete Denkfigur eines historischen Ursprungs der Sprache. Vgl. Derrida: *Die Schrift und die Differenz*, S. 150; Liebsch: »Die menschliche Stimme und die Tradition des Expressivismus« (i. E.).

10 Arendt: *Elemente und Ursprünge totaler Herrschaft*, S. 462 und S. 465.

11 Was allerdings nicht die Konsequenz haben soll, dass unbedingte Gastlichkeit und Souveränität einfach auseinander fallen; vielmehr versucht Derrida, deren Gegensatz als einen politisch fruchtbaren verständlich zu machen. Nachdem er die unbedingte Gastlichkeit, die sich für *jeden Beliebigen* vorbehaltlos öffnen muss, gegen die Macht einer unbeschränkten Souveränität abgegrenzt hat, unternimmt er deshalb alles, sie ihr wieder einzuschreiben. Ob das gelungen ist, muss hier dahin gestellt bleiben (vgl. Derrida: *Schurken*, S. 123f. und S. 189 sowie S. 32 und S. 80 zur Aporetik des Politischen im Spannungsverhältnis zwischen Berechenbarkeit und Unberechenbarkeit).

und Anderer behaupten, um ihn zu überwinden. Selbst im Scheitern an ihm sollte es souverän bleiben, auch um den Preis eines Rückzugs aus der Welt und von den Anderen. »Ziehe dich in dich selbst zurück und bleibe dort«, empfiehlt eine stoische Devise, auf die jeder zurückfallen muss, der im Lebens-Kampf an unüberwindliche Grenzen stößt und scheitert.[12] Dann, so scheint es, bleibt nichts als der Rückzug in das »Haus« des eigenen Selbst, das sein weiteres, autarkes Leben nur um den Preis einer weitgehenden Verarmung seiner Weltbezüge aufrecht erhalten kann. Im Fall einer solchen Absonderung (*anachoresis*) von der Welt, die jegliche Abhängigkeit von den *pragmata*, d. h. von den alltäglich zu besorgenden Dingen, aufheben können sollte[13], herrscht das Selbst am Ende bestenfalls noch souverän über sich selbst, aber über nichts anderes und über keine Anderen mehr. Folgen wir Foucaults mit großem hermeneutischen Aufwand rekonstruierten Geschichte der Selbstkonzepte, so war die Idee eines souverän sich selbst regierenden Selbst nur die Kehrseite einer Idee der Souveränität, die zur Herrschaft über Andere befähigen und sich nicht in einer verkümmerten Autarkie erschöpfen sollte.[14]

So oder so aber blieb das Leitbild einer souveränen Macht über sich und/oder Andere[15] bis weit in die Neuzeit hinein vorherrschend, in der es dann auch zum Vorbild einer politischen Souveränitätslehre bei Jean Bodin, Hugo Grotius und anderen wurde.[16] Sowohl auf der Ebene in-dividuellen Selbstseins als auch auf der politisch-rechtlichen Ebene erscheint freilich die Orientierung an diesem Leitbild inzwischen als anachronistisch. Wie derzeit namentlich die nahezu allgegenwärtigen Fragen des globalen Klimawandels unübersehbar zeigen, erweisen sich die Staaten weltweit als miteinander verstrickt und vernetzt durch Herausforderungen, denen sie nur noch kooperativ und durch eine wesentliche Depotenzierung oder sogar unter Preisgabe ihrer Souveränität gerecht werden können. So zeichnet sich ein Ende des Naturzustands souveräner Staaten ab, auch ohne dass eine kosmopolitische Föderation oder gar ein Welt-Staat an dessen Stelle getreten wäre.

---

12 Vgl. Foucault: *Schriften in vier Bänden*. Band IV, 1980-1988, S. 428 und S. 977.
13 Vgl. Foucault: *Hermeneutik des Subjekts. Vorlesungen am Collège de France (1981/92)*, S. 74, 299; Liebsch: »Lebensformen des Selbst unter dem Druck der Bio-Politik. Kritische Überlegungen zu späten Denkwegen Michel Foucaults«.
14 Zur Kritik an dieser Rekonstruktion, die hier nicht zur Diskussion steht, vgl. Liebsch: »Das menschliche Selbst in Geschichte und Gegenwart. Eine Bilanz der ›Hermeneutik‹ Michel Foucaults«.
15 Ausführlich dazu Foucault: *Die Regierung der Selbst und der anderen. Vorlesung am Collège de France 1982/83*.
16 Dabei ist die Begriffsgeschichte durchaus strittig, bis heute; nicht zuletzt deshalb, weil moderne Souveränitätskonzepte *nachträglich* mit Begriffen der Autarkie und der Autonomie verknüpft wurden. Vgl. Hennis: *Das Problem der Souveränität*, S. 81ff.

Sowohl auf der Ebene der politisch-rechtlichen Koexistenz der Staaten als auch auf der Ebene individuellen Lebens, das sich globalen Vernetzungen gleichfalls kaum noch entziehen kann, hat die (immer schon fragwürdige) Vorstellung, man könne autark oder autonom für sich leben, empfindlich an Plausibilität eingebüßt, seit die Welt nicht mehr »groß genug für uns alle« zu sein scheint (wie Kant noch dachte). Weit mehr als sechs Milliarden Menschen können gewiss kein autarkes bzw. autonomes Leben *indifferent nebeneinander her* führen. Mehr denn je erweist sich das Leben der einen mit dem Leben der anderen, selbst fernster Zeitgenossen, verquickt. Schieres Elend infolge von Hunger oder sog. Neuen Kriegen, aber auch marode Ökonomien und Staaten zwingen Millionen Menschen zur Migration, während andere sich gleichwohl in ihrem Wohlstand einer weitgehend ungehinderten touristischen Mobilität erfreuen, die darauf baut, man werde anderswo *nicht feindselig* behandelt und womöglich *freundlich*, wenigstens auf Zeit, aufgenommen, zumal wenn man auf nichts Anspruch erhebt, was man nicht bezahlen kann.

Während diese Mobilität zunächst nur ein *Recht der Hospitalität* im Sinne Kants für sich reklamiert und sich im Übrigen auf die Mechanismen einer weitgehend *ökonomisierten* Gastlichkeit verlässt, in der womöglich selbst das Lächeln von Bediensteten seinen Preis hat, konfrontiert erzwungene Migration vielfach mit der gegenteiligen Erfahrung: mit keinerlei Gastlichkeit oder Hospitalität rechnen zu dürfen, wenn man auf sie angewiesen ist. Während die Besserlebenden glauben, überall auf der Welt die Rechte einer ökonomisierten Gastlichkeit in Anspruch nehmen zu dürfen, legen die Erzählungen ungezählter *displaced persons*, Exilanten, Kriegsheimkehrer, Vertriebener, Flüchtlinge und Migranten das Ende jeglicher Gastlichkeit nahe, die freiwillig gewährt und auf diese Weise Fremden (befristet oder auf Dauer) eine gastliche Bleibe buchstäblich einräumen würde.

Das *Ethos* einer solchen Gastlichkeit verweist weit bis in eine Zeit zurück, in der Menschen auf einer zunächst spärlich besiedelten Erde nur selten als ganz und gar Fremde unter Gefahr für Leib und Leben darauf angewiesen waren, bei Anderen gastliche Aufnahme zu finden. Dieses regional sehr unterschiedlich ausgeprägte Ethos konnte sich lange gegen eine zunehmende Überforderung durch eine Vielzahl von Fremden behaupten, die sich nach Hungersnöten oder verheerenden Kriegen, nicht selten aber auch wie magisch angezogen von den Verheißungen ferner Länder auf Reisen in eine unabsehbare Zukunft begaben. Infolge dieser Überforderung schien das Ethos der Gastlichkeit mehr und mehr zu verkümmern. Einschlägige historische Forschungen kommen denn auch zu dem Ergebnis, dass sich in der Moderne bestenfalls noch Spuren eines solchen, inzwischen weitgehend ins Private abgedrängten Ethos finden.[17] Zudem hätten Prozesse staatlicher Verrechtlichung und Ökonomisierung diese generöse Praxis wenn nicht liquidiert, so doch kulturell weitgehend bedeutungslos gemacht. Seitdem vor allem national-staatliche Grenzen die Welt durchziehen, bedarf deren Überschreitung einer nach bürokratischen Regeln zu erwerbenden Legitimation, die zur Duldung, zum Asyl oder auch zur Anerkennung einer neuen Staatsbürgerschaft führen kann, aber nicht muss. In jedem Fall hängt die Einräumung des einen oder anderen Status eines fremden Gastes von staatlichen Institutionen ab, deren Entscheidungsbefugnis keine private Willkür mehr unterlaufen kann, ohne mit dem Gesetz in Konflikt zu geraten.

Heute werden solche Grenzen bekanntlich nicht nur von klassischen Nationalstaaten, sondern auch von transnationalen Machtgefügen wie der *Europäischen Union* gezogen, die es seit den Abkommen von Schengen und Dublin höchst effektiv vermocht hat, die Aufnahme oder Abweisung von Fremden an ihre geografische Peripherie zu verdrängen. Flankiert durch das so genannte Flughafenverfahren sowie durch die sog. Drittstaatregelung hat sich daraus, was Deutschland angeht, eine weitgehende Liquidierung der Problematik des Asylrechts ergeben.[18] Unerwünschte Fremde tauchen kaum mehr auf, die womöglich Ansprüche auf gastliche Aufnahme geltend machen könnten. Da nach Deutschland praktisch niemand gelangen kann, der nicht zuvor angeblich sichere Drittstaaten passiert hat, scheint man sich hierzulande jeglicher Verpflichtung, die einmal mit dem (inzwischen weitgehend geschwächten)[19] Recht auf Asyl verknüpft war, entledigt zu haben. Dieses lange Zeit als Lehre aus der NS-Zeit begründete Recht hat man gleichsam den Staaten an der europäischen Peripherie delegiert.[20]

So gelingt es, im Zeichen der europäischen Einigung gleichzeitig zu be-haupten, die EU beherzige diese Lehre in ihrer Fundierung auf den Menschenrechten weiterhin[21] – und zwar in weltweit vorbildlicher Art und Weise –, *und* in Zentraleuropa die historische Hypothek einer der Not Fremder verpflichteten Gastlichkeit abzuwerfen. So streicht man die moralischen Vorteile einer *Rhetorik der Gastlichkeit* weiterhin ein, die alle Menschen (gerade als Fremde) zu achten und einzubeziehen verspricht, und konterkariert dieses Versprechen zugleich durch eine rigoros ungastliche Politik, die es den Grenzbehörden in der Ukraine oder der griechischen, italienischen und spanischen Küstenwache überlässt, ungebetene »Gäste« umgehend wieder dorthin zu schicken, wo sie hergekommen sind. Gegen bares Geld beteiligen sich an dieser Verschwö-

---

17 Hiltbrunner: »Gastfreundschaft«; Peyer: *Von der Gastfreundschaft zum Gasthaus*.
18 Kopp: *Asyl*.
19 Vgl. Artikel 16a, Abs. (2) des Deutschen Grundgesetzes.
20 Vgl. Behlert: »Zuwanderung und Menschenrechte«; Oosting/Bouteillet-Paquet/Henderson: »Eine kritische Analyse der Asylpolitik der Europäischen Union«.
21 Vgl. Farmer: »Never Again?«.

rung gegen die Flüchtlinge auch die Behörden der arabischen Staaten an der südlichen Mittelmeerküste. In dieser großen Konspiration wird jeglicher Anspruch und jegliches Recht Fremder dadurch zunichte gemacht, dass sie nicht einmal die Möglichkeit haben, auf dem Boden Anderer, der Europäer nämlich, aufzutreten, um dort nicht nur »nicht feindselig« behandelt zu werden, sondern womöglich befristet oder auf Dauer Aufnahme zu finden. So unterläuft die EU, ungeachtet ihrer Menschenrechtsrhetorik, konsequent selbst die minimalste Voraussetzung der Kantischen Hospitalität (die zunächst nur ein Besuchsrecht, kein Bleibe- oder Asylrecht meinte und allemal voraussetzte, man könne wenigstens fremden Boden betreten, um diese Hospitalität in Anspruch zu nehmen).[22]

Auf diese Weise gibt man sich in diesem transnationalen Machtgefüge derselben Illusion hin, die auch die abendländische Geschichte des Autarkie- und Autonomiedenkens beherrscht hat: man könne sich angesichts einer widrigen Welt in einen befestigten *oikos* zurückziehen, sei es in den des eigenen Selbst, sei es einer lokalen Lebensform oder eines Staates. Eine analoge Illusion beherrscht die Praxis der politischen Machtausübung wie ein Phantasma, dem zufolge wir uns in einem souveränen Selbstsein selbst genügen und Fremden nichts zu verdanken haben. Demnach genügt es, sie draußen zu halten, ggf. auch im Zeichen einer überaus menschenfreundlichen Rhetorik, die ihnen das Gegenteil, nämlich Achtung und Einbeziehung – und insofern gastliches Entgegenkommen – verspricht.

Allerdings wird dieses scheinbar so überaus generöse Versprechen von dem Vorbehalt durchkreuzt, es möge niemandem einfallen, aus seinem subjektiven Anspruch an Andere, die ihn gastlichen einräumen könnten, ohne weiteres ein *Anrecht* ableiten zu dürfen. Worauf auch immer Fremde Anspruch erheben mögen, ihr Anspruch wird als Anrecht allemal nur von Instanzen eingeräumt werden, die über die Aufnahme Fremder zu befinden haben. Von einer unbedingten Gastlichkeit jedenfalls wissen diese Instanzen scheinbar nichts. Deshalb stellt Derrida fest:

> Wir wissen nur zu gut: niemals lässt sich ein Nationalstaat als solcher, ganz egal, welches sein Regime ist, sei es auch demokratisch [...], auf eine unbedingte Gastlichkeit ein oder auf ein unbeschränktes Asylrecht. Es wäre nie ›realistisch‹, so etwas von einem Nationalstaat als solchem zu erwarten oder zu fordern, er würde immer ›den Einwanderungsfluß eindämmen‹ wollen.[23]

Allerdings nur bis zu einem Punkt, wo der Mangel an Zuwanderung aus demografischen Gründen zum Nachteil gereicht. Auch wenn in diesem Falle die Regeln und Gesetze gelockert werden, die die Einwanderung zuvor restringiert haben, bleiben sie Manifestationen staatlicher Sou-

---

22 Kant: »Zum ewigen Frieden«, S. 213f.
23 Derrida: *Adieu*, S. 116f.

veränität, die aus eigener Machtvollkommenheit darüber befindet, wer wie lange und unter welchen Umständen das Recht hat, sich bedingt, befristet oder auf Dauer als Gast oder als Anwärter auf volle Mitgliedschaft im politischen Gemeinwesen auf dessen Boden aufzuhalten. Dabei bleibt es grundsätzlich auch dann, wenn es sich um ein trans- oder internationales Machtgefüge wie die EU handelt.

Läuft ein solches Souveränitätsdenken nun aber nicht darauf hinaus, den Anspruch des Fremden gegenstandslos zu machen? Wenn allein souveränen politisch-rechtlichen Instanzen die Entscheidungsbefugnis darüber zukommt, ob und wie ein Anspruch Fremder Gehör finden, eingeräumt und berücksichtigt werden soll, wie kann ihm *als solchem* dann überhaupt noch irgend ein Gewicht zukommen?[24]

Die neuere philosophische Diskussion um den Begriff einer ökonomisch, rechtlich, politisch und ethisch differenzierten und zugleich kulturhistorisch entfalteten Gastlichkeit ist überhaupt nicht zu verstehen, wenn nicht gesehen wird, wie sie sich mit dem *Gegenbegriff der Souveränität* auseinandersetzt, der eine absolute Verfügung über den Anspruch des Fremden impliziert – auch im Namen einer Europarhetorik, die unbedingte Menschenrechte als Lehren aus einer desaströsen Geschichte verteidigt, welche Europa zur Zeit des NS-Regimes (beinahe) zu einem radikal ungastlichen Kontinent hat werden lassen.[25] Läuft nicht auch diese Rhetorik darauf hinaus, dass alles, was dem Fremden als Anspruch zukommt, *souverän eingeräumt* wird – auch und gerade im Zeichen einer Gastlichkeit, die ihn als Fremden zu achten und einzubeziehen behauptet? Heißt nicht einer solchen Souveränität anzuhängen und sich einem von ihr gedeckten Phantasma politischer Autonomie hinzugeben, die sich im eigenen Selbst verschanzt, schlechterdings überhaupt keinen unabhängig von ihr »zählenden« Anspruch irgendeines Fremden mehr gelten lassen zu können?

Genau diese Überlegung hat vor allem Derrida dazu bewogen, der Idee politischer Souveränität, die von einem autarken Selbst ausgeübt würde, einen *unbedingten* Anspruch des Fremden bzw. *jedes Anderen als eines Fremden* entgegenzusetzen. Wenn es überhaupt einen solchen (nur zu bezeugenden, aber niemals beweisbaren) Anspruch gibt, so muss er Derrida zufolge jeglicher souveränen Verfügung über ihn entzogen gedacht werden. *In der Konfrontation mit einem solchen Anspruch gelangte demnach jegliche politische Souveränität an ihre unüberwindliche Grenze*, weil sie sich *unumgänglich nachträglich*, zu spät nur zu einem Anspruch verhalten kann, der *ihr immer schon zuvor gekommen* ist. Immer schon, heißt das, ist dieser Anspruch bereits auf den Plan getreten und im Spiel, wenn man sich dazu entschließt, ihn abzuweisen (oder ihm Statt zu geben). Selbst im Fall rigoroser Abweisung

---

24 Vgl. Liebsch: »Anspruch *versus* Recht des Fremden«.
25 Zu dieser Deutung ausführlich Liebsch: *Gastlichkeit und Freiheit,* Teil B.

können diejenigen, die sie zu verantworten haben, nicht umhin, sich eben dadurch zu ihm verhalten zu müssen. Diese Verspätung wird niemals aufholbar sein, auch nicht durch eine Politik der Exklusion, die wie an den Südküsten Europas offenbar darauf hinauslaufen soll, *dass erst gar kein Anspruch erhoben werden und zur Geltung kommen kann.* Aber sterben nicht selbst jene *boat people*, die man auf hoher See ihrem Schicksal überlassen hat, einen einsamen Tod im Zeichen ihres Anspruchs auf Aufnahme? Und sind nicht selbst jene zuvor bereits auf nordafrikanischem Boden zurückgewiesenen Flüchtlinge als Abgewiesene im Herzen Europas präsent?

In der von Derrida verteidigten Sicht setzt jede – sei es verrechtlichte, sei es ökonomisierte, sei es politisierte oder privatisierte – Gastlichkeit damit ein, dass Antwort gegeben wird auf einen Anderen, der zuvor entweder ausdrücklich danach begehrt hat oder wenigstens in seinem Angewiesensein auf Gastlichkeit wahrgenommen wurde. So gesehen keimt die Herausforderung zur Gastlichkeit vielleicht nur aus einem Klopfen (an der Tür) oder aus der wortlosen und dennoch »sprechenden« Präsenz eines Gesichts (oder vieler Gesichter) – wie an den Südküsten Europas, wo Tausende ihr Leben riskieren, um den idealisierten nördlichen Kontinent zu erreichen und dort gastliche Aufnahme (wenn schon nicht Gast*freundschaft*) zu finden. Was sie tatsächlich vorfinden (wenn sie nicht sogleich kommentarlos wieder abgeschoben werden), ist freilich vielfach nur die Ungastlichkeit von Asylen, in denen sie auf unabsehbare Zeit ihr nacktes Leben fristen müssen, oder die Ungastlichkeit einer befristeten Duldung, die ihnen kein Willkommen signalisiert.[26]

So kann das in Europa ohnehin weitgehend ausgehöhlte Asylrecht eine ungastliche Aufnahme nach sich ziehen, die kein gutes Leben mehr ermöglicht. Umgekehrt ist nicht zu leugnen, dass auch die rigoroseste Abschiebungspolitik nicht umhin kann, immer schon mit einem (ggf. wortlos, in der bloßen Präsenz Fremder zur Geltung kommenden) Anspruch auf Aufnahme zu tun gehabt zu haben. Selbst dort, wo *keine gemeinsame* Sprache zur Verfügung steht, in der ein solcher Anspruch artikuliert werden könnte, müssen wir davon ausgehen, dass durch den wortlosen Anspruch des Anderen der Horizont einer Sprachlichkeit eröffnet ist, der jedes, auch scheinbar absolut indifferentes Verhalten in ihm unter dem Aspekt der Gastlichkeit signifikant werden lässt.

So wird auch die wortlose Abweisung des Fremden als *Vergleichgültigung* eines Anspruchs auf Aufnahme verständlich, der nicht von

---

26 Inzwischen sind wir freilich mit einer politisch opportunen (wenn nicht opportunistischen) Rhetorik des Willkommens konfrontiert, das bei näherem Hinsehen vielfach jedoch nicht Fremden als solchen gilt, sondern von der Sorge geprägt ist, es könnte aus bekannten demografischen Gründen hierzulande bald an »neuen Deutschen« fehlen. Besonders »willkommen« sind daher nur Fremde, die der quantitativ ungenügenden Reproduktion der Bevölkerung nachzuhelfen versprechen.

sich aus gleichgültig *ist*. Wir können nicht umhin, diesen Anspruch zu realisieren, selbst wenn wir uns weigern, ihm Rechnung zu tragen. In diesem Falle übersehen und überhören wir, was doch zu sehen und zu hören ist, ohne aber unser Hinhören und Hinsehen erzwingen zu können. In diesem Sinne kann hier nur in einem sehr weiten Sinne vom Anspruch des Anderen und von der Eröffnung einer an keine gemeinsame Sprache gebundenen Ansprechbarkeit die Rede sein: Der An-spruch des Anderen begründet kein Recht auf Aufnahme. So wie das Asylrecht oder ein Gastrecht regelt ein privates Ethos, unter welchen Umständen *wer wie unter welchen Bedingungen* und *für wie lange* Aufnahme findet.

In rechtlich-politischer, in ökonomischer oder in privater Hinsicht haben wir es jedes Mal mit der Regelung einer Art Schwellensituation zu tun, in der sich nach Maßgabe der aufnehmenden Instanz entscheidet, ob, wie und unter welchen raum-zeitlichen Umständen jemand aufgenommen wird. Jedoch kann die mehr oder weniger gewährte Gastlichkeit dieser Instanz nicht umhin, sich auf der Spur einer ihr zuvor immer schon ins Spiel gekommenen Herausforderung zur Gastlichkeit zu bewegen. Jenen Anspruch des Anderen können wir nicht *nicht* vernehmen. In diesem Sinne sind wir geradezu dazu verurteilt, ihn empfangen zu müssen. In dieser eigentümlichen Nötigung erkennt ein Philosoph wie Levinas die primäre Gastlichkeit menschlicher Subjektivität, aus der indessen in keiner Weise folgt, ob ein Anderer oder viele Andere vorübergehend oder auf Dauer Aufnahme findet (bzw. finden oder finden müssen) und wie dies in einer praktisch gelebten Kultur der Gastlichkeit geschehen soll, die sich nicht nur zur Aufnahme Anderer nötigen lässt, sondern sie tatsächlich willkommen heißt (und es nicht bei Floskeln bewenden lässt [*you are welcome*]).

3. Sprache, Erzählung und Gastlichkeit

Diese Überlegungen verweisen uns auf die *Gastlichkeit menschlicher Sprache*, zu der wir bestimmt sind, insofern wir den Anspruch des Anderen vernehmen müssen bzw. nicht *nicht* vernehmen können. Doch das Hören-können oder -müssen bedeutet nicht, dass man *aufeinander* hören müsste bzw. dass die Stimme des Anderen in jedem Falle *zählt*. Das kaschiert die in der Hermeneutik eingebürgerte Rede von einem sprachlichen »Haus des Seins« und von einem Gespräch, das wir angeblich »sind«, seit wir »hören können voneinander«.[27] Tatsächlich ist die Gast-

---

27 Hölderlin, auf den dieses Zitat zurückgeht (»Versöhnender, der du nimmer geglaubt...«, in: *Werke,* S. 411f. [=W]), liebäugelte zunächst zwar mit dem Ideal einer gastlichen Natur, die jede Anstrengung einer erst einzurichtenden und aufrecht zu erhaltenden Kultur der Gastlichkeit als überflüssig erscheinen lassen kann (W, S. 189).

lichkeit einer Sprache, in der sich jedes Mal neu erweisen muss, ob man nicht nur den Anderen hört, sondern ihm auch Gehör schenkt, durch nichts anderes verbürgt als durch ihren Vollzug, d. h. durch die lebendige Anrede und Erwiderung, die, wenn sie ausbleibt, buchstäblich sprachlos macht und uns am Ende aus jedem menschlichen *oikos* ausschließt, ganz gleich wie viel verbalen Lärm wir machen mögen, um dagegen aufzubegehren, dass man uns hört, aber nicht auf uns hört und mit uns spricht.[28] So gesehen ruht die durch die Sprache (in einer Vielzahl heterogener Idiome) zu realisierende Gastlichkeit auf der Ansprechbarkeit eines responsiven Subjekts[29], das sich tatsächlich von An-

Sein poetisch entfaltetes Denken der Gastlichkeit nimmt dann jedoch nicht etwa an der Erhaltung des physischen Lebens, sondern an einer radikalen, scheinbar unaufhebbaren Fremdheit Maß, die das eigene Selbst, die Anderen und die Welt rückhaltlos erfasst. »Ich selbst [bin] ein andrer«, und »ein anderer ist der Mensch« (W, S. 209 und S. 250). Das Selbst findet sich als »Fremdling in der Welt«, der nicht einmal in sich selbst »Asyl« finden wird (W, S. 664). So wechselt es ständig »wie Nomaden den Wohnort« und sieht sich immer aufs Neue »zurück ins Leben der Menschen« verwiesen (W, S. 223). Doch »wehe dem Fremdling, der zu solchem Volke [den Deutschen] kommt«; »sie leben in der Welt, wie Fremdlinge im eigenen Hause« (W, S. 796ff.). »Kein friedlich Bleiben« scheint unter ihnen denkbar (W, S. 262). Während es im *Hyperion* als fragwürdiges Privileg welt-fremder Einzelner gilt, derart der Heimatlosigkeit überantwortet zu sein, schreibt Hölderlin im Gedicht »Die Aussicht«, immer »in die Ferne« gehe »der Menschen wohnend Leben« (vgl. W, S. 679f. und S. 568). Den »Heimatlosen« – und das scheinen nun ausnahmslos alle Sterblichen zu sein –, bleibt so nur die Sprache als Medium der Gastlichkeit. Doch das Hören-können bedeutet auch hier nicht, dass man aufeinander hört bzw. dass die Stimme des Anderen *zählt*. Denn zunächst nur »ein Zeichen sind wir, deutungslos« – »und haben fast die Sprache in der Fremde verloren«, fortan dazu verurteilt, uns vergänglicher Worte zu bedienen, »armselige[r] Mitteldinge von Etwas und Nichts«. Obgleich die Seele sich »sträubt gegen das Wesenlose«, wie es im *Thalia-Fragment* heißt (W, S. 573 und S. 646), gerät der Held des Dichters im *Hyperion* (und dessen Leser) auf diese Weise »von einer Fremde in die andere« (W, S. 779). Verstehen lässt sich das nur mittels einer Übertragung »in fremden analogischen Stoff« (W, S. 932). So ist die Sprache weit entfernt davon, als »Haus des Seins« eine Art *oikeiosis* und damit die Aufhebung jeglicher Fremdheit zu versprechen, die sich das Selbst in der natürlichen und gesellschaftlichen Welt und in sich selbst zugezogen hat. Unaufhebbar befremdet hofft es zwar auf eine gastliche Gesellschaft, die dazu fähig wäre, »die Fülle des Guten friedlich [zu] teilen« (W, S. 613). Doch die Erfahrung lehrt: die Anderen »öffnen die Tür und verschließen ihr Herz«; und Krieg herrsche »unter der Larve des Friedens« (W, S. 624f.).

28 Wie aktuell dieses Problem einer sprachlich zu realisierenden, aber stets prekären Gastlichkeit in der Politischen Philosophie ist, zeigt u.a. der Ansatz Jacques Rancières in *Das Unvernehmen;* vgl. dazu Liebsch: »Ethik als anti-politisches Denken«.

29 Und nicht etwa auf einem ontologischen Fundament des Wohnens in der Sprache, wie es Heidegger in bedenkenswerten Passagen seines Trakl-Kommentars beschrieben hat; vgl. *Unterwegs zur Sprache,* insbesondere S. 38ff. Hier wird der Begriff der Sprache ausdrücklich im Zeichen unaufhebbarer Fremdheit entwickelt, so dass sich der Text als ein Beitrag zum Verständnis der Sprache als einem Geschehen der elementarsten

deren ansprechen und in Anspruch nehmen lässt, um seinerseits eine Antwort zu geben, die ihren Namen verdient.

Die Ansprechbarkeit eines responsiven Subjekts hat Levinas bereits in seinem ersten Hauptwerk als dessen Gastgeberschaft beschrieben. Das menschliche Subjekt sei »ein Gastgeber«, heißt es in *Totalität und Unendlichkeit* (1961).[30] Zur Gastgeberschaft, die angeblich nicht umhin kann, auf den Anspruch des Anderen zu hören, sei es bestimmt, selbst wenn es in sog. Xenophobie, in radikaler Feindschaft oder im Hass jegliche Spur eines fremden Anspruchs sich vom Hals zu schaffen sucht, der in ihm selbst ohne vorherige Einwilligung zur Geltung kommen könnte.[31]

Hat nicht sowohl derjenige, der wörtlich oder im übertragenen Sinne »herein bittet«, als auch derjenige, der sich blind und taub stellt gegen jegliches Zeichen eines Aufnahme-Begehrens, dieses immer schon und unvermeidlich vernommen? Gilt Entsprechendes nicht für eine zur Gastlichkeit bestimmte menschliche Subjektivität wie auch für kulturelle Lebensformen, ja sogar für transnationale politische Ökonomien wie die europäische, die sich gegen die Ansprüche Fremder auf Aufnahme zur Wehr setzen?[32]

Ich werde im Folgenden diesen Gedanken zu erhärten versuchen und dabei eine *primäre Gastlichkeit*, zu der wir im Hinblick auf einen uns nicht zur Disposition stehenden Anspruch des Anderen bestimmt sind, von einer *sekundären Gastlichkeit* deutlich unterscheiden. Letztere zeigt sich in einem privaten Ethos, in einer ökonomisierten und verrechtlichten Gastlichkeit darin, wie nach Maßgabe von gastgebenden Instanzen die Aufnahme Anderer (die keineswegs unmittelbar *als* Fremde begegnen müssen) gewährt und gestaltet wird. Diesen Instanzen steht nur die sekundäre, nicht aber die primäre Gastlichkeit zu Gebote. Diese kommt jeglicher Macht, die sie begrenzen oder zu liquidieren versuchen könnte, zuvor. Und auch die sekundäre Gastlichkeit stellt die souveräne

---

Form der Gastlichkeit verstehen lässt. Fraglich aber ist, ob hier nicht das vor aller Rede primäre Hören (»auf die Zusage des zu-Denkenden«) als ein »Sichsagenlassen« doch vollkommen desozialisiert wird, denn es ist zweifellos kein personaler Anderer, dem diese Zusage zu verdanken sein soll (vgl. ebd., S. 180f.), obgleich es allein »der Mensch« (nicht etwa ein Anderer) sein soll, den die Zusage der Sprache »trifft« (ebd., S. 196).

30 Levinas: *Totalität und Unendlichkeit*, S. 28, S. 434f. Vgl. dagegen, mit Blick auf eine Phänomenologie des Hörens, den deutlich gegen Levinas abgesetzten Begriff der Responsivität bei Waldenfels: *Das leibliche Selbst*, S. 368ff. und S. 380ff. Diesen Begriff müsste man gegen den Begriff der Souveränität ausspielen, an dem Derrida als Gegensatz zur unbedingten Gastlichkeit noch allzu sehr festhält und den er sogar affirmiert, wenn er sagt, es gebe keine Selbstheit ohne Souveränität (*Schurken*, S. 27f. und S. 42). Das sei hier mit guten Gründen zu bestreiten, hier aber nicht weiter zu erörtern.

31 Wie Derrida betont in *Von der Gastfreundschaft*.

32 Vgl. Liebsch: *Für eine Kultur der Gastlichkeit*, Kap. V.

Verfügung dieser Instanzen über den Raum, den sie als gastlichen einräumen, in Frage.
Niemals können wir im vorhinein wissen, wen wir hereinlassen.[33] Weder das Selbst des Fremden noch auch das des vertrauten Anderen, des Freundes oder des uns An- und Zugehörigen lässt sich erkennen. Unversehens entpuppt sich der Vertraute als unheimlicher Gast; und selbst eine der Gastlichkeit ausdrücklich verpflichtete Politik, die sich im *oikos* der eigenen Ökonomie scheinbar unüberbietbar tolerant und weltoffen gibt, erweist sich als *von einer »gespenstischen« Alterität beunruhigt*, die sie niemals los wird, wenn sie sich tatsächlich für den Anderen, für jeden Anderen *als Fremden* aufgeschlossen erweisen soll, wie es eine rechtschaffene Rhetorik der »Einbeziehung« ja ausdrücklich fordert.[34]

Diese Alterität eignet nicht nur dem ethnisch Fremden, sondern jedem Anderen, den wir angesichts seiner Anderheit aufnehmen oder schon aufgenommen haben. Sie eignet auch uns selbst, die wir uns geradezu »als ein Anderer« (*comme un autre*) erfahren, wie Ricœur sagt – als ein Anderer, der sich selbst fremd erscheint im eigenen Haus; auch im *oikos* des eigenen Selbst, das keine Selbsterkenntnis jemals ausreichend vertraut machen wird. Diese dem Selbst paradoxerweise *eigene Fremdheit* widerfährt ihm nicht erst im Nachhinein, sondern konstituiert es von Anfang an, wo es mehr oder weniger gastlich Aufnahme im Leben Anderer gefunden hat, sei es in familialen, sei es sozietären Lebensformen, die die Gastlichkeit im günstigsten Fall zu ihrem eigenen Anliegen machen, um sie nicht etwa nur widerwillig einzuräumen,

---

33 Westermarck: *Ursprung und Entwickelung der Moralbegriffe*, Bd. 1, S. 479. Dennoch lässt sich die Aufnahme des Anderen als ein *Versprechen* begreifen, ihm gastlich zu begegnen (vom Willkommenheißen über die Sorge für das leibliche Wohl bis hin zur Achtung seiner Alterität) – was ungeachtet aller Regeln und Konventionen, die dieses Versprechen beschränken, niemals die mögliche Überforderung ausschließt, die allein schon darin liegt, dass man nicht im Vorhinein *wissen* kann, wen man aufnimmt. Das gilt auch für Andere, die man nicht *als* Gäste aufnimmt, die sich aber als (»bloße«) Gäste erfahren können. Schließlich braucht sich die subjektive Erfahrung nicht zu decken mit der jeweiligen sozialen Rolle, die jemand gerade spielt oder zugewiesen bekommt. So kann man sich im Widerspruch zu dieser Rolle auch selbst zum bloßen (nie wirklich angekommenen oder nicht bleiben könnenden...) Gast erklären, um sich einer Vereinnahmung durch Andere symbolisch zu entziehen. Niemand *ist* je einfach Gast (weder »auf Erden« noch im Sein); vielmehr wird man durch Andere bzw. durch das Wie ihrer Aufnahme zum Gast oder macht sich zum Gast. Von den zahllosen Variationen, die die *Rolle* des Gastes zulässt, sollte man aber die *Dimension* der Gastlichkeit unterscheiden, die nicht davon abhängt, dass Andere explizit *als* Gäste aufgenommen werden. Schließlich sprechen wir auch von der Gastlichkeit eines Hauses (und im übertragenen Sinne auch von der Gastlichkeit einer Kultur).

34 Vgl. demgegenüber Derrida: *Marx' Gespenster*, sowie Liebsch: *Menschliche Sensibilität. Inspiration und Überforderung.*

sondern um sie zu kultivieren, selbst niederträchtigen Feinden gegenüber, die sie unter den Schutz des Rechts stellen. *Von einer entsprechend kultivierten (sekundären) Gastlichkeit bzw. von deren Gelingen und Scheitern legen Erzählungen Zeugnis ab, die vermittels ihrer Rezeption in die gelebte Kultur der Gastlichkeit zurückwirken und sie refigurieren.* So bringen in diesem hermeneutisch-mimetischen Kreisprozess [35] Erzählungen Schicksale der Gastlichkeit zum Vorschein und schreiben sie in eine Sprache ein, die wir ihrem eigentlichen Sinn nach als eine dem Anspruch des Anderen Antwort gebende und insofern ihrerseits »gastliche« zu verstehen haben.[36]

Davon legen Erzählungen gerade dadurch *indirekt* Zeugnis ab, dass sie narrativ vor Augen führen, wie eine zunächst unbeschränkte, jedem Anderen als Fremdem gegenüber aufgeschlossene primäre Gastlichkeit durch sekundäre Regelungen und Beschränkungen reduziert wird. Dabei ist die Reduktion oder Beschränkung der (primären) Gastlichkeit keineswegs umstandslos als Abfall von ihrem ursprünglich reinen, unbedingten Sinn zu verstehen. Denn eine reine, unbedingte und unbeschränkte Gastlichkeit ist überhaupt nicht zu leben. Vielmehr ist die Gastlichkeit *nur durch Beschränkung realisierbar*. Gegen ihre Beschränkung kann man also nicht den Vorwurf erheben, den Sinn der (unbedingten) Gastlichkeit allein schon durch deren reduzierte Realisierung geradezu zu pervertieren. *Praktisch* haben wir überhaupt nicht die Wahl zwischen einer unbeschränkten und reinen Gastlichkeit einerseits und beschränkter Gastlichkeit andererseits, sondern nur zwischen verschiedenen Formen beschränkter Gastlichkeit, die sich aber sämtlich der Herausforderung der primären Gastlichkeit stellen müssen.

Dabei kommt es entscheidend darauf an, dass sich diese Formen in ihrer Beschränktheit nicht selbst genügen, dass sie vielmehr als beschränkte nur zu verstehen sind, wenn vorauszusetzen ist, dass sie eine zunächst nicht beschränkte Gastlichkeit einschränken, von der sie herausgefordert und überfordert werden. Ohne Heraus- und Überforderung durch eine zunächst unbedingte (primäre) Gastlichkeit, die sich jeglicher souveränen Verfügung entzieht, gibt es überhaupt keine (sekundäre) Gastlichkeit, die ihren Namen verdiente. Denn in einer sekundären Gastlichkeit, die autark oder autonom ihre Grenzen bestimmen könnte, käme ein Anspruch des Anderen als eines Fremden, auf den sie – unvermeidlich nachträglich – Antwort zu geben hätte, überhaupt nicht mehr vor.

Levinas und Derrida haben die Unterwanderung einer vermeintlich souveränen Subjektivität, die sich Illusionen der Autarkie und Autonomie hingibt, bereits im elementarsten sprachlichen Geschehen von Anrede und Erwiderung ausgemacht, das als ein responsives Verhältnis

---

35 Vgl. Ricœur: *Zeit und Erzählung I-III*.
36 Als ein prägnantes Beispiel wäre Hölderlins *Hyperion* zu nennen.

zum Anderen zu beschreiben ist, in dem sich jedes Mal ereignet, was Derrida die Eröffnung der Sprache als solcher nennt.[37] Sie fordert jedes angesprochene Subjekt zur Antwort auf einen ihm vorausliegenden Anspruch des Anderen heraus und erweist sich so als ein zur Gastlichkeit bestimmtes Medium der Mitteilung.

Auf diese elementarste sprachliche Gastlichkeit (oder Gastlichkeit der Sprache als eines Geschehens von Anrede und Erwiderung) ist jede auf sie gleichsam aufgepfropfte, komplexere Form der Gastlichkeit angewiesen: ein sittliches Ethos der Gastlichkeit setzt sie ebenso voraus wie deren Ökonomisierung und deren Verrechtlichung, über deren Bedingungen ein nationaler Staat oder ein transnationales Machtgefüge souverän zu entscheiden sich anmaßt. Eine radikale Ethik der Gastlichkeit, wie sie bei Levinas und Derrida vorzuliegen scheint[38], insistiert darauf, dass es sich hier in der Tat um eine Anmaßung handelt, die Gefahr läuft, eine ihr nicht zur Disposition stehende und ihr vorausliegende primäre Gastlichkeit ganz und gar zu verkennen. Doch kann eine solche Ethik nicht zeigen, wie der Widerstreit zwischen der primären und unbedingten Gastlichkeit, die von Anspruch des Anderen her ins Spiel kommt, einerseits und einer wie auch immer (privat, sozial, politisch, rechtlich) beschränkten und reduzierten Gastlichkeit andererseits zum Vorschein kommt, wie er auszutragen und auszuhalten ist.

Die Funktion, dies zu zeigen, übernehmen vor allem *narrative Texte*, die Erfahrungen der Gastlichkeit (und mehr noch der Ungastlichkeit) *zum Gegenstand haben* und ihrerseits auf gleichsam gastliche Aufnahme bei denen angewiesen sind, die sie vermittels ihrer Rezeption auf eine (wie mangelhaft auch immer) gelebte Kultur der Gastlichkeit zurückwirken lassen. Auf diese Weise schließt sich der Zirkel einer *narrativ vermittelten Gastlichkeit*, die in der Rede ihren Ursprung hat, um sich sodann in sozialen, politischen, ökonomischen und rechtlichen Formen auszuprägen, von deren Gelingen, Scheitern und Aporien Erzählungen berichten, die sich zunächst mimetisch an eine Kultur der Gastlichkeit anlehnen, um sie dann ihrerseits narrativ zu refigurieren. Mit der zwiespältigen Bedeutung dieses Ausdrucks befassen sich die nachfolgenden Überlegungen.

---

37 Siehe oben, Anm. 9, sowie die Anm. 30 zum Verhältnis von Gastlichkeit, Souveränität und Responsivität, das genauer ausgearbeitet zu werden verdiente. Dabei würden zweifellos empfindliche Gegensätze zwischen den genannten Bezugsautoren zu Tage treten, die hier nicht zur Diskussion stehen.

38 Dieser Ausdruck ist an dieser Stelle nur mit Vorsicht, sozusagen provisorisch zu gebrauchen. Weder bei Derrida noch bei Levinas handelt es sich im üblichen Sinne um eine Ethik (etwa des »guten Lebens«). Vielmehr geht es beiden Philosophen darum, zu bedenken, wie eine ethische Beziehung zum Anderen ihrerseits ins Leben gerufen wird. Vgl. Levinas: *Ethik und Unendliches*, S. 69. Im Übrigen entzieht Derrida in *Schurken* (S. 199) den Begriff der unbedingten Gastlichkeit (bzw. Gastfreundschaft) auch dem Ethischen als solchen.

4. Zu einer Kultur der Gastlichkeit

Mit der Rede von einer Kultur der Gastlichkeit kann zum einen eine *kultivierte* bzw. *gepflegte Gastlichkeit* gemeint sein. In diesem Falle würden wir uns zunächst an bestimmten, herausragenden, etwa »kulinarischen« bzw. »exklusiven« Formen der Gastlichkeit orientieren, von denen andere weniger kultivierte zu unterscheiden wären. Diese Formen ließen sich als Formen kulturellen Lebens unter vielen anderen verstehen, ohne dass es nahe liegen würde, *alle* diese Formen insgesamt als gastliche zu verstehen.

Genau das legte aber Derrida nahe, als er sagte: Gastlichkeit sei »die Kultur selbst«.[39] Das heißt, Gastlichkeit mache eigentlich das aus, was wir *unter kulturellem Leben überhaupt* zu verstehen hätten. Für Derrida bedeutete das: es sei unbedingt zu einer unhintergehbaren Aufgeschlossenheit für Andere bestimmt. Selbst der rigideste Abgrenzungsversuch kann demnach nicht umhin, sich zu immer schon zuvor präsenten, uns in Anspruch nehmenden Anderen verhalten zu müssen. In gewisser Weise muss die Abgrenzung den Anderen zunächst eingelassen haben, um ihn ausschließen zu können – was im Rahmen jener *sekundären Gastlichkeit* immer möglich bleibt, die tatsächlich eingeräumt und freiwillig gewährt (oder auch verweigert) wird; und zwar in einem Stellung nehmenden Verhalten zu einem *konkretisierten Anspruch* auf Nahrung, Obdach, Aufnahme, Duldung, Asyl usw. Erst hier, auf dieser sekundären Ebene, kommt ein Bezug auf soziale, ökonomische, politische, rechtliche und geschichtliche Dimensionen der Gastlichkeit ins Spiel, ohne die kulturelle Lebensformen nicht zu denken sind; und zwar besonders dann, wenn sie sich in ihrer primären, zunächst unbedingten Gastlichkeit *überfordert* erfahren. Tatsächlich bringt die *primäre* Gastlichkeit, wenn sie unbedingt sein soll, eine potenziell dramatische *Überforderung*[40] kultureller Lebensformen ins Spiel, die keineswegs die Frage

---

39 Derrida: *Cosmopolites des tous les pays, encore un effort!*
40 Levinas und Derrida bringen eine nachhaltige Überforderung menschlicher Lebensformen zur Geltung, indem sie sie *de-limitieren* im Hinblick auf außer-ordentliche Ansprüche Anderer. So unterlaufen sie die Vorstellung, jenseits der Grenzen einer (partikularen) Lebensform gingen uns Andere nichts an. Aber auch der Begriff der Zugehörigkeit und der Mitgliedschaft erscheint in neuem Licht: Niemand gehört einer Lebensform oder mehreren Lebensformen »restlos« an. Derrida verwahrt sich dagegen, jemanden ganz und gar »einzugemeinden« in einer sittlichen Lebensform, unter Berufung auf eine *unbedingte* Ansprechbarkeit, die nicht von etwas (einem Lebewesen) oder von jemandem (Zugehöriger, Mitglied), d.h. von einem Kreis ausgewählter Personen ausgeht, von dem Andere von vornherein ausgeschlossen wären. Mit der Hypothek eines solchen Ausschlusses Anderer aus dem Horizont derer, die »zählen«, belastet zu sein, ist der kardinale Vorwurf an die Adresse einer (neo-)aristotelischen Philo-

erübrigt, wie letztere denn konkret den Anspruch der Gastlichkeit sollen *einlösen* können. Diese Frage stellt sich, sofern *der Anspruch des Anderen unumgänglich der Anerkennung in konkreten sozialen, politischen und kulturellen Formen der Gastlichkeit bedarf*, um *zur Geltung* zu kommen. In Folge dessen gerät er unvermeidlich ins Zwielicht einer Beschränkung seines ursprünglich unbedingten Charakters. Stets sind es mehr oder weniger beschränkte Lebensformen, in denen man dem Anspruch gerecht zu werden versuchen muss. Einem unbedingten Anspruch ist unvermittelt überhaupt nicht sozial, politisch und kulturell gerecht zu werden, zumal der Anspruch jedes Anderen nur einer unter vielen ist, die in ihrer Pluralität die Frage verschärfen, wie ihnen in unvermeidlich selektiver Art und Weise gerecht zu werden ist.

Statt daraus ein Argument für die Abschottung menschlicher Lebensformen gegen ihre drohende Überforderung durch unbedingte Ansprüche zu fabrizieren, versucht Derrida letztere als inspirierende Herausforderung zu *mehr Gerechtigkeit* zu denken – aber *in der unvermeidlichen Ungerechtigkeit,* die in jeder beschränkten Gerechtigkeit liegt. Derrida geht so weit, in diesem Zusammenhang von der *Aporetik* einer *un-möglichen* Gerechtigkeit zu sprechen, die aber gerade nicht zur Liquidierung ihres Anspruchs führen soll. Dabei bleibt dieser, das traditionelle Denken gemeinschaftlicher Lebensformen radikal unterlaufende Ansatz allerdings weitgehend die Antwort auf die Frage schuldig, wie man sich zum Anspruch des Anderen hin geöffnete und nicht immer schon auf das Wohl eines partikularen Wir exklusiv zentrierte Lebensformen »positiv« vorstellen könnte.

An dieser Stelle müssen wir auf die erste Bedeutung des Begriffs *Kultur der Gastlichkeit* zurückkommen. Denn wenn es einerseits stimmt, dass Gastlichkeit und Kultur unauflöslich zusammen gehören, weil wir es nur mit zur Gastlichkeit bestimmten kulturellen Lebensformen zu tun haben, wie mit Derrida anzunehmen ist, so ist doch andererseits nicht zu übersehen, dass nur entsprechend aktiv gestaltete Lebensformen sie besser realisieren können als andere. Eine Kultur der Gastlichkeit, die sie (im ältesten Sinne des Kulturbegriffs) »pflegt« oder »kultiviert«, liegt keineswegs schon deshalb vor, weil *jede* Kultur zur Gastlichkeit bestimmt ist; vielmehr kann es eine solche Kultur *im engeren Sinne* nur dort geben, wo die Gastlichkeit zu einer Angelegenheit des kulturellen Lebens selber wird.

Mit der Frage, was man sich unter einer gelebten Kultur der Gastlichkeit bzw. gastlicher Lebensformen konkret vorzustellen hätte, hat sich die Philosophie erst in den letzten Jahren befasst. Und was die Gastlichkeit angeht, so herrschen anachronistische Rückgriffe auf die

---

sophie der Lebensformen, die von Anfang an mit genealogischen, ethnischen und politischen Exklusionen arbeitet. Vgl. Derrida: *Politik der Freundschaft.*

Kantische Hospitalität vor, die sich darin erschöpft, dass jeder Mensch das Recht haben soll, sich besuchsweise zur Gesellschaft anderswo anzubieten und dabei nicht feindselig behandelt zu werden (s. o.). Selbst Derrida, der gelegentlich nahe legt, Kultur und Gastlichkeit geradezu zu identifizieren, lässt sich primär von Kant inspirieren, ohne weiter zu fragen, was man sich unter gastlichen Lebensformen vorzustellen hätte, die allein versprechen können, Gastlichkeit über das hinaus einzulösen, was das Asyl-Recht für gewisse Notfälle vorsieht.[41]

Heute, da man sich in Europa viel auf ein gastliches Recht zugute hält, fällt man wie gesagt tatsächlich vielfach noch hinter die beschränkte Hospitalität zurück, wie sie Kant in seinem Entwurf eines »Ewigen Friedens« beschrieben hatte. Weder mit einem Recht der Hospitalität noch gar mit einem Anspruch auf Asyl ist es vereinbar, dafür zu sorgen, dass Fremde nicht einmal vorübergehend das europäische gelobte Land betreten können, sei es, um zu »Hausgenossen« zu werden, sei es, um wenigstens befristete Duldung im politischen *oikos* der Europäer zu erfahren. Ungeachtet solcher Abwehrmaßnahmen sind sie im geradezu stereotyp zitierten »politischen Haus« Europa präsent – als Ausgeschlossene nämlich, deren eigentümliche Anwesenheit nur einen getrübten Genuss der auf diesem Kontinent akkumulierten Reichtümer zulässt. Hier bestätigt sich, was Derrida kategorisch festhält: *man is(s)t nie allein.*

Das gilt sowohl innerhalb einer privaten Praxis des Gastgebens als auch in der Perspektive einer transkulturellen und transnationalen Gastlichkeit, die sich nach wie vor mit der uralten Aufgabe menschlicher Kultur konfrontiert sieht, allen in einer ungastlichen Welt wenigstens das Überleben bzw. ein menschenwürdiges (oder sogar ein gutes, wenn nicht sogar der Möglichkeit nach glückliches) Leben zu ermöglichen. Weniger denn je kann sich eine Kultur der Gastlichkeit heute auf einen hermetisch abgeschotteten Binnenbereich einer exklusiven Lebensform beschränken.

---

41 Zur Rückbesinnung Derridas auf Kant in diesem Kontext vgl. Liebsch: *Für eine Kultur der Gastlichkeit,* Kap. VI. Alle Versuche, die Gastlichkeit von der Kantischen Hospitalität her zu denken, laufen Gefahr, einem gewissen Juridismus zum Opfer zu fallen. Begreift man die Gastlichkeit kulturellen Lebens als eine praktizierte »Aufgeschlossenheit« für Andere (in ihrer Fremdheit), so wird sofort deutlich, dass sie sich keinesfalls darin erschöpfen kann, gewisse Rechte (wie das der Hospitalität oder ein Recht auf Asyl) zu beachten. Auch im Fall gewährten Asyls zeigt sich, wie das Recht allzu oft konterkariert wird von einer ungastlichen lebenspraktischen Aufnahme Anderer, die sie *nicht* »willkommen heißt« und ihnen kaum mehr als eine unwirtliche Duldung widerfahren lässt. Auch das Recht bleibt stets auf das Entgegenkommen gleichsinniger Lebensformen angewiesen, die allein praktisch Gastlichkeit bezeugen können. Noch kaum ausgelotet ist, was dazu, abgesehen von der bloßen Anerkennung eines Status (als Gast), gehört.

Die nicht erst von Kant angeregte, aber von ihm nachdrücklich betriebene kosmopolitische Öffnung menschlicher Lebensformen auf einen welt-weiten Horizont hin ist um so weniger rückgängig zu machen, als sie sich nunmehr als vielfältig, nicht zuletzt medial miteinander vernetzt erweisen. Das gute, bessere oder beste Leben der einen findet unvermeidlich vor dem Hintergrund des schlechteren oder gar unwürdigen Lebens der anderen statt (und umgekehrt). Keiner is(s)t allein, d. h. selbst in der elementarsten Befriedigung eigener Bedürfnisse ist der Anspruch Fremder mitgegenwärtig, denen sie möglicherweise verwehrt ist.

Genau in dieser Öffnung auf die unaufhebbare Mitgegenwart des Fremden hin sehen Philosophen der Gastlichkeit wie Derrida und Levinas den eigentlichen Sinn dieses vielfältigen Phänomens. In ihrer Sicht tritt aber in der kosmopolitischen Ausweitung der Gastlichkeit (mit ihren neuen ökonomischen, juridischen und ethischen Problemen) nur eine originäre Öffnung verschärft zu Tage, die die Praxis der Gastlichkeit immer schon bestimmt hat. Ihr Sinn lag nie bloß darin, etwa in einem Gastmahl unter Seinesgleichen zu bleiben[42], sondern darin, selbst dem Freund (nicht selten aber auch dem Feind, der dem Schutz eines Ethos der Gastlichkeit unterstellt war) *als Anderem und Fremdem* zu begegnen. Nur angesichts seiner Andersheit und Fremdheit *begegnet* man ihm überhaupt.

5. Schluss

Die elementarste, am leichtesten zu übersehende Gastlichkeit vollzieht sich im sozialen Geschehen von Anspruch und Erwiderung im Verhältnis zu Anderen, deren befremdliche Alterität auch dann unaufhebbar bleibt, wenn wir sie sozialen oder politischen Kategorien und damit unserer Erkenntnis unterworfen zu haben glauben. Unvermeidlich, heißt das, lässt man sich in diesem ereignishaften, niemals ganz vorhersehbaren oder gar berechenbaren Geschehen auf eine radikale Alterität ein und muss sich ggf. ihrem Anspruch stellen. Das gilt selbst dort, wo man ganz und gar unter »Seinesgleichen« bzw. »bei sich« zu sein glaubt in einer homogenen Gemeinschaft unter einem Dach (sei es eines Hauses, sei es einer politischen Ökonomie). Selbst eine vermeintlich »restlos« integrierte Gemeinschaft vermag nicht das beunruhigende, anarchische Potenzial eines sprachlichen Geschehens in den Griff zu bekommen, in dem man sich auf mögliche Erwiderung hin aneinander wendet, ohne je im Vorhinein wissen zu können, wohin das führt.

---

42 Um einer solchen Engführung von Anfang an zu begegnen, habe ich mit Bedacht von einer Dimension der *Gastlichkeit* und nicht vom Ethos einer Gast*freundschaft* gesprochen.

Dieses unberechenbaren Registers menschlicher Sprachlichkeit, das keine *gemeinsame* Sprache voraussetzt, muss sich jede Form der Gastlichkeit bedienen, sowohl *in* als auch *zwischen* heterogenen kulturellen Lebensformen, wo erwartete oder unerwartete, geladene oder ungebetene, seltene oder überzählige, freundliche oder feindliche Gäste Andere in Anspruch nehmen, ob sie wollen oder nicht. Insofern besteht eine Nötigung zu (bzw. Unvermeidlichkeit von) primärer Gastlichkeit, aus der aber nicht folgt, ob und wie diese Lebensformen die Aufnahme Anderer bejahen, nur (selektiv) tolerieren oder auch aktiv betreiben können oder wollen. Hier greifen ethnische, ethische und rechtliche Regelungen der Gastlichkeit auf unterschiedlichsten sozialen, ökonomischen und kulturellen, privaten und politischen (bis hin zu transnationalen) Ebenen, deren Ausgestaltung der jeweiligen gastgebenden Instanz obliegt. Weder vermeintlich besonders generösen Programmatiken der Einbeziehung Anderer noch rigorose Exklusion bezweckenden Strategien kann es aber gelingen, einer befremdlichen Alterität souverän Herr zu werden, die nicht nur dem ethnisch Fremden, sondern auch dem vertrautesten Anderen und uns selbst eignet. Das beunruhigende, unheimliche Potenzial dieser Alterität bleibt unberechenbar. Davon künden nicht zuletzt Erzählungen, die ungezählte Erfahrungen der Gastlichkeit und der Ungastlichkeit aufgreifen und sie ihrerseits transformiert in eine Kultur der Gastlichkeit zurückspielen – nicht zuletzt um zu denken zu geben, ob und wie überhaupt eine unbedingte und doch stets beschränkte Gastlichkeit *gelebt* werden könnte. Vielleicht gelingt dies nur dort, wo gerade *diese Frage* virulent bleibt und die Gastlichkeit selbst gewissermaßen auf einer Schwelle verharrt, so dass sie weder ganz ins eigene Leben derer einkehrt, die sie umstandslos in symbolisches Kapital ihrer unangefochtenen Souveränität ummünzen wollen, noch ganz einer Fremdheit überantwortet wird, die sie absolut überfordern müsste und schließlich zur Kapitulation zwänge.

Literatur

Primärliteratur

Arendt, Hannah: *Elemente und Ursprünge totaler Herrschaft*. München: Piper ³1993.

Autour de Jacques Derrida. Manifeste pour l'hospitalité, aux Minguettes. Paris: Parole d'Aube 1999.

Derrida, Jacques: *Die Schrift und die Differenz*. Frankfurt am Main: Suhrkamp 1976.

Derrida, Jacques: *Marx' Gespenster. Der verschuldete Staat, die Trauerarbeit und die neue Internationale*. Frankfurt am Main: Fischer 1995.

Derrida, Jacques: *Cosmopolites des tous les pays, encore un effort!* Paris: Galilée 1997.
Derrida, Jacques: *Adieu. Nachruf auf Emmanuel Levinas.* München: Hanser 1999.
Derrida, Jacques: *Von der Gastfreundschaft.* Wien: Passagen 2001.
Derrida, Jacques: *Politik der Freundschaft.* Frankfurt am Main: Suhrkamp 2002.
Derrida, Jacques: *Schurken. Zwei Essays über die Vernunft.* Frankfurt am Main: Suhrkamp 2003.
Hölderlin, Friedrich: *Werke.* Tübingen: Rainer Wunderlich Verlag, o. J.
Kant, Immanuel: »Zum ewigen Frieden. Ein philosophischer Entwurf«. In: ders.: *Werkausgabe Bd. XI* (Hg. W. Weischedel). Frankfurt am Main: Suhrkamp 1977, S. 193-251.
Levinas, Emmanuel: *Ethik und Unendliches.* Wien: Passagen 1986.
Levinas, Emmanuel: *Totalität und Unendlichkeit.* Freiburg im Breisgau und München: Alber 1987.
Ricœur, Paul: *Das Selbst als ein Anderer.* München: Fink 1996.

SEKUNDÄRLITERATUR

Bauman, Zygmunt: *Modernity and the Holocaust.* Ithaca: Cornell University Press 1991.
Behlert, Wolfgang: »Zuwanderung und Menschenrechte«. In: *Jahrbuch Menschenrechte 2003.* Frankfurt am Main: Suhrkamp 2002, S. 324-335.
Farmer, Paul: »Never Again? Reflections on Human Values and Human Rights«. In: *The Tanner Lectures on Human Values* (2005), S. 137-188.
Foucault, Michel: *Die Regierung der Selbst und der anderen. Vorlesungen am Collège de France 1982/83.* Frankfurt am Main: Suhrkamp 2009.
Foucault, Michel: *Hermeneutik des Subjekts. Vorlesungen am Collège de France 1981/92.* Frankfurt am Main: Suhrkamp 2004.
Foucault, Michel: *Schriften in vier Bänden.* Band IV, 1980-1988. Frankfurt am Main: Suhrkamp 2005.
Greisch, Jean: »Repenser l'Europe«. In: Koslowski, Peter (Hg.): *Imaginer l'Europe.* Paris: Les Éditions du Cerf 1992, S. 361-376.
Heidegger, Martin: *Unterwegs zur Sprache.* Tübingen: Neske ^{6}1979, S. 35-82.
Hennis, Wilhelm: *Das Problem der Souveränität.* Tübingen: Mohr Siebeck 2003.
Hiltbrunner, Otto: »Gastfreundschaft«. In: *Reallexikon für Antike und Christentum.* Bd. VII. Stuttgart: Hiersemann 1972, Sp. 1061-1123.
Kohlhammer, Siegfried: »Die Feinde und die Freunde des Islam«. In: *Merkur* (1995), 558/9.
Kopp, Karl: *Asyl.* Hamburg: Europäische Verlagsanstalt 2002.

Liebsch, Burkhard: »Lebensformen des Selbst unter dem Druck der Bio-Politik. Kritische Überlegungen zu späten Denkwegen Michel Foucaults«. In: *Philosophischer Literaturanzeiger* 58, 3 (2005), S. 285-307.

Liebsch, Burkhard: *Gastlichkeit und Freiheit. Polemische Konturen europäischer Kultur.* Weilerswist: Velbrück Wissenschaft 2005.

Liebsch, Burkhard: *Für eine Kultur der Gastlichkeit.* Freiburg im Breisgau und München: Alber 2008.

Liebsch, Burkhard: *Menschliche Sensibilität. Inspiration und Überforderung.* Weilerswist: Velbrück Wissenschaft 2008.

Liebsch, Burkhard: »Das menschliche Selbst in Geschichte und Gegenwart. Eine Bilanz der ›Hermeneutik‹ Michel Foucaults«. In: *Zeitschrift für Kulturphilosophie* 2, 1 (2008), S. 113-135.

Liebsch, Burkhard: »Anspruch *versus* Recht des Fremden. Transnationale Perspektiven gastlicher Demokratie«. In: Mirko Wischke (Hg.): *Recht ohne Freiheit? Politik und Recht im Zeitalter der Globalisierung.* Frankfurt am Main: Lang (i. V.).

Liebsch, Burkhard: »Die menschliche Stimme und die Tradition des Expressivismus. Überlegungen zum Sinn und Ursprung menschlicher Sprache«. In: Werner Hamacher, Gerald Hartung, Ashraf Noor (Hg.): *Judentum und Sprachdenken. Beiträge zur Sprach- und Kulturtheorie der Moderne.* München: Fink (i. E.).

Liebsch, Burkhard: »Ethik als anti-politisches Denken. Kritische Überlegungen zu Emmanuel Levinas mit Blick auf Jacques Rancière«. In: Ulrich Bröckling und Robert Feustel (Hg.): *Das Politische denken. Zeitgenössische Positionen.* Bielefeld: transcript 2010, S. 99-129.

Oosting, Dick / Daphné Bouteillet-Paquet / Nicholas Henderson: »Eine kritische Analyse der Asylpolitik der Europäischen Union«. In: *Jahrbuch Menschenrechte 2005.* Frankfurt am Main: Suhrkamp, S. 291-303.

Peyer, Hans C.: *Von der Gastfreundschaft zum Gasthaus. Studien zur Gastlichkeit im Mittelalter.* Hannover: Hahnsche Buchhandlung 1987.

Rancière, Jacques: *Das Unvernehmen.* Frankfurt am Main: Suhrkamp 1991.

Ricœur, Paul: *Zeit und Erzählung I-III.* München: Fink 1988-1991.

Rorty, Richard: »Feind im Visier. Im Kampf gegen den Terror gefährden westliche Demokratien die Grundlagen ihrer Freiheit«. In: *Die Zeit,* 13 (2004), S. 49f.

Waldenfels, Bernhard: *Das leibliche Selbst.* Frankfurt am Main: Suhrkamp 2000.

Westermarck, Eduard: *Ursprung und Entwickelung der Moralbegriffe.* Bd. 1. Leipzig: Klinkhardt 1907.

ERZÄHLUNG

AUF DER SCHWELLE VERHARREN.
ZU EINEM ERZÄHLMUSTER DER MODERNE

RALF SIMON

1. Die Gastlichkeit der Erzählung und die ungastliche Urbanität

> In alten Zeiten hatte man hohe Begriffe von den Rechten der Gastfreundschaft. Noch pflegen diese Begriffe in Ländern und Provinzen, die weniger bevölkert sind oder wo einfachere Sitten bei weniger Reichthum, Luxus und Corruption herrschen, so wie auf dem Lande, in Ausübung gebracht und die Rechte der Gastfreundschaft heilig gehalten zu werden. In unsern glänzenden Städten hingegen, wo nach und nach der Ton der feinen Lebensart allen Biedersinn zu verdrängen anfängt, da gehören die Gesetze der Gastfreundschaft nur zu den Höflichkeits-Regeln, die jeder nach seiner Lage und nach seinem Gefallen mehr oder weniger anerkennt und befolgt oder nicht.[1]

1788 erschien Knigges *Über den Umgang mit Menschen*, aus dessen Fassung letzter Hand das Zitat stammt, zum ersten Mal. Innerhalb einer möglichen Geschichte der Gastlichkeit wird hier eine Zäsur formuliert. Die Vorstellung eines einsam im Wald gelegenen Hauses, an das ein Fremder zu später Tageszeit anklopft und um Aufnahme bittet, die alternativenlose Notwendigkeit, ihn aufzunehmen, das Ausgeliefertsein des Gastes an den Wirt und die Gefahr des Wirtes, einen Unbekannten herein zu bitten: Diese Kernszene der Gastlichkeit zitiert eine Wirklichkeit, die im Europa des 18. Jahrhunderts schwindet. Die Infrastruktur des Reisens, die Siedlungsdichte, die Urbanisierung der Landschaft, die Technifizierung der Verkehrsmittel und die relative Risikolosigkeit einer weitgehend erforschten Welt hat die allgemeine Erfahrung der Gastlichkeit zunehmend aus dem kollektiven Bewusstsein getilgt. Knigges Buch über die Konventionen der Höflichkeit markiert diesen Einschnitt auf der Ebene des Diskurses. An die Stelle einer elementaren und archaischen Gastlichkeit wird die Konventionalität gesetzt. Heilig sind die Gastrechte nur noch in zurückgebliebenen Gegenden. Die moderne Urbanität aber folgt anderen Regeln.

---

1 Knigge: *Umgang mit Menschen*, S. 234.

Wenn E.T.A. Hoffmann in seinen Erzählungen die Szene der Gastlichkeit in das Zentrum rückt[2], dann wird man unterstellen müssen, dass diese umfangreiche Reflexion zwar noch mit der Erinnerung, aber auch schon mit dem Depotenziertsein der Gastlichkeit rechnet. Die Erzählliteratur des 19. Jahrhunderts mit ihren Zentren beim historischen Roman und beim anverwandelten Volksmärchen kennt viele Evokationen einer als ursprünglich imaginierten Szenographie des Gastes, aber es handelt sich wohl insgesamt um sentimentalische Rekonstruktionen. In dem Moment, in dem die Erzählung thematisch wie formell in der fortgeschrittenen Moderne angekommen ist, scheint ihr der Zugang zumindest zur Erfahrung der Gastlichkeit verwehrt zu sein. Wollte man diese Vermutung sowohl geschichtsphilosophisch als auch in der Terminologie der Gastsemantik formulieren, dann wäre insgesamt die moderne Erzählung so zu charakterisieren, dass sie in paradoxer Weise die Intention auf die Szene der Gastlichkeit beibehält, sie aber zugleich strukturell verhindert.

Die Erzählung lässt sich in der grundsätzlichsten Weise als ein Vermittlungsgeschehen bestimmen, welches zwei zueinander in Opposition stehende semantische Bereiche durch Aktantenbewegungen temporal vermittelt.[3] Indem derart der Aktant der einen Semantik zum anderen Aktanten kommen muss, damit die Vermittlung erzählt werden kann, ist der Erzählung die Gastszene strukturell eingeschrieben. Immer ist einer beim anderen zu Gast. Vielleicht ist dies die in ihrer Kürze lakonischste Definition der Narration. Sofern die Erzählung auf der thematischen Ebene eine Handlung hat, die durch Aktanten ausagiert wird, muss einer zum anderen gehen. Das Ankommen des einen semantischen Eigenschaftsbündels unter den Bedingungen einer andersgearteten Semantik ist im Kern eine wie auch immer verwandelte Situation der Gastlichkeit.[4] Deshalb kann die Erzählung als solche die Szenographie der Gastlichkeit nicht abschütteln, sie ist ihr strukturell eingeschrieben, sie bildet das ikonische Zentrum des Erzählfortganges, der offenkundig erst sekundär einem semantischen Prozess folgt.[5]

Die Erzählung ist nicht nur in ihrer inneren Struktur auf die Szenographie der Gastlichkeit angewiesen. Auch in der realen Gastlichkeit ist sie als eine wesentliche Position vorhanden. Denn der Gast bringt zunächst und elementar sich selbst: Er liefert sich dem Wirt aus. Vielleicht bringt er ein Gastgeschenk mit, um die schwierige Szene der Gastlichkeit durch ein Tauschgeschehen zu konventionalisieren. Er

---

2   Vgl. Simon: »Ungastlichkeit«.
3   Lotman: *Struktur literarischer Texte*, bes. Kap. VIII.
4   Um ein Missverständnis zu vermeiden: Der Begriff ›Situation der Gastlichkeit‹ ist rein formal verstanden (ebenso später: ›Szene der Gastlichkeit‹, ›Gastsemantik‹ etc.) und präjudiziert nicht die gastliche Aufnahme. Gemeint ist, dass eine Situation etabliert ist, die den Anspruch der Gastlichkeit aufstellt, deren Einlösung aber nicht garantiert.
5   Vgl. Simon: »Ikononarratologie«.

bringt aber auch die Erzählung mit. Sie ist seine primäre Gabe. Denn der Wirt wird den Gast um Herkunft, Reiseweg und Erfahrungen befragen und der Gast wird erzählen, was er in der Welt erlebt hat. Die Erzählung wiederholt in ihrer semiotischen Artikulation die Weltoffenheit, die mit dem Gesetz der Gastfreundschaft prinzipiell gegeben ist. So ist die Erzählung nicht allein in ihrem inneren Kern von der Gastsemantik geprägt, sondern in der realen Gastsituation selbst ein konstitutiver Faktor.

Eine einlässliche Theorie der Erzählung wird zu bedenken haben, wie diese doppelte Präsenz der Gastsemantik im Inneren der Narration als deren strukturelles Konstituens einerseits und als pragmatische Rahmenbedingung der Narration andererseits zu denken ist. Die Konstruktion einer genealogischen Vermutung liegt nahe und wird von der Struktur der Erzählung selbst nahegelegt: Es ist wohl *die Hereinnahme der gastlichen Erzählszene in die innere Struktur dessen, was der Gast berichtet,* welche allererst die Narration begründet. Der Gast berichtet dem Wirt, woher er kommt, was er erlebt hat, weshalb er reist und wohin er gehen wird. Dieses elementare Mitteilen findet im Rahmen der Gastlichkeitsszene statt. In dem Moment, in dem eine solche Situation wegfällt und sich die Erzählung als eigene Form aus dem Rahmen der Gastlichkeit löst, nimmt sie die vordem pragmatische Situation in sich hinein. Aus dem *Bericht* des Gastes über sein Herkommen und seine Absichten wird in dem Moment eine *Erzählung,* in dem das Erzählte seine Formbedingung in der Erzählung selbst aufrufen kann. Es wird also, aus genealogischer Perspektive gesprochen, die strukturelle Hereinnahme der Gast-Wirt-Konstellation ins Innere der Erzählung sein, die überhaupt erst aus einem Mitteilen oder einem Bericht die spezifische *narrative Form* erzeugt. So wird man die These, dass jede Erzählung notwendig das Ankommen einer semantischen Bestimmung bei einer anderen verhandelt, als das strukturelle Echo einer vormals konkreten Situation, in der Gast und Wirt sich austauschten, lesen können.

Methodologisch sei hier angemerkt, dass nicht freihändig behauptet werden soll, die Erzählung wäre in der Tat die Formalisierung dessen, was der Gast mitteilt – und es soll auch nicht unterstellt werden, dass derlei Grundsituationen dann immer noch das strukturierende Zentrum der Narration ausmachen würden. Der genealogischen Explikation ist deshalb eine zweite an die Seite zu stellen: Es ist der Konstruktivismus der Narration selbst, der diese Urszene entwirft und sie sich als seinen Grund zu- und einschreibt. Das *a versus b*, das als semantische Opposition dem Erzählprozess zugrunde liegen soll, wird dann zu einem *a geht zu b,* wenn die semantischen Positionen zu Aktantenbewegungen werden.[6] Wenn die Erzählung zwischen Anfang und Ende eine Vermittlung

---

6 Zu diesem Grundtheorem der strukturalistischen Narratologie (*a versus b*) und der Überführung in *a geht zu b* vgl. die Ausführungen in Simon: »Ikononarratologie«.

erzählt, so kann unter den Bedingungen personifizierten Agierens deren Mitte nichts anderes sein, als dass *a zu b geht*, und dort eine Situation der Gastlichkeit vorfindet. Die Urszene der Gastlichkeit ist in diesem Sinne ein notwendiges inneres Konstrukt der Erzähllogik, sie wird von der Erzählung selbst als deren Voraussetzung präsupponiert.

Das Zitat aus Knigges bekanntestem Buch gibt aber eine andere Diagnose – eine der historischen Zäsur, die der strukturellen Verankerung der Gastsemantik im Inneren der Erzählung widerspricht. Die moderne Erzählung hat geschichtsphilosophisch die Sphäre desjenigen Biedersinns, in dem die Gastrechte heilig waren (um mit Knigge zu sprechen) hinter sich gelassen, sie ist ihr zuerst im 19. Jahrhundert eine sentimentalische Erinnerung der historistischen Erzählweise geworden und im 20. Jahrhundert zur Gänze hinter neuen Thematiken und Techniken verschwunden.

In paradoxer Verflechtung scheint also die Erzählung eine strukturelle Angewiesenheit auf die Szene der Gastlichkeit zu haben, während sie mit ihrem Eintritt in die Moderne diese Angewiesenheit verleugnet. Diese Situation wirft die Frage auf, wie das Zugleich von struktureller Affirmation der Gastlichkeit und ihrer manifesten Verneinung zu denken ist. Kann der Gast zugleich bejaht und verneint werden? Wie ist das zu denken?

2. Die Verneinung des Gastes?

Ist es möglich, die Gastlichkeit zu verneinen und den Gast abzuweisen? Diese etwas uneinsichtige Frage öffnet bei genauerem Hinsehen den Abgrund einer begriffslogischen Paradoxie. Zunächst scheint es so, dass man jederzeit in der Lage wäre, Gastlichkeit zu verweigern und eine Person abzuweisen. Sie wäre dann kein Gast. Wenn man aber die Position des Gastes auf einer anderen Ebene als derjenigen einer nur empirischen Aushandlung verorten möchte, dann stellt sich die Frage, ob nicht ein abgewiesener Gast ein Gast bleibt – eben einer, der abgewiesen worden ist.

Bei der Gastlichkeit scheint es sich um eine Bedingung der Kultur überhaupt zu handeln, um ein naturrechtliches Fundamental. Gesellschaften würden den Wärmetod der inzestuösen Reproduktion sterben, wenn sie sich der Aufnahme Fremder verweigern würden. Offenkundig entwindet sich die Kultur ihrem Naturzusammenhang in dem Moment, in dem sie das Andere und das Fremde zulässt, ohne es mit sich identisch machen zu müssen. Genau in diesem Moment entsteht die Anerkennung des Nicht-Eigenen und damit ein Raum der Offenheit, der Deutung und des Diskurses. Das archaische Mythem, dass ein Gott in der Gestalt eines armen Wanderers anklopft und um Aufnahme bittet, lässt sich als metaphysische Gegenprobe auf den notwendigen Fortbestand der kulturerzeugenden Gastlichkeit verstehen. Bietet der Wirt dem Fremden Haus und Ehefrau als seinen eigenen temporären Besitz an, so steckt in dieser Geste die Erwartung, die gewährte Gastlichkeit möge durch den der Ehefrau beischlafenden Gott zur Zeugung eines Halbgottes führen. Der Amphitryon-Stoff versteckt diesen fundamentalen kulturbegründenden Handel hinter der komischen Maske des Lustspiels, aber die mythologische Substanz dieser Erzählung berichtet das Skandalon, dass der die Gastlichkeit prüfende Gott dem Wirt Haus und Ehefrau abverlangt. Der Ernst dieser Geschichte gibt Auskunft darüber, wie grundsätzlich und wie unverneinbar die Gastlichkeit ist. Denn erst, wenn dem Gott die Gastlichkeit gewährt wird, kann dieser den Fortbestand der Kultur garantieren und seinerseits einer Alkmene ein menschliches »Ach« angesichts metaphysisch induzierter Kulturgründung zugestehen.

Das Theorem, dass der Gast nicht verneint werden kann, impliziert also bei genauerem Hinschauen die schlechthin fundamentale Aussage, dass sich in der Gastlichkeit der generische Begriff der Kultur versteckt.

Versteht man nun also den Gast als denjenigen, der aus den genannten Gründen nicht verneint werden kann und der gleichzeitig, soll er Gast bleiben, nicht integriert wird – also weder *a* noch *non a*, sondern vielmehr der Eintritt des ausgeschlossenen Dritten ist[7] –, so stellt sich die Frage nach dem Status des abgewiesenen Gastes nunmehr in einer deutlicheren Form. Denn offenkundig ist es so, dass eine Person, der die Gastlichkeit verweigert wurde, deswegen keinesfalls aufhört, ein Gast zu sein. Sie wird vielmehr zu einem verneinten Gast. Da nun aber in der begrifflichen Konstruktionslogik des Gastbegriffes, weder *a* noch *non a* zu sein, die Negation schon impliziert war, rückt die nochmalige Negation angesichts der Verneinung des Gastes in die seltsame Position einer Meta-Negation. Sie setzt sich gleichsam einem logischen Konstrukt auf, dem die Nichtverneinbarkeit schon inhärent ist, so dass die Verneinung nicht mehr negieren kann. Ist der Gast schon in der Ausgangsdefinition eine Figur des Dritten – das Gegebensein der Drittheit; *tertium datur* –, so scheint sich der abgewiesene Gast geradezu in eine logische Unmöglichkeit hinein zu bewegen.

Schon in der sozialen Erfahrung ist die Verweigerung der gastlichen Aufnahme eine verstörende und tief verletzende Erfahrung; sie geht weit über die Verweigerung der Anerkennung hinaus. Man muss einen Gast nicht anerkennen, um ihm Gastrecht zu gewähren. Das Gastrecht ist fundamentaler als die Anerkennung. Die Verweigerung des Gastrechtes beraubt den Gast selbst noch der Möglichkeit, derjenige zu sein, der *nicht aufhört nicht zu kommen*. Er wird zu einem, der *beginnt, sein Nichtkommen zu sein*. Im begriffslogischen Sinne verharrt er damit in

---

7   Bahr: *Sprache des Gastes*.

einem Zwischenraum, den wir innerhalb der Szenographie der Gastlichkeit[8] als den Ort der Schwelle identifizieren können. Franz Kafkas Mann vom Lande, dessen Leben sich auf der Schwelle abspielt, so dass er weder gehen noch eintreten kann, aber auch nicht in der Lage ist, die Schwelle zu vermeiden, markiert in dem skizzierten begrifflichen Raum exakt *die unmögliche Position des verneinten Gastes*. Er verharrt auf der Schwelle, und die Erzählung, die dies zu berichten hat, wird darüber zu einer verharrenden Erzählung, zu einem narrativen Ritual der Wiederholung, zu einer oszillierenden Bewegung, die an einen Ort gebannt bleibt, der nicht einmal ein Nichtort ist: die Schwelle.

Zwei Gedankengänge liegen nun vor und führen zum selben Ergebnis. Sowohl die Verneinung des Gastes als auch die moderne Erzählung sind einer Logik überführt, die als *Verharren auf der Schwelle* charakterisierbar ist. Lässt sich diese Schwelle – die *conditio narrationis* der Moderne – als Bild der sowohl affirmierten als auch verhinderten Gastlichkeit näher bestimmen? Schwellenkunde ist ein schwieriges Terrain. Ich nähere mich ihm über einen Umweg, nämlich über den Nachweis, dass die Schwelle deshalb zum notwendigen Nichtort der Moderne wird, weil es dahinter nichts mehr gibt. In einer dekonstruktiven Umkehrfigur wird die Form der Verhinderung zur Erzeugung des Nichtseins dessen, was verhindert werden soll. Versuchen wir uns, dieser Schwelle zu nähern, indem zunächst zwei nichtnarrative Texte besprochen werden.

3. Ein sentimentalisches Bedürfnis:
Die erhoffte Reinheit der Gastlichkeit

Obwohl es in diesem Beitrag um die Erzählung gehen soll, möchte ich meinen Ausgang bei zwei Gedichten nehmen. Beide Texte erhoffen sich eine Reinheit der Gastlichkeit, eine Erlösung von Schmerz und Fremdheit durch die Aufnahme. Somit formulieren beide Texte zu Beginn des 20. Jahrhunderts schon eine Utopie oder, wenn man so will, eine Wunschphantasie, von der sie wissen, dass sie nicht eintreten wird.

> Ich weiss du trittst zu mir ins haus
> Wie jemand der an leid gewöhnt
> Nicht froh ist wo zu spiel und schmaus
> Die saite zwischen säulen dröhnt.
>
> Hier schreitet man nicht laut nicht oft ·
> Durchs fenster dringt der herbstgeruch
> Hier wird ein trost dem der nicht hofft
> Und bangem frager milder spruch.

---

8   Simon: »Ikononarratologie«.

Beim eintritt leis ein händedruck ·
Beim weiterzug vom stillen heim
Ein kuss – und ein bescheidner schmuck
Als gastgeschenk: ein zarter reim.[9]

Das Gedicht Stefan Georges, das dem zweiten Teil aus *Das Jahr der Seele* entstammt, macht eine Abwehr des Unreinen zur Bedingung der imaginierten gastlichen Szene. Spiel und Schmaus, dröhnende Musik, der Ort der Vielen: Dies soll nicht die Situation der Gastlichkeit sein, im Gegenteil. In Georges Gedicht ist die begründende Szene, in der die sparsame Geste und das zarteste Geschenk die Aura der Eigentlichkeit erzeugt, erst durch die Negation einer uneigentlichen Realität zu erlangen. Bevor der Gast eintritt, müssen die Parasiten, die immer schon da sind, verdrängt und beseitigt werden: ins Nachbarhaus, zur Seite geschoben (*para-sitos*). Diese seltsame Geste der Abwehr, nach der Gastlichkeit nur sein kann, wenn vorgängig eine Purifizierung ungastlicher Bedingungen vorgenommen worden ist, markiert gegen die Intention des Gedichtes eine prosaische Politik, in der die prätendierte Eigentlichkeit das Ergebnis einer inszenatorischen Volte ist. Georges Gedicht legt *via negationis* davon Zeugnis ab, dass prosaische Zustände den Zugang zu einer Sphäre lyrisch imaginierter Reinheit des Gastes und seiner Aufnahme blockieren. Die letzte Strophe scheint untergründig, eher in der Form als im ausgesagten Inhalt, die Gefährdung der Gastlichkeit zu formulieren. Händedruck und Kuss etablieren Bilder des Zusammenkommens zweier Personen über eine Differenz hinweg; und der Reim bestätigt genau dies, ist er doch die Vermittlung des Identischen im Verschiedenen. Das Gedicht beschreibt in der letzten Strophe nichts anderes als die Situation der Schwelle, denn der Druck der beiden Hände schwebt über der Grenze der Gastlichkeit, die die Schwelle ist, ebenso wie der Kuss. In dem Aufeinandertreffen der Lippen sind die beiden Personen, die diesseits und jenseits der Schwelle stehen, analog zum Reim gleichermaßen identisch gesetzt als auch in der Differenz gehalten. Liest man das Gedicht genau, dann wird man feststellen, dass die Szene der Gastlichkeit in ihm ausgespart ist. Vielmehr wird die Abwehr der ungastlichen prosaischen Zustände und die Situation der Schwelle als solcher zum Ort des Gedichtes – womit die Gastlichkeit, die es verspricht, zugleich auch revoziert wird.

Eine durchaus analoge Erfahrung findet sich etwa zeitgleich in einem Gedicht von Georg Trakl.

---

9   George: *Das Jahr der Seele*, S. 159.

Ein Winterabend

Wenn der Schnee ans Fenster fällt,
Lang die Abendglocke läutet,
Vielen ist der Weg bereitet
Und das Haus ist wohlbestellt.

Mancher auf der Wanderschaft
Kommt ans Tor auf dunklen Pfaden.
Golden blüht der Baum der Gnaden
Aus der Erde kühlem Saft.

Wanderer tritt still herein;
Schmerz versteinerte die Schwelle.
Da erglänzt in reiner Helle
Auf dem Tische Brot und Wein.[10]

Im Wunsch nach der reinen Helle, die sich der Überschreitung der Schwelle und jenseits des Schmerzes zeigt, vibriert wie in jedem Gedicht von Trakl die Erfahrung einer inzestuösen Verunreinigung, einer prinzipiellen Vermischung der Kategorien, einer Spaltung jeder Position in ihre internen Ambivalenzen. Trakls Lyrik kontraimaginiert das Reine. Die Gastlichkeit als eine ursprünglich begründende Szene wird hier als starke Position formuliert, um den dunklen Pfaden und der schmerzversteinerten Schwelle den Ort einer nur sekundären Negativität zuzuweisen, der gegenüber Brot und Wein, die Erneuerung des Leibes, primär sein sollen. In überraschender Analogie zu Stefan Georges Gedicht wird auch hier die Gastlichkeit als ein utopischer Ort verstanden, dem der Schmerz, die Dunkelheit, die Versteinerung und das Unbehaustsein voran gehen. Einem genauen Blick zeigt sich jedoch, dass die Negation des gastlichen Hoffnungsbildes weitaus radikaler ist. Die Hoffnung, dass dem Gast mit Brot und Wein die Transsubstantiation seines Schmerzes werde, formuliert eine Unmöglichkeit. Der winterlichen Erde wird nichts erblühen können, und würde etwas blühen, so wäre eine goldene Blüte kein Ausweis eines rettenden Lebens, sondern vielmehr eine andere Form der Erstarrung, eine Mineralisation. Dass der Baum der Gnaden trotz Winter blühen könne und dass er dies golden statt grün tun solle: Die Impossibilia motivieren sich im Gedicht als unmögliches Hoffnungsbild aus dem Erglänzen in reiner Helle, welches Brot und Wein umgeben soll. Es handelt sich hier nicht um eine Gabe des Lebens, sondern um eine Verklärung, die den Tod zur Voraussetzung hat. Nichts anderes meint die Versteinerung der Schwelle. So zeigt sich, dass das Gedicht die Ankunft in der Gastlichkeit dem Jen-

---

10 Trakl, aus der Sammlung *Sebastian im Traum* (1915), also die zweite Fassung des Gedichts, in Trakl: *Werk,* S. 58.

seits überlässt und dass die anfängliche Hoffnung, es werde einem Wanderer schon im Diesseits ein Ort bereitet, vergebens ist. Liest man das Gedicht in dieser Weise, dann verharrt es als solches auf der Schwelle. Es ist ein Gedicht, das den Übergang zum Tod ins Bild setzt und also die eine große und wesentliche Schwelle zu seinem Thema hat.

Beide Gedichte zeigen, dass jeweils die Szenographie der Gastlichkeit unterwandert und negiert wird. In Reinheit kann sie nur aufgerufen werden, wenn die Möglichkeit ihrer konkreten Realisierung dementiert wird oder wenn zunächst die prosaische Einrichtung der Welt einer Negation unterliegt. Man kann beide Gedichte als Untermauerung und Bestätigung der These lesen, dass die Gastsemantik in der Moderne ihrer konkreten Möglichkeit verlustig gegangen ist. Es gibt in der mitteleuropäischen Urbanität seit dem 18. Jahrhundert keinen Weg mehr in die Erfahrung der Gastlichkeit in Hinsicht jener Kernszene der Aufnahme des Fremden an der nächtlichen Schwelle.

Und so verharrt auch die Erzählung der Moderne auf der Schwelle zur sentimentalisch intendierten Kernszene. In diesem Sinne ist von einem Erzählmodell des an der Schwelle verharrenden Erzählens zu sprechen.

4. Das verharrende Erzählen

Die moderne Erzählung verharrt auf der Schwelle. Sie kommt nicht mehr im Inneren der Gastlichkeit an. Ihr wird der Eingang in das gastliche Haus und die Aufnahme als Gast verweigert, ohne dass sie aufhörte, Gast sein zu wollen und sein zu müssen. So verbleibt sie vor dem Gesetz. Kafkas Erzählen lässt sich in diesem Sinne als der Versuch verstehen, den Ort der Schwelle zu einem ganzen labyrinthischen System auszubauen. Die Schwelle wird ihm zum ›Bau‹[11], thematisch wie erzähltechnisch. Kafkas Anverwandlung der Fabeln und überhaupt seine gesamte Welt der Supplemente, Ersetzungen, Verdopplungen und Verkehrungen ruht einer parasitären Semantik auf, welche den Eintritt in die Gastlichkeit verhindert und sich mit der vergeblichen Hermeneutik

---

11 Kafkas 1923-1924 entstandene Erzählung *Der Bau* wird gerne als symptomatischer Text für die gesamte Text- und Weltkonstruktion Kafkas gelesen. Die unausgesetzte Absicherung, Verschiebung, Verdopplung und das Hineinkopieren der Grenze zwischen Bau und Außenwelt führt dazu, dass die Schwelle zu einem Ort der Permanenz wird. Ähnlich verhält es sich mit *Josefine, die Sängerin oder das Volk der Mäuse:* Was Josefine sei und ob sie überhaupt eine Sängerin ist, bleibt als Verhandlungsgegenstand des Textes in der Schwebe. Die Schwelle zur Bestimmung wird nicht überschritten. Es wird nichts erzählt. – In diesem Sinn lässt sich der Terminus des Baus – hier bestimmt als Bau der Schwellensituation – als die thematische Kernszene Kafkas beschreiben.

der Schwelle begnügt. Sie platziert sich vor oder neben der gastlichen Szene: *parasitos*.

Auch in Robert Musils *Mann ohne Eigenschaften* verharrt das Erzählen im Raum des Möglichkeitssinns. Der Roman verweigert den Eintritt in den Ort des Angenommenseins und verbleibt vor dem Wirklichen, schreckt davor zurück, sich dem Gesetz und seinen Anforderungen zu konfrontieren. »Seinesgleichen geschieht« ist bei Musil[12] ähnlich wie Kafkas »stehender Sturmlauf«[13] die Formel eines Erzählens, welchem die Möglichkeit abhanden gekommen ist, eine reale Aufnahme des Aktanten und seiner Erzählung zu gewährleisten. Der Gegenpol zu dem »Seinesgleichen geschieht« ist im Roman die Liebe von Agathe und Ulrich, die als Inzest strukturell die Negation der Gastlichkeit vollzieht. Im Inzest kommt man immer nur im Eigenen an, ohne je angekommen zu sein. Man schließt den Fremden, den Gast aus. »Seinesgleichen geschieht« und Inzest: diese beiden Pole, die keine sind, weil sie sich in sich selbst auflösen, lassen sich im Kontext der hier geführten Argumentation als eine präzise Gegenthese zur Gastlichkeit lesen. Der Roman extendiert seine Schwelle. Trotz seiner Länge teilt er mit Kafkas *Vor dem Gesetz* dieselbe Grundidee: Das Erzählen verliert seinen inneren Motor, es geht ihm jener Ereignischarakter verloren, der in der Bitte um gastliche Aufnahme der einen Semantik bei der anderen bestand. Man kann vielleicht auch formulieren, dass ein Erzählen, das ins Geschwätz extendiert oder in den Inzest zusammenfällt, mit dem Verlust der erzählerischen Energie schlichtweg zur Prosa wird. In diesem Sinne wäre die Formel vom ›Auf der Schwelle Verharren‹ vielleicht sogar nicht einmal der Name eines Erzählmusters, als vielmehr der Hinweis auf die Notwendigkeit einer *Theorie der Prosa*.

Man kann in diesem Sinne eine Vielzahl von modernen Texten in das angedeutete Exegeseschema einlesen. Ist nicht Thomas Manns Beschreibungskunst in den *Buddenbrooks* eine Suspendierung des Erzäh-

---

12 Die Formel des »Seinesgleichen geschieht« ist in Musils Roman bekanntlich die Überschrift des zweiten Teils, aber zugleich auch die Systemformel für eine leerlaufende Konversationskultur, die sich in ihren kommunikativen Ritualen einschließt und als eine Form der Ungastlichkeit gelesen werden kann. Wenn das ›Seinesgleichen‹ aber vor allem auf die Eigenart des Verlaufs der Weltgeschichte, sich zu verlaufen, angewandt wird und ›Geschichte‹ als Ergebnis ungesteuerter Konvergenzen kleiner Ursachen gedeutet wird, dann stellt Musil in dieser Reflexion des Geschichtsbegriffs zugleich denjenigen Ereignisbegriff in Frage, der nach Lotman (s.o.) für die Narration konstitutiv ist (vgl. Musil: *Mann ohne Eigenschaften*, S. 360f.). Die Diagnose, dass das Erzählen bei Musil in die Prosa, den Essayismus mündet und dergestalt narrativ auf der Schwelle verharrt, lässt den *Mann ohne Eigenschaften* als eine Variante des Verharrens auf der Schwelle erscheinen.

13 Vgl. Kafkas Tagebucheintragung des »stehenden Sturmlaufes« (20.11.1911; Kafka: *Tagebücher,* S. 259f.), der in der Variante des »stehendes Marschieren[s]« (23.01.1922, Kafka: *Tagebücher,* S. 887) später wieder aufgenommen wird.

lens, dem gleichzeitig eine Kreisbewegung korrespondiert, in der die degenerative Wiederholung des krankhaften Schwächerwerdens alle Möglichkeit einer Aufnahme des Gastes negiert? Hier ist die Krankheit der Kultur in die Familie eingedrungen, so dass sich die Frage nach dem Gast gar nicht mehr stellt; entsprechend läuft die Erzählung in die Wiederholung oder in die Beschreibung aus. Ein anderes Beschreibungsexperiment findet sich in Peter Weiss' *Der Schatten des Körpers des Kutschers*, in dessen Zentrum eine Szene des gemeinschaftlichen Mahls steht. Diese simple Handlungssequenz, die in einem Satz zusammenzufassen wäre, nimmt bei Weiss mehrere Seiten ein. Die Beschreibung zerlegt die Szene in minimale Bewegungseinheiten. Darüber wird der Text so langsam, dass die Szene selbst in eine Art von Auflösung gerät. Gastlichkeit ist strukturell nicht mehr möglich, wenn allein das Heben des Essbestecks eine Seite in Anspruch nimmt. Nie wird ein Erzählereignis in einen Raum eintreten, in dem die Narration in die zergliedernde Zeitlupe der Prosa gestürzt ist. So langsam, wie hier die Prosa fortschreitet, kann kein Gast mehr eintreten.

Zum Formenrepertoire des Verharrens auf der Schwelle wird man den inneren Monolog zählen müssen. Joyce' *Ulysses* lässt den modernen Odysseus nicht ankommen, vielmehr wird er in eine Form überführt, die als literarische Verfahrensweise das verharrende Erzählen abbildet. Der innere Monolog schließt das Subjekt in seiner Schwellensituation ein und verhindert, dass die Rede an einem Ort aufgenommen würde. Formtheoretisch ist der innere Monolog das Verharren auf der Schwelle, die semiotische Permanenz eines Begehrens, welches im vormodernen Erzählen jenseits der Schwelle an den gedeckten Tisch gelangen wollte, um dort eine Erzählung zu platzieren, die ihren ›Sitz im Leben‹ hatte. Aber Joyce' Roman endet in der Permanenz der Rede selbst.

In der deutschen Literatur ist vielleicht Hermann Brochs *Der Tod des Vergil* die konsequenteste Umsetzung des inneren Monologs. Die Sterbesequenz des Dichters wird zum extendierten Moment eines den ganzen Roman umfassenden inneren Monologs gemacht, so dass sich Brochs Roman geradezu als der paradigmatische Roman des verharrenden Erzählens bezeichnen lässt. Er hat in dieser Charakterisierung eine entschiedene Ähnlichkeit zu Hans Henny Jahnns *Fluß ohne Ufer*, dessen großräumige epische Wiederholungsstruktur den Handlungsfortgang zersetzt, um zu einer erzählerischen Retardation zu kommen, deren Ziel in der Reflexion der Schwelle zwischen Leben und Tod besteht.

Offenkundig scheint das Verharren auf der Schwelle in der Erzählliteratur der Moderne entweder zur miniaturisierten Form – Robert Walser, Kafka – oder zur grossen Form zu führen. Der stehende Sturmlauf der modernen Prosa zersplittert in seine nach innen gespaltenen Einheiten oder er zieht die ganze Enzyklopädie in seine Kreisbewegung hinein. Beide Optionen verhindern das Erzählen und den Gast; sie gewinnen die Prosa und Selbstreflexion.

Denkt man an die fortgeschrittene Moderne, etwa an Arno Schmidts Bücher der 50er und 60er Jahre, so findet man dort Figurenentwürfe, in denen nach dem Kollaps des Realen ein rein virtueller Ort geöffnet wird, an dem die Gastlichkeit nur noch die Form einer Aufnahme in die Welt der Lektüren findet. Schmidts Protagonisten glauben nicht mehr an einen weltlichen Ort oder an die Möglichkeit einer gastlichen Aufnahme. Ihre Fluchtphantasien kulminieren in der Idee eines entleerten Raums, in dem sie sich nur noch in der Gesellschaft von Büchern befinden. Gastlichkeit wäre, wenn ein Buch sich öffnete und den Leser in sich aufnähme. Schmidt versucht also eine Umkehrfigur zu denken: Es ist nicht mehr die Gastlichkeit, welche die Erzählung leitet und in Szene setzt, sondern vielmehr ist der Raum der Texte derjenige, in den aufgenommen zu werden sich die Akteure von Schmidts Texten bemühen. Statt Gastlichkeit zu erzählen, soll die Literatur Gastlichkeit stiften. Die im 19. Jahrhundert nur noch sentimentalisch imaginierte Möglichkeit einer Erfahrung der Gastlichkeit ist hier nicht nur zum Diskurs geworden, vielmehr ist dieser Diskurs durchaus emphatisch an die Stelle der Möglichkeit der Erfahrung gerückt. *Zettels Traum* diskutiert hinter der Maske des Übersetzungsproblems genau dies: Welche Gastlichkeit kann die Welt der Bücher eröffnen?

Insgesamt kann man sagen – und das ist in der Tat nicht neu –, dass das moderne Erzählen keinen legitimen Ort mehr hat[14], in die transzendentale Heimatlosigkeit[15] entlassen ist und sich also in einer Bewegung befindet, welche ihre nun unmögliche Zentrierung in der Szene der Gastlichkeit gehabt haben soll, jedoch aus dieser grundsätzlich in die »tiefe Ratlosigkeit des Lebenden«[16] verstoßen ist. Das Erzählen ist keinem Wirt zugesprochen und es ist nicht mehr die Gabe des Gastes, die dankbar entrichtet wird.

Man kann die Frage stellen, ab wann sich die Erzählung ihre geschichtsphilosophische Signatur des auf der Schwelle Verharrens zugeschrieben hat. Vielleicht ist der früher einmal sogenannte ›Bildungsroman‹ der letzte Versuch einer Leugnung der Tatsache, dass erzählerisch über die Schwelle nicht hinauszukommen sei. ›Bildung‹ stand für den Versuch, einen gastlichen Ort wenigstens im Diskurs zu finden. Aber diese Bemerkung zieht das Recht ihrer Pauschalisierung aus einer allzu großen Entfernung zu den Texten, deren genaue Analyse jeweils nachzuweisen hätte, dass kein sogenannter ›Bildungsroman‹ jemals in

---

14 Vgl. Benjamins Aufsatz »Der Erzähler« (Benjamin: *Gesammelte Schriften,* Bd. II.2, S. 438-465).

15 Lukács: *Theorie des Romans,* S. 52.

16 Benjamin: *Gesammelte Schriften,* Bd. II.2, S. 443.

der Lage gewesen ist, dem Helden eine Heimstatt oder auch nur ein Gastrecht zu gewähren.

Die Erzählungen des 19. Jahrhunderts haben in der deutschen Tradition zunächst ihre Modelle im Märchen und in der historischen Erzählung gesucht, also in den Imaginationen vergangener Lebenswelten. So konnte sich die Erzählliteratur recht lange um diejenige Konfrontation drücken, die das Verschwinden der Gastlichkeit in allen ihren Auswirkungen für das Erzählen zu gewärtigen gehabt hätte. Schon E.T.A. Hoffmann hat, indem er die Szenographie der Gastlichkeit rekapituliert und etwa im *Ignaz Denner* die komplette Kernszene auferstehen lässt, de facto eine ganze Enzyklopädie der Ungastlichkeit[17] entworfen und darin gezeigt, dass der Erzählung das Haus verschlossen bleibt. Wilhelm Raabe lässt im späteren 19. Jahrhundert Figuren auftreten, denen wortwörtlich der Ort entzogen wird, an welchem die Bestimmung der Gastlichkeit einen Sinn gehabt hätte. Insgesamt unternimmt der poetische Realismus[18] den Versuch, die Gastsemantik mit ihrer Kernszene ein letztes Mal zu bedenken, in der Form einer konkreten Verabschiedung: Raabe ist dabei der vielleicht expliziteste Autor, aber es lassen sich bei Stifter, Storm und Keller analoge Strukturen finden.

Nach dem realistischen Erzählen, das die Gastszene evoziert, um ihre geschwundene Geltung zu konstatieren, geht der Narration diese Szene verloren; sie wird zum auf der Schwelle verharrenden Erzählen.[19] Weil die Erzählung weder einen Ort hat, an dem sie zu Gast ist, noch ihre interne Szenographie der Gastlichkeit ausformulieren kann, wird sie, ohne als Erzählung auf die Gastlichkeit verzichten zu können, selbst zum verneinten Gast, zur Prosa.

---

17 Vgl. Simon: »Ungastlichkeit«.
18 Vgl. Bürner-Kotzam: *Vertraute Gäste*.
19 Einer weiterführenden Debatte müsste die Frage unterbreitet werden, ob die Hotel-Literatur des 20. Jahrhunderts und die Exil-Literatur neue Szenarien der Gastlichkeit entstehen lassen. Zu den Exiltexten stellt Rolf Parr in diesem Band die These auf, dass der Exilant weder die Gastlichkeit begehrt noch sie erhält, sondern die Heimkehr erwünscht, die sich dann als problematische zeigt. Die Hotel-Literatur entwirft die Szene einer professionellen und konventionalisierten Gastlichkeit, deren Anschluss an die Grundsituation der Erzählung nicht sogleich evident ist.

Literatur

Primärliteratur

George, Stefan: *Das Jahr der Seele* (1897). In: ders.: *Werke. Ausgabe in vier Bänden*. München: dtv 1983.
Kafka, Franz: *Tagebücher*. Frankfurt am Main 2002 / Lizenzausgabe Darmstadt o.J. (Kafka, Franz: *Schriften. Tagebücher. Kritische Ausgabe*. Hrsg. von Jürgen Born, Gerhard Neumann, Malcolm Pasley und Jost Schillemeit).
Musil, Robert: *Der Mann ohne Eigenschaften*. 2 Bd. Reinbeck bei Hamburg: Rowohlt 1978.
Trakl, Georg: *Das dichterische Werk*. München: dtv 1980.

Sekundärliteratur

Bahr, Hans-Dieter: *Die Sprache des Gastes. Eine Metaethik*. Leipzig: Reclam 1994.
Benjamin, Walter: *Gesammelte Schriften*. Frankfurt am Main: Suhrkamp 1980.
Bürner-Kotzam, Renate: *Vertraute Gäste. Befremdende Begegnungen in Texten des bürgerlichen Realismus*. Heidelberg: Winter 2001.
Knigge, Adolph Freiherr: *Über den Umgang mit Menschen*. In: ders.: *Ausgewählte Werke*. Bd. 6. Hannover: Fackelträger-Verlag 1993.
Lotman, Jurij: *Die Struktur literarischer Texte*. München: Wilhelm Fink ^{2}1981.
Lukács, Georg: *Die Theorie des Romans*. Darmstadt; Neuwied: Luchterhand 1977.
Simon, Ralf: »Die Nacht des Gastes. Zur Semantik der Ungastlichkeit in E.T.A. Hoffmanns ›Nachtstücken‹«. In: Peter Friedrich und Rolf Parr (Hg.): *Gastlichkeit. Erkundungen einer Schwellensituation*. Heidelberg: Synchron 2009, S. 263-280.
Simon, Ralf: »Ikononarratologie. Bildtheoretische Grundlegung der Narratologie in der Szenographie der Gastlichkeit«. In: Alexander Honold und Ralf Simon (Hg.): *Das erzählte und das erzählende Bild*. München: Wilhelm Fink 2010, S. 303-329.

DER LYRISCHE WINK DES ›GASTES‹[1]

HANS-DIETER BAHR

1

Was hat Lyrik im Blick, wenn sie den Gast zu Wort kommen lässt? Spricht sie, durch die vielen Gestalten der Gäste hindurch, nicht stets von einem *Gast der Gäste*? Ich meine damit nicht jenen ›Gast der Gäste‹, den Hoffmann von Fallersleben auf dem Tiefpunkt der Ärmlichkeit erblickte und Nietzsche umgekehrt auf dem Höhepunkt der Festlichkeit.[2] Er ist auch nicht der immer schon Vorübergegangene, dessen Spur, wie Emmanuel Levinas meint, anstatt Abwesendes zu erschließen, sich vielmehr an ›Jenen‹, an die ›dritte Person jenseits des Seins‹ verliere.[3] Denn der Gast der Gäste ist kein Gott; er ist vielmehr die unmögliche Spur des Spurlosen in der Gegenwart jener Gäste, die in der Ankunft ihres Abschiedes verweilen. Denn der *Name* ›Gast‹ verweist nicht auf eine Spur, die sich ›verfolgen‹ ließe; er gibt vielmehr einen Wink. Und es ist zumal die Lyrik, die vom *Gast selbst* nicht aufhören kann, nicht zu sprechen. Wohl weil er der ist, wie Paul Celan von ihm sagt, ›der den Gruß getauscht mit dem Dunkel‹?[4]

Der Gast der Gäste, *er selbst*, ist nicht ›gegeben‹. *Vor aller Gabe*, als Vor-Gabe ist er im Ereignis verhüllt, welches das mögliche *Empfangen* und *Geben* der Gaben allererst *zulässt*. Wenn er sich ›zeigt‹, so immer schon im vorübergehend Anderen seiner selbst als der Empfangene, Verweilende und Scheidende, und dieses Andere, so vernehmen wir es einzig durch das lyrische Wort, ist keineswegs nur die empfan-

---

1 Der Text entspricht einem Kapitel in meinem Buch *Die Anwesenheit des Gastes. Entwurf einer Xenosophie*, das 2010 erscheinen wird.
2 August Heinrich Hoffmann von Fallersleben: »Sie und Ich«, *Unpolitische Lieder*, S. 157: »Ihr seid die Herren der Schlösser und Paläste, / Zu Haus bei Geld und Edelstein: / Ich bin ein Fremdling, bin ein Gast der Gäste, / Nicht einen Grashalm nenn' ich mein.« Und: Friedrich Nietzsche: »Aus hohen Bergen – Nachgesang«, in: *Werke*, Bd. 8, S. 279: »Nun feiern wir, vereinten Siegs gewiß, / das Fest der Feste / Freund Zarathustra kam, der Gast der Gäste! / Nun lacht die Welt, der grause Vorhang riß, / Die Hochzeit kam für Licht und Finsternis.«
3 Emmanuel Levinas: *Die Spur des Anderen*, S. 228f.
4 Paul Celan: »Der Gast«, *Von Schwelle zu Schwelle*, S. 36.

gene und wieder gehen gelassene Person, sondern ebenso sichtbare wie unsichtbare Dinge, Geschehnisse, Orten, Zeiten. So bleibt der Gast selbst gerade dort im Dunkeln, wo er sich in den gegenwärtigen Weisen der Gäste zeigt, darin, wie diese ankommen, aufgenommen oder zurückgewiesen werden, wie sie einkehren, vorübergehend verweilen und Abschied nehmen, Geborgenheit und Zuneigung, Einsamkeit, Unheimlichkeit oder Gewalt ausstrahlen, wie sie ihre Mitgäste anmuten, ja heimsuchen oder ohne Bedeutsamkeit an ihnen vorbeigehen.

2

Im 20. Jahrhundert wurde der *Name* ›Gast‹ in der Lyrik selten. Vielleicht enthält sie sich dieses Namens, weil in der Mordindustrie schlechthin jeder als Gast zum Verschwinden gebracht werden kann oder weil im Massentourismus und in den Massenmedien nichtssagend schlechthin jeder ›Gast‹ genannt wird.[5] Der ungenannte Gast aber spricht, wie im Gedicht »Abendland« von Georg Trakl[6], aus dem Einsamen und Heimatlosen, spricht, wie in Gedichten Franz Werfels[7], aus dem Fremden, spricht mehr aus den Namen der Verzweifelten, Vertriebenen, Geschundenen, Sterbenden als aus denen der Geliebten und Ge-

---

5   Nicht erst seit dem Beginn des Massentourismus und der Massenmedien, in denen ohne Unterlass von ›Gästen‹ die Rede ist, sondern schon seit Jean-Jacques Rousseau sprach man vom angeblichen Niedergang der Gastfreundschaft: »Je weniger Gelegenheit sich darbietet, Gastfreundschaft zu üben, desto gastfreier wird man. Der Zulauf der Gäste zerstört die Gastfreundschaft.« (Jean-Jacques Rousseau: *Emil oder Über die Erziehung,* S. 1123). Und Lichtenberg notierte lakonisch: »Kultur verschlingt die Gastfreundschaft.« (Georg Christoph Lichtenberg: *Schriften und Briefe,* Bd. 2, S. 420). Was sie im Blick hatten, waren jedoch nur die großen Verausgabungen eines Gastgebers für einen ihm unbekannten, fremden Gast, was wohl stets eher selten vorgekommen war und ebenso selten Thema der Lyrik wurde. Liegt das Verschwinden des Namen des Gastes in der Lyrik nicht eher mit dem unfassbaren Gemetzel der Kriege, den Zerstörungen und Vertreibungen, mit den Schreckensherrschaften und zumal dem Massenmorden zusammen? Ließen sie nicht sogar die negativen Orientierungen dieser abgrundtiefsten Ungastlichkeiten noch an einer möglichen Gastfreundlichkeit zerschellen? Wenige sind es, die, wie Max Hermann-Neisse, sich zu sagen trauten: »Laß mich das Leben noch schmecken, / eh die Vernichtung uns trifft: Gaskrieg, Marter, Verrecken, / Bombe, tückisches Gift /... / fülle die gläserne Schale / mir mit Abschiedswein! / Wird sie geleert zerscherben / war ich doch göttlich zu Gast.« (»Rast auf der Flucht«, *Ohne Haß und Fahne,* S. 72-73).

6   Georg Trakl: »Abendland«. In: *Museum der modernen Poesie,* S. 328.

7   Franz Werfel: »Fremde sind wir auf der Erde alle«, *Menschheitsdämmerung,* S. 72. Lyriker dagegen wie Paula Grogger lassen Ende der zwanziger Jahren im Mai nur noch die Schwalbe zu Gast kommen (Paula Grogger: »Mailied«, *Junge deutsche Lyrik,* S. 82).

achteten.[8] Selten hält noch jemand, wie in Stefan Georges »Seelied«, nach einem »lieben Gast« Ausschau.[9] Der Name ›Gast‹ verschweigt sich in den Gedichten »Nachtcafe« oder »Untergrundbahn« von Gottfried Benn im Irgendwer, der flüchtig, fast folgenlos begegnet.[10] Der ungenannte Gast wird allenfalls noch durch den Ort seiner Aufenthalte angesprochen. Auch nach dem zweiten Weltkrieg bis zur Gegenwart zeigt sich der Ungenannte in den Cafés – wie in »Das Schweigen« von Karl Krolow[11] oder in »rebus...« von Friederike Mayröcker[12] – oder auf den Bahnsteigen, an den Stränden, zumal in den Hotels – wie in dem Gedicht »Gegenwart« von Günther Eich[13] oder in Jürgen Beckers »Im Frühling«, wo zugleich »ein Hotel nach dem andern verwittert«[14] oder in »frankfurter fado« von Gerald Fiebig, wo es heißt: »u. später mutterseelenallein im mercure-block / mit der Totenmaske von Nietzsche, als homer simpson gemalt / auf dem hotelkunstdruck über der glotze.«[15]. Und diesen gewerblichen Orten der Einsamkeit korrespondieren in der Gegenwartslyrik solche der Geselligkeit, wie die Wirtshäuser[16], das Festzelt mit seinem »Geruch von Bier und Wurst und Braten« und dem Grölen der Männer, so im Gedicht von Johannes Kühn[17] und überhaupt die Welt der Touristen, von welcher Daniel Ableev spricht.[18] Sogar die Worte selbst können, wie in einem Gedicht von Karla Reimart, als »schwimmende Hotels mit langen dunklen Fluren« erscheinen.[19] Was für Gäste aber beherbergen sie? Längst in die Ferne verdunstet scheinen die privaten, persönlichen Gastgeber und ihre Häuser. Allenfalls begegnet man noch den »unvermeidlichen Ehrengästen bei Staatsbegräbnissen, den zaungästen bei begräbnissen des Staates«, wie es in einem Gedicht von Peter Lachmann heißt.[20] Gleichwohl brach der ungenannte Gast wie nie zuvor in das Regelwerk der Kommunikationen ein, bricht auf dia-bolische Weise nicht nur mit den herrschenden sprachlichen Kodes und den verbrauchten liedhaften Wohlklängen, damit er – zumeist ungeladen, grußlos und feindselig – einen

---

8   Das bedrückendste Dokument finden wir unter dem Titel: *An den Wind geschrieben. Lyrik der Freiheit 1933-1945.*
9   Stefan George: *Gedichte*, S. 66.
10 Gottfried Benn: *Gedichte*, S. 14 und S. 17.
11 Karl Krolow: *Fremde Körper.*
12 Friederike Mayröcker: »rebus...«, *Jahrbuch der Lyrik*, S. 171.
13 Günther Eich: *Ausgewählte Gedichte*, S. 29.
14 Jürgen Becker: »Im Frühling«, *Atlas der neuen Poesie*, S. 155.
15 Gerald Fiebig: »frankfurter fado (munich bootleg)«, *Jahrbuch der Lyrik*, S. 95. Homer Simpson ist die Hauptfigur einer Fernseh-Zeichentrickserie.
16 Harry Oberländer: »Anmerkung zur Poetik«, ebd., S. 211.
17 Johannes Kühn: »Ich Alter habe mich verirrt«, ebd., S. 118.
18 Vgl etwa: Daniel Ableev: »Sansabienne«, ebd., S. 180.
19 Karla Reimert: »Auffanglager«, ebd., S. 98.
20 Peter Lachmann: »Gesittet wollen wir heut spielen«, *Junge Lyrik 1960*, S. 46.

Raum rätselhafter sym-bolischer Begegnungen eröffne. Könnte man vielleicht sagen: Eben um der Anwesenheit des Gastes selbst willen geht es moderner Lyrik da-rum, angesichts seiner Nichtigkeit oder angesichts der Banalität seiner All-Gegenwart seinen Namen nicht mehr auszusprechen? Im zeitgenössischen Gedicht wurde der Gast gleichsam zum ›Unter-sagten‹.

Doch bereits in der deutschsprachigen Dichtung zwischen dem 17. und 19. Jahrhundert bildete der noch häufig genannte ›Gast‹ nur eine ›einsilbige‹ Passagenfigur, die in jeder Art von Lyrik auftaucht, seien es Hymnen oder Elegien, Lieder oder Epigramme, Parabeln, Satiren, Balladen, Idyllen. Eingebettet in bestimmte Redefiguren, mag er Stimmungsbilder andeuten, die ihrerseits von den lyrischen Gestimmtheiten der Worte, die ihn aufnehmen, artikuliert oder überschwemmt werden, in Schwung gesetzt und verstärkt oder überlagert und hintertrieben, so dass sich unzählige Spannungsfelder bilden und zerfallen, um vorübergehend Verwandtschaftliches noch im Disparatesten aufblitzen zu lassen. Denn diese Dichtungen beschränkten sich keineswegs auf gastliche Verhältnisse zwischen Personen oder zwischen Personen und Orten oder bestimmten Zeiten: kein Affekt, keine Leidenschaft, kein Körper und keine Seele, kein Geist und keine Idee, die nicht als Gast angesprochen und verstanden wurden, als gälte es, eine von den Logikern unterschlagene Form zwischen dem Wesentlichen, dem Eigentlichen und dem Zufälligen aufzudecken: eine Gestalt nämlich, die in der Ankunft ihres Abschiedes verweilt, ohne nur einer messbaren Zeit oder unmessbaren Zeitlosigkeit unterworfen zu sein. Und dort, wo Menschen, Dämonen und Gottheiten einander allein ›im Geiste‹ Gäste werden, bildete sich das Lebensgefühl, in welchem Menschen grundsätzlich ihr Dasein zu begreifen suchten: *Ich bin Gast auf Erden*. Schließlich beginnt der Gast, sofern er nur noch ›Mich-selbst‹ meint, durch die unheimlichen Züge der Selbstbespiegelungen und der Doppelgänger hindurch, sich jedem Gast-*geber* zu entziehen. Geraten wir so etwa in die Nähe des Gastes selbst? – Wenn ich im Folgenden diesen Winken des Gastes Gehör gebe, dann geht es mir um seine rätselhaft poetische Kraft quer durch die einzelnen Gedichte hindurch, sofern sie – ihn nennend – ihn selbst an-denken. Und es war, wie ich zeigen möchte, die Lyrik, die, anstatt den Gast von der Person her, vielmehr die Person vom Gast her begriff.

3

Hier zunächst eine Skizze des Weges, der sich ergab: Eine erste Gruppe bilden alltägliche oder ungewöhnliche Beziehungen zwischen Gast und Gastgeber, seien sie persönlich-privater Art oder im Zusammenhang der sittlichen Gesetze der Gastlichkeit, zumal bezüglich des fremden Gastes, oder im Rahmen rechtlich-ökonomischer Verhältnisse zwischen dem Gast als Kunden und dem Gastgeber als Wirt. Doch keineswegs erscheinen Gast und Gastgeber immer als bestimmte Personen, die mit wenigen Beiwörtern skizziert und eingeschätzt sind oder die sich selbst als Subjekte lyrischer Rede einbringen, indem von ›meinem Gast‹ oder ›von sich selbst‹ als Gast gesprochen wird.

Eine zweite Gruppe stellt dar, wie Gast und Gastgeber mehr und mehr in *einer* Person zusammenzufallen beginnen: das zeigt sich zunächst darin, dass Ich oder Wir selbst zu Gästen eines abwesenden oder unsichtbaren Gastgebers werden, Gäste eines Dämons, Gottes, Geistes oder des Gesetzes, oder umgekehrt darin, dass Ich mich in den Gastgeber versetzt sehe, der jene beherbergt. Solches geschieht keineswegs nur durch eine vorbereitende Einladung. Die plötzlich auftauchenden Gäste können Mich persönlich berühren, Mich heimsuchen und ergreifen, wie etwa die Angst oder die Freude. Solche Gäste vermögen jede darstellbare Gestalt zu überschreiten und als Ideen der Tugend, Schönheit oder Wahrheit und deren Gegenteile die eigene Vernunft, die eigenen Leidenschaften erregen; oder sich zusammenziehen auf den unsichtbaren Gast, der zu jedem irdischen Gast nur einmal kommt: der Tod.

Schließlich kann Lyrik, in einer dritten Gruppe, die Person, die als Gast niemandes Gast mehr ist, allein in Beziehung zu den gastfreundlichen oder ungastlichen Dingen, Milieus oder Zeiten zur Erscheinung bringen. Und darin liegt bereits beschlossen, was sie in ihren Blick nimmt: Mich selbst, sofern Ich Mich in der Weise meiner Existenz als Gast selbst auffasse, mag Ich nun das eigene Dasein als frei in seinen Möglichkeiten bejahen oder angesichts der eigenen Vergänglichkeit und Sterblichkeit als unfrei verwerfen. – Wer aber bin Ich selbst, sofern Ich der Gast selbst bin? Um dieser Frage näher zu kommen, wird es nicht mehr ausreichen, das Ich vom ›Wurf‹ her zu bestimmen, als unterworfenes (*sub-iectum*), entgegengeworfenes (*ob-iectum*) oder entworfenes (*pro-iectum*), das sich zugleich seinerseits unterwerfe, entgegenwerfe und entwerfe.

4

Alles, was sich nicht schon in einem Blick oder auf ein Wort hin als Bekanntes und Vertrautes zeigt, kann sich zur Erzählung entfalten, zu welcher der sprechende Gastgeber – sich gastfreundlich anbietend oder ungastlich aufdrängend – Hörer oder Leser einlädt, sich auf den Gang des Erzählens und auf die Wege des Erzählten einzulassen, mögen letztere neu oder längst bekannt sein. Wo dagegen Sprache zur Lyrik wird, geht es nicht mehr um das Erzählen und das Erzählte *im Medium der Wörter*, sondern jene werden umgekehrt zu Medien lyrischer *Worte*, die in der Zu-Stimmung ihrer Rhythmen und Weisen (*melos*) den befremdlichen Klang der Dinge und den ihrer Beziehungen zur Sprache bringen, ob im Neuesten oder im Gewohntesten. Das Wort der Lyrik zeigt sich, in Hinsicht auf den verbrauchten Sinn der Dinge, als ein diesen befremdender Gast, der uns durch die Vielheit der Gäste begleiten wird: Keiner der hier zitierten Dichter spricht betont von der heimischen, bekannten, vertrauten Person des Gastes. Man führt diesen allenfalls verneinend als denjenigen ein, der *kein* fremder Gast[21] ist oder der ›selten‹ anzutreffen sei.[22] Das gilt auch, wenn es sich nicht um menschliche Personen, sondern um physische, psychische oder geistige Phänomene handelt, die zu Gast sind. Fremd dagegen ist die Person des Gastes zunächst deshalb, weil sie von auswärts, aus der Fremde kommt.[23] Sie kann insofern auch ›der neue Gast‹[24] heißen. Und wo der Gast als Fremder auftaucht, fehlt ihm die eigene Bleibe.[25] Oft nennt sich das lyrische Ich selbst einen fremden Gast, der sich nicht auskenne.[26] Jedenfalls bringt er stets eine gewisse Unruhe[27] unter die Einheimischen oder Gastgeber, mag er nun willkommen geheißen und freundlich aufgenommen[28] oder nur argwöhnisch behandelt werden.[29] Sogar der eindringende und plündernde Feind kann ein ›fremder Gast‹ genannt werden, der ernte, was die Einheimischen gesät hätten.[30] Selten nur bekennt das lyrische Ich, seinerseits als Gast ein Schmarotzer oder Feind zu sein. – Im Unterschied zur entschiedenen Freundlichkeit oder Feindseligkeit dem Gast oder Gastgeber gegenüber, widerfährt uns ja Fremdheit dort, wo wir des Verwunderns fähig sind und wo in den Gruß der

---

21 So sagt Christian Hoffmann von Hoffmannswaldau in »Die Tugend an Zuchtheiminen« (*Auserlesene Gedichte*, S. 61), die Liebste möge doch seine Hand, die sie berühren will, nicht einen fremden Gast nennen.

22 Joseph Viktor Scheffel nennt den »Krokus, den Spross des Abendlandes, einen seltenen Gast auf Schwabens Flur« (»Zavelstein«, *Kritische Ausgabe*, Bd. 1, S. 108).

23 »Es kommen zu dem Feste / Von Fremden fremde Gäste.« Johann Klaj: »Chor derer die das Osterlamm essen«, *Redeoratorien*, S. 214.

24 Martin Opitz spricht vom »neuen Gast aus Israel« (»Lobgesang über den freudenreichen Geburtstag unseres Herrn und Heilands 1624«, *Weltliche und geistliche Dichtung*, S. 192). Nikolaus Lenau spricht vom »Sturm in der Brust, der kein neuer Gast sei« (»An Frau Klayle«, *Sämtliche Werke und Briefe*, S. 29).

25 Gerhard Tersteegen: »Ermunterungslied für die Pilger«, *Geistliche Blumengärtlein*, S. 470.

26 Johann Christian Günther spricht von einem Meister der Dichtkunst, der in ihr kein fremder Gast sei (»An einen andern guten Freund«, *Sämtliche Werke*, Bd. 3, S. 32).

27 J. Ch. Günther: »Auf den Namenstag Herrn Lorenz Kriegel in Hirschberg 1722«, *Sämtliche Werke*, S. 66.

28 Ebd. Betty Paoli spricht vom »weinschönen Süden, der mich als fremden Gast mit Freundesarmen aufgenommen habe« (»Endziel«, *Neue Gedichte*, S. 6).

29 Friedrich Hebbel sagt in seiner »Winterreise«, überall sei er als fremder Gast mit Blicken geprüft worden, »welche fast / Die Liebe untersagen« (*Sämtliche Werke*, Bd. 6, S. 275).

30 Martin Opitz: »Galathee«, *Weltliche und geistliche Dichtung*, S. 32.

Ankunft schon der Abschied winkt, sofern die wunderlichste, fremdartigste Erscheinung dem Gang der Gewöhnungen überlassen ist. Das hat es auf sich mit dem fremden Gast. Wer aber ist der Gast selbst, der auch als erstmals auftauchender fremder Gast immer schon der wiederkehrende Gast ist, der also gleichermaßen Fremdheit wie Vertrautheit durchquert?

Nicht sonderlich der Rede wert scheint der Gast, der zuletzt ankommt und zuerst geht. Man spricht zumeist vom ›ersten‹ oder ›letzten‹ Gast, wenn einer von mehreren Gästen zuerst ankommt, ein anderer zuletzt geht.[31] Doch so banal ist die Sache nicht: In jeder Ankunft des Gastes blitzt stets ein Erstes schlechthin auf, ohne Vorgänger, wie in jedem Abschied ein Letztes schlechthin, ohne Nachfolger, wie oft er auch wiederkehren mag. So heißt es in »Begräbnis« von Detlev von Liliencron: »Es fiel ein Blatt vom Baum, es fiel / Durch fruchtbeschwerte Äste / Nun geht zu eurem eignen Ziel / Ihr meine letzten Gäste.«[32] Und doch durchquert der Gast selbst seine erste Ankunft und seinen letzten Abschied.

Wenn von der Person als Gast die Rede ist, meint man zumeist unausgesprochen die lebendige Person, im Unterschied zu den ›toten‹ und ›entseelten‹ Gästen, von denen öfter in der Lyrik die Rede ist.[33] Der Gast selbst durchquert also auch Totes wie Lebendiges. Was die lebenden Gäste betrifft, so können sie in jedem Modus und in jeder Gestalt erscheinen, ›scheu‹ und ›flüchtig‹ oder ›schwärmend‹ und lärmend sein.[34] Eher selten allerdings wird im Gedicht und wenn, dann zumeist

---

31 In »Café national« von Hoffmann von Fallersleben heißt es: »So vertreibt man sich die Zeiten / Nach des Tages Hitz' und Last, / Bis erfüllt mit Neuigkeiten / Geht nach Haus der letzte Gast« (*Unpolitische Lieder*, S. 20). Um eine Ankunft, nämlich des Rivalen zur Hochzeit seiner Geliebten mit einem anderen, geht es in Platens Gedicht »Der letzte Gast« (*Werke*, Bd. 1, S. 44).

32 Detlev von Liliencron: »Begräbnis«. In: *Heidegänger und andere Gedichte*, S. 143.

33 Ludwig Uhland nennt den Ermordeten einen »entseelten Gast« (*Werke*, Bd. 1, S. 291), Lenau nennt das getötete Tier einen »entseelten Gast« (»Der Räuber im Bakony«, *Gedichte*, S. 210.). Nicht nur in Goethes »Die Braut von Korinth«, auch in Justinus Kerners »Anna« (*Werke*, Bd. 1, S. 39) ist der Gast der oder die Tote. Paul Fleming nennt ein verstorbenes Kind einen allzu »kurzen Gast« (»Auf Herrn Timothei Poli Töchterleins Christinen ihr Absterben«, *Deutsche Gedichte*, S. 276).

34 »Sehr hab ich unter Lärm und Last / Des Tags nach dir, du scheuer Gast, / Wie einen lieben Freund begehrt«, heißt es im Gedicht »Schweigen« von eben diesem Schweigen bei Gustav Falk (*Ausgewählte Gedichte*, S. 5). Und in »Die Jugendträume« von Lenau heißt es: »Seid stille, stille, daß die flüchtigen Gäste / Ihr nicht dem Jünglinge verscheucht; denn wißt: / Die Jugendträume sind es, wohl das beste, / Was ihm für diese Welt beschieden ist.« (*Sämtliche Werke und Briefe*, S. 32). In Friedrich Hölderlins »Menons Klagen um Diotima« finden wir die Zeilen: »Soll es werden auch mir, wie den Götterlosen, die vormals / Glänzenden Auges doch auch saßen am seligen Tisch', / Aber übersättiget bald, die schwärmenden Gäste / Nun verstummet« (Friedrich Hölderlin: *Sämtliche Werke und Briefe*, Bd. 1, S. 293).

satirisch, von der äußeren Gestalt der Person des Gastes gesprochen.[35] Abenteuerlich oder wunderlich kann seine Erscheinung sein. Die Gäste zeigen sich dem Rang gemäß als arme oder reiche, niedere oder hohe, gar königliche oder göttliche.[36] Sie können froh, vergnügt, leichtbeschwingt oder finster und trübe genannt werden.[37] Manchmal ist der Gast auch ›vermummt‹.[38] Obwohl nun in der Lyrik weit mehr von ›unsichtbaren‹ als von sichtbaren Gästen gesprochen wird, fand ich nur bei Nikolaus Lenau jenen Ausdruck: »Und wie ich mich wärme am Eichenstamme, / Wärmt sich vielleicht ein unsichtbarer Gast / Heimlich an meiner zehrenden Lebensflamme, / Schürend und fachend meine Gedankenhast.«[39] Der Gast durchquert sowohl das Sichtbare wie das Unsichtbare.

Häufiger jedoch als nur die einzelne Gestalt des Gastes wird dessen Verhältnis zu einem Gastgeber als Hausherr und Wirt betont. Die Rede von ›meinem Gast‹ drückt oft mehr als nur die vorübergehende Zugehörigkeit, nämlich bereits eine gewisse Fürsorge oder gar Zuneigung aus, die ausgesprochen wird, wenn vom ›lieben‹, gar vom ›holden‹ und ›süßen‹ Gast gesprochen wird.[40] Nicht selten geht ihm sehnsüchtiges Er-

---

35 Kinder werden manchmal ›kleine Gäste‹ genannt. So auch das Christuskind bei Ada Christen (»Aus der Tiefe«, *Aus der Asche*, S. 106). Bei Johann Heinrich Merck heißt es ironisch: »Ein junges Huhn zu mästen, ist / Ein Monat eine kurze Frist / Und denn, wenn du's gemästet hast, / So kommt ein wohlbeleibter Gast, / Ißt ihrer sechs auf einmal auf. / So geht's im Dichterlebenslauf« (»Rapsodie«, *Sturm und Drang*, Bd. 2, S. 1200). Vgl. auch den ›kleinsten Gast‹, von dem Gotthold Ephraim Lessing spricht: »Entschuldigung wegen unterlassenen Besuchs«. »Sinngedichte 1771« (*Lessings Werke*, Bd. 1, S. 25).

36 Adalbert von Chamisso spricht in »Der Stein der Mutter oder der Guahiba-Indianerin«, (*Sämtliche Werke*, Bd. 1, S. 414) vom »armen Gast der reichen Natur«. »Roland« wird von Friedrich Schlegel als »hoher Gast« bezeichnet (*Dichtungen*, S. 116). Ich erinnere an Friedrich Schillers »königlichen Gast«, der sich, in »Der Ring des Polykrates«, mit »Grausen wendet«. In August Graf von Platens »Selbstlob« wird der eigene Genius als »göttlicher Gast« bezeichnet (*Werke*, Bd. 1, S. 578).

37 Friedrich Rückert spricht in den »Kindertotenliedern« (*Aus seinem Nachlaß*, S. 326) von den »frohen Gästen«, die zu den Freudenfesten geladen sind. Georg Philipp Harsdörfer bittet den Gottessohn: »Laß dich meine Seele finden / Die du dir erwählest hast, / Und sei ihr vergnügter Gast.« (»Die Ergebenheit Gottes«, *Das deutsche evangelische Kirchenlied des 17. Jahrhunderts*, Bd. 5, S. 12). In Ludwig Uhlands bekanntem Gedicht »Einkehr« (*Werke*, Bd. 1, S. 48) ist von den »leichtbeschwingten Gästen« die Rede. Vom »trüben Gast« spricht nicht nur Goethe; im Gedicht »Wanderung« von Friedrich Rückert finden wir die Aufforderung: »O sei auf Gottes heller Welt kein trüber Gast!« (»Kindertotenlieder«, *Aus seinem Nachlaß*, S. 350).

38 In Edmund Mörikes »Der Schloßküpers Geister zu Tübingen« sind die Untoten die vermummten Gäste (*Sämtliche Werke*, Bd. 1, S. 709).

39 Nikolaus Lenau, »Das Blockhaus«, *Sämtliche Werke*, Bd. 1, S. 261.

40 Johannes Plavius spricht im Gedicht »Lernen« davon, dass die Lehre dem Lernenden mit der Zeit ein »lieber Gast« werde (»Trauer- und Treuegedichte«, *Deutsche Litera-*

warten voraus und er gilt dann als der ›verlangte‹, der ›erwünschte‹ und ›lang gewünschte‹ Gast.[41] Der Wunsch kann sich auch auf den ›teuren‹ oder ›werten‹ Gast richten, sofern achtungsvoll oder ehrfürchtig eine gewisse Distanz zu ihm gewahrt bleibt.[42]

Wird dagegen vom ›zarten‹ Gast gesprochen, hat man bereits dessen Verletzlichkeit im Blick.[43] Auf mannigfache Weise nämlich kann der Gast gekränkt und versehrt werden.»Ich war ein Fremdling und ein Gast, / Mußt auf der Straße liegen, / Ich dacht ein wenig Ruh und Rast / in eurem Haus zu kriegen. / Ihr habt mich nicht so wert geacht, / Daß ihr mich aufgenommen, / Ich konnte nicht auf eine Nacht / Bei euch zur Herberg kommen.« So heißt es bei Angelus Silesius.[44] Als ›hinderlicher‹ und ›lästiger‹ Gast wird er aus dem Hause getrieben und verjagt.[45]

---

tur, S. 101) und nennt den Geist sogar einen »lieben Lebens-Gast« (»Leg ab die Sünde«, ebd., S. 123). Wenn Angelus Silesius von seinem göttlichen Gast sagt: »Sei gegrüßt, du lieber Gast, / der auf sich nimmt meine Last.« (»Heilige Seelenlust oder geistliche Hirtenlieder«, *Sämtliche poetische Werke*, Bd. 1, 6. Lied), so denkt er vor allem an das mögliche Gastgeschenk. So auch, wenn der Sterbende Trost in dem Gedanken finden soll, dass ihn der »sel'ge Garten als lieben Gast erwartet« (Johann Klaj: »Maria Magdalena führt diese Klage«, *Redeoratorien*, S. 16). Liliencron spricht in »Correspondenz« (*Adjudantenritte und andere Gedichte*, S. 46) von einem Rosenblatt, das die Geliebte in ihren Brief gelegt hatte, von einem »holden Gast«, der gleichwohl verblassen wird. Und Ludwig Tieck ruft in »Epistel, an Alma« (*Werke*, Bd. 4, S. 6) sehnsuchtsvoll aus: »O wann kehret doch die Stunde wieder / Und bringt zurück mir all die holden Gäste.« Ein »süße[r] Gast« ist, der einem »die Brust erfüllt« (Angelus Silesius: »Das lateinische Veni creator spiritus«, *Sämtliche poetische Werke*, Bd. 1, 1. Lied), der willkommen ist als »Balsam meiner Wunden« (Paul Fleming: *Deutsche Gedichte*, S. 21).

41 Im »Friedenslied‹ von Achim von Arnim (*Des Knaben Wunderhorn*, S. 126) heißt es: »Hier ist Gottes Stadt; / Halte Rast, / Erwünschter Gast.« In Hinsicht auf die Geburt eines Kindes spricht Paul Gerhardt vom »lang erwünschten Gast« (»Wir singen dir, Immanuel«, *Dichtungen und Schriften*, S. 6).

42 Paul Gerhardt spricht von dem »werten Gast«, der Segen bringe (»Pfingstlied«, *Dichtungen und Schriften*, S. 89), Friedrich Hagedorn vom »wertesten Gast«, der uns von knechtischer Last erlöse (»Lob-Lied«, *Sämtliche poetische Werke*, S. 12). August Graf von Platen nennt die Freiheit einen »werten Gast«, die einst auf bekränzten Schiffen komme (»Colombos Geist«, *Werke*, Bd. 1, S. 7), und Paul Fleming nennt den Geist einer Toten einen »werten Gast«, den sie bewirtet habe (»Auf Jungfrau Magdalena Weinmanns Ableben«, *Deutsche Gedichte*, S. 253).

43 In Gerhard Teerstegens Gedicht »Der zarteste Gast« (*Geistliches Blumengärtlein*, S. 240) wird dieser bereits durch einen »kleinen Eigenwillen« oder ein »leisestes Lüstchen« gestört werden. Annette Droste-Hülshoff spricht in »Am Ostersonntag« (*Sämtliche Werke*, Bd. 1, S. 620) von dem »kalten und armen Herz«, das den zarten Gast nicht zu nähren vermocht hatte.

44 Angelus Silesius: »Sinnliche Beschreibung der vier letzten Dinge«, *Sämtliche poetische Werke*, S. 55.

45 So in »Des Gesellen Rückkehr« von Adalbert von Chamisso (*Sämtliche Werke*, S. 307).

Er kann ›gebeugt‹ und ›betrogen‹ oder ›geschlagen‹ werden[46], in der Wüste oder Wildnis ausgesetzt[47], mit dem Tode bedroht[48], zum ›Marterpfahle verdammt‹[49] sein. Man sucht ihn zu vergiften[50], man ermordet ihn.[51] In Friedrich Hebbels Gedicht »Italiens erster Gruß« heißt es: »Heliogabalus ließ die Gäste ersticken mit Veilchen. / Schönes Italien, drohst du mir ein ähnliches Los?«[52] Und Andreas Gryphius folgert aus all dem: »Wir armen sind nur gäste / Ob den scharfes schwert an zarter Seide schwebt.«[53]

Weit mehr jedoch als mit dem Gast, der zum Opfer der Ungastlichen und Gewalttätigen wird, haben sich Gedichte mit dem ›schlimmen Gast‹ befasst. Wir finden nuancenreiche Unterscheidungen vom sonderlichen über den lästigen bis zum mörderischen Verhalten des Gastes. Da spricht man vom ›ungewohnten‹ oder ›seltsamen‹ Gast, der inmitten der Vertrautheit etwas Verschlossenes an sich hat und damit anstößt[54], was sich dann unerträglich steigern kann, wie in einem der Kindertotenlieder von Friedrich Rückert: »In meinen stillen Wänden war ein Fest der Lieb' und des Gesangs; / Unangemeldet ist ein Gast, ein schweigender, ins Tor getreten, / Hat finster um sich hergeblickt, dass alle Kerzen düster brannten, / Und ist mit Furchteinflüsterungen mir zum entsetzten Ohr getreten.«[55] – Oder wir begegnen Gästen mit absonderli-

---

46 »O, ird'sche Freude, du betrogner Gast!« heißt es im Gedicht »An Frau Marianne von Willemer« des Clemens von Brentano (*Werke*, Bd. 1, S. 494). In »Der König von Englant mit dem bauern« von Hans Sachs gibt dieser dem unbekannten Gast einen »Backenstreich«, weil er sich die Hände vor dem Essen nicht waschen will (*Dichtungen*, 1. Teil, S. 248).

47 Der Gast der Wüste kann so unerschüttert stehen, wie der Prophet in »Am dritten Sonntage nach Ostern« von Annette von Droste-Hülshoff (*Sämtliche Werke*, S. 626).

48 In Chamissos »Der rechte Barbier« ist der mit Tod bedrohte Geselle seinerseits bereit, dem Gast die Kehle durchzuschneiden (*Sämtliche Werke*, Bd. 1, S. 266).

49 Droste-Hülshoff: »Gastrecht« (*Sämtliche Werke*, S. 463).

50 So im Gedicht »Cäsar Borjas Ohnmacht« von Conrad Ferdinand Meyer (*Sämtliche Werke*, S. 192).

51 Vgl. »Thies und Ose« von Gustav Falk (*Ausgewählte Gedichte*, S. 77). Vgl. auch: Ludwig Uhland, »Fortunat und seine Söhne«, 2. Buch, *Werke*, S. 297. Brockes meint, es sei die Freude der alten Römer gewesen, bei »jedem Gast- und Freudenmahl« viele ihrer Gäste zu erwürgen »Und das das schönste Schau-Spiel hießen, / Je größer der Erwürgten Zahl« (»Römer-Freude«, *Heldengedichte*, S. 20).

52 Friedrich Hebbel, »Italiens erster Gruß«, *Sämtliche Werke*, 1. Abt., S. 331.

53 Andreas Gryphius: »Ebenbild unsers lebens«, *Gesamtausgabe der deutschsprachigen Werke*, S. 58.

54 In »Der Frau Generalin v. Varnbühler« von Eduard Mörike (*Sämtliche Werke*, Bd. 1, S. 842) heißt es feinsinnig: »Der Liebe aber ist's, der Ehrfurcht eigen, / Daß sie, nach kurzem Fernesein, befangen, / Verwirrt vor ihrem Gegenstande steht, / Gleich als vor einem ungewohnten Gast, / Wenn uns sein stiller Blick mit Lächeln streift.« Joseph von Eichendorff fragt in »Der Kehraus« nach dem »seltsamen Gast, den Dürren«, der sich die Braut fasst (*Werke*, Bd. 1, S. 347).

55 Friedrich Rückert, »Kindertotenlieder«, *Aus seinem Nachlaß*, S. 24.

chen Wünschen, von denen Matthias Claudius spöttisch sagen kann: »Die Menschen aber, groß und klein, / sind wunderliche Gäste, / Anstatt nur nach der Uhr zu sehn, / Will mancher selbst am Zeiger drehn.«[56] Und da sind die ›ungeladenen‹ und ›ungebetenen Gästen‹, die sich gar als Parasiten und Schmarotzer verhalten.[57] Den ›schweigsamen‹ Gästen[58] stehen jene ›red'gewandten‹ gegenüber, die, nach Ferdinand von Saar, »ihrer eignen Leere gern entfliehn«.[59] Die Schweigsamkeit, im Unterschied zur Geschwätzigkeit, kann zum Merkmal des ›schaurigen‹ und ›unheimlichen‹ Gastes werden. In »Der Waldmann« von Adalbert von Chamisso heißt es von einem Wanderer: »Und wie er bald das Dorf erreicht, / Ein seltsam Bild vorüberschleicht, / Gespenstisch fast, unheimlicher Gast; - / Drückt ihn annoch des Lebens Last? / Gewährt das Grab ihm keine Rast?«[60] – ›Bitter‹[61] ›hart‹, ›rauh‹ oder ›scharf‹[62] läßt sich ein Gast nennen, mit dem zumeist nicht mehr eine Person sondern ein Zustand gemeint ist. Die ›schlimmen‹ Gäste setzen allemal ihrem Gastgeber zu.[63] Wir begegnen dem ›losen‹ oder dem ›stolzen‹, wilden, ›fre-

---

56 Matthias Claudius: »An Königs Geburtstag«, *Werke in einem Band*, S. 621.
57 Im »Reiterlied« von Friedrich Schiller heißt es: »Der Reiter und sein geschwindes Roß, / Sind gefürchtete Gäste; / Es flimmern die Lampen im Hochzeitsschloß, / Ungeladen kommt er zum Feste, / Er wirbt nicht lange, er zeiget nicht Gold, / Im Sturm erringt er den Minnesold« (*Sämtliche Werke*, Bd. 1, S. 413). Von »ungebetenen Gästen, die selbst zu Gast sich laden« spricht Ernst Moritz Arndt angesichts der Belagerung von Danzig: »Halt Dich Danzig! (1807), in: *Werke*, 1. Teil. Und Hans Sachs spricht von dem Gast, der so lange im Haus bleibe, bis der Wirt zum Tor hinaus müsse (*Dichtungen*, S. 57).
58 In Rainer Maria Rilkes »Das Buch von der Armut und dem Tode« (*Sämtliche Werke*, S. 98) heißt es: »Und durch die Gärten blendet der Palast / (wie blasser Himmel mit verwischtem Lichte) / in seiner Säle welke Bilderlast / versunken wie in innere Gesichte, / fremd jedem Fest, willig zum Verzichte / und schweigsam und geduldig wie ein Gast.«
59 Ferdinand von Saar: *Gedichte*, S. 87.
60 Adalbert von Chamisso: »Der Waldmann«, *Sämtliche Werke*, Bd. 1, S. 325.
61 Den Tod nennt Sigmund von Birken einen »bitteren Gast« (»Geistliche Lieder«, *Das deutsche evangelische Kirchenlied des 17. Jahrhunderts*, S. 62).
62 In »Das Urteil des Schemjaka« nennt Chamisso den Hunger einen »scharfen Gast« (*Sämtliche Werke*, Bd. 1, S. 275), der Winter wird von ihm (»Frühlingslied«, ebd., S. 223) ein »harter Gast« genannt, von Lenau ein »rauher Gast« (»Auf eine goldene Hochzeit«, *Sämtliche Werke*, Bd. 1, S. 305).
63 Friedrich Nietzsche nennt in »Also sprach Zarathustra« den Winter einen »schlimmen« aber geehrten Gast (*Werke*, Bd. 7, S. 253). Auch Franz Grillparzer spricht vom Ärger als einem ab und zu nützenden schlimmen Gast (»Literarische Zustände«, in: *Gedichte. Sämtliche Werke*, Bd. 1, S. 259). Otto Julius Bierbaum nennt die Sorgen »schlimme Gäste« (»Sprüche«, *Gesammelte Werke*, Bd. 1, S. 444), Lenau »Traumgewalten« (*Sämtliche Werke und Briefe*, S. 282) und bezeichnet die Einsenbahn, die sich in den grünen Hain hineinfresse, einen »schlimmen Gast« (ebd.,»An den Frühling 1938«, S. 313).

chen‹ und ›unverschämten‹ Gast.[64] Oft erscheint er als der ungehobelte und ›gemeine‹, der seinen Gastgeber ›bedrängt‹, seinen Wirt ›betrügt‹.[65] ›Gast‹ kann, wie bemerkt, sogar der genannt werden, der seinen Gegner zum Kampf herausfordert[66], und Friedrich von Logau meint in »Krieg und Wein«: »Soldaten und der Wein, wo die zu Gäste kommen, / Da ist Gewalt und Recht dem Wirthe bald genommen.«[67] Überhaupt können marodierende Soldaten ›Gäste‹ genannt werden, die Feuer und Mord bringen.[68]

Einen Gegenzug zur Sphäre der Gewalt, gehe sie nun von Gastgebern oder Gästen aus, finden wir in der Liebe, zunächst in der Sexualität: Huren etwa als Gastgeberinnen und Gäste.[69] Es wurde viel darüber berichtet, dass in manchen Gesellschaften dem Gast die Gastgeberin zum Beischlaf gegeben wurde[70], gar die Braut sich in der ersten Nacht von den Hochzeitsgästen musste beschlafen lassen.[71] Nachwehen von

---

64 Von Amor, dem »losen Gast« spricht Johann Wilhelm Ludwig Gleim, »Amor im Garten« (*Versuch in scherzhaften Liedern*, S. 16). Zum ›stolzen‹ und ›frechen‹ Gast vergleiche: Achim von Arnim: »Neuer Baustil« und »Turteltaube« (*Sämtliche Werke*, S. 66 und S. 247). Vom ›unverschämten Gast‹ spricht Christiane Mariane Ziegler in »Der sich allzuviel zutrauende Lisander« (*Versuch in Gebundener Schreib-Art*, S. 269).

65 ›Gemeine Gäste‹ nennt Johann Christian Günther »Heuchelei und Schein«, welche jede Muse abschreckten (»Das ruhmwürdige Verdienst des... J. G. Hahn«, *Sämtliche Werke*, Bd. 1-2, S. 52). Johann Klaj spricht in davon, dass der Wirt nicht mehr Wirt im eignen Haus sei, »so drängt sich der Gast« (*Friedensdichtungen und kleinere poetische Schriften*, S. 199). Von der »Biermamsel« sagt Gottfried Keller: »Bist nie gemein und schimpfest nicht, wenn dir ein Gast die Treue bricht« (*Sämtliche Werke*, Bd. 2, S. 359).

66 So Platen in »Der letzte Gast«, *Sämtliche Werke*, Bd. 1, S. 49.

67 Friedrich von Logau: »Krieg und Wein«, *Sämtliche Sinngedichte*, S. 104.

68 So im schon zitierten Gedicht »Halt dich Danzig« von Ernst Moritz Arndt.

69 Agrippa von Nettesheim gibt Berichte wieder, wonach der Kaiser Heliogabalus große Gastereien zu 24 Gängen gegeben habe und die Gäste hätten sich bei jedem Gericht »mit den Huren müssen lustig machen« (*Die Eitelkeit und Unsicherheit der Wissenschaften*, S. 333). Klabunds »Der himmlische Vagant« lautet: »Ich lieb ein Mädchen, welches Margot heißt, / Sie wohnt in einem schmutzigen Bordelle / Man zieht an einer rostigen Klingelschelle, / Worauf Madam den Gast willkommen heißt« (*Der himmlische Vagant*, S. 363).

70 Pierre Bayle berichtet von der türkischen Sekte der ›Gottesleugner‹: »Ihre Höflichkeit geht allzuweit, es ist wahr, weil sie des Nachts ihrem Gast ein sehr schändliches Vergnügen bereiten.« (*Verschiedene Gedanken über einen Kometen* (1680), S. 528). Dem setzte Eduard von Hartmann entgegen: »So können wir es nicht unsittlich nennen, wenn wilde Völkerschaften dem Gastfreund auch ihre Weiber offerieren: im Gegenteil könnte dies als Teil der Gastfreundschaft sittlich genannt werden, weil bis zu dieser Stufe des Verständnisses ihr Bewusstsein allenfalls entwickelt ist, aber nicht bis zum Verständnis der Sittsamkeit im geschlechtlichen Umgang« (*Philosophie des Unbewußten*, S. 239).

71 In ›Von den Gebrauch der Balearen‹ sagt Logau: »Der Balearen Brauch ist zwar zu uns nicht kommen: / Daß durch die Gäste vor der Braut wird abgenommen, / Was sonst der Bräutigam nimmt« (*Sämtliche Sinngedichte*, S. 27).

solchen Bräuchen findet man in Liedern von der schönen Wirtin.[72] In einer Wendung gegen diese kann die Herrin des Hauses dem Gast den Einlass verwehren mit der Begründung: »Solang mein Gatte fern / Herberg' ich keinen Gast«.[73] Zumindest aber will die Gastgeberin den Gast, der vor ihrer Türe steht, nur einlassen, wenn er verspreche, sich »still und friedlich« zu verhalten.[74] Denn Amor ist ein ›loser Gast‹. »Mein Fräulein weigre nicht der Liebe Platz zu geben, / Es ist ein solcher Gast, der Freude mit sich bringt«, heißt es bei Hoffmannswaldau.[75] Wo dagegen die Geliebte zu Gast ist, wird sie unumwunden zur »liebsten aller Gäste«, wie Goethe sagt.[76] Immer aber berühren sich schon Liebe und Tod. Bei Daniel Caspar von Lohenstein heißt es: »Rosalinde! / Mein Angst-brunn und mein heyl! Nimm diese seuffzer-winde / Zum letzten opffer an. Ich liebe! Denn erblast / Erstummt er und er stirbt, biß sie des cörpers gast / Den Geist, durch einen Kuß, durch wenig Liebesblicke / dem todten wiedergiebt.«[77] Es kann gar die bleiche, tote Braut sein, die ihre Gäste zum Fest erwartet.[78] Und auf jedem Fest, ob ›Freudenfest‹ oder ›Tränenfest‹, wie Rückert sich ausdrückt[79], drängt etwas dazu, die Distanz zwischen Gastgebern und Gästen orgiastisch zu verwischen, um so sich dem *einen* Gast der Gäste zu nähern.[80] – Wer aber ist hier der Gast selbst, der Gewalt wie Liebe durchquert?

Wie lässt sich nun verstehen, dass der Gast mehr in ungastlichen als in gastfreundlichen Milieus zu Wort kam? Unerheblich ist, ob der Dich-

---

72 So im Gedicht »Schön-Else« von Hermann Löns: »Im Auge Lachen, im Munde Lieder, / Für jeden Gast ein freundlich Wort« (*Sämtliche Werke*, Bd. 1, S. 132).
73 Luise Büchner: *Frauenherz*, S. 141.
74 Adalbert von Chamisso: »Der Gemsen-Jäger und die Sennerin«, in: *Sämtliche Werke*, Bd. 1, S. 231.
75 Christian Hoffmann von Hoffmannswaldau: »Eginhard an Emma«, in: *Deutsche Nationalliteratur*, Bd. 36, S. 8. In Wilhelm Müllers »Das braune Fräulein« heißt es: »Du wohnst in einem Schlößchen, / Schön wie ein Schloß der Lust, / Dein Gast bin ich fein öfters, / Verweil' an deiner Brust« (*Gedichte*, S. 66).
76 Johann Wolfgang Goethe: »Die glücklichen Gatten«, *Berliner Ausgabe*, Bd. 1, S. 79.
77 Daniel Caspar von Lohenstein: »Auff einem namens-tag«, *Neukirch-Anthologie*. Bd. 1, S. 328.
78 Justinus Kerner: »Die traurige Hochzeit«, *Werke*, S. 154.
79 Friedrich Rückert: »Kindertotenlieder«, *Aus seinem Nachlaß*, S. 326.
80 »Wir gehen gern zu Gast... zu deiner Hochzeit«, heißt es bei Simon Dach (Fauljuch/Fischer: *Gedichte*, Bd. 1, S. 81). In August Heinrich Hoffmann von Fallersleben »Breslauer Künstlerfasching« lachen und feiern Wirt und Gast bis zum Morgen, um ihre Sorgen abzuwerfen. (*Unpolitsche Lieder*, S. 195). In »Das Hofleben« von Achim von Arnim heißt es: »Tagtäglich kommen Gäste / Im Flug, zu Fuß, zu Pferd / Durch Tag und Nacht zum Feste. « *Sämtliche Werke*, 1. Teil, S. 202. Vgl. auch Friedrich Schillers »Die Götter Griechenlands«, *Sämtliche Werke*, Bd. 1, S. 166. Erinnert sei natürlich auch an Goethes »Der Schätzgräber«, in dem es heißt: »Tages Arbeit! Abend, Gäste! / Saure Wochen, Frohe Feste! / Sei dein künftig Zauberwort« (*Berliner Ausgabe*, Bd. 1, S. 125).

ter nebenbei auch das moralisch Verwerfliche der Lasterhaften, der Verbrecher und Bösen hervorheben wollte. Das lyrische Wort zeigt den Gast selbst nicht, wie die Person, verflochten in das Böse oder Gute, aber auch nicht ›jenseits von Gut und Böse‹. Der Gast durchquert gleichermaßen einträchtige wie zwieträchtige Beziehungen und er durchquert die moralischen Wertungen selbst, eine Durchquerung, die allerdings am Unstimmigen und Ungastlichen schärfer hervortritt als dort, wo Recht, Menschenliebe und Gastfreundschaft herrschen.

5

Das höchste der Feste nun gilt dem unsichtbaren Gast, einer Gottheit, deren unverhüllte Gegenwart der menschlichen Gäste Tod wäre. Es geht nicht nur darum, Gnade und Güte des Gottes durch Opfer zu gewinnen oder für sie Dank zu erstatten: man sucht den Glanz des gastlichen Festes durch seine Anwesenheit zu steigern. Der Glaube nun, dem zufolge ein Gott zu den Menschen als Gast komme, ist ebenso alt wie verbreitet. Der Gott wohnt grundsätzlich nicht dort, wo die Menschen wohnen. Erst spät proklamierte die Theologie die Allgegenwart eines einzigen Gottes, der überall zu Hause sei. Doch gegen diese Doktrin hatte sich allemal die Auffassung der Gläubigen bewahrt, die im Gott einen Gast sahen, der wieder gehe und zurückkehren möge. Man könnte mit der Auffassung des Gottes als Weltenschöpfer und absoluten Gebieter vielleicht versucht sein, in ihm einen schlechthin ersten Gast-*Geber* zu sehen, dessen Gabe der Gast selbst wäre. Und Johann Rist brachte diesen Gedanken in die Rede:»Herr, alles ist dein Gast, was du geschaffen hast.«[81] Dennoch konnte keine Gotteslogik den Gedanken gänzlich unterschlagen, dass auch ein total umfassender Gott noch vor aller Schöpfung dem Gast als Gast begegnete – sei dieser Gast auch das Chaos, dem er eine Ordnung abrang, oder das Nichts, der absolute Mangel, den er aufzuheben begehrte, oder er selbst, der in einer Begegnung mit sich selbst das Andere seiner selbst, die Welt, erschuf. Gastliches Empfangen geht demnach auch dem Schöpfergott voraus und somit allem Begehren und Wollen, allem aktiven Erzeugen, aber auch aller Passivität – ein Empfangen, das sich in jener Aufspreizung ereignet, die erst ermöglicht, dass das Empfangen selbst zu empfangen ist, um sich als Gabe seiner selbst darzustellen. Ohne dieses ursprüngliche Eröffnen und Zulassen, durch die das Empfangen seinerseits erst ermöglicht ist, ›gäbe‹ es, wie bemerkt, keine Gabe. Diesem Geheimnis des Gastes widmet sich der dichterische Wink, sofern er uns nahebringt, dass der Gast selbst sogar den Unterschied zwischen dem göttlichen Zeuger und dem göttlich Erzeugten durchquert.

---

81 Johann Rist:»Christlicher Lobgesang«, *Das deutsche evangelische Kirchenlied,* S. 208.

In der geistlichen Lyrik erscheint der christliche Gott oder der Gottessohn oft einfach als ›lieber Gast‹.[82] Zumal auf die Empfindlichkeit dieses Gastes muß der Gastgeber achten. Gerhard Tersteegen schreibt: »Gott wohnt gar zu gern in schlichten Menschenkindern, / Doch kann das mindste Ding den zarten Gast schon hindern.«[83] Zum Andern überwältigt dieser Gast geradezu seinen Gastgeber. Bei Christian Fürchtegott Gellert heißt es: »Der Herr will mit Gewalt mein Gast den Abend sein.«.[84] Man nennt diesen Gott auch den Herzens- oder Seelen-Gast, weil er der schlechthin körperlose Gast ist, der sich allein im Gefühl und in der gläubigen Vorstellung empfangen lässt.[85] Zwar sei er in Jesus von Nazareth leibhaftig geworden und als getöteter Gottessohn leibhaftig wieder auferstanden. Karl Wilhelm Ramler schildert die Begegnung von Emmaus, da Christus zunächst unerkannt zwei seiner früheren Jünger ansprach: »Und seine Rede heilt der Freunde Schmerz / Mit Liebe wird ihr Herz / zu diesem Gast entzündet.«[86] Und doch ist er der leibhaftige Gott, der wieder ging und der vorerst nur ›im gläubigen Geiste‹ als der geliebte empfangen werden kann.[87] Wohl glaubt man, sein Gastgeschenk, die Erlösung von Sünde, sei ins Werk gesetzt[88], und darin sah Apostel Paulus und mit ihm Martin Luther das geschichtliche Ereignis schlechthin: »Der son des vaters Gott von ard / eyn gast ynn der werlet ward / und furt unbs aus dem iamer tal, / er macht uns erben ynn seym saal.«[89] Gott ist der Gast, der, so die Überzeugung, auch leibhaftig wiederkommen werde.[90] Im eigenen Geiste aber ist er bereits ebenso Gastgeber seines Gastes, zu dem er seinerseits als Gast kommt. So wird der Gläubige schlechthin selbst zum Gast des von ihm erwählten Gastes: »Erd ich mag nimmer, was du hast / auf deiner Tafel stehen / Meer ich mag nimmer sein Gast, / wie schön die Fluten gehen. / Mich

---

82 Vgl. Angelus Silesius: »Heilige Seelenlust oder geistliche Hirtenlieder«, Nr. 6.
83 G. Tersteegen: *Geistliches Blumengärtlein*, S. 240.
84 Christian Fürchtegott Gellert: »Die Witwe«, *Werke*, Bd. 1, S. 201.
85 Vom ›Herzensgast‹ sprechen Paul Gerhardt: »Pfingstlied« (*Dichtungen*, S. 89), und Catharina Regina von Greiffenberg: *Geistliche Sonette*, S. 185, vom ›Gast der reinen Seel‹ Andreas Gryphius: »An Gott den Heiligen Geist« (*Gesamtausgabe*, S. 5).
86 Karl Wilhelm Ramler: »Die Auferstehung und Himmelfahrt Jesu«, *Anthologie aus den Gedichten*, S. 69.
87 »Jesus – Du kommst in meine Zelle, Modergruft / Was soll ich dir bereiten, / Du wunderlicher Gast? / Ich möchte dich verleiten / Zu langer Liebesrast.« (Annette von Droste-Hülshoff: »Am Palmsonntage«, *Sämtliche Werke*, S. 60).
88 Bei G. Ph. Harsdörffer heißt es: »Jesu – wehrtester Gast / welcher uns löst von knechtischer Last, / Schaffend dem Sünder ewige Rast.« (»Lob-Lied«, *Das deutsche evangelische Kirchenlied*, S. 12).
89 Martin Luther: »Geistliche Lieder 10«, *Werke*, 1. Reihe. Bd. 35, S. 438.
90 »Komm, du großer Seelengast!«, heißt es bei Simon Dach: »Bekehrung zum Herren Christo« (Fauljuch/Fischer: *Gedichte*, Bd. 1, S. 71).

speist, mich tränckt mein Jesus Christ«, heißt es bei Johann Klaj.[91] Der Gläubige darf nun überhaupt »als lieber gast zu seinem Schöpfer kommen«.[92] Und da der Gott seinerseits allem ein Gast ist, liest man häufig, er sei zugleich ›Wirt und Gast‹.[93] Rilke aber sprach, wie zuvor Hölderlin, betontermaßen aus, was dies stets mitbedeutet: »Du bist der Gast, / der wieder weitergeht. / Wer kann dich halten, Gott?«[94]

6

Selten kommen in der Lyrik diejenigen zur Sprache, ›welche den Teufel zur Herberge nehmen‹, wie Jakob Böhme sich ausdrückte[95], wenn auch so manche dämonischen Gespenster als Gäste die Menschen heimsuchen.[96] Heiterer erscheinen da die göttlichen Gäste der Antike. Bacchus wird oft zu Gast gebeten[97], Philemon und Baucis ›sehn im Gast den Gott‹[98] und bekannt ist der Anruf des Jupiter Xenius in Goethes »Römischen Elegien«: »Bist du der wirtliche Gott? O dann verstoße den Gastfreund / Nicht von deinem Olymp wieder zur Erde hinab.«[99] In seinem Gedicht »Erleuchtung« lässt Friedrich Hebbel schließlich den Gast als universellen zu Wort kommen: »In unermeßlich tiefen Stunden / Hast du, in ahnungsvollem Schmerz, / Den Geist des Weltalls nie empfunden, / Der niederflammte in dein Herz? // Jedwedes Dasein zu ergänzen / Durch ein Gefühl, das ihn umfaßt, / Schließt er sich in die engen Grenzen / Der Sterblichkeit als reichster Gast.«[100] – Durchquert der Gast selbst also die Sterblichen wie die Unsterblichen?

Der Lyrik ist es vorbehalten, sogar von den Ideen zu sprechen, die Gäste ihrer Gäste werden. Wieland erklärte sie zwar im »Musarion« zu einem bloßen ›Traum, der uns zum Gast der Götter mache‹, solange wir

---

91 Johann Klaj: »Trauerrede uber das Leiden Christi«, *Friedensdichtungen*, S. 301.
92 Johann Rist: »Ein hertzliches Danklied«, *Das deutsche evangelische Kirchenlied*, S. 227.
93 »Wiwohl Betrug durch Falschheit uns umfaßt / Doch half uns Gott, der unser Wirth und Gast.« (Quirinus Kuhlmann: *Der Kühlspalter*, Bd. 1, S. 34). Und Paul Fleming nennt das Christuskind »Kleiner Gast, doch auch zugleiche großer Wirt der weiten Welt« (»Auf die seligmachende Geburt unsers Erlösers Jesu Christi«, *Deutsche Gedichte*, S. 233).
94 Rainer Maria Rilke: »Gebet«, *Das Stundenbuch. Sämtliche Werke*, Bd. 1, S. 338.
95 Jakob Böhme: *Aurora*, S. 349. Im »Schlachtgesang« von Ernst Moritz Arndt heißt es: »Komm, Hölle, tu den Abgrund auf! / Heut schicken viele tausend Gäste / Wir hin zu Satans düsterm Neste.« (*Werke*, 1. Teil, S. 76).
96 Vgl. Eduard Mörike: »Der Schloßküpers Geister zu Tübingen«, *Sämtliche Werke*, S. 709.
97 Georg Philipp Harsdörffer: *Pegnesisches Schäfergedicht*, S. 40.
98 Friedrich von Hagedorn: »Philemon und Baucis«, *Sämtliche poetische Werke*, S. 172.
99 Johann Wolfgang Goethe: »Römische Elegien«, *Berliner Ausgabe*, S. 165.
100 Friedrich Hebbel: »Erleuchtung«, *Sämtliche Werke*, 1. Abt., S. 255.

nicht aufwachten.[101] Aber gehört es nicht zum Gast, dass er sich wieder entfernt, mag auch die Person, der er zu Gast war, zurückbleiben? Die ›Wahrheit‹[102], die Tugend[103], die Freiheit[104], der Friede[105], selbst die Musik[106] und die Schönheit[107] werden als Gäste aufgefasst, aber auch bestimmte Weisen des Verstandes selber, durch welche jene empfangen werden.[108] – Ebenso taucht der Gast inmitten der Affekte und Gefühle, der Leidenschaften, inmitten der Verhaltensweisen und leiblichen Zustände auf. Die irdische Freude nennt Brentano einen Gast[109], Grillparzer die Liebe.[110] Zumeist jedoch herrschen auch hier die düsteren Töne vor. Die Einsamkeit wird von Johann Christian Günther ›dein alter Gast‹ genannt und der Kummer kehre oft als Gast und Fremdling ein.[111] »Sorgen, das sind schlimme Gäste / kleben zähe, sitzen fest«, heißt es bei Otto Julius Bierbaum.[112] »So wird die Angst dein Gast, und setzt

---

101 Christoph Martin Wieland: »Musarion«, *Werke*, Bd. 4, S. 362.
102 Angelus Silesius: »Sie bittet ihn um seinen heiligen Geist und dessen Gabe«, *Sämtliche Werke*, Bd. 2, S. 153.
103 Friedrich Schiller: »Skandal«, *Sämtliche Werke*, Bd. 1, S. 290 und Paul Fleming bemerkt, die Tugend sei ein seltener Gast (»Auf ihrer Königl. Majestät in Schweden christseligster Gedächtnüs Todesfall«, *Deutsche Gedichte*, S. 44).
104 August Graf von Platen: »Endziel«, *Werke*, Bd. 1, S. 6.
105 Johan Klaj: *Friedensdichtungen*, S. 149.
106 »Musik, edler Götter Gast / gieb ihr Leben, doch ihr Leben! / So wird sie mir wiedergeben, / was du ihr geschenket hast« (Paul Fleming: »Palinode«, *Deutsche Gedichte*, S. 401).
107 In »Stiller Gang« von Otto Julius Bierbaum heißt es: »Wer die Schönheit sich erfaßt, / Schenkt der Welt den Rest mit Lachen, / All die plumben Siebensachen, / Hat die Götter selbst zu Gast« (*Irrgarten der Liebe*, S. 103).
108 »Der Fuchs und der Kranich« von Friedrich Schiller beginnt mit den Worten: »Den philosophischen Verstand lud einst der gemeine zu Tische...« (»An F. Nicolai«, *Schillers Werke*, Bd. 9, S. 119). In »Zweierlei Vögel« von Nikolaus Lenau ist vom ›Strichvogel Reflexion‹ und ›Zugvogel Poesie‹ die Rede: »Strichvogel hüpft und pfeift / Und pickt von Ast zu Ast, / Und höchstens einmal streift / zu Nachbarn er als Gast.« (*Sämtliche Werke*, Bd. 1, S. 350). Martin Opitz nannte in »Das andere Buch« den witzigen Verstand einen »nirgend frembden Gast« (*Weltliche und geistliche Dichtung*, S. 284), Johannes Plavius sagt von der Lehre, sie werde »durch geist und lieb ein lieber gast« (*Trauer- und Treuegedichte*, S. 101). Georg Wilhelm Friedrich Hegel nennt in seinem Aufsatz »Wer denkt abstrakt?« das Abstrakte selbst einen fremden Gast (*Werke*, Bd. 2, S. 575).
109 Clemens Brentano: »An Frau Marianne von Willemer«, *Werke*, Bd. 1.
110 Franz Grillparzer: »Ein Hochzeitsgedicht«, *Sämtliche Werke*, Bd. 1, S. 353.
111 Johann Christian Günther: »Bei dem räderisch-kanizischen Hochzeitsfest«, *Sämtliche Werke*, Bd. 1, S. 49; und: »Dein Nahme, theurer Scharff, bezeichnet diesen Tag«, ebd., S. 33.
112 Otto Julius Bierbaum: »Sprüche«, *Gesammelte Werke*, Bd. 1, S. 444.

sich mit zu Tische«, schreibt Friedrich von Hagedorn.[113] Und seltsam starre, dunkle Blicke können den Dichter von dem wahnsinnigen Gast treffen, der in ihm sogar alles Dichten und Denken auszulöschen droht.[114] In Hinsicht auf die Verhaltensweisen ist nicht nur ›Ärger ein schlimmer Gast‹[115] oder Geduld ein ›edler, werter Gast‹.[116] »Der Neid«, schreibt Friedrich von Logau, »ist gar ein Wunder-Gast; denn wo er kehret ein, / Da ist das allerbeste Ding sein allerärgste Pein.«[117] Schließlich gelten auch Zustände wie Hunger und Armut als schlechte und scharfe Gäste.[118] Und sogar das Geld kann, wie in einem satirischen Gedicht Platens über russische Touristen, zu einem ›süßangegrinsten Gast‹ werden.[119] Es gibt also keine Erlebnisweise, in welcher das lyrische Wort nicht den Gast erkennt. – Ich übergehe hier all die Tiere, die Pflanzen, die Vorgänge in der Natur, wie Wind und Sturm, oder sogar natürliche Eigenschaften wie etwa die Farben[120], die als Gäste auftauchen und in der Lyrik zu Wort kommen. Man denke nur an Ludwig Uhlands bekannten »Wirte wundermild«, den Apfelbaum.[121] Sogar dort lässt Lyrik den Gast zu Wort kommen, wo es um zeitliche Milieus geht. Zumal die Jahreszeiten werden als Gäste angesehen. Der Winter kommt als scharfer, harter, rauher Gast[122], der Sommer ist ein sanfter[123], der Herbst ein milder[124], der Frühling ein süßer oder üppiger

---

113 Friedrich von Hagedorn: »Schreiben an einen Freund«, *Sämtliche poetische Werke*, S. 31.
114 Felix Dörmann: »Eine Dichterkrönung«, *Sensationen*, S. 73.
115 F. Grillparzer: »Literarische Zustände«, *Sämtliche Werke*, Bd. 1.
116 Paul Gerhardt: »O du allersüß'ste Freude, o du allerschönstes Licht«, *Dichtungen*, S. 93.
117 Friedrich von Logau: »Der Neid«, *Sämtliche Sinngedichte*, S. 417.
118 Theodor Storm: »Zur silbernen Hochzeit«, *Sämtliche Werke*, Bd. 1, S. 211. Adalbert von Chamisso nennt den Hunger einen scharfen Gast (»Das Urteil des Schemjaka«, *Sämtliche Werke*, Bd. 1, S. 275).
119 A. Graf von Platen: »Der Rubel auf Reisen«, *Werke*, Bd. 1, S. 185.
120 »Nun wach ich ganz. Vor meiner Schau / erwölbt azurn sich ein Palast. / Es bleicht der Felsenfließen Grau / und lädt den Purpur sich zu Gast« (Christian Morgenstern: »In Phanta's Schloß«, *Gesammelte Werke*, Bd. 1, S. 21).
121 Ludwig Uhland: »Einkehr«, *Werke*, Bd. 1, S. 48: »Bei einem Wirte wundermild / Da war ich jüngst zu Gaste...«.
122 Achim von Arnim: »Gastlichkeit des Winters«, *Des Knaben Wunderhorn*, Bd. 1, S. 36. A. v. Chamisso, Frühlingslied«, *Sämtliche Werke*. Bd. 1, S. 223. Nikolaus Lenau: »Auf eine goldene Hochzeit«, *Sämtliche Werke*, Bd. 1, S. 305.
123 A. Arnim: »Gastlichkeit des Winters«, *Des Knaben Wunderhorn*, S. 36.
124 O. J. Bierbaum: »An den Herbst«, *Gesammelte Werke*, Bd. 1, S. 260.

Gast, der seinerseits Gäste zu sich lädt.[125] Und sogar die Vergangenheit kann der Erinnerung zu Gast sein.[126]

Der Übergang nun zur Auffassung, der zufolge *Ich selbst* Gast sei und zwar unabhängig davon, ob Ich nun Gast einer anderen Person bin oder nicht, verläuft über die gastfreundlichen oder ungastlichen Orte. Weniger die Gästetafel, die Salons, die Privathäuser werden erwähnt, vielmehr offene Orte wie Gärten[127] und Landschaften, oder öffentliche Orte wie die Herberge[128], das Zelt[129], sogar die Badanstalt.[130] Wenn von Schlössern und Palästen die Rede ist, dann oft, sofern sie dem Gast verschlossen sind[131] oder dieser umgekehrt von sich aus das Getöse der Festgäste meidet. »Wer seines Lebens viele Widersinne / versöhnt und dankbar in ein Sinnbild faßt, / der drängt / die Lärmenden aus dem Palast / wird anders festlich, und du bist der Gast, / den er an sanften Abenden empfängt. / Du bist der zweite seiner Einsamkeit, / die ruhige Mitte seinen Monologen«, schreibt Rilke.[132] – Städte werden erwähnt, die den Fremden gastlich empfangen mögen.[133] Oder einfach Straßen,

---

125 E. M. Arndt: »Frühlingslied«, *Werke*, Teil 1, S. 22. In A. Graf von Platens »Ghaselen« heißt es: »Wer achtet nun den Lenz, den üpp'gen Gast der Welt« (*Werke*, Bd. 1, S. 209). Ders.: *Gedichte*, S. 57.
126 O. J. Bierbaum: »Ja«, *Irrgarten der Liebe*, S. 142.
127 In einem Gedicht Johann Klajs tröstet Gott den Sterbenden mit den Worten: »Eh morgen früh das Sonnenlicht aufstehet / Und wie ein Bräutigam aus seiner Kammer gehet / Wird dich der selbe Garten / Als lieben Gast erwarten« (»Vierte Handlung: Der Hauptmann«, *Redeoratorien*, S. 232).
128 In »Die Herberge« von O. J. Bierbaum heißt es: »Du kaltes Haus voll müder Dunkelheit.../ Ich aber ging hinein und saß in dir zu Gast« (*Gesammelte Werke*, Bd. 1, S. 234).
129 Angelus Silesius: »Fragst du, wie Gott, das Wort in einer Seele wohne? / ... / Und wie ein lieber Gast in einem schönen Zelt.« (»Cherubinischer Wandersmann«, *Sämtliche poetische Werke*, Bd. 3, S. 183).
130 Clemens Brentano spricht die Heilquelle von Baden an: »Nymphe! Alle deine Gäste / Lasse fröhlich bei dir ein« (»An die Nymphe der Heilquelle zu Baden«, *Werke*, Bd. 1, S. 184).
131 Luise Büchner: »Die Ehekämpen 5«, in: *Frauenherz*, S. 141.
132 Rainer Maria Rilke: »Das Buch vom mönchischen Leben«, *Sämtliche Werke*, Bd. 1, S. 262.
133 Von Nürnberg sagt Johann Rist: »Du hast auch in der Not beständiglich verehrt / Den vielbegehrten Gast.« (»Rede Gustav Adolfs zu Nürnberg 1632«, *Dichtungen*, S. 142). Und in »Stutgard« lautet ein Distichon: »Sei uns hold! dem Gast und dem Sohn, o Fürstin der Heimath! / Glükliches Stutgard, nimm freundlich den Fremdling mir auf!« (Friedrich Hölderlin: *Sämtliche Werke und Briefe*, Bd. 1, S. 313). In »Graf Walter« von Luise Büchner heißt es: »O Maid, früh morgen trab ich weit / zu Gast nach Weißenstein.« (*Frauenherz*, S. 213).

die der Gast entlang reitet[134] oder die er weitergeht, »bis wo die Stadt / mit letzten Häusern ihren Gast entläßt«, wie es bei Ernst Stadler heißt.[135] Auf mannigfaltige Weise zeigen sich Orte der Natur gastfreundlich. Häufiger allerdings ist es die unwirtliche Natur, die Wüste, die Wildnis, der man zu Gast ist.[136] In einem Gedicht Nietzsches steht Zarathustra am Abgrund, dort, »wo / der Fels selbst schaudernd zum Abgrund blickt«: »Einsam! / Wer wagte es auch, / hier Gast zu sein, / dir Gast zu sein?... / Ein Raubvogel vielleicht.«[137] Wogegen im Gedicht »Der Jüngling und die Spinne« von Hugo von Hofmannsthal der sich geliebt Glaubende ausrufen kann: »So trägt es mich – daß ich mich nicht versäume! / Dem schönen Leben, Meer und Land zu Gast.«[138] Sogar die eigene Heimat kann als Gastland erfahren werden[139], der Natur, der Erde, der Welt überhaupt ist man zu Gast[140], – einer irdischen Welt, die einerseits den Gott als Gast empfängt, zum andern, einer jenseitigen Welt wegen, auch gänzlich verworfen werden kann.[141] Dann wird das Grab zuletzt den Gast aufnehmen.[142] Aber auch das Leben selbst[143], die

---

134 Achim von Arnim: »Kömmt eilend ein Gast durch die Straßen geritten, / Ein Rittersmann, bekleidet stolz« (»Die Schmiede«, *Des Knaben Wunderhorn*, Bd. 2, S. 78).

135 Ernst Stadler: »Fahrt über die Kölner Rheinbrücke bei Nacht«, *Dichtungen*, Bd. 1, S. 161.

136 »Der grausen Wildnis Gast« heißt es im Gedicht »Salaz y Gomes« von Adalbert von Chamisso (*Sämtliche Werke*, Bd. 1-2, S. 468). Und A. von Droste-Hülshoff spricht vom Propheten als »der Wüste Gast« (»Am dritten Sonntage nach Ostern«, *Sämtliche Werke*, Bd. 1, S. 626).

137 Friedrich Nietzsche: »Zwischen Raubvögeln«, *Nietzsches Werke*, Bd. 10, S. 464.

138 Hugo von Hofmannsthal: »Der Jüngling und die Spinne«, *Gesammelte Werke*, Bd. 1, S. 34.

139 A. von Chamisso: »Du meine liebe deutsche Heimat hast, / Worum ich bat, und mehr noch mir gegeben, / Du ließest freundlich dem gebeugten Gast / Die eigne Hütte sich erheben.« (»Berlin im Jahre 1831«, *Sämtliche Werke*, Bd. 1, S. 147).

140 Karoline von Günderrode: »Hungrig in der Zahl der Gäste / Sitz ich bei dem Freudenfeste, / das Natur der Erde spende. / Frage heimlich, ob's bald endet.« (»Melete«, *Gesammelte Werke*, Bd. 1, S. 13).

141 Sigmund von Birken: »Der göttliche Herztempel. Geistliche Lieder«, in: *Das deutsche evangelische Kirchenlied*, S. 86: »Wenn ich Gott zum Gast wird haben / Und wann sein Palast ich bin? / Weiche, Welt, weich, Höll und Sünde! / Fleisches-Lüste, weicht von mir.«

142 »Ich suchte das Haus der Zufriedenheit; / Es kannt' es niemand weit und breit. / Nun weiß ich noch ein Häuslein still, / wo ich zuletzt anklopfen will. / Zwar wohnt darin schon mancher Gast, / Doch ist für viele im Grab noch Rast.« Friedrich Rückert: »Vor den Türen« (in »Kindertotenlieder«, *Aus seinem Nachlaß*, S. 225).

143 Hugo von Hofmannsthal: »Der Jüngling und die Spinne«, *Gesammelte Werke*, Bd. 1.

eigene Seele[144], das Herz[145] werden zu Stätten, die den Gast empfangen. Es gibt also, wie uns das lyrische Wort sagt, keinen Ort, sei er wirtlich oder unwirtlich, an dem der Gast nicht auftaucht.

7

Der Gedanke Davids, selbst ein Gast auf Erden zu sein, meint ein Zweifaches: »Öffne mir die Augen, daß ich sehe die Wunder an deinem Gesetz. Ich bin ein Gast auf Erden; verbirg deine Gebote nicht vor mir. Meine Seele verzehrt sich vor Verlangen nach deinen Ordnungen alle zeit.«[146] So spricht ein Mensch, der nach Orientierungen dürstet, der nach den ihm unbekannten Gesetzen der Gastfreundschaft fragt, nach dem undurchschaubaren ›Hausrecht‹ seines unsichtbaren göttlichen Gastgebers. Dies aber geschieht aus der Endlichkeit seines Daseins heraus: »Herr, lehre mich doch, daß es ein Ende mit mir haben muß...Wie gar nichts sind alle Menschen, die doch so sicher leben... Höre mein Gebet, Herr, und vernimm mein Schreien, schweige nicht zu meinen Tränen; denn ich bin ein Gast bei dir, ein Fremdling wie alle meine Väter. Laß ab von mir, daß ich mich erquicke, ehe ich dahinfahre und nicht mehr bin.«[147] – Wie oft diese Psalmen auch immer wieder zitiert wurden, sie nahmen im Christentum einen ganz anderen Sinn an. Die Deutsche Barocklyrik wiederholt, zumal angesichts der Greuel des Dreißigjährigen Krieges, diesen Aufschrei, doch zumeist, um ihn lebensverneinend zu steigern: »Wer Erde sucht, find't Erdenlast / und geht auf Spreu und Wind zu Gast«, heißt es bei Gerhard Tersteegen, und: »Wir sind hier fremde Gäste / und ziehen bald hinaus.«[148] So auch Johannes Plavius: »Wir seind in dieser welt nur wandersleit' und gäste / Und müssen endlich fort.«[149] Dieses Bild eines Gastes, der in dieser Welt endlos weiterziehen muß, ohne sein Leben vollenden zu können, finden wir noch bei Joseph von Eichendorff: »Lange durch die Welt ge-

---

144 Im Sonett »An Gott den heiligen Geist« ruft Andreas Gryphius aus: »O Gast der reinen Seel« (*Gesamtausgabe*, S. 5). Auch Christian Hoffmann von Hoffmannswaldau spricht vom ›gast der seelen‹ (*Neukirch-Anthologie*, S. 288).

145 »Hoher, holder, wert-geehrter Herzens-Gast und Seelen-zier.« Catharina Regina von Greiffenberg: *Geistliche Sonette*, S. 185. »Sein Herz, sein ehrlich Herz, das mich ganz fremden Gast / Mit gutem Rath und Schuz so angenehm empfangen.«, heißt es bei Johann Christian Günther in Bezug auf einen Freund (»An Herrn Michael«, *Sämtliche Werke*, Bd. 3, S. 181).

146 David: Psalm 119, 17.

147 Ebd., Psalm 39, 5-13.

148 Gerhard Tersteegen: *Geistliche Blumengärtlein*, S. 529 und S. 470.

149 Johannes Plavius: »Fürchte dich nicht vor der Peste«, *Trauer- und Treuegedichte*, S. 152.

trieben / Hat mich nun die irre Hast, / Immer doch bin ich geblieben / Nur ein ungeschickter Gast.«[150]

Man beginnt also das Gastsein als einen letztlich ankunftlosen Zustand dieses Lebens betrachten, der nur erträglich ist, wenn man ihn als transitorischen auffasst, hin auf den Tod als sein Ende.[151] Zugleich allerdings, in scharfem Gegensatz zu Davids Überzeugung vom unüberholbaren Lebensende, verbreitete sich mit dem Christentum der Glaube, der Tod sei nur die Passage zu einem anderen, ewigen Leben als einer unüberholbaren Angekommenheit. Die irdischen können zu ewigen Gästen der Hölle werden oder zu ewigen Gästen ›im Hause des Vaters‹. In dem bekannten Lied von Paul Gerhard heißt es: »Ich bin ein Gast auf Erden / Und hab hier keinen Stand, / Der Himmel soll mir werden, / Das ist mein Vaterland«.[152] Und in diesem Geiste schrieb auch Friedrich von Logau die Zeilen: »Du kommst, o liebes Kind, ein Gast in diese Welt, / Da gleich das Gasthaus jetzt zu Grund und Boden fällt / Durch, in und mit sich selbst; drumb ist dir nun sehr gut, / Daß dir der Himmel bleibt, erkaufft durch Christi Blut.«[153] Ein Glaube, der sich nicht nur bei Logau bis hin zur Todesbejahung steigern kann: »Sterben war wohl immer lieb, dem, der dorte sucht zu leben, / Der da wußte, daß die Welt ihm, und er nicht ihr gegeben, / Daß Gast Er, und sie sey Wirth, daß auch seiner Wolfahr Lauff / Hier im Thale nehme Ruhe...«.[154] Vielleicht finden sich davon noch Spuren in Goethes bekannten Zeilen: »Und solang du das nicht hast, / Dieses ›Stirb und Werde!‹ / Bist du nur ein trüber Gast / Auf der dunklen Erde.«[155] Doch in den Verheißungen eines ewigen Lebens geht es, wie bemerkt, keineswegs darum, ausschließlich bei sich selbst anzukommen – nämlich beim vermeintlichen Gegenpol zu allen Gastsein –, auch dann nicht, wenn man, anstatt höllischen Qualen ausgeliefert zu werden, im Haus des gastfreundlichen Gottes Glückseligkeit fände. Der Gast durchquert also auch die Ewigkeit von Himmel und Hölle.

Wir finden jedoch ebenso andere, durchweg lebensbejahende Töne, die vielleicht an die Aufforderung eines Epikureers wie Lukrez anschließen: »Warum scheidest du nicht als gesättigter Gast von des Lebens / Tafel, du Tor, und genießest die sichere Ruhe mit Gleichmut.«[156] In »Letzte Gedanken« meint Johann Christian Günther: »Mein Abschied von der Erde, wie ein Gast bey später Zeit / Lustig von dem Schmause

---

150 Joseph von Eichendorff: »Umkehr«, *Gedichte,* S. 148.
151 Andreas Gryphius: »Ebenbildt unsers lebens«, *Gesamtausgabe,* S. 58.
152 Paul Gerhardt: »Der Psalm 119«, *Gedichte,* S. 367.
153 Friedrich von Logau: »Paten-Zettel«, *Sämtliche Sinngedichte,* S. 12.
154 »Selig sind die Todten«, ebd., S. 174.
155 Johann Wolfgang Goethe: »Buch des Sängers«, *Berliner Ausgabe,* Bd. 3, S. 22. So auch Friedrich Rückert: »O sei auf Gottes heller Welt kein trüber Gast!« (»Wanderung«, in »Kindertotenlieder«, *Aus seinem Nachlaß,* S. 350).
156 Lukrez (Titus Lucretius Carus): *Über die Natur der Dinge,* S. 254.

wandert und noch mancher Jauchzer schreit / Könt ich leben, nähm ich's mit; Muß ich fort, ich bin's zufrieden.«[157]

Was aber hat es mit dem Tod auf sich, der als gespenstischer Gast den irdischen Gast zu dessen Ende geleiten wird? Ich meine damit nicht die verstorbene Person, die schaurig als ›toter Gast‹ zu spuken vermag[158], nicht den freundlichen Geist des Toten, den ›du öfters in einsamer Kammer zu Gast lädst‹[159], noch umgekehrt den Leichnam selbst, den der Chor der Lemuren in Goethes »Faust«, also die Totengeister selbst, einen »dumpfe[n] Gast im hänfnen Gewand« nennen.[160] Gemeint ist vielmehr mein eigener Tod als mein Gast, der mir zu wissen gibt, dass ich als diese Person gewesen sein werde. Wohl deutet er sich von ferne bereits in der Einsamkeit an, dort, wo ›Wirt und Gast‹ in der eigenen Person zusammenfallen.[161] Ein ›bittrer Gast‹ wird er, wenn er näher rückt.[162] Und Friedrich von Logau sieht ihn in den Ruchlosigkeiten der Welt kommen: »Ey, warte, biß dirs weist, der schwartze Gast, der Tod.«[163] Fast unbemerkbar scheint er sich zu nähern: »Unangemeldet ist ein Gast, ein schweigender, ins Thor getreten«, hieß es, wie gehört, bei Friedrich Rückert.[164] Und Georg Trakl führt das alte Motiv fort: »Am Abend säumt die Pest ihr blau Gewand / Und leise schließt die Tür ein finstrer Gast.«[165] – Während im Gedicht von Andreas Gryphius sich ein Sterbender noch mit den Worten verabschieden kann: »Ade ihr gäste dieser Erden. / Ich geh euch vor, ihr folget mir.«[166], hat Hoffmannswaldau bereits eine intimere Beziehung zum ausstehenden Tod unserer selbst im Blick: »Wenn wir die ganze Welt in unsern Kopf gefaßt / Des Himmels Lauf gesehen, der erden ziel gemessen / Bei frühem Morgenlicht, und auch bei Nacht gesessen / Und alles durchgesucht, so kommt ein fremder Gast / Weist uns das Stundenglas und spricht: Mensch lerne sterben / Wo du nicht ewig willst an leib und seel verderben.«[167] – Nach christlicher Glaubenslehre geht es nur um einen Abschied von *dieser* Welt bis zur leiblichen Wiederauferstehung in einer anderen, nicht aber um einen *Abschied von sich selbst*. Eine unsterbliche Seele, die im Herzen und im Geist dem Gott als Gast den Gruß entboten hatte, verabschiedet sich nun von ihrem anderen Gast oder Gastgeber, vom eigenen vergäng-

---

157 Johann Christian Günther: »Letzte Gedanken«, *Sämtliche Werke*, Bd. 1, S. 36.
158 Hugo von Hofmannsthal: »Brief aus Bad Fusch«, *Gesammelte Werke*, S. 136.
159 Georg Trakl: »An einen Frühverstorbenen«, *Das dichterische Werk*, S. 65.
160 Johann Wolfgang Goethe: »Faust«, 2. Teil, *Werke*, Bd. 4, S. 324.
161 Friedrich Schiller: »Wilhelm Tell«, *Schillers Werke*, Bd. 5, S. 331.
162 Sigmund Birken: »Geistliche Lieder«, in: *Das deutsche evangelische Kirchenlied*, S. 62.
163 Friedrich von Logau: »Ruchlosigkeit«, *Sämtliche Sinngedichte*, S. 246.
164 Friedrich Rückert: »Kindertotenlieder«, *Aus seinem Nachlaß*, S. 24.
165 Georg Trakl: »Die Verfluchten«, *Das dichterische Werk*, S. 59.
166 Andreas Gryphius: »Prosopopoeia Viri Literati è Tumolo«, *Gesamtausgabe*, S. 9.
167 Christian Hoffmann von Hoffmannswaldau: »Unus discamus moris«, *Neukirch-Anthologie*, Bd. 1, S. 289.

lichen Körper.[168] »Er ist nun dagewesen / der Leibes Gast, der Geist«, sagt Paul Fleming angesichts einer Verstorbenen.[169] Und Johann Klay lässt Maria Magdalena, nachdem sie der göttliche Gast verlassen hatte, sagen: »Ey nun so mag ich auch nicht mehr im Leben sein / Komm gelblichblasser Tod und kürtze meine Pein / Hier unter diesem Baum: Bey dem Cypressenstrauche / Will ich zuvor, eh ich des Leibes Gast verhauche / noch klagen meinen Schmerz.«[170]

In dem christlich-neuplatonischen Gedanken, dem zufolge es keinen ›Seelentod‹ gibt, sowie im Glauben an eine leibliche Wiederauferstehung manifestiert sich die Angst, durch den Tod unüberholbar Abschied von sich selbst nehmen zu müssen. Der Glauben an die Unsterblichkeit der eigenen Seele lebt von seiner eisigen Entgegensetzung gegen den anderen Glauben, mit dem Tode wäre alles aus und Ich zerränne mit meinem Leben zu Nichts. In keinem der beiden Gegensätze ist der Tod als die Rückkehr der Wirklichkeit in die Sphäre der Möglichkeiten gedacht.[171] Indem so der Einzelne nicht von seinem Leben ablassen kann, ohne es als sinnlos zu verwerfen, fehlt jener Abstand zu sich, der den Blick auf das eigene Gastsein erst ermöglicht. Doch in diesem Versuch, den Abstand zu sich zu tilgen, kehrt dieser wider Willen zurück: ein anderer, ein unheimlicher Gast taucht auf. Angesichts des eigenen Spiegelbildes, das hervortreten könnte, sagt Annette von Droste-Hülshoff: »Doch von des Auges kaltem Glast, / Voll toten Lichts, gebrochen fast, / Gespenstisch, würd', ein scheuer Gast, / Weit, weit ich meinen Schemel rücken /.../ Es ist gewiß, du bist nicht ich.«[172] In Adalbert von Chamissos »Erscheinung« sieht einer, der müde heimkehrt, Licht in einem Zimmer seiner Wohnung und fragt sich: »Wie käm zu dieser Stunde mir ein Gast?« Eintretend bemerkt er voll Schrecken: »Ich sah mich selbst an meinem Pulte stehen / Ich rief ›Wer bist du Spuk?‹«. Sein anderes Ich fragt zurück: »›Wer soll, ich oder du, sein Selbst verscherzen?‹ / Und ich schlich zu weinen in die Nacht hinaus.«[173] — Auch bei Heinrich Heine finden wir diesen dämonischen Doppelgänger: »Ich selbst, wenn ich am Schreibtisch saß / Des Nachts, hab ich gesehen / Zuweilen einen vermummten Gast / Unheimlich hinter mir stehen. // Unter dem Mantel hielt er etwas / Verborgen, das seltsam blinkte, /

---

168 Christian Hoffmann von Hoffmannswaldau: »Seneca«, *Neukirch-Anthologie*, Bd. 1, S. 288.
169 Paul Fleming: »Auf einer Jungfrauen Absterben«, *Deutsche Gedichte*, S. 40. Vom Geist als des ›Cörpers Gast‹ spricht auch Daniel Caspar von Lohenstein: »Rosalinde«, *Neukirch-Anthologie*, Bd. 1, S. 328. Und Johannes Plavius nennt den Geist einen ›lebens-gast‹ (»Leg' ab die sünde«, *Trauer- und Treuegedichte*, S. 123).
170 Johann Klaj: »Maria Magdalena führt diese Klage«, *Redeoratorien*, S. 16.
171 Vgl. dazu meine Schrift: *Den Tod denken*.
172 Annette von Droste-Hülshoff: »Das Spiegelbild«, *Sämtliche Werke*, Bd. 1, S. 141.
173 Adalbert von Chamisso: »Erscheinung«, *Sämtliche Werke*, Bd. 1, S. 383.

Wenn es zum Vorschein kam, und ein Beil, / Ein Richtbeil, zu sein mir dünkte.«[174]

8

Auf vielspältige Weise also offenbart uns das lyrische Wort jene Spur des Gastes, die zumal hinsichtlich der Vorwegnahme des eigenen Todes aufblinkt, um den Sterblichen von jenem her auf sich selbst zurückzuwerfen. Und doch ist es nicht der Tod, von dem aus wir das Gastsein begreifen, sondern es ist der Gast, der uns den Tod als Abschied von uns selbst verstehen lässt.

Versuchen wir uns zu besinnen, auf welche Weise das lyrische Wort die vermeintliche *Substanz* der Person in einen ›Reigen von Gästen‹ und gastlichen Verhältnissen aufgelöst hat. Keine der grundlegenden metaphysischen Bestimmungen der Person – Körper, Seele, Gemüt, Phantasie, Verstand, Geist, Tätigkeit – , die nicht als empfangene Gäste und empfangende Gastgeber zu Wort gekommen sind, als gastliche Sinngestalten, die der Person weder als wesentliche Eigenschaften eingeschrieben werden, noch nur als zufällige Beifügungen von ihr abblättern. Leibhaftig Gast auf Erden, unter dem Himmel, in der Welt wird die Person den Tod als letzten Gast empfangen haben. Und doch scheint eben dieser Gast über die mythische Kraft zu verfügen, einen vergänglichen Körper als Gast zu verabschieden von einer unvergänglichen Seele, die das Wesen der Persönlichkeit bewahre und wohl zum ewigen Gast himmlischer oder höllischer Gastgeber oder zum ewigen Wanderer werden würde. Im irdischen Leben hatten Körper und Seele einander freundlich, gleichgültig oder feindselig Gastlichkeit gewährt. In leibhaftiger Person beisammen, konnte die Seele – sei es als lebendiges Herz mit seinen Gefühlen, Affekten, Leidenschaften, sei es als wissender Verstand, gläubige Einbildungskraft oder befangen in einer Tätigkeit, vorübergehend die Schicksale, die göttlichen oder dämonischen Geister mit ihren Ideen oder Wahngebilden als Gäste empfangen und vermochte ihrerseits deren Gast zu werden. Kein Gast also, der hier nicht den Wink gibt, von vornherein Gast eines Gastes eines Gastes zu sein, ohne doch eine Spur zum Gast dieser Gäste zu ziehen, die sich verfolgen ließe.

Wie aber könnte ich selbst mich als Gast verstehen, anstatt mich nur als Subjekt im vorübergehenden Rollenspiel der Gäste behaupten zu müssen? Wer bin *Ich selbst*, der Ich Gast bin? Wie nahe bin Ich dem Gast selbst? – Solche Fragen sind nun nicht mehr an das Dichten, sondern an ein xenosophisches Denken zu richten.

---

174 Heinrich Heine: »Caput VI«, in: »Deutschland. Ein Wintermärchen«, *Werke und Briefe*, Bd. 1, S. 449.

9

Ein Gast begegnet dem anderen nicht nur als Hausgast, sondern ebenso unterwegs, etwa geladen als ›Fahrgast‹ oder sonst als Begleiter. Der Gast selbst durchquert eben auch die Opposition von Ansässigkeit und Fahrt. Die Rede nun, Ich bin Gast auf Erden, hatte anfänglich das Nomadentum des Lebens und seiner Wege im Blick. Gast bin ich entlang der Spannung eines Lebensgefühls, das sich aufspreizt in ein vertrautes Beisichsein, das nie ohne das befremdliche Aussersichsein darüber erlebt wird, dass Ich selbst überhaupt bin. – Doch in welchem Sinne kann ich von mir sagen, *Ich selbst* und nicht nur meine Person sei Gast? Wie könnte Ich selbst denn Gast sein, da Ich, wenn Ich bin, doch stets bei Mir oder einfach Eins mit Mir bin? Aber ist das richtig? Betrifft die vermeintliche Selbstbeziehung nicht vielmehr die Aufspreizung in Ichselbst und in die Person, die mich ständig begleitet, die mich leibhaftig angeht und unveräußerlich meine ist? Ich selbst und meine Person verschmelzen ja weder nur in ein differenzloses Einerlei noch fallen sie auseinander in Zweierlei. Zeigt sich da nicht ein *Riss* zwischen Mir als dieser Person, die Mich gastlich begleitet und die doch eine andere sein könnte, und Mir als Ich selbst, der Ich nur bin, wenn Ich kein Anderer bin?[175] Aber auf welche Weise begleite Ich selbst diese Person, die dadurch zu meiner wird? Worin besteht die gastliche Seinsweise des Ichselbst?

Mit dem Wort ›Ich‹ nennt ein Sprecher gewöhnlich nur die ihm erscheinende, eigene leiblich-seelische Person, zu deren gesunder Fähigkeit es gehört, sich mit Aufmerksamkeit den eigenen Zuständen und Vorgängen zuwenden zu können. Und es ist eine alte Auslegung, der zufolge die menschliche Person aus einem ›Wurf‹ zu ihrem ›Stand‹[176] und wieder aus der Geworfenheit ihres Unter-Standes (*sub-iectum – sub-stanzia*) selbständig zu ihren Würfen komme, indem sie sich mit Ver-Stand einen ständigen Grund entwerfe, sich dem Gegen-Wurf der Dinge (*ob-iectum*) stelle, um sie als Gegen-Stände sich vor-zustellen, und sich auf das hin zu entwerfen, was sie zu Stande zu bringen begehrt (*pro-iectum*). Nach dem Bild, das die abendländische Person von ihren Eigenschaften und Fähigkeiten entwarf, vollziehen sich diese Vorgänge aus einem ursprünglichen, teils passiven, teils aktiven *Einen* heraus, das sich in der Einheit des Subjekts darstelle, ein Subjekt, das sich als einheitlich tätiger Stand-*Punkt* (*a-tomos* oder *in-dividuum*) und Bezugs-*Punkt* auffasst, der wie die ›Sonne‹ Alles, was ihm begegnet, erhelle

---

175 Die viel zitierte Wendung Kants ›Das Ich denke muß alle meine Vorstellungen *begleiten* können‹ kann wohl kaum so verstanden werden, als begleite mein Denken alle meine Vorstellungen. Gemeint ist, dass Ich es *bin*, der dasjenige muss begleiten können, *was* mir bewusst ist.

176 ›Stand‹ ist im Deutschen der alte Name für ›Person‹ gewesen, was noch nachklingt in Ausdrücken wie ›Selbständigkeit‹ oder ›Personenstand‹.

und zugleich wie das ›Auge‹ Alles in sich bündele.[177] – Wie aber will man das Eine, das unübersehbar Vieles zu umfassen vermöge, mit dem Einen, das schlechthin nichts außer sich selbst enthalte, zusammenbringen können? Wie wenn Ich, anstatt der ausstrahlende oder konzentrierende Punkt zu sein, vielmehr ›nomadisch‹ die eigenen physischen und psychischen Erlebnisse ›muss begleiten können‹?

Man kann diesen Punkt, auf den das Subjekt zusammenschmolz und von dem aus und auf den zu die Person ihre Einheit finde, das ›bloße Ich‹ oder ein ›selbstloses Ich‹ nennen, weil die Person damit nicht auf das Ich-*selbst*, sondern allgemein auf so Etwas wie ein aktives Zentrum der Person verweist, dessen Punkthaftigkeit dem Subjekt im Feld der Anschauungen einen anschauungslosen Ort zuweist. In den üblichen Reden, wonach ›ich‹ dieses oder jenes empfände, wahrnähme, phantasierte, fühlte, dächte, begehrte, handelte, geht es zumeist nur um die Zuordnung mannigfaltiger psychischer Geschehnisse zu diesem ›einsamen‹ Mittel-Punkt der Person, die von ihren Erlebnissen und von denen der Anderen spricht. Von ihm her lässt sich numerisch von der *einen* Person sprechen im Unterschied zu mehreren Personen, eine Person, die ihrem Gehalt nach als selbständig *einzelne* und nicht als fester Bestandteil von Anderem gilt, als *einzige* und nicht als durch Anderes ersetzbar, als *einmalige* und nicht als wiederholbare, als *einfache,* die nicht mehrfach vorkommt. Man geht davon aus, dass die Person als dieses Eine Subjekt schlechthin nicht von sich unterschieden sei. Erst wenn die Person reflektierend auf diese Identität gerichtet sei, könne der Schein eines Doppelgängers entstehen, durch den jene repräsentiert werde. Doch verhalte sich das selbstbewusste Subjekt in der Reflexion ›unmittelbar zu sich selbst‹, wodurch die Kluft zwischen ›sich und sich‹ zusammenfalle und sich eben als bloßer Schein erweise.

Fundamentaler jedoch als die zurückgewendeten Ausrichtungen des ›Sich zu sich‹, mit denen sich die Person selbst zu erfassen sucht, ist sie ein *Phänomen,* in welchem notwendigerweise *miterscheint, wem sie erscheint.* Das Subjekt ist nicht Etwas an sich, das aller Phänomenalität als transzendente Bedingung zugrunde liegt; sondern seine vermeintliche Vorgängigkeit erscheint selbst immer schon in allen Phänomenen als das *Wem* ihres Erscheinens. Als dieses komplexe Phänomen erscheint die eigene Person zudem *schlechthin außen,* der Offenheit ausgesetzt, außen nicht nur in der Welt, ob Außen- oder Innenwelt, sondern überhaupt ›im Freien‹, in jenem ›Ge-lück‹, von dem her Erscheinungen einander über-

---

177 Euklid hatte in seinen ›Stoicheia‹ den Punkt definiert als das, ›dessen Teile Nichts sind‹ (s. *Die Elemente,* S. 1 und die Anmerkung auf S. 418). Der Punkt ist insofern einem bestimmten Nichts ausgesetzt. Die Übersetzung mit ›was keine Teile hat‹ könnte fälschlich eine Größenbestimmung des Punktes als das ›Kleinste‹ suggerieren, das dann metonymisch durch den kleinen Fleck dargestellt würde. Nach Euklids Definition könnte der Punkt jedoch in jeder beliebigen Größe dargestellt werden, denn es kommt nur auf die Verneinung seiner Zusammengesetztheit an.

haupt erst begegnen, im Unterschied zu jener Lückenlosigkeit, in der nichts niemandem zu erscheinen vermag. Schon die paradox scheinende Redeweise ›*aussen*-sein *im...*‹ verweist uns darauf, dass an dieses Außen, im Unterschied zum bereits räumlich oder zeitlich bestimmten Außensein, kein ›Innen‹ grenzt, denn alle Innen-Außenverhältnisse sind nur, sofern sie in ihrer Reflexivität erscheinen, womit sie ihrerseits schlechthin außen sind. – Man sagt nun, das Phänomen, dem alles Begegnende erscheine, sei je meine eigene Person. Wer aber bin Ich selbst?

Denn mit dem Hinweis, das ›bloße Ich‹ bezeichne mich als eigene Person, ist ja noch keineswegs verstanden, was es überhaupt heißt, *Ich selbst zu sein*, auf das hin sich ja diese Person erst *Meine* nennen kann. Ich selbst bin aber nicht einfach identisch mit meiner Person, mit diesem individuellen psycho-physischen Lebewesen, das sich sogar vorstellen kann, auch ein gänzlich anderes zu sein, wogegen dem Vorstellenden unvorstellbar ist, nicht Ich selbst zu sein. Ich selbst bin nicht identisch mit dem Subjekt-Stand, welcher der Person als Gegenstand ihrer selbst entgegenstehe. *Ich selbst bin nur als das Ereignis, schlechthin außer allem Anderen zu sein, das Mir begegnet und Mich begleitet,* und somit auch außer demjenigen Anderen, das als das ständig *Eine* der eigenen Person dem restlichen, mehr oder weniger flüchtigen *Anderen* gegenübersteht. Von nichts Anderem lässt sich sagen, es sei schlechthin außer allem Anderen. Ich selbst bin daher, im Unterschied zu den subjektiven Vermögen meiner Person, ›außer Stande‹ und überhaupt ›unvermögend‹, bin eben nur in der Weise, dass Ich außer allem Anderen bin, auch außer der Mich ständig begleitenden Andersheit der eigenen Person, ja sogar außer dem persönlichen Wissen, außer allem Anderen zu sein. – Dieses Ausser-sein ist nun nicht mit dem Aussen-sein der Phänomene zu verwechseln, schon gar nicht mit dem Äußeren der Person im Unterschied zu ihrem Innen-Leben. Es meint eben, dass Ich selbst nur bin, sofern Ich außer aller Andersheit bin. Ich selbst bin kein Phänomen, sondern eine Weise zu sein. Will man dieses ›Außersein‹ als ein ›Abgesehen-von‹ verstehen, so nicht in dem Sinne, dass Ich selbst als Eines in Hinsicht auf alles Andere übrigbliebe, als sei Ich selbst doch nur, wie meine Person, die ›Ausnahme‹, das Eine, das punktuell Andere aller Anderen, nämlich irgendein Rest, ein Zusatz oder Abzug von ihnen. Es bleibt überhaupt nichts (Seiendes) übrig, wenn schlechthin alles Andere außer Mir ist. Das eben verdeutlicht, dass Ich selbst nur als die bestimmte *Seinsweise* des ›Ausser-allem-Anderen‹, nicht aber, wie meine Person, als ein Seiendes ›unter Anderem‹ zu verstehen bin. Das Ich-selbst als das Außersein aller Andersheit meint eben nicht, Ich selbst sei als Einer ›abgetrennt‹ von allem restlichen Anderen oder ihm gesondert ›hinzugefügt‹. Auch ›enthalte‹ Ich nichts. Ich selbst verweise vielmehr auf den Riss, der weder schon Absonderung noch bereits Verschmelzung ist. Denn Ich selbst ek-sistiere weder im Bruch gegen alle Andersheit noch bin Ich selbst nur ein Teil von ihr, wie meine Person. Ich selbst ek-sistiere nur in der gastlichen

Weise, Andersheit, sofern Ich außer ihr bin, als rätselhafter Gast zu begleiten, und insofern bin Ich selbst, anders als die eigene Person, *nichts für mich allein*, bin gastlich anwesend, aber niemandem gegen-wärtig, auch nicht meiner eigenen Person. Daher verweist das Außer-sein auf die Spreizung selbst, durch welche die Andersheit meiner eigenen Person auf den *hört*, der sie begleitet und als diesen Begleiter zur Sprache bringt: Ich selbst, der Ich weder als der Andere von allem Anderen getrennt oder unter ihm bin, noch als der Eine mit meiner Person verschmelze. Solches Begleiten ist weder durch Verbindungen und Abhängigkeiten, noch durch Brüche und Unabhängigkeiten, sondern nur durch den Riss als das ungegebene ›Dritte‹ des *Gastes selbst* beschreibbar.

Die Seinsweise des Ich-selbst ist durch keinen reflexiven Akt als etwas Seiendes zu bestimmen, wie es scheinbar im Wissen um mich selbst geschieht. Es sind nur die Entwürfe der eigenen Person auf sich zurück, die den Schein abgegeben, ›durch den hindurch‹ Ich selbst gemeint bin. Die individuelle Person in ihrer Einzelheit und Einzigkeit fungiert nur als eine Art Prothese, welche eine Vorstellbarkeit des gleichwohl unvorstellbaren Ich-selbst suggeriert. Meine Person setzt sich vielmehr an die Stelle des Begleiters, der Ich-selbst bin, um so davon sprechen zu können, dass *bloß ich,* nämlich meine Person, empfinde, denke, tätig bin, liebe, leide, wisse etc., so als sei Ich-selbst der allgemein tätige oder erleidende Stand-Punkt, der in allen diesen persönlichen Zuständen und Vorgängen vorkomme oder sie hervorbringe. Auf diese Weise kann es scheinen, als sei Ich selbst, anstatt ihr rätselhafter Gast, nur der mysteriöse innere Agent meiner Person.

Die Rede, Ich selbst sei nur, sofern Ich außer allem Anderen bin, besagt also alles andere als das, was die Monadologie, zumal in der Spielart des Solipsismus, meint, der nämlich das ›bloße Ich‹ als ›etwas Unabhängiges‹ vom ›Außer-allem-Anderen-Sein‹ vorstellen will, um dann mit der abgründig rätselhaften Frage konfrontiert zu werden, wie denn an einem einzelnen lebenden, selbständigen ›Subjekt‹ derart alle Washeit getilgt sein könne, dass *allein* ›Ich selbst‹ sei, nämlich ein *solus ipse,* das doch immer schon als Etwas aufgefasst wird, wenn es etwa als *causa sui* ›abhängig‹ von der eigenen ›aktiv wirkenden Kraft‹ gedacht wird, einer Kraft, die das ›im‹ Subjekt Enthaltene zur Äußerung bringe.[178] Monadologische Begriffe mögen mehr oder weniger tauglich sein, die relative Selbständigkeit der Person zu beschreiben, soweit sie sich zu ihren Eigenschaften verhalten kann. Das Selbstsein des Ich-bin erfassen sie nicht, denn es ist kein Begriff, sondern die ek-sistierende Weise, ein gastlicher Begleiter zu sein. – Ebenso wenig bin Ich selbst systemtheoretisch zu verstehen, denn autopoietische Systeme lassen sich viele in der Natur finden, ohne dass zu ihrem Verständnis Ich-

---

178 Vgl. dazu in neuerer Zeit das Konzept der ›vier wesentlichen Momente des Selbstbewusstseins‹ von Dieter Henrich: »Fichtes ›Ich‹«, *Selbstverhältnisse,* S. 66-69.

selbst, sofern ich außer allem Anderen bin, benötigt würde. Sie belegen nur, dass es ›ichlos‹ rückbezügliche Wechselwirkungen gibt. Dass eine Person jedoch Meine und davon ausgehend eine andere Person Deine ist, wäre ohne den begleitend anwesenden Gast, ohne Ich selbst, sofern Ich außer allem Anderen bin, undenkbar.

Im Riss zwischen Mir selbst und meiner Person, über den sich die ständige Andersheit dieser meiner Person dem Ich-selbst zugehörig fühlt, liegt der Grund für den Trugschluss, Ich-selbst sei unsterblich. Man spürte, dass von Mir selbst, sofern Ich außer allem Anderen bin, nicht sagbar ist, Ich selbst sei sterblich, da Ich selbst, in Differenz zu meiner Person, nicht veränderlich bin. Daraus schloss man fälschlicherweise, ich sei unveränderlich, folglich unsterblich. Doch Beständigkeit und Veränderlichkeit lässt sich nur von Seiendem aussagen, zu dem auch meine Person gehört. Wir können nur tautologisch sagen, dass Ich selbst nicht bin, sofern Ich nicht außer allem Anderen bin. Bereits eine Redewendung der Art, ›alles Andere sei außer Mir‹, suggerierte fälschlicherweise, Ich selbst sei irgendwie ›in Mir‹. Doch bin Ich selbst nur, sofern Ich außer *allem* Anderen bin, auch außer dem ›bloßen Ich-Mittelpunkt‹ meiner Person.

Für meine Person kann der Tod des Anderen Leere zurücklassen oder Freies eröffnen, einen absoluten Mangel oder eine Erlösung bringen. Für ›Meinen‹ Tod, der doch nie wirklich meiner sein wird, gilt das nicht. Er spricht zunächst davon, dass meine eigene Person als dieser Gast gewesen sein wird. Aber es hat keinen Sinn zu sagen, Ich selbst *werde* ›nach meinem Tod‹ Nichts oder Etwas sein, eben weil Ich selbst nicht etwas Veränderliches oder Beständiges bin, sondern die Seinsweise des Ausser-allem-Anderen. Ich kann nur von der Sterblichkeit dessen sprechen, was außer Mir Mich als Person begleitet. Die Spekulationen darüber, ob *Ich selbst* vergänglich oder unvergänglich sei, nämlich *unabhängig* von dem, dass Ich selbst nur außer allem Anderen und somit auch außer meiner vergänglichen Person bin, solche Spekulationen bleiben leere Gedankenspiele. Ich selbst bin nur der ungegeben anwesende Gast selbst, dessen Seinsweise außer aller Andersheit von dieser gastfreundlich oder ungastlich empfangen, aufgenommen und begleitet ist. Wir können also nur sagen, dass Ich selbst nicht unabhängig vom Ausser-Mir der Andersheit bin, wobei dies natürlich keine kausale, sondern nur die syn-diabolische ›Abhängigkeit‹ vom Riss selbst ist.

Dass Ich selbst bin, indem Ich gerade außer dieser und keine anderen Person bin, sofern sie mich ständig begleitet, bleibt das abgründig rätselhafte Ereignis unserer endlichen Existenz. Die ›wahre Sterblichkeit‹ liegt also nicht in der Vergänglichkeit meiner Person, sondern im Wissen, dass Ich selbst von dem Gast, der Mich ständig begleitete, werde verabschiedet sein und mit diesem Abschied nicht mehr Ich-selbst außer ihr sein werde. Darin blinkt das Rätsel der Endlichkeit dieses Gastes auf, die nichts mit dem begrenzten oder vermeintlich unbegrenzten Stand der eigenen Person zu tun hat. Hatte Rilke sie gespürt, als er schrieb: »Des Sommers Wochen standen still, / es stieg der Bäume Blut; / jetzt fühlst du, daß es fallen will / in den der Alles tut. / Du glaubtest schon erkannt die Kraft, / als du die Frucht erfaßt, / jetzt wird sie wieder rätselhaft, / und du bist wieder Gast«?[179] – Ist der, in den die reife Frucht fällt, wirklich ein alltätiger Gott? Wie wenn die sterblichen Gäste in ihm nur die Anwesenheit des rätselhaften Gastes selbst vernehmen?

Literatur

An den Wind geschrieben. Lyrik der Freiheit 1933-1945. Hg. M. Schlösser. München 1962.
Angelus Silesius: *Sämtliche poetische Werke*. Bd. 1. Hg. H. L. Ludwig. München 1952.
Arndt, Ernst Moritz: *Werke*. 1. Teil. Hg. A. Lesson. Berlin 1912.
Arnim, Achim von: *Des Knaben Wunderhorn*. Heidelberg; Frankfurt 1806-1808.
Arnim, Achim von: *Sämtliche Werke*. 1. Teil. Hg. W. Grimm. Berlin 1856.
Atlas der neuen Poesie. Hg. J. Sartorius. Reinbek 1996.
Auserlesene Gedichte von Christian Hoffmann von Hoffmannswaldau u. a. Hg. K. Förster. Leipzig 1838.
Bahr, Hans-Dieter: *Den Tod denken*. München 2002.
Bahr, Hans-Dieter: *Die Anwesenheit des Gastes. Entwurf einer Xenosophie* (erscheint 2010).
Bayle, Pierre: *Verschiedene Gedanken über einen Kometen* (1680). Leipzig 1975.
Benn, Gottfried: *Gedichte*. Auswahl und Nachwort von Ch. Perels. Stuttgart 1988.
Bierbaum, Otto Julius: *Gesammelte Werke*. Hg. M. G. Conrad u. a. Bd. 1. München 1921.
Bierbaum, Otto Julius: *Irrgarten der Liebe*. Berlin; Leipzig 1901.
Böhme, Jakob: *Aurora oder Morgenröte im Aufgang*. Freiburg 1977.
Brentano, Clemens von: *Werke*. Bd. 1. Hg. F. Kemp. München 1963-1968.
Brockes, Barthold Heinrich: *Heldengedichte, Auszug der vornehmsten Gedichte aus dem irdischen Vergnügen in Gott* (1738). Faksimiledruck Stuttgart 1965.
Büchner, Luise: *Frauenherz. Gedichte*. Berlin 1862.
Celan, Paul: *Von Schwelle zu Schwelle. Ausgewählte Gedichte*. Frankfurt am Main 1968.

---

179 Rainer Maria Rilke: »Das Buch von der Pilgerschaft«, *Sämtliche Werke,* Bd. 1, S. 262.

Chamisso, Adalbert von: *Sämtliche Werke*. Bd. 1-2. Hg. J. Perfahl. München 1975.

Christen, Ada: *Aus der Asche. Neue Gedichte*. Hamburg 1870.

Deutsche Literatur. Sammlung literarischer Kunst- und Kulturdenkmäler in Entwicklungsreihen. Reihe: Barock / Ergänzungsband. Leipzig 1935.

Deutsche Nationalliteratur. Bd. 36. Hg. J. Kürschner. Stuttgart o. J.

Die Bibel. Übers. nach M. Luther. Stuttgart 1967.

Dörmann, Felix: *Sensationen*. Hg. F. Biedermann. Wien 1897.

Droste-Hülshoff, Annette von: *Sämtliche Werke*. Bd. 1. Hg. G. Weydt u. a. München 1973.

Eich, Günther: *Ausgewählte Gedichte*. Hg. W. Höllerer. Frankfurt am Main 1960.

Eichendorff, Joseph von: *Gedichte*. Hg. H. Neumann. Stuttgart 1997.

Eichendorff, Joseph von: *Werke*. Hg. A. Hillach. Bd. 1-3. München 1970.

Euklid: *Die Elemente*. Übers. C. Thaer. Darmstadt 1980.

Falk, Gustav: *Ausgewählte Gedichte*. Hamburg 1908.

Fauljuch, Johann und Maria Fischer: *Gedichte*. Bd. 1. Hg. W. Ziesemer. Halle 1935.

Fischer, A. und W. Tümpel: *Das deutsche evangelische Kirchenlied des 17. Jahrhunderts*. Bd. 5. Hildesheim 1964.

Fleming, Paul: *Deutsche Gedichte*. Hg. von J. M. Lappenberg. Hamburg 1866.

Gellert, Christian Fürchtegott: *Werke*. Bd. 1-2. Hg. G. Honnefelder. Frankfurt am Main 1979.

George, Stefan: *Gedichte*. Hg. R. Boehringer. Stuttgart 1997.

Gerhardt, Paul: *Dichtungen und Schriften*. Hg. E. v. Cranach-Sichart. München 1957.

Gleim, Johann Wilhelm Ludwig: *Versuch in scherzhaften Liedern*. Hg. A. Anger. Tübingen 1964.

Goethe, Johann Wolfgang: *Berliner Ausgabe*. Bd. 1. Hg. H. Seidel. Berlin 1960.

Goethe, Johann Wolfgang: *Werke*. Bd. 4. Hg. R. Müller-Freienfels. Berlin 1923.

Greiffenberg, Catharina Regina von: *Geistliche Sonette. Lieder und Gedichte zu Gott seligem Zeitvertreib*. Nürnberg 1662.

Grillparzer, Franz: *Gedichte. Sämtliche Werke*. Bd. 1. Hg. P. Frank u. a. München 1960.

Gryphius, Andreas: *Gesamtausgabe der deutschsprachigen Werke*. Hg. M. Szyrocki u. a. Tübingen 1963.

Günderrode, Karoline von: *Gesammelte Werke*. Bd. 1-3. Hg. L. Hirschberg. Berlin; Wilmersdorf 1920-22.

Günther, Johann Christian: *Sämtliche Werke*. Bd. 1-3. Hg. W. Krämer. Darmstadt 1964.

Hagedorn, Friedrich: *Sämtliche poetische Werke*. Leipzig o. J.

Harsdörffer, Georg Philipp: *Pegnesisches Schäfergedicht*. Hg. Klaus Garber. Tübingen 1966 (Nachdruck der Ausgabe Nürnberg 1644).
Hartmann, Eduard von: *Philosophie des Unbewußten*. Berlin 1871.
Hebbel, Friedrich: *Sämtliche Werke*. Berlin 1911.
Hegel, Georg Wilhelm Friedrich: *Werke*. Bd. 2. Hg. E. Moldenhauer. Frankfurt am Main 1970.
Heine, Heinrich: *Werke und Briefe*. Bd. 1. Hg. G. Erler. Berlin 1961.
Henrich, Dieter: *Selbstverhältnisse*. Stuttgart 1982.
Hoffmann von Fallersleben, August Heinrich: *Unpolitische Lieder*. Hamburg 1841.
Hofmannsthal, Hugo von: *Gesammelte Werke*. Bd. 1. Frankfurt am Main 1957.
Hölderlin, Friedrich: *Sämtliche Werke und Briefe*. Bd. 1. Hg. Michael Knaupp. München 1992.
Jahrbuch der Lyrik. Hg. Ch. Buchwald u. a. Frankfurt am Main 2009.
Junge deutsche Lyrik. Eine Anthologie. Hg. O. Heuschele. Leipzig 1928.
Junge Lyrik 1960. Eine Auslese. Hg. H. Bender. München 1960.
Keller, Gottfried: *Gesammelte Gedichte. Sämtliche Werke*. Bd. 2. Berlin 1961.
Kerner, Justinus: *Werke*. Bd. 1. Gedichte. Hg. R. Pissin. Hildesheim; New York 1974.
Klabund: *Der himmlische Vagant*. Hg. M. Kesting. Köln 1968.
Klaj, Johann: *Friedensdichtungen und kleinere poetische Schriften*. Hg. C. Wiedemann. Tübingen 1968.
Klaj, Johann: *Redeoratorien*. Hg. C. Wiedemann. Tübingen 1965.
Krolow, Karl: *Fremde Körper. Neue Gedichte*. Berlin; Frankfurt am Main 1959.
Kuhlmann, Quirinus: *Der Kühlspalter*. Bd. 1. Hg. R. L. Beare. Tübingen 1971.
Lenau, Nikolaus: *Sämtliche Werke und Briefe*. Hg. W. Dietze. Leipzig; Frankfurt am Main 1970.
Lessing, Gotthold Ephraim: *G. E. Lessings Werke*. Bd. 1. Hg. H. G. Göpfert. München 1970.
Levinas, Emmanuel: *Die Spur des Anderen*. Übers. W. N. Krewani. Freiburg; München 1983.
Lichtenberg, Georg Christoph: *Schriften und Briefe*. Bd. 2. Hg. W. Pomies. München 1967.
Liliencron, Detlev von: *Adjudantenritte und andere Gedichte*. Leipzig 1883.
Liliencron, Detlev von: *Heidegänger und andere Gedichte*. Leipzig 1890.
Logau, Friedrich von: *Sämtliche Sinngedichte*. Hg. G. Eitner. Tübingen 1872.
Löns, Hermann: *Sämtliche Werke*. Bd. 1. Hg. F. Castelle. Leipzig 1924.
Lukrez (Titus Lucretius Carus): *Über die Natur der Dinge*. Übers. H. Diels. Berlin 1957.

Luther, Martin: *Werke. Kritische Gesamtausgabe.* 1. Reihe. Bd. 35. Weimar 1932.

Matthias Claudius: *Werke in einem Band.* Hg. J. Perfahl. München 1976.

Menschheitsdämmerung – Dokumente des Expressionismus. Hg. K. Pinthus. Hamburg 1959

Meyer, Conrad Ferdinand: *Sämtliche Werke.* München 1968.

Morgenstern, Christian: *Gesammelte Werke.* Bd. 1. Hg. H. O. Proskauer. Basel 1971.

Mörike, Eduard: *Sämtliche Werke.* Bd. 1. München 1967.

Müller, Wilhelm: *Gedichte.* Hg. J. T. Hatfield. Berlin 1906.

Museum der modernen Poesie. Eingerichtet von H. M. Enzensberger. Frankfurt am Main 1960.

Nettesheim, Agrippa von: *Die Eitelkeit und Unsicherheit der Wissenschaften.* Hg. F. Mauthner. München 1913.

Neukirch-Anthologie. Bd. 1 (1695). Nachdruck: Tübingen 1961.

Nietzsche, Friedrich: *Werke.* Leipzig 1906.

Ohne Haß und Fahne. Kriegsgedichte des 20. Jahrhunderts. Hg. W. G. Deppe u. a. Hamburg 1959.

Opitz, Martin: *Weltliche und geistliche Dichtung.* Hg. H. Oesterley. Berlin; Stuttgart 1889.

Paoli, Betty: *Neue Gedichte.* Pest 1856.

Platen, August Graf von: *Gedichte.* Stuttgart; Tübingen 1834.

Platen, August Graf von: *Werke.* Bd. 1. Hg. K. Wölfel u. a. München 1982.

Plavius, Johannes: *Trauer- und Treuegedichte.* Dantzigk 1630.

Ramler, Karl Wilhelm: *Anthologie aus den Gedichten.* Hildburghausen; New York 1830.

Rilke, Rainer Maria: *Sämtliche Werke.* Hg. Rilke-Archiv. Wiesbaden; Frankfurt am Main 1955-1966.

Rist, Johann: *Poetischer Lust-Garte.* Hamburg 1638.

Rousseau, Jean-Jacques: *Emil oder Über die Erziehung.* Übersetzung von H. Denhardt. Leipzig o. J.

Rückert, Friedrich: *Aus seinem Nachlaß.* Frankfurt am Main 1872.

Saar, Ferdinand von: *Gedichte.* Heidelberg 1888.

Sachs, Hans: *Dichtungen.* 1. Teil. Hg. K. Goedeke. Leipzig 1870.

Scheffel, Joseph Viktor von: *Kritische Ausgabe in 4 Bänden.* Bd. 1. Hg. F. Panzer. Leipzig; Wien 1917.

Schiller, Friedrich: *Sämtliche Werke.* Bd. 1. Hg. G. Fricke u. a. München 1962.

Schiller, Friedrich: *Schillers Werke.* Bd. 1-14. Hg. L. Bellermann. Leipzig und Wien o. J.

Schlegel, Friedrich: *Dichtungen.* Hg. H. Eichner. München 1962.

Stadler, Ernst: *Dichtungen.* Bd. 1-2. Hg. K. L. Schneider. Hamburg 1954.

Storm, Theodor: *Sämtliche Werke.* Bd. 1. Hg. P. Goldammer. Berlin; Weimar 1978.

Sturm und Drang. Dichtungen und theoretische Texte. Bd. 2. Hg. H. Nicolai. München 1971.

Tersteegen, Gerhard: *Geistliche Blumengärtlein.* Stuttgart 1956.

Tieck, Ludwig: *Werke.* Bd. 4. München 1963.

Trakl, Georg: *Das dichterische Werk.* Hg. W. Killy u. a. München 1972.

Uhland, Ludwig: *Werke.* Bd. 1. Gedichte, 2. Buch. Hg. H. Fröschle u. a. München 1980.

Wieland, Christoph Martin: *Werke.* Bd. 4. Hg. F. Martini u. a. München 1965.

Ziegler, Christiane Mariane: *Versuch in Gebundener Schreib-Art.* Leipzig 1728.

EMIGRANTEN/KRIEGSHEIMKEHRER.
ZWEI MODELLE DER (UN-)GASTLICHKEIT
UND DAS PHÄNOMEN DER FEHLENDEN SPRACHE

ROLF PARR

1. Gastlichkeit

›Gastlichkeit‹ und erst recht die Figur des ›Gastes‹ werden in den verschiedenen wissenschaftlichen Disziplinen als höchst unterschiedliche Gegenstände verhandelt: mal »als Konstrukt des Rechts«, mal »als Sozialfigur in historischen Kontexten«, mal »als literarisches bzw. filmisches Motiv«, mal als narratives Muster, mal aber auch eher als ein auf anthropologische Konstanten abzielender »philosophische[r] Fundamentalbegriff«, der den Menschen mal als stets auf der Grenze gegenüber dem Anderen stehend konzipiert, mal die Welt als eine, der es an einer nicht minder fundamental gedachten »Kultur der Gastlichkeit« mangelt und sie insgesamt als ungastlich erscheinen lässt.[1] Für die Beschäftigung mit Gastlichkeitsszenarien in Literatur und Medien stellt sich damit die Frage, ob man an ihnen jeweils nur Charakteristika eines speziellen Textes herausarbeiten kann, oder ob von den literarisch-medialen Texturen aus auch ein Weg zum philosophischen Fundamentalbegriff der Gastlichkeit bzw. des Gastes führt. Diese »Frage scheint nicht per se lösbar« zu sein, »sodass nur auf die beiden anstehenden Gefahren hingewiesen werden kann: in die eine Richtung die einer Verwässerung der Gast-Begrifflichkeit, in die andere die zu großer Abstraktion«.[2] Der folgende Beitrag geht daher auf der Folie grundlegender Überlegungen der philosophischen Gastlichkeitsforschung zum einen den je besonderen Realisierungen von Gastlichkeitsszenarien in einzelnen Texten nach, versucht in der Serialität der analysierten Texte und Filme aber zum anderen auch, durchgehende Strukturen sichtbar zu ma-

---

1 Vgl. Liebsch: *Für eine Kultur der Gastlichkeit;* ders.: *Gastlichkeit und Freiheit;* sowie seinen Beitrag in diesem Band.
2 Parr/Friedrich: »Von Gästen«, S. 9.

chen, die dann auf ihre Anschließbarkeit an generellere philosophische Befunde zur Gastlichkeit zu prüfen wären.

2. Komplementärphänomene

Als Komplementärfiguren haben Emigranten und Kriegsheimkehrer gemeinsam, in einem nicht nur politisch-sozialen, sondern auch ganz wörtlichen Sinne ›displaced persons‹ zu sein: Die einen verlassen ihre Heimat, um meist nicht mehr als ihr nacktes Leben zu retten[3]: die anderen dagegen setzen ihr Leben sogar aufs Spiel, um in eine Heimat zurückzukehren[4], die sich jedoch meist als fremd entpuppt. Weiter ist beiden auf ebenfalls komplementäre Weise gemeinsam, sich in untypischen, gegenüber dem Normalfall verschobenen und daher häufig mit Friktionen behafteten Szenarien von Gastlichkeit wieder zu finden, in denen sie auf je verschiedene Weise mit Fragen des Sprechen-Müssens, Nicht-Sprechen-Dürfens bzw. Nicht-Sprechen-Wollens konfrontiert sind. Mit den Figuren des Emigranten und Heimkehrers ist somit insgesamt eine Konstellation gegeben, die es erlaubt, das Bedingungsdreieck von untypischer Gastlichkeit, Sprechen bzw. Sprachlosigkeit und (literarischem) Erzählen genauer zu erkunden. Das soll im Folgenden mit Akzent auf der Figur des Heimkehrers an einer Reihe von exemplarischen Texten und Filmen geschehen, die von Leonhard Franks Erzählung *Karl und Anna* über einen Roman wie Bettina Balàkas *Eisflüstern*, den Film BROTHERS – ZWISCHEN BRÜDERN, der von einem dänischen Kriegsheimkehrer aus Afghanistan handelt, bis hin zum Thriller *Ich bin ein anderer* von Pierre Boileau / Thomas Narcejac und schließlich Bernhard Schlinks *Die Heimkehr* reicht. Die traditionell für die Thematik infrage kommenden Texte von Joseph Roth[5], Ernst Toller[6], Bertold Brecht[7], Heinrich Böll[8], Wolfgang Borchert[9] und Erwin Strittmatter[10] bleiben damit weitgehend unberücksichtigt. Die getroffene Auswahl soll stattdessen auf die erstaunliche Renaissance der Heimkehrerthematik in der neueren Literatur und in neueren Spielfilmen seit Ende der

---

3 Siehe beispielsweise Remarque: *Liebe Deinen Nächsten*.
4 Exemplarisch dafür Bauer: *So weit die Füße*.
5 Roth: *Hotel Savoy*. Vgl. dazu Friedrich: »Ortlose Heimat«. – Da ihre Heimkehr von Beginn an misslingt und sie in der Regel als Hotelgäste oder ›wandernde Gäste auf dieser Erde‹ enden, sind Roths Protagonisten im Zusammenhang der hier verfolgten Heimkehren in Familien untypische Fälle.
6 Toller: *Hinkemann*.
7 Brecht: *Trommeln in der Nacht*.
8 Böll: *Und sagte kein einziges Wort*.
9 Borchert: *Draußen vor der Tür*.
10 Strittmatter: *Tinko*. – Bei Strittmatter ist es Tinkos Großmutter, die über ein geradezu kanonisiertes Heimkehrerwissen verfügt: »Heimkehrer dreschen die Kinder« (S. 22).

1970er Jahre aufmerksam machen. Ich beginne mit einigen generelleren Überlegungen zum Status von Kriegsheimkehrern und Emigranten aus der Perspektive der Gastlichkeitsforschung.

3. Kriegsheimkehrer

Aus Sicht ihrer Frauen, Kinder, Geschwister, Eltern stehen Kriegsheimkehrer selbst dann, wenn ihre Rückkehr angekündigt ist, letztlich doch immer unerwartet auf der Schwelle und werden bestenfalls als Gäste aufgenommen, das heißt aber als Fremde, über deren endgültigen Status man sich noch nicht recht im Klaren ist. Dabei erscheinen die Kriegsheimkehrer als umso fremder, ja geradezu unheimlicher, je länger sie schweigen.[11] Die Frage ›Warum redest Du denn nicht?‹ und die korrespondierende Aufforderung ›Rede doch endlich!‹ tauchen in literarischen Texten[12] und auch Spiel- und Fernsehfilmen zu Erstem und Zweitem Weltkrieg[13], zu Vietnam[14] und in jüngster Zeit auch zu Afghanistan[15] daher mit schöner Regelmäßigkeit als Indikatoren einer Sprachlosigkeit auf, die die Heimkehrer nicht nur von eigentlich Heimischen zu fremden Gästen werden lässt, sondern selbst diesen Gaststatus noch gefährden kann. Jede Form von Gastlichkeit ist nämlich – soll sie gelingen – fundamental auf wechselseitiges Erzählen (und damit Sprache) angewiesen[16], das Gast und Gastgeber gleichermaßen zur Einschätzung jener Gefahren dient, die zumindest potenziell mit der gastlichen Aufnahme verbunden sind. Diese Risikoeinschätzung wird aber dann unmöglich gemacht, wenn der fremd gewordene Heimkehrer nicht spricht, was ihn aus Sicht der Angehörigen als ohnehin schon auf Distanz gestellten Gast noch befremdlicher, wenn nicht sogar bedrohlich erscheinen lässt; trägt er doch offensichtlich eine Art ›black box‹ mit sich herum, deren Inhalt er zwar selbst kennt (völlige Verdrängung einmal ausgeschlossen), in die er aber niemand anderen hineinsehen lässt. Die Kriegs*rückkehrer* müssen daher erst einen Prozess der Ent-Fremdung durchlaufen, der Fremdheit wieder in Vertrautheit, Anderes in Eigenes, Alterität in Identität überführt, ehe sie zu *Heim*kehrern in ihre Familien werden können. Erfolgreich kehren in Literatur und Film letztlich nur diejenigen heim, die sich auf einen sie eine Zeit lang auf Distanz stel-

---

11 Vgl. Schmidbauer: *Er hat nie darüber geredet*.
12 Vgl. dazu Benz: »Schwierigkeiten der Heimkehr« über Wolfgang Borcherts Stück *Draußen vor der Tür*.
13 Vgl. LIEBE 47; DIE EHE DER MARIA BRAUN; DAS WUNDER VON BERN; DIE LUFTBRÜCKE – NUR DER HIMMEL WAR FREI; FLAGS OF OUR FATHERS.
14 Vgl. TAXI DRIVER; COMING HOME (dt.: SIE KEHREN HEIM); THE DEER HUNTER (dt.: DIE DURCH DIE HÖLLE GINGEN); JACKNIFE (dt.: JACKNIFE – VOM LEBEN BETROGEN).
15 Vgl. die Fernsehfilme WILLKOMMEN ZUHAUSE; NACHT VOR AUGEN.
16 Vgl. Parr/Friedrich: »Von Gästen«.

lenden Annäherungsprozess einlassen[17], zu dem eben auch ein temporärer Status als ›nur‹ Gast gehört. Denn akzeptiert der Heimkehrer seinen Gaststatus, dann akzeptiert er auch seine Fremdheit gegenüber denjenigen, die ihm eigentlich vertraut sein müssten und umgekehrt. Semantisch inszeniert wird diese Distanz meist räumlich: Die heimkehrenden Ehemänner schlafen auf der Couch statt im Ehebett, oder, wie der aus dem Ersten Weltkrieg nach Wien zurückgekehrte Balthasar Beck in Bettina Balàkas Roman *Eisflüstern* gleich auf der symbolischen Schwelle zwischen Heimischem und Fremdem, nämlich auf dem Boden des Eingangsflurs neben dem Hund.[18] In den neueren Fernsehfilmen über Afghanistanheimkehrer fungieren als solche Schwellenorte Gartenlauben, Dachböden und Hobbykeller, in denen Kriegsrückkehrer als nicht ganz Fremde, aber auch nicht mehr bzw. noch nicht wieder ganz Heimische platziert werden.[19]

Ist das die Perspektive der Familien, so erweist sich die Ankunft zuhause jedoch auch aus derjenigen der Heimkehrer selbst meist schon nach kürzester Zeit als »Rückkehr in die Fremde«[20], etwa dann, wenn sie versuchen, in kleinsten Dingen des Alltags wieder nahtlos an ihr früheres Leben anzuknüpfen. Sie legen beispielsweise allergrößten Wert darauf, dass bei Ihrer Rückkehr alles so ist, wie sie es verlassen haben. Jede kleinste Veränderung wird argwöhnisch registriert und sofort wieder rückgängig zu machen gesucht, ein Szenario, auf das kaum ein Film oder Text verzichtet. Eine einfache Rückkehr an den Punkt, den man verlassen hat, ist aber nach längerer Zeit nicht mehr ohne Weiteres möglich. Dennoch versuchen Heimkehrer genau dies geradezu zwanghaft, was seinen Grund darin hat, dass sie die Fiktion der Rückkehr an einen unverändert gebliebenen Platz, einen Ort der zugleich realen und hochgradig idealisierten Erinnerung, im Krieg als Überlebensstrategie genutzt haben, sodass die tatsächliche Rückkehr eines inzwischen selbst veränderten Mannes in eine inzwischen ebenfalls veränderte Heimat und Familie regelmäßig misslingen muss. Die Rückkehr mündet daher immer wieder in Situationen zunächst einmal lediglich gastlicher Aufnahme: Der Rückkehrer wird – ganz nach den ethischen Grundregeln der Gastlichkeit – gespeist, gekleidet und beherbergt, aber nicht sofort in den Bereich des Heimischen integriert. Reagieren die Betroffenen darauf mit verstärkter Sprachlosigkeit, dann stabilisieren sich das Befremden gegenüber dem Heimkehrer und die Rückkehr in eine fremd gewordene Heimat wechselseitig und forcieren ein wechselseitiges misstrauisches Beobachten der Alterität des jeweils Anderen.

---

17 Ralf SIMONS Überlegungen zur Beziehung von Gastlichkeit und Erzählen folgend lässt sich auch die schrittweise Re-Integration des Kriegsheimkehrers mit Jurij Lotmanns Modell der semantischen Vermittlung von A und B fassen.
18 Balàka: *Eisflüstern*, S. 98.
19 Vgl. BLOCH: TOD EINES FREUNDES.
20 Vgl. Eberhard: »Rückkehr in die Fremde«.

Erst recht komplex wird die Situation, wenn während der Abwesenheit des Heimischen zwischenzeitlich ein anderer die Stelle des Heimkehrers in Beruf oder Familie eingenommen hat. Dann nämlich findet ein immer wieder neue Paradoxien produzierender Tausch der Positionen von Gast und Gastgeber, Sprechendem und Nicht-Sprechendem, Heimischem und Fremdem statt: Der Kriegsheimkehrer wird zum Gast bei sich selbst, ist Fremder im eigentlich Eigenen, während umgekehrt der inzwischen eventuell an seine Stelle getretene Fremde zum Gastgeber des eigentlich heimischen Rückkehrers wird. Symptomatisch ist hier, dass es stets die Heimkehrer sind, die für Unordnung in den Familien sorgen und die von ihren Angehörigen mühsam aufrechterhaltene Ordnung gefährden, während diejenigen, die an ihre Stelle getreten sind, für die zurückgewonnene Normalität des Alltäglichen stehen. Prallen der Heimkehrer und der zwischenzeitlich an seine Stelle getretene Andere aufeinander, dann sind es nicht selten die gerade erst angekommenen Rückkehrer, die bereits nach kurzer Zeit wieder gehen. Höchst prägnant hat der Regisseur Wolfgang Liebeneiner den Kriegsrückkehrer Beckmann in seinem an Borcherts Stück *Draußen vor der Tür* angelehnten Film LIEBE 47 als einen solchen Kürzestgast auf eine ihm fremd gewordene Frau treffen lassen.

4. Emigranten

Genau komplementär zum Rückkehrer sieht die Situation des Emigranten aus, der sich mit etwas Glück in einem anderen Land, an einem anderen Ort, in einer anderen Familie oder auch von einer neuen Frau/einem neuen Mann als Gast aufgenommen sieht, der im schlechten Fall als illegaler, also unerwünschter Gast ausgewiesen und über die nächste Grenze abgeschoben wird. Beide dieser Eckszenarien der Emigration zwingen die Betroffenen zu erzählen, allerdings auf jeweils ganz verschiedene Art. Während der als Gast aufgenommene Emigrant – wie jeder Gast – erzählend Auskunft von sich geben muss, sind illegale Emigranten häufig Gäste in einem anderen Leben, beispielsweise dann, wenn sie den Pass einer anderen Person benutzen und eine neue Identität annehmen, die sie dann wieder in Form von plausiblen Geschichten kommunizieren, ja regelrecht performieren müssen. Zugleich dürfen sie auf keinen Fall von sich selbst, ihrer ›eigentlichen‹ Identität sprechen. Illegale Emigranten erzählen daher förmlich um ihr Leben und verbergen es zugleich, machen mit dem Pass eines anderen einen Identitätsgewinn nach außen, der zugleich Identitätsverlust nach innen ist[21], was Erich Maria Remarques Flüchtlingstrilogie *Liebe Deinen*

---

21 Vgl. dazu Thurner: *Der andere Ort des Erzählens*, S. 73: »Mit der Heimat lässt der Emigrant bei seinem (unfreiwilligen) Gang in die Fremde seine Identität zurück.«

Nächsten (1962), *Arc de Triomphe* (1946) und *Die Nacht von Lissabon* (1941), Irmgard Keuns *Kind aller Länder*, Lion Feuchtwangers *Exil* sowie *Transit* von Anna Seghers auf vielfältige Weise belegen. Schließlich sind Emigranten auch noch Gäste in einer anderen Sprache, die sie vielleicht nur mit Einschränkungen beherrschen, was sie auf einer ganz anderen Ebene als die Kriegsheimkehrer sprachlos macht; Exilschriftsteller haben davon immer wieder berichtet.[22] Insgesamt sind Emigranten damit ›um ihr Leben erzählende‹ und zugleich ›unter Erzählverbot stehende‹ Gäste an fremdem Ort und in einer möglicherweise auch noch fremden Sprache. In ihrer eigenen Sprache von sich selbst können sie bestenfalls anderen Emigranten erzählen, woraus ein ganzes Subgenre entstanden ist, das von Nächten handelt, in denen Emigranten ihr wirkliches Leben endlich einmal »von Anfang an«[23] erzählen wollen und bereit sind, ihre Zuhörer dafür hoch zu entlohnen.

Strukturell mit der Situation des sprechend-sprachlosen illegalen Emigranten eng verwandt ist diejenige des in die Heimat zurückkehrenden Kriegsverweigerers, wie sie Heinrich Böll mit der Figur des Hans Schnitzler in seinem 1949/50 geschriebenen Roman *Der Engel schwieg* dargestellt hat. Wieder in seiner Heimatstadt angelangt, bekommt der Romanheld mit der Bemerkung »Fünfundzwanzig Jahre, völlig wehrunfähig wegen eines schweren Lungenleidens. Sie heißen dann Erich Keller«[24] von einem Arzt den Pass eines gerade verstorbenen Patienten, was in erzählerischer Hinsicht die Möglichkeit schafft, die Identitätenodyssee des Protagonisten zu entfalten:

> Während er in der Stadt herumrannte, prägte er sich den Namen ein, murmelte ihn sich vor, lange und eindringlich: Erich Keller. […] In Wirklichkeit hieß er Schnitzler, Hans Schnitzler, die Postkarte damals war an Hans Schnitzler adressiert gewesen, aber bevor er erschossen werden sollte, hatte er Hungertz geheißen, erschossen werden sollte er als Unteroffizier Hungertz; kurz davor hatte er sich ein paar Monate Wilke genannt, Hermann Wilke, Obergefreiter: fast dreiviertel Jahre hat er eine winzige Urkundenfabrik mit sich herumgeschleppt: einen Dienststempel und einen Packen Formulare, die viel bedeuteten […]. Namen, so viel er sich geben wollte […]. […] bevor er Wilke geheißen hatte, war er als Waldow durch die Gegend gefahren, davor Schnorr: er wählte die Namen, wie sie ihm gerade während des Schreibens einfielen, er schuf Existenzen, die es nicht geben durfte und in Wirklichkeit nicht gab, die aber ein Scheinleben gewannen durch den Druck eines Stempels auf ein Papier […].[25]

Mit seiner Identitätengeschichte berichtet die Figur des Hans Schnitzler auch von dem, was er bisher stets verschweigen musste, nämlich seiner

---

22 Vgl. zum ›Gast sein in einer anderen Sprache‹ Taylor: *Fremde im Paradies*, S. 9 und 196.
23 Seghers: *Transit*, S. 7. Vgl. dazu ausführlich Thurner: *Der andere Ort*, S. 50 sowie S. 61-82.
24 Böll: *Der Engel schwieg*, S. 23.
25 Ebd., S. 53.

tatsächlichen Identität. Strukturell bringt ihn das in die Nähe der endlich einmal erzählen könnenden Emigranten, rückt ihn aber zugleich vom nicht sprechenden Kriegsheimkehrer ab. Als Typus steht der heimkehrende Kriegsverweigerer daher zwischen Emigrant und Rückkehrer.

5. Exemplarische Analysen

Die bisherigen Überlegungen zum Status von Kriegsrück- bzw. Heimkehrern sollen im Folgenden an einigen exemplarischen Texten und Filmen überprüft werden, wobei vor allem auf solche Texte zurückgegriffen wird, die eher untypische Heimkehrergeschichten erzählen. Auf die Komplementärfigur des Emigranten, die in der Literatur ebenso noch einmal einen eigenen Kontinent an Texten bildet, wie auch diejenige des Re-Immigranten[26], wird nur punktuell eingegangen.

5.1 Gelungene Heimkehr des Anderen: Leonhard Franks Erzählung *Karl und Anna*

In Leonhard Franks Erzählung *Karl und Anna* ist es nicht Annas Mann Richard, dem die Heimkehr durch Wiederaufnahme von Gemeinsamkeiten gelingt, sondern seinem Mitkriegsgefangenen Karl, der aus Richards eindringlichem Erzählen jedes Detail des Zusammenlebens von Anna und Richard kennt. Karl ermöglicht das eine über bloßes Zuhören schon hinausgehende Form der Teilhabe an der Ehe von Richard und Anna, er wird durch Richards Narration ein Stück weit zum Gast in dessen Leben. Als Richard in ein anderes Lager transportiert wird, Karl aber flüchten kann, bietet sich für ihn die Möglichkeit, an Richards Stelle zu dessen Frau ›heimzukehren‹ und sich als ihr Mann zu präsentieren. Als Parasit im Sinne Michel Serres'[27] erscheint er dabei jedoch höchstens für einen Augenblick, denn Anna durchschaut ihn zwar, lässt sich dann aber in einem Prozess des Sich-Annäherns, wieder auf Distanz-Gehens, der erneuten Annäherung sowie einer Mischung aus Selbsttäuschung, Einsamkeit, entschlossenem Wollen und tatsächlicher Verliebtheit zunehmend auf Karl ein.

Ein wichtiger Punkt, der es ihm erlaubt, sich auf diese Weise Richards Leben anzuverwandeln und als eigentlich Fremder zu Annas Mann zu werden, ist dabei die ihn von vielen ›richtigen‹ Heimkehrern unterscheidende Tatsache, dass er spricht; zwar nicht von sich oder seinen Kriegserlebnissen, dafür aber von all den Dingen, die er aus Richards Berichten über Anna kennt. Er weiß, wo sie ein Muttermal hat,

---

26 Vgl. dazu beispielsweise Spiel: *Rückkehr nach Wien*.
27 Serres: *Der Parasit*.

kennt die Stelle, an der dieses oder jenes Küchengerät aufbewahrt ist und selbst die Farbe der Vorhänge, sodass er in der Lage ist, die zwischenzeitlichen Veränderungen – abweichend vom Regelfall des Heimkehrers, der alles an seinem alten Platz wissen will – positiv zu thematisieren. Karl erzählt Anna in Ich-Form von ihr selbst und ihrem Leben mit Richard vor dem Krieg, was ihn Anna nahe bringt und zugleich das größte Konfliktpotenzial der Heimkehr vermeidet, nämlich zu schweigen. Alles, was bei Kriegsheimkehrern in der Regel nicht gelingt und den eigentlich Heimischen zum fremden Gast macht, ist im Falle von Karl als Heimkehrer in ein anderes Leben also durchaus möglich. Sein Annäherungsprozess an Anna steht in diametralem Gegensatz zur plötzlichen Ankunft des Rückkehrers an ›seinen‹ alten Platz.

Als der tot geglaubte Richard in Abwesenheit von Karl dann doch bei Anna eintrifft, scheint nichts natürlicher, als dass er gegenüber Karl als Gastgeber auftritt:

»Lebst du denn hier? ... Hast du schon was im Magen? Wann bist du zurückgekommen? Sie muß gleich da sein, dann gibt sie uns was zu essen. Ist ja schon hergerichtet.« Mit verhaltener Freude blickte er, wie ein Kind die Weihnachtsbescherung, den appetitlich gedeckten Tisch an und dann noch rückwärts zu Karl, beglückt, als wollte er sagen: Siehst du, so geht's mir jetzt. So ist Anna. [...].«
»Mach dir's doch bequem, zieh den Mantel aus ... Also, daß du hier bist.«[28]

Die ihm damit zugewiesene Rolle des Gastes reflektiert Karl in einer Mischung aus innerem Monolog und an die Leser gerichtetem Beiseitesprechen: »»Weil er eben da so umgeht wie der Gastgeber, deshalb konnte ich ihn nicht nach Anna fragen ... Ich muß ihm jetzt alles sagen. Ich muß das gleich tun.‹«[29] Als Richard die Situation dann endlich erfasst, kehren sich die Positionen für einen Moment wieder um: Der gerade noch als Gastgeber sprechende Richard wird tendenziell zum Gast, allerdings nur so lange, bis Karl und Anna die Wohnung verlassen haben und fortgehen. Der erfolgreich, wenn auch in ein anderes Leben heimgekehrte Karl wird damit zu einer Art Emigrant, während Richard zwar zu Hause angelangt, die immer wieder ausgemalte Heimkehr zu Anna jedoch endgültig gescheitert ist, d.h. »Karl gelingt jene Heimkehr, die Richard in der Gefangenschaft unablässig als Bild vor Augen hat, die Richards Heimkehr sein sollte«.[30] Indirekt macht Leonhard Franks Erzählung damit eine weitere Bedingung für erfolgreiches Heimkehren deutlich, nämlich, sich zunächst mit dem Status eines Gastes zufriedenzugeben.

---

28 Frank: *Karl und Anna*, S. 66f.
29 Ebd., S. 66.
30 Vormweg: »Nachwort«, in: Frank: *Karl und Anna*, S. 71-76, hier 71.

Was die Erzählung zudem en passant aufzeigt, ist das Spektrum der Möglichkeiten, das Rückkehrer bzw. ihre Frauen haben, auf die entstandenen Dreierkonstellationen zu reagieren. So gibt der erzählerische Blick in andere Wohnungen des Mietblocks, in dem Anna und Karl wohnen, die Gelegenheit, eine regelrechte Matrix möglicher Fälle bzw. Reaktionsmuster zu entfalten: Muster 1 ist die *Flucht an die Front*. Annas Bekannte Marie, deren Mann im Kriege ist, lebt mit ihrem Freund zusammen, was »sich so von selbst aus dem Ganzen« ergab, als er »die Schlafstelle – das Bett des Mannes, der im Krieg war« mietete.[31] Als ihr Mann dann »aus dem Felde auf Urlaub« kommt, hört der »die Erklärung seiner Frau« an und fährt »ohne etwas zu entgegnen [...] mit dem nächsten Zug ins Feld« zurück. Handlungsmuster 2 ist das der *Trennungsunfähigkeit*: Im Erdgeschoss wohnt eine Frau, die von ihrem Mann regelmäßig verprügelt wird, nachdem sie »während der Mann im Kriege war« mit einem anderen zusammenlebte. Beide schaffen es aber nicht, sich voneinander zu trennen. Muster 3 beschreibt die simple *Trennung:* »Aber Herr Lienert hat seine Frau fast totgeschlagen. Und jetzt sind sie auseinander [...]«; Muster 4 die *Ablösung:* »Als der Frau Moser ihr Mann zurückkam, ist der Fritz – mit dem sie gelebt hat – ausgezogen. So wie sich's gehört«. Muster 5 schließlich ist das des *Arrangements:* »Oder der Herr Häussler! Er ist schon seit drei Wochen zurück; aber der Postaushelfer wohnt immer noch da, weil er kein Zimmer findet.«[32]

Dieses erzählerisch entfaltete Register an Handlungsoptionen und mit ihm das Spektrum der daraus auf jeweils ganz andere Weise resultierenden untypischen Formen von Gastlichkeit ist jedoch keines, über das die Figuren souverän verfügen könnten. Sie bleiben in der Konfrontation mit einer veränderten häuslichen Situation in den meisten Fällen vielmehr erstaunlich passiv, was den die Erzählung grundierenden Tenor der Schicksalshaftigkeit stützt.

5.2 HEIMKEHR AUF RATEN:
BETTINA BALÀKAS ROMAN *EISFLÜSTERN*

Souveräne Reflexion der eigenen Situation in Kombination mit vorsichtiger schrittweiser Wiederannäherung des Rückkehrers an die eigene Familie findet man erst 2006 in Bettina Balàkas Roman *Eisflüstern*, dessen Hauptfigur Oberleutnant Balthasar Beck – im Zivilberuf Polizeiinspektor – gerade aus dem Ersten Weltkrieg in die zusammengebrochene Habsburgermonarchie zurückgekehrt ist. Er sucht in Wien jedoch nicht sofort seine Familie auf, sondern campiert zunächst einige Tage in

---
31 Frank: *Karl und Anna* (s. Anm. 5), S. 34.
32 Ebd., S. 47.

einem Park, um sich klar zu machen, warum er »nach sieben Jahren wieder in Wien und noch immer nicht daheim bei seiner Frau« gewesen ist, »bei Marianne«, »deren Fotografie er in einem Frühjahr im Lager von S. begraben hatte [...], nachdem er gesehen hatte, wie all die verendet waren, die an Fotografien und Frauen und Sehnsüchten hingen«.[33] Damit ist eine weitere Voraussetzung für eine gelingende Heimkehr genannt, nämlich kein Idealbild von jemandem aufzusuchen, gegenüber dem sich die Realität notwendigerweise als defizitär herausstellen muss. Zugleich antizipiert Beck mit seiner Wartezeit im Park jenen temporären Gaststatus zwischen Abweisung und Aufnahme, der Kriegsheimkehrer in ihren Familien zunächst erwartet. Erst die auf diese Weise zu sich selbst und seiner Familie geschaffene Distanz macht es Beck möglich, seine Heimkehr antizipierend zu durchdenken und ein komplexes Szenario für den Fall zu entwickeln, dass er bei seiner Rückkehr in die Familie auf einen Dritten trifft:

> Beck hatte vier verschiedene Theorien in Bezug auf Marianne. Im Wesentlichen waren es dieselben vier Theorien, die jeder Heimkehrer in Bezug auf seine Frau oder Verlobte oder So-gut-wie-Verlobte hatte [...].
> Erstens (und das war bei weitem die aufdringlichste Version): Die Frau hatte einen Geliebten. Der Heimkehrer würde in der Wohnung der Frau ihren Geliebten antreffen, dies konnte ein dem Heimkehrer Bekannter oder Unbekannter sein. [...] Hier gab es dann ebenfalls vier Möglichkeiten: Entweder der Geliebte nahm umgehend Reißaus, oder der Heimkehrer ging wortlos und voll stolzer Verachtung davon in die Abenddämmerung, oder man regelte die Sache sofort mittels einer Schlägerei, oder man verabredete sich mit Sekundanten und Waffen für die nächste Morgendämmerung.
> Zweitens: Die Frau hatte keinen Geliebten, war aber beim Anblick des Heimkehrers bestürzt und befremdet und alles andere als erfreut, da sie sich in den Jahren der Trennung vollkommen verwandelt und den Heimkehrer vollkommen abgeschrieben hatte [...]. Hier gab es nur zwei Möglichkeiten: Entweder der Heimkehrer war beim Anblick der Frau hinreichend motiviert, sie zurückgewinnen oder wenigstens an ihre Verpflichtung gemahnen zu wollen, oder er ging wortlos und voll stolzer Verachtung in die Abenddämmerung davon.
> Drittens: Die Frau wohnte mittlerweile ganz woanders und Fremde öffneten die Tür.
> Viertens: Die Frau öffnete die Tür und man sah sofort: Ihr sehnlichster Wunsch, um dessen Erfüllung sie seit Jahren gebetet hatte, erfüllte sich in diesem Moment.[34]

Becks tatsächliche Ankunft bringt dann keineswegs die sofortige Konfrontation mit einem Dritten, sondern zunächst die zu erwartende wechselseitige Be-Fremdung, als erstes aus Perspektive von Tochter Aimée,

---

33   Balàka: *Eisflüstern*, S. 24f.
34   Ebd., S. 47f. – Eine ähnliche Matrix der Möglichkeiten entwickelt auch Schlink: *Die Heimkehr*, S. 43f. und 91.

die den über Becks Heimkehr sichtlich erfreuten Hund Hexerl mit einem »›Das ist doch keiner von uns!‹« zurechtweist.[35] Es folgt die Befremdung aus Sicht des Heimkehrers selbst, erzählerisch zu Beginn noch als innere Reflexion Becks realisiert: »Und Marianne? War das überhaupt noch Marianne, die er in einem anderen Leben auf einer entsetzlich langweiligen Redoute kennengelernt hatte [...]? War das noch dieselbe Person, mit der er, wie es sich gehörte, zum ersten Mal in der Hochzeitsnacht geschlafen hatte [...]?«[36] Wie intensiv Beck sich mit der eigenen Fremdheit gegenüber seiner Frau auseinandersetzt, wird deutlich, als beide am Abend im Bett liegen und der reflektierende innere Monolog Becks fließend in eine beide, ihn selbst und seine Ehefrau Marianne, beobachtende Erzählerperspektive übergeht: »Marianne war weggeschlafen, von einer sieben Jahre, seit seinem Fronturlaub, seit ihrer Schwangerschaft angesammelten Erschöpfung heimgesucht, die sie nicht einmal wach bleiben ließ, als ein fremder Mann, ihr Ehemann, plötzlich in ihrem Bett lag.«[37]

Mit diesem Einstieg wären eigentlich alle Weichen für eine nicht gelingende Heimkehr gestellt, würde Beck nicht in der Folge eine Annäherung auf Raten praktizieren, die ihm peu à peu das Fremdsein nimmt und ihn schrittweise in die Familie re-integriert, und zwar obwohl er nicht über den Krieg und sich selbst spricht. Möglich (und für den Leser nachvollziehbar) ist das, weil Balákas Text als Mischung aus Heimkehrer- und Kriminalroman angelegt ist, bei der sich die Genrekonventionen produktiv ergänzen. So gewinnt die Tatsache, dass der Kriegsheimkehrer Beck nicht von seinem einschneidenden Kriegserlebnis erzählt, sondern vielmehr hartnäckig schweigt, auf der Folie der Erfordernisse des Genres Krimi durchaus Plausibilität, denn der Krimi darf sein Rätsel erst am Ende preisgeben. Daher erfolgt die Konfrontation mit dem Liebhaber von Becks Frau auch erst auf den letzten Seiten, und zwar nicht mehr als Element der Heimkehrer-, sondern der diese zunehmend überlagernden Kriminalgeschichte. Hinzu kommt, dass Beck seine Heimkehr ständig auf einer dem erzählten Geschehen übergeordneten Metaebene reflektiert und die Doppelfigur des Kriegsheimkehrers/Kriminalinspektors Beck eine Art Gravitationszentrum bildet, in dem vergangenes und aktuelles Geschehen zusammengeführt werden können: Mit jedem Schritt zur Lösung seines ›Falles‹ als Inspektor gibt auch der Heimkehrer Beck Bausteine zu seinen bisher nicht erzählten Kriegserlebnissen preis. Sein berufliches Zivil-Ich erforscht gleichsam sein Kriegs-Ich und umgekehrt, was beide einander auf Basis der Genrekopplung wechselseitig transparent macht. Diese Genrekopplung ist es, die es erlaubt, die Beziehung des Heimkehrers (in der Funk-

---

35 Ebd., S. 71f.
36 Ebd., S. 92f.
37 Ebd., S. 96.

tion Gast) zu seiner Frau und Familie in der Erzählung zu thematisieren, ohne dass der Heimkehrer zuvor von sich gesprochen hat.[38] Die Grundlage dafür bildet die narrativ entfaltete zeitliche Zer-Dehnung des Schwellenübertritts, der im Normalfall von Gastlichkeit und auch Heimkehr eher abrupt erfolgt.

5.3 CHIASTISCHER POSITIONSTAUSCH: Brothers – Zwischen Brüdern (2004)

Dem Mann, Bruder, Vater, der bei seiner Heimkehr aus dem Krieg sofort wieder seinen Platz einnehmen will, aber nicht spricht, und nicht in der Lage ist, die Situation vorwegzudenken, droht die Gefahr, ein gänzlich Fremder zu werden, also nicht einmal mehr im Schwellenraum zwischen fremd und heimisch platziert zu sein, sondern jenseits davon, in der Psychiatrie oder sogar im Gefängnis.

Exemplarisch spielt dies der Film BROTHERS – ZWISCHEN BRÜDERN der dänischen Regisseurin Susanne Bier von 2004 durch. Zwei Brüder, Michael und Jannik könnten verschiedener nicht sein. Michael hat eine Frau, zwei Töchter, ein Haus, ein glückliches Familienleben, hat ein gepflegtes Äußeres, raucht und trinkt nicht, hält Gesetze ein. Seine Eltern sind stolz auf ihn, weil er als Soldat der dänischen UN-Truppe in Afghanistan eingesetzt ist. Sein Bruder Jannik wird zu Beginn des Films aus dem Gefängnis entlassen, wo er wegen eines Banküberfalls einsaß. Im Laufe der Handlung tauschen beide Figuren dann die Positionen. Der missratene Sohn Jannik wird häuslich, ja geradezu fürsorglich und tut das, was er anfangs kaum tat: Er spricht.

Genau umgekehrt sieht es bei Michael aus. Er wird bei einem Hubschraubereinsatz in Afghanistan abgeschossen und seine Einheit geht davon aus, dass er tot ist. Wenig später wird die Nachricht seiner Familie in Dänemark überbracht. Tatsächlich hat er aber überlebt und ist von Taliban gefangen genommen worden, die ihn nach etlichen Wochen und zahlreichen Misshandlungen dazu zwingen, einen Mitgefangenen mit einer Eisenstange zu erschlagen. Wenig später wird Michael befreit und zurück nach Dänemark gebracht. Von Afghanistan und dem erzwungenen Mord spricht er trotz vielfacher Aufforderung der Art »Wir müssen darüber sprechen. Willst Du mir nicht erzählen, was passiert ist?«, zu niemandem, trinkt, räumt das zwischenzeitlich umsortierte Küchengeschirr wieder an seinen alten Platz, ist aufbrausend, vor allem aber eifersüchtig auf seinen Bruder, der zwischenzeitlich seine Stelle als sympathischer Anlaufpunkt im Alltagsleben seiner Familie eingenommen

---

38 Vgl. dazu den Beitrag von Ralf SIMON, der den Bericht des Gastes als »Formbedingung« für die »strukturelle Hineinnahme der Gast-Wirt-Konstellation ins Innere der Erzählung« ansieht.

und sich um Kinder, Haus und Schwägerin gekümmert hat. Am Ende verwüstet Michael die Wohnung, bedroht Frau und Kinder (»Ich bring euch alle um!«), kann aber von der Polizei in Gewahrsam genommen werden und landet nun seinerseits im Gefängnis, was den chiastischen Tausch der Ausgangspositionen perfekt macht. Erst dort fängt er bei den Besuchen seiner Frau endlich an zu sprechen, womit ein Prozess der langsamen Wiederannäherung beginnt, Michaels eigentliche Heimkehr, die ihn vom Fremden immerhin wieder zum Gast im Leben seiner Familie werden lassen könnte.

Mit Victor Turner[39] ließe sich sagen, dass beide Brüder Liminalitätsszenarien durchlaufen, aus denen sie irreversibel anders hervor- als hineingegangen sind. Die Heimkehr kann daher bestenfalls die einer teils fremden, teils bekannten Person sein, die eines Gastes eben, der ein Stück Fremde mitbringt. Filmisch wird dies mittels des Tons erfahrbar gemacht: Gibt es zunächst eine deutlich voneinander getrennte Heimat- und Afghanistanmusik, die die beiden Handlungsorte akustisch grundiert, so überlagert letztere mit der Rückkehr von Michael auch die in Dänemark spielenden Sequenzen. Das Fremde ist mit dem Heimkehrer auch zuhause angekommen und lässt den Bereich des Heimischen allen Beteiligten gleichermaßen fremd werden.

5.4 HEIMKEHRER UND EMIGRANT ZUGLEICH: *ICH BIN EIN ANDERER* VON PIERRE BOILEAU UND THOMAS NARCEJAC

Ein letztes Beispiel zeigt, wie die Figuren des Heimkehrers und des Emigranten zusammengeführt werden können. Im Thriller *Ich bin ein anderer* des Autorenduos Pierre Boileau und Thomas Narcejac sind es der Holzhändler Bernard und der verkrachte Komponist Gervais, die als Franzosen zusammen aus deutscher Kriegsgefangenschaft geflohen sind und sich ins besetzte Frankreich nach Lyon durchgeschlagen haben, wo Bernard eine sogenannte ›Kriegspatin‹ hat, bei der er Unterschlupf suchen will. Kurz vor dem Ziel kommt er jedoch unter einen rangierenden Zug und stirbt. Gervais entschließt sich, Bernards Identität anzunehmen und dessen Kriegspatin Hélène aufzusuchen, von der er zusammen mit ihrer etwas merkwürdigen Schwester Agnès auch sofort aufgenommen und vor den deutschen Militärs versteckt wird. In dieser Situation ist der Franzose Gervais im von Deutschen besetzen Frankreich zugleich ein Kriegsheimkehrer ins eigene Land, wie auch ein in gleich zweifacher Hinsicht illegaler Emigrant, nämlich zum einen gegenüber dem deutschen Besatzerregime, zum anderen gegenüber den beiden Schwestern, denen er genau so wie ein illegaler Emigrant eine falsche Identität

---

39 Turner: *Das Ritual*.

vorspielt. Strukturell ist Gervais alias Bernard damit nicht sprechender Heimkehrer, eine andere Identität performierender Emigrant und von sich sprechender Gast zugleich, eine Situation, die sich noch einmal verschärft, als er merkt, dass Agnès, die jüngere Schwester, von seinem Schwindel weiß und er fürchten muss, von ihr verraten zu werden.

Noch komplizierter wird es, als Hélène ihn heiraten will und schließlich auch noch Julia, die Schwester des echten Bernard auftaucht und ihn gegen alle seine Erwartungen als ihren Bruder ausgibt. Damit gerät er in eine Drei-Fronten-Situation: An der ersten ist er gezwungen, das Gespräch mit Julia zu suchen, um ihr zu erklären, wie es zum Tod Bernards gekommen ist und um herauszubekommen, warum sie ihn nicht zur Rede stellt, d.h. er will und muss sprechen, kommt aber nicht dazu, weil Julia sich dem Gespräch entzieht. An der zweiten Front muss er mit großem Aufwand an Zuwendung die um seinen Betrug wissende Agnès beschwichtigen und zwar in erster Linie durch exzessives Sprechen; an der dritten schließlich muss er Hélène weiter glaubhaft vorspielen, Bernard zu sein und entsprechende andere Geschichten erzählen, die ihn jedoch zugleich in die Situation bringen, nicht über sich selbst, seine eigentliche Person, sprechen zu können.

Mit diesem Plot kombiniert der Thriller die Negativvarianten des Emigranten und des Heimkehrers zu einem hochkomplexen Szenario von Gastlichkeit, das in dem Moment, in dem alle drei Frauen mit Gervais am Tisch sitzen, nur in eines münden kann, nämlich Schweigen: »[...] niemand sprach, keiner wagte, den Blick zu den anderen zu erheben.«[40] Das Nicht-Sprechen-Können bzw. Nicht-Sprechen-Dürfen führt dann auch zur Katastrophe: Agnès stirbt durch Selbstmord, Julia wird auf der Straße von deutschen Militärs erschossen und Hélène heiratet Bernard alias Gervais, und zwar obwohl sie von Beginn an um seinen Betrug gewusst hat. Denn bereits bevor sie Bernard als zu betreuenden Gefangenen auswählte, hatte sie einen Detektiv genauestens dessen Lebensumstände recherchieren lassen und wusste daher, dass er in absehbarer Zeit Alleinerbe eines größeren Vermögens sein würde. Aus Habgier und keineswegs enttäuschter Liebe bringt Hélène den zwar falschen, für sie aber nach wie vor funktionalen Bernard durch Giftzugaben in sein Essen um, während Gervais im Glauben an ihre fürsorgliche Pflege noch nach einer Möglichkeit sucht, zu ihr von sich als Gervais zu sprechen, und zwar ohne sie allzu sehr zu verletzen: »Ich muß also sprechen [...]. Sprechen ... alles sagen ... aber wann?«[41] Die Lösung liegt für Gervais darin, vom ihm verwehrten Zeichensystem der Sprache in ein anderes zu wechseln und das zu tun, was er sich bisher verboten hatte, nämlich sich ans Klavier zu setzen und virtuos zu spielen, um damit von seiner wirklichen Identität zu sprechen und mehr direkt als indirekt zu sagen:

---

40 Boileau/Narcejac: *Ich bin ein anderer*, S. 94.
41 Ebd., S. 134.

›Ich bin nicht der ungebildete Holzhändler Bernard, ich bin ein anderer.‹ Die Gastgeberin will aber mit ihrem Gast niemand anderen als den reich gewordenen Bernard töten, um als dessen Frau das Erbe antreten zu können, sodass sie auf sein Angebot des Sprechens auf dem Umweg über die Klaviertasten nicht eingehen kann.

Gervais ist damit insgesamt eine sowohl gegenüber der traditionellen Figur des Kriegsheimkehrers wie auch der des Emigranten untypische Figur, wenn er auch mit beiden Gemeinsamkeiten hat. Denn während Kriegsheimkehrer ihr Leben bei der Flucht in die Heimat aufs Spiel setzen, verliert Gervais es in der Heimat; und während der Emigrant sein Leben mit der gastlichen Aufnahme rettet, verliert es Gervais eigentlich bereits in genau diesem Moment. Und die Doppelfigur Gervais/Bernard stellt sich als an- und zugleich auch wieder abwesender Gast dar.

6. Ausblick

In einem im Jahr 2000 gehaltenen Vortrag sieht Bernhard Schlink ›Heimat‹ als Nichtort, als eine nie wirklich erreichbare Utopie an und folgert daraus, dass »der Begriff der Heimat« seiner »utopischen Qualität« daher »dekon-struiert« werden müsse.[42] Nichts anderes als genau das spielt 2006 dann sein Roman *Die Heimkehr* in einem regelrechten Stakkato des Weggehens und Wiederkommens bei zugleich zahlreichen intertextuellen Anspielungen auf nahezu alle ›klassischen‹ Heimkehrertexte von der *Odyssee* über Martin Guerre[43] bis hin zu Franks *Karl und Anna* auf gleich mehreren paradigmatisch miteinander verknüpften Zeitebenen durch, wobei die vielen teils ineinander gestaffelten Heim- und Rückkehren auch hier immer wieder zu untypischen Szenarien von Gastlichkeit führen. Dabei geht es Schlink allerdings nicht um das Ge- oder Misslingen der je besonderen Heimkehr, sondern um die Dekonstruktion des narrativen Musters ›Heimkehr‹ »schlechthin«.[44] Sein Konzept, mit der theoretischen Thematisierung von Dekonstruktion[45] zugleich auch jedwede Narration von Heimkehr überhaupt zu dekonstruieren (einschließlich der Odyssee als dann nur noch vermeintlicher »Urfassung aller Heimkehrergeschichten«[46]) greift allerdings zum einen nur für traditionelle lineare Formen des Erzählens in einer durchgehenden Gattung und zum anderen nur unter der Voraussetzung, dass

---

42 Schlink: *Heimat als Utopie,* S. 36. Ähnlich Schlink 2006 auch noch einmal bei einem Lit.Cologne-Auftritt, bei dem er feststellte, dass »keine Heimkehr« gibt, »denn auch wenn man an einen Ort zurückkommt, hat sich alles geändert, die Welt, der Ort, auch der Heimkehrer selbst ist ein anderer geworden« (zit. nach Krieger: »Die Rückkehr«).
43 Vgl. dazu Davis: *Die wahrhaftige Geschichte.*
44 Schlink: *Die Heimkehr,* S. 183.
45 Vgl. dazu Börnchen: »Derselbe Krieg«.
46 Schlink: *Die Heimkehr,* S. 259.

die Heimat, in die jemand zurückkehrt, vollständig identisch, also unverändert geblieben sein muss, wenn man von ›Heimkehr‹ sprechen will. Mit diesem Denkmodell von Heimat nicht in den Blick bekommen kann Schlink aber solche untypischen Heimkehrergeschichten wie die als Genremix realisierte von Bettina Balàka, die auf einer dynamischen, durchaus auch Veränderungen und Entwicklungen zulassenden Vorstellung von Heimat fußt. Und ebenfalls ausgeblendet bleibt der hier entwickelte Gedanke, dass Heimkehrergeschichten stets auch Gastlichkeitsnarrationen sind, sodass man es mit einem Bedingungsdreieck von untypischer Gastlichkeit, Sprechen bzw. Sprachlosigkeit und (literarischem) Erzählen zu tun hat, das selbst wiederum als ein Gastfreundschaft und Ausgrenzung aufeinander beziehendes Narrationsmuster fungiert.

Literatur

Primärliteratur

Balàka, Bettina: *Eisflüstern*. Roman. Graz; Wien: Droschl 2006.
Bauer, Josef Martin: *So weit die Füße tra*gen. München: Ehrenwirt 1955.
Böll, Heinrich: *Der Engel schwieg*. Roman. Mit einem Nachwort von Werner Bellmann. Köln: Kiepenheuer & Witsch 1992.
Böll, Heinrich: *Und sagte kein einziges Wort*. Roman. Berlin: Ullstein 1959.
Boileau, Pierre und Thomas Narcejac: *Ich bin ein anderer. Ein Heldenleben. Rache mit 15. Drei Thriller in einem Band*. Reinbek bei Hamburg: Rowohlt 1990 (rororo 5226).
Borchert, Wolfgang: *Draußen vor der Tür*. Drama. 1947.
Brecht, Bertold: *Trommeln in der Nacht*. Frankfurt am Main: Suhrkamp 1971 (es Nr. 490) [EA 1919].
Feuchtwanger, Lion: *Exil*. Roman. Amsterdam: Querido 1940.
Frank, Leonhard: *Karl und Anna. Erzählung*. Mit einem Nachwort von Heinrich Vormweg. Stuttgart: Reclam 2003 (RUB Nr. 8952) [EA 1927; 1929 als Drama].
Keun, Irmgard: *Kind aller Länder*. Amsterdam: Querido 1938.
Remarque, Erich Maria: *Der Weg zurück*. Roman. Köln: Kiepenheuer & Witsch 1990 (kiwi 229) [EA 1941].
Remarque, Erich Maria: *Liebe Deinen Nächsten*. Köln: Kiepenheuer & Witsch 1991 (kiwi 248) [EA 1941].
Remarque, Erich Maria: *Arc de Triomphe*. Köln: Kiepenheuer & Witsch 1988 (kiwi 164) [EA 1946].
Remarque, Erich Maria: *Die Nacht von Lissabon*. Köln: Kiepenheuer & Witsch 1988 (kiwi 151) [EA 1962].
Roth, Joseph: *Hotel Savoy*. Roman. München: dtv 2003 [EA 1924].

Schlink, Bernhard: *Heimat als Utopie*. Frankfurt am Main: Suhrkamp 2000 (es Sonderdruck).
Schlink, Bernhard: *Die Heimkehr. Roman*. Zürich: Diogenes 2008 [EA 2006].
Seghers, Anna: *Transit. Roman*. Berlin: Aufbau 2001 (Anna Seghers Werkausgabe, Bd. I/5) [E: 1944].
Spiel, Hilde: *Rückkehr nach Wien. Ein Tagebuch*. München: Nymphenburger 1968.
Strittmatter, Erwin: *Tinko. Roman*. Berlin: Aufbau 1954.
Toller, Ernst: *Hinkemann. Tragödie*. Hg. von Wolfgang Frühwald. Stuttgart: Reclam 2003 (RUB 7950) [EA 1923].

SPIEL- UND FERNSEHFILME

BLOCH: TOD EINES FREUNDES. Fernsehfilm BRD 2009 (Erstausstrahlung ARD 16.9.2009).
BROTHERS – ZWISCHEN BRÜDERN. Dänemark 2004. Regie: Susanne Bier.
COMING HOME. USA 1977. Regie: Hal Ashby (dt.: SIE KEHREN HEIM).
DAS WUNDER VON BERN. BRD 2003. Regie: Sönke Wortmann.
DIE EHE DER MARIA BRAUN. BRD 1979. Regie: Rainer Werner Fassbinder.
DIE LUFTBRÜCKE – NUR DER HIMMEL WAR FREI. BRD 2005. Regie: Dror Zahavi.
DIE WIEDERKEHR DES MARTIN GUERRE. Frankreich 1982. Regie: Daniel Vigne.
FLAGS OF OUR FATHERS. USA 2006. Regie: Clint Eastwood.
LIEBE 47. BRD 1947. Regie: Wolfgang Liebeneiner.
JACKNIFE. USA 1989. Regie: David Hugh Jones (dt.: JACKNIFE – VOM LEBEN BETROGEN).
NACHT VOR AUGEN. Fernsehfilm SWR. BRD 2008. Regie: Brigitte Bertele.
TAXI DRIVER. USA 1976. Regie: Martin Scorsese.
THE DEER HUNTER. USA 1978. Regie: Michael Cimino (dt.: DIE DURCH DIE HÖLLE GINGEN).
WILLKOMMEN ZUHAUSE. BRD 2008. Regie: Andreas Senn.

SEKUNDÄRLITERATUR

Benz, Wolfgang: »Schwierigkeiten der Heimkehr«. In: Annette Kaminski (Hg.): *Heimkehr 1948*. München: Beck 1998, S. 13-21.
Börnchen, Stefan: »Derselbe Krieg mit anderen Mitteln? De Man, Derrida und die Dekonstruktion in Bernhard Schlinks Roman *Die Heimkehr*«. In: Mark W. Rectanus (Hg.): *Über Gegenwartsliteratur. Interpretationen – Kritiken – Interventionen. Festschrift für Paul Michael Lützeler zum 65. Geburtstag*. Bielefeld: Aisthesis 2008, S. 87-104.

Davis, Natalie Zemon: *Die wahrhaftige Geschichte von der Wiederkehr des Martin Guerre*. München; Zürich: Pieper 1982.

Eberhard, Andreas: »Rückkehr in die Fremde. Weggang und Heimkehr des Internierten Kurt Wiedekind«. In: Annette Kaminski (Hg.): *Heimkehr 1948*. München: Beck 1998, S. 299-306.

Friedrich, Peter und Rolf Parr (Hg.): *Gastlichkeit. Erkundungen einer Schwellensituation*. Heidelberg: Synchron 2009.

Friedrich, Peter: »Ortlose Heimat – Gäste, Gastgeber und Gasträume bei Joseph Roth«. In: Peter Friedrich und Rolf Parr (Hg.): *Gastlichkeit. Erkundungen einer Schwellensituation*. Heidelberg: Synchron 2009, S. 157-181.

Kaminski, Annette (Hg.): *Heimkehr 1948*. München: Beck 1998.

Krieger, Regina: »Die Rückkehr des Modernen Odysseus«. In: *Handelsblatt* (17.3.2006).

Liebsch, Burkhard: *Gastlichkeit und Freiheit. Polemische Konturen europäischer Kultur*. Weilerswist: Velbrück Wissenschaft 2005.

Liebsch, Burkhard: *Für eine Kultur der Gastlichkeit*. Freiburg, München: Alber 2008.

Parr, Rolf und Peter Friedrich: »Von Gästen, Gastgebern und Parasiten«. In: Peter Friedrich und Rolf Parr (Hg.): *Gastlichkeit. Erkundungen einer Schwellensituation*. Heidelberg: Synchron 2009, S. 7-14.

Schmidbauer, Wolfgang: *Er hat nie darüber geredet. Das Trauma des Krieges und die Folgen für die Familie*. Stuttgart: Kreuz 2008.

Serres, Michel: *Der Parasit*. Frankfurt am Main: Suhrkamp 1981.

Taylor, John Russel: *Fremde im Paradies. Emigranten in Hollywood 1933-1950*. Frankfurt am Main; Berlin: Ullstein 1987 (Ullstein-Buch 34367).

Thurner, Christina: *Der andere Ort des Erzählens. Exil und Utopie in der Literatur deutscher Emigrantinnen und Emigranten 1933-1945*. Köln u. a.: Böhlau 2003.

Turner, Victor: *Das Ritual. Struktur und Anti-Struktur*. Frankfurt am Main; New York: Campus 2005.

Landschaft des Krieges, Gemeinschaft des Erzählens. Peter Handkes *Mein Jahr in der Niemandsbucht*

Alexander Honold

Das Buch *Mein Jahr in der Niemandsbucht* schildert die geographische und landschaftliche Lage, in manchen Zügen vielleicht auch die soziale Situation, in welcher der Schriftsteller Peter Handke seit Anfang der neunziger Jahre lebte.

> Ich bin nicht unzufrieden mit dem Verlauf meiner Tage [...]. Die Art meines Tuns wie meines Nichttuns entspricht mir im großen und ganzen, und ebenso auch meine Umgebung, das Haus, der Garten, die abgelegene Vorstadt, die Wälder, die Nachbartäler, die Zuglinien, die kaum sichtbare und um so spürbarere Nähe des großen Paris unten im Seinebecken hinter dem östlichen Hügelwald.[1]

Der friedvolle, naturnahe Ton der Schilderung wirkt wie in sich ruhend, er ist aber trügerisch. Hier fehlt etwas, wie letztlich in jedem Idyll. Einige hundert Seiten später befindet sich der Icherzähler dieses Prosawerks auf einem Baumstrunk am Rande eines Dünenweges, in den sandigen Hügeln und Wäldern der den Einzugsraum der Großstadt ins Weite zerdehnenden Landstriche. Wieder verdichtet sich der Schauplatz zu einer bildhaften, fast idyllischen Szenerie, in der die Zeit still zu stehen scheint, als unversehens Stunde und Zeichen eines wie beiläufig erfassten panischen Schreckens sich einstellen.

> Es war inzwischen Mittag, laue Luft, und die gewohnten, gleichwohl jedesmal wieder schreckenden Läufer tauchten auf, aus den tausend Bürohäusern oben auf dem Plateau, bunt wie nichts sonst im Wald. [...] Ein wenig später, nach dem Landungsheulen einer Düsenmaschine oben vom Militärflugplatz Villacoublay, flogen Helikoptergeschwader, mit Staatsbesuchern über die Hügel nordostwärts nach Paris, worauf mir einfiel, daß dort an dem Tag eine Konferenz zu einem Bürgerkrieg stattfand. (NB, 258)

---

1 Handke: *Mein Jahr in der Niemandsbucht. Ein Märchen aus den neuen Zeiten* [=NB], S. 13.

Vom militärischen Flughafen ist an anderer Stelle des Textes im Zusammenhang eines Flugzeugabsturzes nochmals die Rede (NB, 430). Ein Menetekel fürwahr sind die Schlüsselworte Konferenz und Krieg. Sie bezeichnen, niedergeschrieben im Jahr 1993, längst noch nicht die schicksalhafte Konferenz von Rambouillet vom Februar 1999, auf der ein Abkommen zur Regelung der zivilen Selbstverwaltung des Kosovo geschlossen wurde, das dem Protokoll zufolge sowohl den Schutz der albanischen Bevölkerungsmehrheit des Kosovo wie auch die territoriale Integrität Jugoslawiens gewährleisten sollte, jedoch nur von den Vertretern der Kosovo-Albaner, nicht aber von der Delegation aus Belgrad unterzeichnet wurde. Und doch: Der politisch-poetische Beziehungssinn, mit dem die Rambouillet-Konferenz und ihre Folgen im Frühjahr 1999 zum Ausgangspunkt für Peter Handkes Reisen ins serbische Kriegsgebiet und für den Bericht *Unter Tränen fragend* (2000) werden würde, scheint ästhetisch präfiguriert in jener epischen Positionsbestimmung der frühen neunziger Jahre am Rande des Landschaftsbeckens östlich von Paris. Dass der im Jahreslauf 1993 entstandene Text, wie eine Widmung oder einen Vorsatz, dem ersten Kapitel vorangestellt die Jahreszahl 1997 prangen lässt, signiert ihn als antigeschichtliche Aufbietung epischer Energien. Zu seinem Charakter als »Märchen aus der neuen Zeit« zählt ferner die Erinnerung an eine nie dagewesene geschichtliche Konstellation, als

> der Schachclub Rinkolach Meister des Jaunfelds wurde, in Kärnten ein ehemaliger Partisan zum Landeshauptmann gewählt wurde, seinem unterlegenen Rivalen im Bärental die Jungfrau Maria erschien, jenseits der Grenze Abgesandte der Jugend sämtlicher südslawischer Völker zusammentrafen und wieder ›Jugoslavija!‹ sangen (NB, 414),

kurzum: das Märchen einer verkehrten Welt. Weil die Niemandsbucht mit ihrem episches Schwemm- und Strandgut diese kalkulierte chronikalische Haltlosigkeit aufweist, kann sie zum Trägermedium früherer und folgender Zeiten taugen.

Fünf Jahre später, im Frühjahr 1999: Die Welt der Politik und der militärischen Eskalation wird, noch bevor der Schriftsteller ihr an die realen Schauplätze der jugoslawischen Städte und Landschaften nachreist, auf symbolische Weise und anhand ihrer medialen Abbilder in die Lebensumstände der *Niemandsbucht*-Landschaft integriert.

> Am Vorabend der Abreise mit einem befreundeten jugoslawischen Ehepaar in einer Brasserie von Versailles; die zwölfjährige Tochter geht in eine französische Schule: gleich nach dem ersten Tag des NATO-Kriegs gegen Jugoslawien hat die ganze Klasse sich mit ihrer Mitschülerin solidarisiert und einen Protestbrief an den französischen Staatspräsidenten geschickt; inzwischen, fünf Tage nach dem Beginn der immer massiveren Raketen- und Bombenangriffe, werden im TV fast nur noch albanische Flüchtlinge gezeigt, es heißt fast nur noch, statt

›Krieg gegen Jugoslawien‹, ›Krieg im Kosovo‹, und die Mitschüler des jugoslawischen Kindes fangen an sich ihres Protestes gegen den Krieg zu schämen. Der jugoslawische Vater möchte hier im westlichen Europa bleiben, hier könne er besser für seine Sache kämpfen; die jugoslawische Mutter möchte heim nach Jugoslawien, einmal weil ihr Sohn in Belgrad lebt, und einfach nur so.[2]

Handkes Stellungnahme zum Krieg bedient sich des Gestus der tagebuchartig direkten, unbearbeiteten Aufzeichnung. Gleichwohl ist der Eintrag sorgfältig komponiert. Der repetitive Status des Fanalwortes Jugoslawien, der Kampf um die vermeintlich richtigen Bilder und Begriffe, die vehemente Medienkritik – all dies ist in Handkes kurzer Schilderung zu einem belastbaren Indikator einer sich verschiebenden Stimmungslage szenisch verdichtet und formuliert damit seinerseits ein klar umrissenes Feindbild, gegen das die Intervention des reisenden Schriftstellers mit Bitternis anschreibt. Im Sprachgebrauch Peter Handkes steht, spätestens seit dem Slowenienroman *Die Wiederholung* (1986), die Staatsbezeichnung Jugoslawien metonymisch für ein multinationales, aus unterschiedlichen Kulturen zusammengesetztes Gebilde, an dessen konfliktreichem Schicksal und kriegerischem Auseinanderbrechen der Autor den größten emotionalen Anteil nimmt.

Wie weit zurück liegt die *Niemandsbucht*, von den späteren Jugoslawientexten oder der *Morawischen Nacht* aus betrachtet? Ein Jahreslauf am Rande von Paris in der fast schon ländlichen Umgebung sich zerfransender Vorstädte, die Chronik einer Lebenswelt, die im zweifachen Sinne Peripherie ist, nämlich ebenso durch das Zeitgeschehen in Südosteuropa an den ereignisarmen Rand der politischen Geschichte gerückt. Nochmals fünfzehn Jahre zurück vom werkgeschichtlichen Punkt der *Niemandsbucht* entfernt liegen die literarischen Ausgangsformen dessen, womit Handke sich mit seinem Erzählexperiment nun ganz anders beschäftigen und letztlich sogar verabschieden wird. Die Prosaform der *Niemandsbucht* stellt ihrerseits eine Übergangsform dar; die von Handkes poetologisch zu lesenden Selbstverständigungstexten vor und nach der Übersiedlung nach Salzburg, also von der *Langsamen Heimkehr* (1979) und der *Lehre der Sainte Victoire* (1980) bis zur Neuausrichtung seines Schreibens in den neunziger Jahren und noch darüber hinaus bis an die Gegenwart heranreicht. Der Wechsel der Schreiborte bedeutet in diesem werkgeschichtlichen Bogen mehr als nur die bloße Datenbasis biographischer Koordinaten. In den Jahren 1978 und 1979 führten eine ausgedehnte Amerikareise, eine existentielle Schreibkrise und schließlich die zum Gymnasialeintritt der Tochter Amina unternommene Ansiedlung in Salzburg, die eine längere Phase der Ortsan-

---

2   Handke: *Unter Tränen fragend. Nachträgliche Aufzeichnungen von zwei Jugoslawien-Durchquerungen im Krieg, März und April 1999* [=UTF], S. 9.

sässigkeit einleitet³, für eine tiefgreifende Zäsur in der Arbeitsweise und Schreibhaltung Peter Handkes. Mit Ende dreissig immer noch ein jugendlich wirkender Schriftsteller, geht Handke, bevor er sieben Jahre als alleinerziehender Vater fungieren wird, in Südfrankreich fast mönchisch bei den Bildern und dem Hausberg Paul Cézannes in die Schule. Es scheint fast, als habe der Schriftsteller dabei jenen biographischen Mythos der lebensgeschichtlichen Häutung nachvollzogen, wie ihn Goethe mit der Italienreise und der römischen »Wiedergeburt« vor dem vierzigsten Lebensjahr vorgelebt hatte.⁴ Den Weimarer Dichterfürsten hatte die Reise-Therapie aus einer persönlichen wie poetischen Krisenzeit herausgeführt – bei Handke stellt sich das häufige Reisen und Unterwegssein, der permanente Wechsel von Arbeitsorten und Lebenskonstellationen sowohl als Ausdruck wie als Verarbeitungsform der Krise dar.

Standen die *Langsame Heimkehr* und ihre unmittelbaren Folgebände bis zu *Die Wiederholung* unter dem Zeichen einer Ästhetik der *Bilderschrift* und der chiffrenhaften Zeichnung und Entzifferung von Landschaftsräumen, so wandelt sich diese schriftästhetische Ausrichtung in den neunziger Jahren, nach dem *Abschied des Träumers vom Neunten Land* (1991), aufs Neue. Im Juni 1991, ein Jahr ungefähr nach Peter Handkes Bezug des Hauses in Chaville, sagten sich Slowenien und Kroatien los von diesem unter Marschall Tito geschmiedeten Staatsgebilde und erklärten ihre Unabhängigkeit. In Slowenien begann, Handke sprach später von den »Startschüssen für das Auseinanderbrechen Jugoslawiens«⁵, jener Krieg, der von nun an im Werk dieses Autors »latent allgegenwärtig« blieb, auch und gerade dort, wo keine expliziten Bezugnahmen auf die Ereignisse des Jugoslawienkrieges stattfanden. Mit geschichtlichen Daten und geographischen Markierungen ist freilich nur tangential jenes Text- und Motivgeflecht zu umreißen, das Handke zwischen sich, seiner kärntnerisch-slowenischen Herkunftswelt und der neuen französischen Schreibheimat knüpfte und das mehr und mehr auch die Phänomene und Verlaufsformen einer zeitgenössischen europäischen Kriegslandschaft zu umschließen begann, die dabei mitsamt der hochkontroversen politischen und journalistischen Bewertungen selber zur literarischen Textur umgewandelt wurde.

Die Zeitgenossenschaft dieses Krieges anzunehmen, wurde zur

---

3   Zum biographischen Kontext der dieser Rückwendung vorausgehenden Krise vgl. Höller: *Peter Handke*, S. 86ff.

4   Zu Handkes ästhetischer Orientierung an Goethe vgl. Vogel: »›Wirkung in die Ferne.‹ Handkes *Mein Jahr in der Niemandsbucht* und Goethes *Wanderjahre*«; sowie Wolf: »Der ›Meister des sachlichen Sagens‹ und sein Schüler. Zu Handkes Auseinandersetzungen mit Goethe in der Filmerzählung *Falsche Bewegung*«.

5   Handke: *Abschied des Träumers vom Neunten Land* (1991). *Eine Winterliche Reise zu den Flüssen Donau, Save, Morawa und Drina oder Gerechtigkeit für Serbien* (1996). *Sommerlicher Nachtrag zu einer winterlichen Reise* (1996) [=AWS], S. 56.

Schicksalsentscheidung für den Schriftsteller Peter Handke, zur Belastungsprobe auch für seine literarische Unabhängigkeit und Glaubwürdigkeit. Mit Beiträgen auf dem Gebiet politischer Essayistik hielt sich der streitbare Dichter eher zurück, nicht immer freilich mit einseitigen Verlautbarungen und verbalen Rundumschlägen. So bleibt der in der *Niemandsbucht* abwesende Fluchtpunkt des Krieges in Handkes literarischer Prosa der letzten beiden Jahrzehnte eine doppelte Zumutung: indem erstens die im Westen vielbeschworene Gesellschaftsform des Zusammenlebens von Menschen unterschiedlicher Kulturen und Religionen sich aus der Sicht Handkes messen lassen muss *am* und verantworten *vor* dem gescheiterten Modellfall Jugoslawien, und indem zweitens die trotzig-beharrliche Parteinahme des Schriftstellers für die Option staatlicher Einheit und deren fast ausschließlich serbische Verfechter nicht als ein aufs Politische eingrenzbares Phänomen auftritt, sondern prononciert als Dichter-Haltung und ästhetische Botschaft, so dass mit indirekten, um so wirkungsvolleren Mitteln aus der Lektüre seiner Erzählwerke eine Ahnung, und mehr als dies, der abwesend bleibenden Kriegs-, Bürgerkriegs- und Völkermordtragödie von Jugoslawien aufsteigt.

Die »Idee« oder »das Hirngespinst von einem zusammenhängenden großen Land auf dem Balkan«[6] ist Peter Handkes Version einer interkulturellen Ökumene, in der Phase ihres realpolitischen Desasters desto ausdauernder und leuchtender, zunehmend bitterer freilich auch, beschworen. Erst mit der großen Erzählung *Die morawische Nacht*, in welcher der Autor streckenweise eine sanft ironische Schreibhaltung gegenüber diesem eigenen Beharren findet, wird vollends deutlich, dass es sich bei den Regionen, Landschaften, Städten und Siedlungen zwischen Donau, Save, Morawa und Drina um eine, mit dem ganz frühen Handke von 1969 zu sprechen, »Innenwelt der Außenwelt der Innenwelt« handelt, will sagen: um eine wieder nach Innen, ins Imaginarium der Schreibexistenz und ihrer fingierenden Tätigkeit zurückgenommene Entfaltung jener Ökumene, die als Anschauung eines konkreten Landschaftsraumes (nämlich des »Neunten Landes« Slowenien und der nach Triest hinüberreichenden Geologie des Karstes)[7] einst hervorgegangen war aus dem von Haus und Heim aufgebrochenen Wanderleben des werdenden Dichters der *Hornissen* und des Spurengängers der *Wiederholung*. Mit nochmals anderen Worten: ein Lebensprojekt.

Landschaft und Gemeinschaft bilden im Werk Peter Handkes von jeher eine spannungsreiche Konstellation. Als zwei Welten stehen sie sich gegenüber, auch wenn ihre Erscheinungsformen in der Wirklichkeit sich stets überlagern. Da ist zuerst also der ausgedehnte Raum der

---

6 Handke: *Die morawische Nacht* [=MN], S. 506.

7 Systematisch entwickelt werden die Slowenien-Bezüge des Werks bei Hafner: *Peter Handke. Unterwegs ins Neunte Land*.

Natur, die von Flussläufen, Gebirgslinien, Besiedlungsmustern und Transportwegen durchzogene Oberfläche des Erdballs, die von der Horizontlinie zu einem willkürlich endenden, die Eindrücke von Weite und Begrenzung verbindenden Bildausschnitt zusammengefasst wird. Landschaft ist, was vorzugsweise alleine durchstreift, durchwandert, erkundet wird. In Handkes Prosa spielt die »Performanz des Gehens«, wie Volker Georg Hummel dies genannt hat, eine landschaftserschließende Rolle, wobei in diesen Vorgängen des pedestrischen Erkundens zugleich die Instanz des erlebenden und schreibenden Ich in ihrem subjektbetonten Stellenwert herausgearbeitet wird.[8] Dem durch solche Mikro-Intensität der Fortbewegung evozierten landschaftlichen Naturraum kontrastieren ihrerseits disparate Signale aus der Sphäre der gesellschaftlichen und zeitgeschichtlichen Ereignisse und Entwicklungen. Ergänzend zum weiten flächigen Raum der Landschaft steht, wie die Antwort auf eine unklare Frage, das typische Bild einer häuslichen Gemeinschaft, die sich durch ihren inneren Zusammenhalt von der Außenwelt abgegrenzt und durch eine wetterfeste Hülle vor ihr geschützt weiß.

Im Hause findet die Landschaft ihren punktuellen Gegenakzent oder perspektivischen Fluchtpunkt, erhält der Wanderer Obdach und Gastrecht, kommt die rastlose Bewegung der schweifenden Suche an einen zumindest vorläufigen Haltepunkt. »Feste der Freundschaft« (NB, 34) zu feiern (nach einer Formulierung Hölderlins), ist Modus einer nach innen, ins Häusliche gewendeten Gastlichkeit; den Urtypus ihrer geselligen Entfaltung bildet die Tischgemeinschaft.[9] Zwischen dem Raum des Hauses und jenem der Landschaft liegt eine Übergangszone, die von Fenstern und Türen markiert wird und sich in handlungsdynamischer Hinsicht als Bereich der Schwelle darstellt. Zwischen Gastfreundschaft und Ausgrenzung liegen oft nur knappe Abstände und einige wenige Impulse der Attraktion oder Repulsion. Der Schauplatz, auf dem über die Zugehörigkeit zur Gast- oder Feindeswelt verhandelt und entschieden wird, ist kein anderer als die Schwelle. Die Schwelle ist eine scharf trennende Grenze und eine geräumige Übergangszone zugleich; genau dadurch, in dieser Doppelheit, bildet sie den Zwischenraum von Innen und Außen im architektonischen, im sozialen und allgemeiner noch im struktursemantischen Sinne. Nicht nur in räumlichen Dimensionen hat die Trennungslinie der Schwelle eine mehr oder minder breite Erstreckung, sondern auch als Zeitphänomen ist sie ein Übergangsbereich, in dem die Vorher-Nachher-Differenz eine dehnbare Extension erhält und zur anhaltenden Phase werden kann. Weil an den Schwellen

---

[8] Hummel: *Die narrative Performanz des Gehens. Peter Handkes ›Mein Jahr in der Niemandsbucht‹ und ›Der Bildverlust‹ als Spaziergängertexte*.

[9] Zur dramaturgischen Funktion des Tisches und der Tischgemeinschaft vgl. Pelz: »*Was sich auf der Tischfläche zeigt. Handke als Szenograph*«.

die Schärfe raumzeitlicher Distinktionen zu einem transitorischen Aufenthaltsort mutiert, erweisen sich Schwellenorte als Zonen erhöhter kultureller Intensität; Ereignisse und Geschichten lagern sich dort an, in deren narrativen Mustern man die zwiefältige Logik dieses Zwischenreiches in vielfachen Varianten wiedererkennen kann.

Wie wird Landschaft zur Gemeinschaft? In Peter Handkes Prosawerk von den achtziger Jahren bis in die Gegenwart scheint mir die Erfahrung und Verwandlung interkultureller Fremdheitsräume in Gemeinschaftsereignisse einen Grundimpuls darzustellen, der schon deutlich vor dem Zerfall Jugoslawiens sich als drängendes Thema zu Wort meldet, durch diesen zeitgeschichtlichen Hintergrund, an dem der Autor lebhaften Anteil nahm und nimmt, indes nochmals und vehement verstärkt wurde. Für den stimmführenden Icherzähler, den Handke in seinen Texten häufig einsetzt, stellt sich die Schwellen-Problematik zwischen Innen- und Außenraum in Gestalt der Frage, wer oder was ihm, wie die Redensart so schön sagt, »ins Haus kommt«. Die Teilhabe am *Oikos* des Gemeinschaftserlebens ist jeweils dann erreicht, wenn die Schwelle passiert, der Eintritt in den häuslichen Zusammenhalt vollzogen ist. Zu einem kardinalen Problem dabei kann freilich werden, dass jeder Einschluss mit einer ihm sowohl logisch wie auch topisch notwendig korrespondierenden Ausgrenzung verbunden ist.

Die Landschaft als »Draußen« erzählt bei Peter Handke ihre eigene Geschichte, in der die Handelswege und Siedlungsformen stets in einer doppelten Auseinandersetzung stehen; diese Einrichtungen müssen es mit den Schwierigkeiten des Terrains und den Unwägbarkeiten des Jahreslaufs aufnehmen, und sie erleiden gerade dort immer wieder die Wirren von Kriegs- und Vernichtungszügen, wo sich besonders verdichtete kulturgeographische Zonen der Begegnung zwischen einander Fremden, Gästen und Feinden gebildet haben. Der Außenraum in seiner beängstigenden Vielgestalt und Unübersichtlichkeit erzeugt zunächst ein elementares Gefahrenpotential, er unterstreicht den »Absolutismus der Wirklichkeit«, gegen den sich Mythen erzählende Gemeinschaften abzugrenzen tendieren.[10] Die Landschaft als interkulturellen Raum des Austauschs oder der Gastfreundschaft wahrzunehmen, setzt je schon eine gewisse Wechselwirkung voraus von *Oikos* im Sinne des ganzen, geschützten und autark lebenden Hauses und *Oikumene* im Sinne des Zusammenstroms vieler und unterschiedlicher kultureller Einflüsse. Modellhaft kann und soll der *Oikos* die Vielgestalt und Mehrstimmigkeit eines kulturell disparaten Landschafts- und Siedlungsraumes in sich aufnehmen und zu einer konzertanten Gemeinschaft umformen, in der als einziger Wettstreit die Überbietung im Erweisen wechselseitiger Aufmerksamkeit ausgeübt wird. Das Modell einer solchen ökumeni-

---

10 So die grundlegende These Blumenbergs (*Arbeit am Mythos*, S. 9ff.) zur kulturellen Produktivität mythischer Bewältigungsformen.

schen Gemeinschaft ist in Peter Handkes Prosawerk vielfach formuliert: als bloße Sehnsucht, zuweilen auch in konkretes Figurenhandeln ausgemünzt, oder durch die literarische Form als solche angedeutet; stets kommt das gemeinschaftsstiftende Erleben durch ein schlichtes und einfaches Mittel zustande. Dasjenige Vehikel, welches die Distanzen und Differenzen aus der Weite der Landschaft heranrückt, über die Schwelle des Hauses hebt und in den *Oikos* der Gastlichkeit einbezieht, ist nichts anderes als das Medium des Erzählens, der geselligen, mehrstimmigen Mündlichkeit.

An der Übergangsschwelle zwischen Reisebericht und gemeinschaftlicher Erzählform konstituiert sich die spezifische Gattungsform, die Handke in dem umfangreichen Prosawerk *Mein Jahr in der Niemandsbucht*, seinem Untertitel nach als »Ein Märchen aus der neuen Zeit« anstrebt. In den Eingangsbemerkungen, der Schwellensituation also des Textes selbst, erklärt die erzählende Ichfigur:

> [...] diese Geschichte soll von mir nur unter anderem handeln. Es drängt mich, damit einzugreifen in meine Zeit. Und als Reisender, im Unterschied zu früher, könnte ich heute nirgendwo mehr eingreifen. So wie sich einem Orte, Gegenden, ganze Länder verbrauchen können, so hat sich das Unterwegssein, das Reisen, mir verbraucht. [...] Das schließt nicht aus, daß in meinen Aufzeichnungen auch eine Reise vorkommen wird. Zu einem großen Teil soll es eine Reiseerzählung sein. Diese wird sogar von mehreren Reisen handeln, zünftigen, heutigen und dabei hoffentlich immer noch entdeckerischen. Allerdings bin der Held dieser Reisen nicht ich [...]. Ein paar meiner Freunde sind es, die sie, so oder so, bestehen werden. (NB, 23)

Mein Jahr in der Niemandsbucht, 1994 erschienen, beschreibt den Wechsel von der Tagebuchform des individuellen Landschafts-Wanderers zum Rede- und Schriftgeflecht der pluralen Reiseerzählung. Was Handkes Icherzähler-Figur Gregor Keuschnig als Double des Schriftstellers auf der Ebene einer poetologischen Absichtserklärung zu Anfang des Textes ankündigt, läuft auf eine Art kollektives Reisetagebuch hinaus, welches sich aus den Wahrnehmungen, Erlebnissen und Berichten einer um den Erdball verstreuten, getrennt reisenden Gruppe von Individualisten zusammensetzt. »Schon seit dem Anfang des Jahres sind sie unterwegs, ein jeder von ihnen in einer verschiedenen Weltgegend, einer vom andern, wie auch von mir hier, oft durch Kontinente getrennt. Es weiß der Einzelne nichts von seinem mit ihm zugleich durch die Welt ziehenden Gefährten.« (NB, 23) Soweit also die Ausgangslage einer Versuchsanordnung, die den Horizont desjenigen, der sich mit starkem Possessivpronomen an die Spitze des Buchtitels setzt, zu überschreiten geeignet ist. Gregor Keuschnig, als literarische Figur eingeführt durch Handkes Erzählung *Die Stunde der wahren Empfindung* von 1975, seinerzeit Mitarbeiter der Botschaft Österreichs in Paris, bekennt zu Beginn des neuen Werks, auf eine abermalige und grundlegende

»Verwandlung« seiner selbst aus zu sein. Der Protagonist erweist sich damit als intertextuelles Echo auch seines Namensvetters bei Kafka; zur Vielschichtigkeit der Figur gehört zudem, dass sich in ihr ebenfalls der Autor Peter Handke spiegelt, indem er Gregor Keuschnig zum Schriftsteller macht und ihm einige persönliche Züge und Konstellationen aus der eigenen Lebensgeschichte unterschiebt.

Was der Autor Handke seinen Stellvertreter Gregor Keuschnig in der *Niemandsbucht* ins Werk setzen lässt, ist genauer betrachtet der Versuch einer »Weiterung« (NB, 19); diese Weiterung des Ichs soll gelingen, indem der Protagonist entfernte Freunde in seine Erzählung mit einbezieht und sich von ihren Geschichten durch das Jahr tragen lässt. Er will »Chronist sein, sowohl des Jahrs in der Gegend hier als auch der Freunde im weiten Umkreis hinter den Hügeln« (NB, 44). Die entstehende kollektive Chronik folgt, was die Notate, Erinnerungen und Bemerkungen des Icherzählers betrifft, in ihrer Sukzession dem gleichmäßigen Gang des Jahreslaufs, der aus den locker eingestreuten Monatsangaben und jahreszeitlichen Hinweisen als chronikalischer Untergrund des Erzählgefüges durchscheint. Insofern gleicht das *Jahr in der Niemandsbucht* einer Sequenz von kalendarischen Episoden. Im Wesentlichen aber geht es um ein literarisches Experiment, das die am Ort haftende Erzählform der Chronik um eine Reihe zusätzlicher, weit entfernter Perspektiven und Geschehnisse erweitert, so dass die sieben Figuren des aufgebotenen Kollektivs mit dem Icherzähler aus der Niemandsbucht ein kommunizierendes System vernetzter Sensoren bilden. Dem gewählten Standort am Rande der Metropole kommt dabei die Rolle eines an viele Verbindungen zugleich angeschlossenen Knotenpunktes zu. Die Warte des Icherzählers am Rande von Stadt und Landschaftsbucht nimmt also durchaus die Funktion eines Zentrums wahr, von dem aus durch das netzförmige Gemeinschaftswerk der Eindruck globaler Gleichzeitigkeit evoziert werden kann. Etwas widersprüchlich beschreibt Gregor Keuschnig die angestrebte narrative Bewegungsform als »eine Art Sternfahrt« (NB, 24), wenngleich sie ja ohne den Charakter monozentrischer Zielgerichtetheit verlaufen solle. »Es soll eine Geschichte meiner Gegend hier und meiner fernen Freunde sein. Dabei bin ich weder sicher, ob es meine Gegend, noch ob jene Reisenden meine Freunde sind.« (NB, 24f.)

In Niemands Bucht zu wohnen, folglich in leichter klanglicher Verschiebung vielleicht sogar in Niemandes Buch, ist das erwünschte Los der Hauptfigur, die ihr possessives Pronomen sogleich abschwächt und die Berichtskompetenz mit der Gemeinschaft der ausgeschwärmten Miterzählenden zu teilen bereit ist. Tatsächlich werden in den späteren Verlauf des Textes sieben Geschichten der sieben ausgewählten Mitwirkenden eingestellt, doch tritt der Icherzähler seine Stimmführung bei der Wiedergabe der fremden Erlebnisse nicht ab, sondern gibt sie in eigener Person wieder, die Schilderungen der anderen teils im Modus erzählenden Berichts, teils in Dialogen und erlebter Rede ausgestaltend. Insofern kontrastiert die prätendierte vielstimmige Mündlichkeit einer im Freundeskreis geführten Unterhaltung mit dem der Progression des Textes zugrundeliegenden Vorgang des einsinnigen und vereinzelten Schreibens. Die einsamen Wanderungen des Chronisten sind gleichsam eine Werkstatt der linear voranschreitenden Niederschrift[11], und in das Gehen und Schreiben der Hauptfigur sind die exzentrischen Korrespondenten als interferierende Verweise auf ein Außerhalb eingebettet, auf eine global zerstreute Stimmenvielfalt, deren Wiedergabe freilich je schon kompositorisch gebändigt ist und den Text selbst gerade nicht auseinanderlaufen lässt, sondern zusammenhält.

Die Fahrten und Wanderungen der Freunde führen in unterschiedlichste Regionen: die als »Architekt« benannte Figur bereist die vereiste Winterlandschaft um das nordjapanische Morioka, der »Sänger« ist im Norden Schottlands auf dem Weg von Inverness zu der Küste gegenüber der Hebrideninsel Skye; der »Sohn« des Erzählers befindet sich im istrischen Hafenstädtchen Piran auf seiner ersten Alleinreise, die »Frau« an der türkischen Südküste, der »Pfarrer« des Geburtsortes zieht in Keuschnigs Kindheitslandschaft seine stetigen Kreise (NB, 41f.); der »Maler« dreht in der spanischen Meseta »seinen ersten Film« (NB, 42); hinzu kommt noch die »Geschichte des Lesers«, der, auf der Suche nach dem zeitgenössischen »Deutschland-Epos« (NB, 485), einen imaginären Reigen literarischer Orte und Schauplätze durchstreift und dabei lesend der »Rundreise eines Schriftstellers« (NB, 486) folgt, die ein Werk Gregor Keuschnigs darstellt, auf das die *Niemandsbucht* 1993 zurückblickt und das im Rahmennarrativ der *Morawischen Nacht* von 2008 als Handlungsmuster wiederkehren wird. Als ein weiterer leitmotivischer Topos fungieren die an emblematischen Schwellenorten stattfindenden Schlüsselbegegnungen mit den zwei »Lebens-Frauen« des Erzählers. Einmal auf der großen Draubrücke in Maribor, »mit jener, die inzwischen aus der Ferne meine Freundin ist« (NB, 46); zum anderen in der »Amerikazeit« (NB, 46), mit der als Katalanin vorgestellten Frau des Protagonisten, »auf der Straßenbrücke über den Rio Grande zwischen El Paso, Vereinigte Staaten von Amerika, und Cuidad Juarez, Mexiko« (NB, 415); beide dieser Schwellenbegegnungen entfalten sich in einer Abfolge der Phasen von Liebesgemeinschaft und schmerzlichem Getrenntsein. Ob der Protagonist dem handfesten »Schwindel« der Liebe künftig mehr Vertrauen entgegenbringen können würde als dem »Irrglauben« der Freundschaft (NB, 29), muss dahingestellt bleiben.

Klar ist nur: Gregor Keuschnig ist, inmitten dieses global gestreuten

---

11 »Das sich gegenseitig bedingende Verhältnis zwischen Fortbewegen und Schreibenkönnen ist in keinem Werk Handkes so allgegenwärtig Thema wie in *Mein Jahr in der Niemandsbucht*. Schreiben und Gehen werden im Text miteinander quasi identisch verwendet« (Hummel: *Die narrative Performanz des Gehens*, S. 148).

Netzes von Ortsreferenzen, in seinem eigentümlich leer anmutenden Landschaftsraum auf betonte Weise allein.

> Trotz meiner Vertrautheit mit diesem Land, erreicht durch tagelanges Zufußgehen, – Träumen und Gehen, mein Wahlspruch – von Vorstadt zu Vorstadt, über Berge und Täler, quer über Autobahnen und Schienenstränge, kenne ich doch beinahe niemanden da, habe ich in dem Departement, wie es sich in der Form eines Halbmonds um die Westhälfte von Paris legt, von Bourg-la-Reine und Fontenay-aux-Roses im Süden bis hinauf nach Asnières und Clichy im Norden, keinen Freund. (NB, 49f.)

Der Niemandsbucht-Bewohner befindet sich in einer selbstgewählten Exilheimat, in der sich die Infrastruktur-Gebilde der Zivilisation mit einer elementaren Ortsauflösung durch das Ozeanische vermengen. Wenn der Erzähler bemerkt, »ein Teil dieser in die Wälder eingeschnittenen Zivilisationsfläche« sei das »Wasser« »eines schon seit Jahrhunderten bestehenden Teichs« (NB, 76), so füllt sich die umrissene Halbmondform der Region in seinem Blick auf eine durchaus unmetaphorische Weise mit dem urzeitlichen Element der Meere an. Eines Nachts, so bemerkt er, sei ihm »zum ersten Mal die ganze Gegend als eine Bucht erschienen, mit uns als dem Strandgut« (NB, 78). Der im Zusammenspiel von Haus und Landschaft formierte Topos der Schwelle, des Übergangsraumes zwischen Innen- und Außenwelt, wird in diesem topographischen Modell einer Halbmondbucht aufgenommen und seinerseits zu einer geräumigen Landschaftsvorstellung erweitert, zu einer sich überdimensional um die westliche Peripherie von Paris legenden, bogenförmigen Strandlinie. Einem Parabolspiegel gleichend, stellt die Form der Niemandsbucht selbst eine Schwellenfigur dar, die es dem in ihrem Brennpunkt befindlichen Icherzähler gestattet, inmitten seiner Einsamkeit sich für den unbegrenzten, erdumspannenden Raum der Vielen zu öffnen, die über den Globus verstreut unterwegs sind, für ihn unterwegs sind.

Seine Verlassenheit also ist es, die den Protagonisten in die Lage versetzt, ein Gespräch unter den Fernsten zu führen. Mithilfe der über den Erdball verstreuten Stationen, Schwellenorte, Verbindungswege entsteht ein mehrschichtiges, verzweigtes Erzählgebilde, zusammengehalten einmal vom Fortgang des Jahreslaufs und zum zweiten von den virtuellen Peilungs-Vorgängen, mit welchen der Icherzähler immer wieder imaginären Kontakt zu seinen Korrespondenten aufnimmt. »Mit den Freunden zusammenzukommen, nicht bloß mit einem von ihnen, sondern mit mehreren, am besten allen, den in die Windrichtungen zerstreuten, auf einmal, das ist mir inzwischen, abgesehen vom Lesen und Schreiben, das Höchste geworden.« (NB, 33) Alle, niemand. In der Niemandsbucht rinnen die Zuströme aller zusammen. Im Vorgang der erzählenden (Ver-)Sammlung und Bündelung der einlaufenden Geschichten ist der gegenstrebige Befund größtmöglicher Zerstreuung und

Distanz mitzudenken. Von einer Handlung im Sinne ereignisreicher, dramatischer Veränderungen ist im epischen Gang der *Niemandsbucht* wohl nur insofern zu sprechen, als die Spannung zwischen der vorgestellten Gemeinschaftlichkeit und ihrer tatsächlichen Fraktionierung erheblich ist und letztlich unaufhebbar bleiben wird. Dem mit der Erzählstruktur nur indirekt angedeuteten Begriff der Ökumene, des aller Konflikte zum Trotz wie ein gemeinsames Haus bestellten gemeinschaftlichen Raumes kultureller Diversität, ist der noch präziser benannte der Diaspora als komplementärer Befund gegenüber gestellt.

Eine gemeinsam bewirtschaftete Angelegenheit soll die Erde im Ganzen und jeder Flecken auf ihr im Besonderen sein, besagt das Konzept der Ökumene. In ihrer räumlichen, raumgreifenden Dimension spiegelt die menschliche Kultur- und Besiedlungsgeschichte des Erdbodens indes vor allem Vorgänge der Entzweiung, der Abgrenzung, der Verfeindung. Den topographisch wirksamen Kräften der Segregation und der Migration folgt insofern mit gewisser Konsequenz ein Zustand der Zerstreuung, des Auseinandergerissenwerdens derjenigen, die, sei es nach Herkunft, Sitten, geteilten Erfahrungen oder Wertvorstellungen, zusammengehören. Zunehmende Getrenntheit des Gleichartigen und Nachbarschaft des Verschiedenartigen sind ihrerseits die Triebkräfte neuerlicher kultureller Dynamiken, schaffen neue Formen der Ökumene und der Diaspora. Das Begriffspaar von Ökumene und Diaspora ist wie kein anderes geeignet, die Mechanismen der kulturellen Differenzierung und Diffusion samt der hieraus entspringenden Kontakt- und Austauschprozesse zu benennen, die vornehmlich religiöse bzw. religionsgeschichtliche Färbung dieser Begriffe mag hierbei nicht einmal von Nachteil sein. In Handkes *Niemandsbucht*-Chronik ist es der Pfarrer der Heimatgemeinde Gregor Keuschnigs, welcher im Gespräch mit dem gelegentlich heimwärts wandernden Protagonisten das Phänomen der Diaspora, gleichsam als letzte glaubensgeschichtlich aufgeladene Hoffnungsperspektive, ins Feld führt. Dabei

> redete er von der Zusammengehörigkeit der Vereinzelten in der Diaspora, die heutigentags, der eine hier, der andre dort, der Ort geworden sei, wo es mit unsereinem am ehesten weitergehe, worauf ich ihm widersprach: Ich erwartete auch nichts mehr von einer Gemeinschaft der Versprengten, Auserwählten, von Geheimzirkeln mit Geheimschriften und Einweihungsriten, sondern, – und hier wußte ich, wie schon so oft, auch nicht mehr weiter. (NB, 92)

Die Erfahrung der Getrenntheit von den Freunden und Gesprächspartnern, so darf man Keuschnigs Ratlosigkeit deuten, ist durchaus real; aus ihr aber im Gegenzug einen Modus der Gemeinschaft zu gewinnen, ist nicht so einfach, wie es der Herr Pfarrer darzustellen beliebt.

Dennoch, Keuschnigs Projekt einer gemeinschaftlichen Chronik des Jahreslaufes zuhause und unterwegs zielt ebenfalls auf den vom Pfarrer formulierten Traum einer Gemeinschaft der Versprengten, einer fortgesetzten Unterhaltung zwischen Abwesenden über große Distanzen hinweg. Die Geschichten der Fremden und der Fernsten müssen herangerückt, sie müssen über die Schwelle getragen und zu einem Teil des Hauses werden. Angestrebt wird in der Literaturform dieses modernen Märchens eine Form des gemeinsamen Erzählens, der in quasi-mündlicher Korrespondenz versammelten Runde, die ein literaturgeschichtlich benennbares Vorbild hat in den Erzählgemeinschaften der Novellistik. Nicht allein der Inhalt und die mitgeteilten Figuren oder Handlungen machen die Bedeutung des Erzählens aus, es ist seine gemeinschaftsstiftende Kraft. Mit Keuschnigs kollektivem Literaturunternehmen wird, in zeitgenössisch modifizierter Form, nämlich unter den Bedingungen der Globalisierung, ein altes Modell konfabulierender Geselligkeit auf die Stufe einer ästhetisch ambitionierten Gestaltung gehoben.

Die Affinität des Erzählhandwerks zu einer situativen Mündlichkeit ist praktisch, aber auch literarhistorisch bedingt. Letzteres verdankt sich vor allem dem Umstand, dass eine der reichsten und auch einflussreichsten Quellen neuzeitlicher Erzählliteratur, nämlich die frühmodernen Novellensammlungen wie Chaucers *Canterbury Tales,* Boccaccios *Decamerone* und die *Cent nouvelles nouvelles* der Marguerite von Navarra, auf den Kunstgriff verfielen, ihre gesammelten Schätze von wechselnden, als Figuren vorgestellten Erzählern vortragen zu lassen und damit das Augenmerk auf den Vorgang des Erzählens selbst zu lenken. Für die Novelle als Erzählform konstitutiv wird mit diesen Sammlungen eine Darstellungsweise, bei der die erzählte Geschichte durch die mitlaufende Repräsentation des Erzählaktes eine quasi-mündliche Sprechsituation evoziert. Anders als im 19. Jahrhundert arbeiten jene frühen Sammlungen mit dem Plural des Begriffs, es geht nicht um den Einzeltext, sondern um eine Sequenz von Novellen, die mündlich mitgeteilt und dabei aus einem großen Vorrat an überlieferten Geschichten geschöpft werden. Boccaccios *Decamerone* versuchte um 1350 bereits den kompilatorischen Charakter seiner aus vielen Einzelgeschichten zusammengesetzten Textform mithilfe einer Rahmengeschichte zu begründen. In der von Gegenwartsbezügen durchdrungenen Rahmenhandlung tritt ein Grüppchen florentinischer Adliger vor der in der Stadt umlaufenden Pestepidemie den Rückzug auf ein Landgut an, wo sie über einen Zeitraum von zehn Tagen gemeinsam ausharren und sich zu ihrem Zeitvertreib gegenseitig eine Fülle von Geschichten erzählen. Die Runde hat durchaus frivole Züge; dem Tode entronnen und die Gefahr noch sinnfällig vor Augen, gibt sich die *Brigata,* die junge Schar, einem sorglosen Wohlleben hin mit Gesang und Tanz und amourösen Freiheiten. »In Lust und Freuden müssen wir leben, denn aus keinem andern Grund sind wir dem Jammer entflohen.«[12]

Peter Handke hat seine literarische Ästhetik mit der *Niemandsbucht*

---

12 Giovanni Boccaccio: *Das Dekameron,* S. 29 (Erster Tag).

und ihrer den Icherzähler umgebenden Runde von sieben Freunden dem in der Novellistik traditionell verankerten Muster einer prätendierten Mündlichkeit und inszenierten Geselligkeit angenähert und damit einen Weg eingeschlagen, der sich fortsetzt und noch verstärkt im späteren, also jüngeren Prosawerk und seinen betonten Ritualen der Gastlichkeit, den Rhythmen der Ausfahrt und Wiederkunft, den eingestreuten poetologischen Bemerkungen über Autorschaft und Erzählertum. Die Schwellensituation des Wohnsitzes am Uferstrand seiner Niemandsbucht wird für den stimmführenden Erzähler zu einem Anschauungsbild dafür, dass ein neuer Ton und eine neue Form des Erzählens ihm als Vorhaben zeitlich wie räumlich vor Augen stehen. »Von dem Fenster aus, an dem ich sitze, sehe ich jeden Morgen die Erzählung, und wie sie im großen weitergehen sollte. Es ist ein Ort.« (NB, 228) Dieser gewohnheitsmäßig immer wieder angeschaute, wie eine Messlatte oder Maßvorgabe tagtäglich angepeilte Bildeindruck besteht aus einer prima vista unscheinbaren landschaftlichen Einzelheit, einer »Stelle im Hügelwald« (NB, 228), die dem Erzähler, »mit der täglichen Betrachtung, zum Ort geworden ist« (NB, 228). Was hat diese landschaftliche »Stelle« an sich, das sie zu einer sinnbildhaften Darstellung für das hier entwickelte Erzählideal werden lässt?

> Es stehen da Bäume wie überall, nur zeigen diese sich deutlicher als sonst hügelab und hügelauf. Zum einen kommt das aus meinem Abstand zu ihnen: Sie wachsen auf halber Höhe, etwa in der Mitte zwischen dem Waldrand unten [...] und der Horizontlinie weiter oben [...]. So wirkt die Stelle auf mich als das Innere des Waldes, abgerückt vom Vordergrund mit dem Rauch aus den Rauchfängen, aber auch entschieden noch nicht weg in der Ferne. Und zum anderen hat die Stelle schon für sich etwas Eigenes, indem die Eichen, die Birken, die Edelkastanien dort auf einer Vorkuppe gereiht sind, nach welcher es offenbar hinabgeht in eine Mulde. (NB, 229)

Der Anblick der Bäume, die beisammen auf halber Höhe stehen, hat im doppelten Sinne Schwellencharakter. Denn von dieser mittleren Position kann der Blick sich nach oben oder nach unten wenden, hat also die Optionen der Beweglichkeit in zweierlei Richtung, selbst wenn er auf ein und derselben Stelle verharrt; und auch für die Vordergrund/Hintergrund-Achse des Bildgeschehens markiert die Baumgruppe eine solche Schwelle, denn nach den Bäumen geht es, wie der Icherzähler jedenfalls sich ausmalt, in eine Senke hinab, also wiederum über die Schwelle. Für die Erzählung, die nach diesem Bilde sich formen soll, kann das nur heißen, sie ist ihrerseits nicht als etwas bereits Gegebenes vorzustellen, sondern sie kündigt ihr Kommen an, das gleich hinter der nächsten Schwelle sich abzeichnen mag. Der Aufschub, die Vertröstung auf den hinter der nächsten Biegung sich bietenden Anblick, ist ein bekannter psychologischer Durchhalte-Mechanismus des Wanderns. Mit dem Bild der kleinen Waldkuppe in der Landschaft vor dem Haus hat Handke das programmatische Modell eines Erzählens ausgedrückt, das selber von Schwelle zu Schwelle, von Aufschub zu Aufschub voranschreitet. Ein Zwischenraum oder Medium zur Verbindung zwischen einander Fernen, und ein mitlaufender Indikator beweglicher Verschiebungen. Als der Tag von Mariä Lichtmess heranrückte und dann wieder vorüber war, würdigt Gregor Keuschnig das Datum als »Fest der Lichtschwelle«, das den Übergang zu den wieder heller und länger werdenden Tagen markiert (NB, 84). Aber ist nicht jeder Kalendertag eine Zeitschwelle, an der sich das Zusammentreffen oder Auseinandergerissen-Werden der gelebten von der noch bevorstehenden Zeit ereignet?

Als nach dem durchgangenen Jahreslauf und wie zum feierlichen Abschluss des Erzählexperimentes sich die fernen Freunde alle in der *Niemandsbucht* einfinden und in einem Gasthaus, im »Speiseraum der Auberge Aux Echelles« (NB, 1044), eine festliche Runde bilden, hat sich dann endlich die alte Erzählgemeinschaft der Novellenrunde aufs Neue zusammengefunden. »Nach und nach traten dann die Freunde zur Tür herein, einzeln, in kurzen Abständen, aus allen Himmelsrichtungen, und keiner, so weit ich sah und hörte, zuvor entstiegen einem Gefährt.« (NB, 1053) Dass ausgerechnet der Sänger dann allerdings ausbleibt und fehlt, ist mehr als ein Schönheitsfehler. Denn was die Runde dann nach dem Essen gemeinsam und miteinander aufführt, ist eine genuin vokalische Darbietung, die Lautwerdung der Erlebnisse und Geschichten im Reihum, Durch- und Miteinander des Erzählens, ein fast biblisch inszenierter Augenblick.

> Und wahr dann: Als die Stunde des Erzählens kam, erzählten die Freunde von ihrem Jahr ganz Verschiedenes als zuvor ich hier. Gemeinsam dafür war, daß ich, so oder so, die Vorstellung hatte, alle diese Geschichten hätten etwas vom Heuwenden oder von dem Umdrehen und Umschichten, wieder und wieder, von Äpfeln in einem Bauernkeller. Ein jeder, auch der Steinmetz, im Festwams – sein Jahr steht auf einem anderen Blatt – streifte dabei die Sache nur, und doch hatten die Zuhörer an solchem Anklang die Welt. (NB, 1055)

Wenn bei diesem Fest des Erzählens nun aber gerade die Instanz des Sängers wegfällt, »mit seiner Stimme als dem wesentlichen Zusatz« (NB, 1066), so die allerletzten Worte in Handkes mehr als tausendseitigem Buch, dann reflektiert das Schreiben dieses Autors mit der damit gemachten Einschränkung, dass der literarische Text, so sehr er sich stilistisch und ästhetisch dem Ideal der Mündlichkeit annähert, als ein Literaturprodukt der Sphäre des Mündlichen selber nicht angehören kann. Ausgeschlossen, ultimativ, ist von diesem Ende her, dass sich »die Erzählung«, die feierliche, festliche Runde, anders denn als Reminiszenz oder Fluchtpunkt ereignen kann, sie bleiben notwendig außerhalb der Verfügungs- und Gestaltungsmacht eines literarischen Textes.

Eine zweite Ausgrenzung oder Ausblendung wiegt nicht minder schwer. Vor dem Essen, nochmal kurz im Fernsehen in die Nachrichten schauend, registriert der Erzähler mit größter Beiläufigkeit den Bildbericht einer wie kontextlos auftretenden Szene mitten aus einem Bombenkrieg (NB, 1050), dort wurden Gärten an einem Berghang »in die Luft gesprengt – wie das splitterte.« Ungesagt bleibt, wo und warum dieses Kriegsgeschehen wütet; über allem, was in der Niemandsbucht, zwischen ihr und dem Rest der Welt an Geschichten erlebt, erzählt, miteinander ausgetauscht wird, lastet der Druck des Schweigens und Verschweigens. »Es herrschte, von den Wäldern im Umkreis, ein gewaltiges Dröhnen, dem ich mich überließ. Wie es das Wort Kriegswirren gab, so kam nun für das bewegte Grau-in-Grau das Wort ›Friedenswirren‹.« (NB, 1031) In Boccaccios *Decamerone* waren die adligen Freunde der gepflegten, unterhaltsamen Erzählkunst vor der mörderisch umlaufenden Pest aufs Land geflohen. Goethes *Unterhaltungen deutscher Ausgewanderten*, ein zwischen Herbst 1794 und September 1795 entstandener Novellenzyklus, versammeln ihre Erzählgemeinschaft im Windschatten der Französischen Revolution und der darauf folgenden Kriegswirren. Es handelt sich um rheinische Gutsbesitzer und ihre Angehörigen, die im Wartestand vor der geplanten Rückkehr auf ihre von den Franzosen besetzten Herrensitze viel Zeit und Grund zum Erzählen haben. Ihre »Pest« ist die in Frankreich ausgebrochene revolutionäre Gewalt, darum darf weder die Politik noch das militärische Zeitgeschehen im Reigen ihres Erzählens explizite Erwähnung finden nach der selbst auferlegten Regel, so wörtlich, »daß wir, wenn wir beisammen sind, gänzlich alle Unterhaltung über das Interesse des Tages verbannen«.[13] Einen ästhetischen Filter, der »das nahe Geräusch des Kriegs« aus der Kunst fernhält, forderten zur selben Zeit auch Schillers *Horen*[14], das neue Zeitschriftenprojekt, in ihrer programmatischen Einleitung. Indem Handke an die Literaturtradition des aus geselligen Runden erwachsenden Reigens novellistischen Erzählens anknüpft, erinnert er zugleich und durch das ver-

---

13 Johann Wolfgang Goethe: *Unterhaltungen deutscher Ausgewanderten*, S. 1009.
14 Was die Baronesse in Goethes *Unterhaltungen* etablieren möchte, ist ein modellhaft zu verstehender »Zirkel«, in dem »Gleichgesinnte sich im Stillen zu einander fügen und sich angenehm unterhalten, in dem der eine dasjenige sagt, was der andere schon denkt.« (ebd., S. 1007). Damit folgt Goethes Zirkel genau jenen Vorgaben, die Friedrich Schiller für seine 1795 gegründete Zeitschrift *Die Horen* aufgestellt hatte, in engem Kontakt mit Goethe übrigens. Die aktuelle politische Situation, von der Schillers Monatsschrift sich programmatisch absetzt, wird in der Ankündigung beschrieben als die »einer Zeit, wo das nahe Geräusch des Kriegs das Vaterland ängstiget, wo der Kampf politischer Meinungen und Interessen diesen Krieg beinahe in jedem Zirkel erneuert und nur allzuoft Musen und Grazien daraus verscheucht, wo weder in den Gesprächen noch in den Schriften des Tages vor diesem allverfolgenden Dämon der Staatskritik Rettung ist« (Schiller: *Ankündigung. Die Horen, eine Monatsschrift, von einer Gesellschaft verfaßt und herausgegeben von Schiller* (1795), S. 106). Die Rahmensituation der *Auswanderer* nimmt als Fabel den Abkehr-Gestus des Periodikums auf, für dessen erste Hefte Goethe seinen Novellenzyklus konzipierte.

lässliche Gedächtnis der literarischen Form auch daran, dass der *Oikos* des geselligen Miteinanders genau jene Gefährdungen ausblendet, über die eigentlich gesprochen werden müsste, und jene Gewalt verschweigt, von der zu erzählen wäre – auch wenn oder gerade weil es für sie keine Sprache gibt.

Literatur

Primärliteratur

Boccaccio, Giovanni: *Das Dekameron.* Übertragen von Karl Witte, durchgesehen von Helmut Bode. München: Winkler 1979.

Goethe, Johann Wolfgang: *Unterhaltungen deutscher Ausgewanderten.* Sämtliche Werke, Briefe, Tagebücher und Gespräche. I. Abteilung Bd. 9. Hrsg. von Wilhelm Voßkamp und Herbert Jaumann. Frankfurt am Main: Deutscher Klassiker Verlag 1992.

Handke, Peter: *Langsame Heimkehr.* Erzählung. Frankfurt am Main: Suhrkamp 1979.

Handke, Peter: *Die Lehre der Sainte-Victoire.* Frankfurt am Main: Suhrkamp 1980.

Handke, Peter: *Der Chinese des Schmerzes.* Frankfurt am Main: Suhrkamp 1983.

Handke, Peter: *Die Wiederholung.* Frankfurt am Main: Suhrkamp 1986.

Handke, Peter: *Mein Jahr in der Niemandsbucht. Ein Märchen aus den neuen Zeiten.* Frankfurt am Main: Suhrkamp 1994.

Handke. Peter: *Abschied des Träumers vom Neunten Land (1991). Eine winterliche Reise zu den Flüssen Donau, Save, Morawa und Drina oder Gerechtigkeit für Serbien (1996). Sommerlicher Nachtrag zu einer winterlichen Reise (1996).* Frankfurt am Main: Suhrkamp 1998.

Handke. Peter: *Unter Tränen fragend. Nachträgliche Aufzeichnungen von zwei Jugoslawien-Durchquerungen im Krieg, März und April 1999.* Frankfurt am Main: Suhrkamp 2000.

Handke, Peter: *Die morawische Nacht.* Erzählung. Frankfurt am Main: Suhrkamp 2008.

Schiller, Friedrich: *Ankündigung. Die Horen, eine Monatsschrift, von einer Gesellschaft verfaßt und herausgegeben von Schiller (1795).* Schillers Werke. Nationalausgabe, Bd. 22. Hg. von Herbert Meyer. Weimar: Böhlau 1958.

Sekundärliteratur

Amann, Klaus, Fabjan Hafner, Karl Wagner (Hg.): *Peter Handke. Poesie der Ränder*. Wien u. a.: Böhlau 2006.

Blumenberg, Hans: *Arbeit am Mythos*. 6. Aufl. Frankfurt am Main: Suhrkamp 2001.

Hafner, Fabjan: *Peter Handke. Unterwegs ins Neunte Land*. Wien: Zsolnay 2008.

Höller, Hans: *Peter Handke*. Reinbek bei Hamburg: Rowohlt 2007.

Hummel, Volker Georg: *Die narrative Performanz des Gehens. Peter Handkes ›Mein Jahr in der Niemandsbucht‹ und ›Der Bildverlust‹ als Spaziergängertexte*. Bielefeld: Transcript 2007.

Pelz, Annegret: »Was sich auf der Tischfläche zeigt. Handke als Szenograph«. In: Klaus Amann, Fabjan Hafner, Karl Wagner (Hg.): *Peter Handke. Poesie der Ränder*. Wien u. a.: Böhlau 2006, S. 21-34.

Vogel, Juliane: »›Wirkung in die Ferne‹. Handkes *Mein Jahr in der Niemandsbucht* und Goethes *Wanderjahre*«. In: Klaus Amann, Fabjan Hafner, Karl Wagner (Hg.): *Peter Handke. Poesie der Ränder*. Wien u. a.: Böhlau 2006, S. 167-180.

Wolf, Norbert Christian: »Der ›Meister des sachlichen Sagens‹ und sein Schüler. Zu Handkes Auseinandersetzungen mit Goethe in der Filmerzählung *Falsche Bewegung*«. In: Klaus Amann, Fabjan Hafner, Karl Wagner (Hg.): *Peter Handke. Poesie der Ränder*. Wien u. a.: Böhlau 2006, S. 181-200.

Autorinnen und Autoren

Hans-Dieter Bahr ist Professor für Philosophie, lehrte an der Freien Universität Berlin sowie an der Universität Bremen und hatte eine Gastprofessur an der Architektur-Fakultät in Mailand. Bis 2000 war er Ordinarius an der Universität Wien. Seither lebt er in Tübingen. Arbeitsschwerpunkte: Ethik der Gastlichkeit, Phänomenologie und Ästhetik. Ausgewählte Monographien: *Über den Umgang mit Maschinen.* Tübingen: Konkursbuch 1983; *Die Sprache des Gastes. Eine Metaethik.* Leipzig: Reclam 1994; *Tropisches Denken. Phänomenologische Landschaften.* Wien: Turia und Kant 1994; *Den Tod denken.* München: Fink 2002; *Die Befremdlichkeit des Gastes.* Wien: Passagen 2005; *Der babylonische Logos.* Wien: Passagen 2005; *Zeit der Muße – Zeit der Musen.* Tübingen: Attempto 2008; *Die Anwesenheit des Gastes. Entwurf einer Xenosophie* [erscheint 2010/11].

Milka Car ist Dozentin für deutsche Literatur an der Universität Zagreb. Forschungsschwerpunkte: Rezeptionsästhetik und Kulturwissenschaft, deutsch-kroatische Literaturbeziehungen, gattungstypologische und komparatistische Aspekte im Dokumentarroman. Ausgewählte Publikationen: *Das Burgtheater in Zagreb 1928. Gastspiele als Konzept kultureller Begegnungen* (www.kakanien.ac.at/beitr/fallstudie/MCar2.pdf); *Felix Austria. Antologija austrijske kratke priče.* Zagreb: Naklada MD 2003 (Hg.) [Anthologie österreichischer Kurzgeschichten]; »Stjepan Miletić. Ein Intendant im Spannungsfeld zwischen Tradition und Moderne«. In: Mitterbauer/Balogh: *Zentraleuropa. Ein hybrider Kommunikationsraum.* Wien: Praesens 2006, S. 157-173; »Dokumentarismus im kroatischen Kriegsroman der 90er Jahre«. In: Bobinac/Müller-Funk: *Gedächtnis-Identität-Differenz.* Tübingen/Basel: Francke 2008, S. 255-267.

Evi FOUNTOULAKIS studierte Deutsche und Englische Sprach- und Literaturwissenschaft in Basel, Madrid und Melbourne. Seit 2007 ist sie wissenschaftliche Assistentin an der Universität Basel, wo sie zur Gastlichkeit in der Literatur des 19. Jahrhunderts promoviert. Wissenschaftliche Schwerpunkte: Novellistik des 19. Jahrhunderts, Erzähltheorie und Dekonstruktion. Jüngste Publikation: »Enigma and ›Unappeased Desire‹ in Henry James's ›The Figure in the Carpet‹«. Escher/Lüthi/Zöllner (Hg.): *Rätsel/Enigma*. Variations 18. Bern: Lang 2010, S. 99-112.

Alexander HONOLD ist Ordinarius für Neuere deutsche Literaturwissenschaft an der Universität Basel. Wissenschaftliche Schwerpunkte: Forschungs- und Bildungsreisen seit der Goethezeit, Narratologie, Spiel und Improvisation sowie Postkolonialismus in der Germanistik. Auswahl aus Publikationen: *Die Stadt und der Krieg. Raum- und Zeitkonstruktion in Robert Musils Roman »Der Mann ohne Eigenschaften«*. München: Fink 1995; *Der Leser Walter Benjamin. Bruchstücke einer deutschen Literaturgeschichte*. Berlin: Vorwerk 8 2000; *Das Fremde. Reiseerfahrungen, Schreibformen und kulturelles Wissen.* Berlin: Lang 2000 und ²2003 (Mhg.); *Mit Deutschland um die Welt. Eine Kulturgeschichte des Fremden in der Kolonialzeit*. Stuttgart: Metzler 2004 (Mhg.); *Hölderlins Kalender. Astronomie und Revolution um 1800*. Berlin: Vorwerk 8 2005; *Ins Fremde schreiben. Gegenwartsliteratur auf den Spuren historischer und fantastischer Entdeckungsreisen*. Göttingen: Wallstein 2009 (Mhg.).

Svjetlan LACKO VIDULIĆ ist außerordentlicher Professor für deutsche Literatur an der Universität Zagreb. Forschungsschwerpunkte: Kulturgeschichte der Liebe, deutsch-kroatischer Literaturtransfer, Jugoslawien-Kriege in der Literatur. Ausgewählte Publikationen: *Thomas Bernhard Jahrbuch 2004*. Wien u.a.: Böhlau 2005 (Mhg.); *Lieben heute. Postromantische Konstellationen der Liebe in der österreichischen Prosa der 1990er Jahre*. Wien: Praesens 2007; »Imaginierte Gemeinschaft. Peter Handkes jugoslawische ›Befriedungsschriften‹ und ihre Rezeption in Kroatien«. In: *Germanistentreffen Deutschland – Süd-Ost-Europa*, Bonn: DAAD 2007, S. 127-151; »Vergangenheitsfalle und Erinnerungsort. Zur Handke-Kontroverse in Serbien seit 1991«. In: Bobinac/Müller-Funk (Hg.): *Gedächtnis-Identität-Differenz*. Tübingen/Basel: Francke 2008, S. 205-215; *Literaturwissenschaft im Wandel. Aspekte theoretischer und organisatorischer Neubestimmung*. Wiesbaden: Verlag für Sozialwissenschaften 2009 (Mhg.).

Burkhard LIEBSCH ist derzeit Professor für Politische Theorie und Ideengeschichte an der Fakultät für Sozialwissenschaften und Philosophie der Universität Leipzig. Schwerpunkte: praktische und Sozialphilosophie, politische Theorie in kulturwissenschaftlicher Perspektive; Philosophie der Geschichte, Phänomenologie und Hermeneutik. Jüngere Monographien in Auswahl: *Geschichte als Antwort und Versprechen*. Freiburg im Breisgau: Alber 1999; *Moralische Spielräume*. Göttingen: Wallstein 1999; *Zerbrechliche Lebensformen. Widerstreit-Differenz-Gewalt*. Berlin: Akademie 2001; *Gastlichkeit und Freiheit. Polemische Konturen europäischer Kultur*. Weilerswist: Velbrück Wissenschaft 2005; *Subtile Gewalt*. Weilerswist: Velbrück Wissenschaft 2007; *Für eine Kultur der Gastlichkeit*. Freiburg im Breisgau: Alber 2008; *Menschliche Sensibilität*. Weilerswist: Velbrück Wissenschaft 2008); *Renaissance des Menschen? Zum polemologisch-anthropologischen Diskurs der Gegenwart* [erscheint 2010].

Csongor LŐRINCZ ist Leiter des Fachbereichs »Ungarische Literatur und Kultur« an der Humboldt-Universität zu Berlin. Wissenschaftliche Schwerpunkte: Medialität des Literarischen, Interpretationstheorie, Konzepte des Ästhetischen. Auswahl der Publikationen: *A líra medialitása. Hang, szöveg és intertextualitás 20. századi lírai mûvekben*. Budapest: Anonymus 2002 [Medialität der Lyrik. Stimme, Text und Intertextualität in lyrischen Werken des 20. Jahrhunderts]; *Spielarten der Sprache. Transgressionen des Medialen in der Literatur*. Budapest: Osiris 2004 (Mhg.); »Das Beben der textualisierten Bilder (Hölderlin: Heidelberg)«. In: *Jahrbuch der ungarischen Germanistik 2007*, S. 91-114; *A költészet konstellációi. Adalékok a modern líra történetéhez és elméletéhez*. Budapest: Ráció 2007 [Konstellationen der Dichtung. Beiträge zur Geschichte und Theorie der modernen Lyrik]; *Das lyrische Bild*. München: Fink 2010 (Mhg.).

Rolf PARR ist Professor für Germanistik (Literatur- und Medienwissenschaft) an der Universität Duisburg-Essen. Arbeitsschwerpunkte: Literatur-, Medien- und Kulturtheorie bzw. -geschichte des 18. bis 21. Jahrhunderts, (Inter-)Diskurstheorie, Kollektivsymbolik, Mythisierung historischer Figuren, literarisches Leben sowie Literatur/Medien-Beziehungen. Auswahl neuerer Publikationen: *Autorschaft. Eine kurze Sozialgeschichte der literarischen Intelligenz (1830–1930)*. Heidelberg: Synchron 2008; *Foucault-Handbuch*. Stuttgart, Weimar 2008 (Mhg.); *Periphere Zentren oder zentrale Peripherien? Kulturen und Regionen Europas zwischen Globalisierung und Regionalität*. Heidelberg: Synchron 2008 (Mhg.); *Globalisierung und Gegenwartsliteratur*. Heidelberg: Synchron 2010 (Mhg.); *Gastlichkeit. Erkundungen einer*

Schwellensituation. Heidelberg: Synchron 2009 (Mhg.); »Fremd sein, Gast sein, familiär sein. Verwerfungen von Gastlichkeit in Heinrich Zschokkes Erzählung ›Der tote Gast‹«. In: Dainat/Ort (Hg.): *Heinrich Zschokke. Populäre Publizistik und Literatur um 1900*. Bremen: lumière 2010.

Boris Previšić ist Assistent für Neuere deutsche Literaturwissenschaft an der Universität Basel und arbeitet zur literarischen Rezeption der jüngsten Jugoslawienkriege. Arbeitsschwerpunkte: Interkulturalität, Raumnarratologie, Intermedialität zwischen Musik und Literatur sowie Metrik. Ausgewählte Publikationen: *Hölderlins Rhythmus. Ein Handbuch*. Frankfurt am Main: stroemfeld 2008; *Texttreue. Komparatistische Studien zu einem maßlosen Maßstab*. Collection 9. Bern: Lang 2008 (Mhg.); »Literarische Aus- und Eingrenzung des Balkans: Interkulturalität zwischen vermeintlicher Faktizität und Diskursivität«. In: Georg Mein (Hg.): *Interkulturalität zwischen Provokation und Usurpation*. München Fink, 2009, S. 217-230; »Die topologische Festschreibung Südosteuropas aus dem Geist der Dichtung: Goethe und Vuk Karadžić«. In: Winkler/Simon (Hg.): *Die Topographie Europas in der romantischen Imagination*. Colloquium Helveticum 39/2008. Lang, Bern 2009, S. 137-154; *Die Literatur der Literaturtheorie*. Collection 10. Bern: Lang 2010 (Hg.).

Ralf Simon ist Professor für Neuere deutsche Literaturwissenschaft an der Universität Basel. Wissenschaftliche Schwerpunkte: Narratologie, Strukturalismus, Dekonstruktion, Gattungspoetik der Komödie und Bildkritik des poetischen Textes. Publikationsauswahl: *Das Gedächtnis der Interpretation. Gedächtnistheorie als Fundament für Hermeneutik, Ästhetik und Interpretation bei Johann Gottfried Herder*. Hamburg: Meiner 1998; »Zu Gast (Goethe, *Die Wahlverwandtschaften*)«. In: Brandstetter (Hg.): *Erzählen und Wissen. Paradigmen und Aporien ihrer Inszenierung in Goethes* Wahlverwandtschaften. Freiburg im Breisgau: Rombach 2003, S. 207-221; »Die Nacht des Gastes. Zur Semantik der Ungastlichkeit in E.T.A. Hoffmanns *Nachtstücken*«. In: Friedrich/Parr: *Gastlichkeit. Erkundungen einer Schwellensituation*. Heidelberg: Synchron 2009, S. 263-280; *Der poetische Text als Bildkritik*. München: Fink 2009; *Gabe, Tausch, Verwandlung. Übertragungsökonomien im Werk Clemens Brentanos*. Würzburg: Königshausen & Neumann 2009, (Mhg.); *Das erzählende und das erzählte Bild*. München: Fink 2010 (Mhg.); *Zwischen Bild und Begriff. Kant und Herder zum Schema*. München: Fink 2010 (Mhg.).

Lettre

EVA ERDMANN
Vom Klein-Sein
Perspektiven der Kindheit in Literatur und Film

Juni 2011, ca. 200 Seiten, kart., ca. 24,80 €,
ISBN 978-3-89942-583-3

MARKUS FAUSER (HG.)
Medialität der Kunst
Rolf Dieter Brinkmann in der Moderne

April 2011, 280 Seiten, kart., ca. 27,80 €,
ISBN 978-3-8376-1559-3

IRINA GRADINARI
Genre, Gender und Lustmord
Mörderische Geschlechterfantasien in der deutschsprachigen Gegenwartsprosa

April 2011, ca. 328 Seiten, kart., ca. 33,80 €,
ISBN 978-3-8376-1605-7

Leseproben, weitere Informationen und Bestellmöglichkeiten finden Sie unter www.transcript-verlag.de

Lettre

MAREEN VAN MARWYCK
Gewalt und Anmut
Weiblicher Heroismus in der Literatur
und Ästhetik um 1800

2010, 314 Seiten, kart., zahlr. Abb., 32,80 €,
ISBN 978-3-8376-1278-3

FRANZISKA SICK (HG.)
**Raum und Objekt im Werk
von Samuel Beckett**

Februar 2011, 244 Seiten, kart., 27,80 €,
ISBN 978-3-8376-1515-9

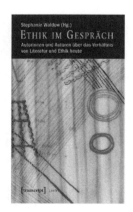

STEPHANIE WALDOW (HG.)
Ethik im Gespräch
Autorinnen und Autoren über das
Verhältnis von Literatur und Ethik heute

Februar 2011, 182 Seiten, kart., 22,80 €,
ISBN 978-3-8376-1602-6

Leseproben, weitere Informationen und Bestellmöglichkeiten
finden Sie unter www.transcript-verlag.de

Lettre

CHRISTIANE ARNDT,
SILKE BRODERSEN (HG.)
Organismus und Gesellschaft
Der Körper in der
deutschsprachigen Literatur
des Realismus (1830-1930)
April 2011, ca. 216 Seiten,
kart., ca. 26,80 €,
ISBN 978-3-8376-1417-6

CHRISTINE BÄHR
**Der flexible Mensch
auf der Bühne**
Sozialdramatik und
Zeitdiagnose im Theater
der Jahrtausendwende
Juni 2011, ca. 364 Seiten,
kart., ca. 34,80 €,
ISBN 978-3-8376-1557-9

DOMINIC BERLEMANN
Wertvolle Werke
Reputation im Literatursystem
Februar 2011, 436 Seiten, kart., 38,80 €,
ISBN 978-3-8376-1636-1

SANDRA EVANS
Sowjetisch wohnen
Eine Literatur- und
Kulturgeschichte
der Kommunalka
April 2011, ca. 294 Seiten,
kart., ca. 29,80 €,
ISBN 978-3-8376-1662-0

CHRISTIAN KOHLROSS
**Die poetische Erkundung
der wirklichen Welt**
Literarische Epistemologie
(1800-2000)
2010, 230 Seiten, kart., 28,80 €,
ISBN 978-3-8376-1272-1

TABEA KRETSCHMANN
**»Höllenmaschine/
Wunschapparat«**
Analysen ausgewählter
Neubearbeitungen von
Dantes »Divina Commedia«
April 2011, ca. 244 Seiten, kart.,
zahlr. z.T. farb. Abb., ca. 29,80 €,
ISBN 978-3-8376-1582-1

INES LAUFFER
Poetik des Privatraums
Der architektonische
Wohndiskurs in den
Romanen der Neuen
Sachlichkeit
April 2011, ca. 352 Seiten,
kart., zahlr. Abb., ca. 34,80 €,
ISBN 978-3-8376-1498-5

DENISE RÜTTINGER
Schreiben ein Leben lang
Die Tagebücher
des Victor Klemperer
Januar 2011, 478 Seiten, kart., 35,80 €,
ISBN 978-3-8376-1615-6

KIRSTEN SCHEFFLER
Mikropoetik
Robert Walsers Bieler Prosa.
Spuren in ein »Bleistiftgebiet«
avant la lettre
2010, 514 Seiten, kart., 38,80 €,
ISBN 978-3-8376-1548-7

HENRIKE SCHMIDT
Russische Literatur im Internet
Zwischen digitaler Folklore
und politischer Propaganda
April 2011, ca. 678 Seiten, kart.,
zahlr. z.T. farb. Abb., ca. 42,80 €,
ISBN 978-3-8376-1738-2

Leseproben, weitere Informationen und Bestellmöglichkeiten
finden Sie unter www.transcript-verlag.de

ZfK - Zeitschrift für Kulturwissenschaften

Daniela Hammer-Tugendhat,
Christina Lutter (Hg.)

Emotionen

Zeitschrift für Kulturwissenschaften,
Heft 2/2010

August 2010, 164 Seiten, kart.,
8,50 €,
ISBN 978-3-8376-1405-3

ZfK - Zeitschrift für Kulturwissenschaften
Der Befund zu aktuellen Konzepten kulturwissenschaftlicher Analyse und Synthese ist ambivalent: Neben innovativen und qualitativ hochwertigen Ansätzen besonders jüngerer Forscher und Forscherinnen steht eine Masse oberflächlicher Antragsprosa und zeitgeistiger Wissensproduktion – zugleich ist das Werk einer ganzen Generation interdisziplinärer Pioniere noch wenig erschlossen.

In dieser Situation soll die **Zeitschrift für Kulturwissenschaften** eine Plattform für Diskussion und Kontroverse über »Kultur« und die Kulturwissenschaften bieten. Die Gegenwart braucht mehr denn je reflektierte Kultur, historisch situiertes und sozial verantwortetes Wissen. Aus den Einzelwissenschaften heraus kann so mit klugen interdisziplinären Forschungsansätzen fruchtbar über die Rolle von Geschichte und Gedächtnis, von Erneuerung und Verstetigung, von Selbststeuerung und ökonomischer Umwälzung im Bereich der Kulturproduktion und der naturwissenschaftlichen Produktion von Wissen diskutiert werden.

Die **Zeitschrift für Kulturwissenschaften** lässt gerade auch jüngere Wissenschaftler und Wissenschaftlerinnen zu Wort kommen, die aktuelle fächerübergreifende Ansätze entwickeln.

Lust auf mehr?
Die **Zeitschrift für Kulturwissenschaften** erscheint zweimal jährlich in Themenheften. Bisher liegen die Ausgaben »Fremde Dinge« (1/2007), »Filmwissenschaft als Kulturwissenschaft« (2/2007), »Kreativität. Eine Rückrufaktion« (1/2008), »Räume« (2/2008), »Sehnsucht nach Evidenz« (1/2009), »Politische Ökologie« (2/2009), »Kultur und Terror« (1/2010) sowie »Emotionen« (2/2010) vor.
Die **Zeitschrift für Kulturwissenschaften** kann auch im Abonnement für den Preis von 8,50 € je Ausgabe bezogen werden.
Bestellung per E-Mail unter: bestellung.zfk@transcript-verlag.de

www.transcript-verlag.de